# Profissão médica

FUNDAÇÃO EDITORA DA UNESP

*Presidente do Conselho Curador*
Herman Voorwald

*Diretor-Presidente*
José Castilho Marques Neto

*Editor-Executivo*
Jézio Hernani Bomfim Gutierre

*Assessor Editorial*
Antonio Celso Ferreira

*Conselho Editorial Acadêmico*
Cláudio Antonio Rabello Coelho
José Roberto Ernandes
Luiz Gonzaga Marchezan
Maria do Rosário Longo Mortatti
Maria Encarnação Beltrão Sposito
Mario Fernando Bolognesi
Paulo César Corrêa Borges
Roberto André Kraenkel
Sérgio Vicente Motta

*Editores-Assistentes*
Anderson Nobara
Arlete Zebber
Christiane Gradvohl Colas

ELIOT FREIDSON

# Profissão médica
## UM ESTUDO DE SOCIOLOGIA DO CONHECIMENTO APLICADO

Tradução
ANDRÉ DE FARIA PEREIRA NETO
E KVIETA BREZINOVA DE MORAIS

© 2008 Editora Unesp

© 1970, 1988 by Eliot Freidson. All rights reserved.

Título original: Profession of Medicine

Licensed by The University of Chicago Press, Chicago, Illinois, USA

© 2007 da tradução brasileira

Direitos de publicação reservados à:
Fundação Editora da UNESP (FEU)

Praça da Sé, 108
01001-900 – São Paulo – SP
Tel.: (0xx11) 3242-7171
Fax: (0xx11) 3242-7172
www.editoraunesp.com.br
feu@editora.unesp.br

CIP – Brasil. Catalogação na fonte
Sindicato Nacional dos Editores de Livros, RJ

F932p

Freidson, Eliot, 1923-2005
　Profissão médica: um estudo de sociologia do conhecimento aplicado/ Eliot Freidson; tradução de André de Faria Pereira Neto e Kvieta Brezinova de Morais. – São Paulo: Editora UNESP; Porto Alegre, RS: Sindicato dos Médicos, 2009.
　451p.

　Tradução de: Profession of medicine
　Inclui bibliografia e índice
　ISBN 978-85-7139-932-7

　1. Medicina.　2. Medicina social.　I. Título.

09-2820.
　　　　　　　　　　　　　　　　　　　　　CDD: 306.461
　　　　　　　　　　　　　　　　　　　　　CDU: 316.74:61

Editora afiliada:

*O objetivo da nossa vida depende de nossa atividade e não de nossas capacidades. Nossas qualidades nos dão capacidades, mas são nossas ações – o que fazemos – que fazem com que nos sintamos felizes ou infelizes.*

*Aristóteles*

*Para Jane, Oliver e Matthew*

# Sumário

PREFÁCIO   9
PREFÁCIO À EDIÇÃO BRASILEIRA   11
INTRODUÇÃO   15

**PARTE I**
A organização formal de uma profissão   21

CAPÍTULO 1 – A emergência da Medicina como uma profissão de consulta   23
CAPÍTULO 2 – Organização política e autonomia profissional   43
CAPÍTULO 3 – A divisão do trabalho médico   67
CAPÍTULO 4 – As características formais de uma profissão   93

**PARTE II**
A organização do desempenho profissional   107

CAPÍTULO 5 – As condições do trabalho cotidiano do profissional   109
CAPÍTULO 6 – Modelos de prática no hospital   131
CAPÍTULO 7 – O teste da autonomia: auto-regulação profissional   159
CAPÍTULO 8 – A mentalidade clínica   181
CAPÍTULO 9 – A profissão como organização – formal e informal   209

**PARTE III**
A construção social da doença   227

CAPÍTULO 10 – Doença como desvio social   229
CAPÍTULO 11 – Tipos sociológicos de doença   249
CAPÍTULO 12 – A construção profissional dos conceitos de doença   271
CAPÍTULO 13 – A construção leiga de doença   305
CAPÍTULO 14 – A organização social da doença   329

**PARTE IV**
Profissões de consulta em uma sociedade livre   359

CAPÍTULO 15 – Os limites do conhecimento profissional   361
CAPÍTULO 16 – Os limites da autonomia profissional   385

APÊNDICE, 1988   409
REFERÊNCIAS BIBLIOGRÁFICAS   421
ÍNDICE ONOMÁSTICO   441
ÍNDICE REMISSIVO   447

# Prefácio

Todo livro reflete o momento em que foi escrito, e este não é uma exceção à regra. Atualmente parece que estamos deixando de ter um otimismo acrítico sobre o papel do conhecimento especializado na organização dos negócios humanos. Ainda não chegamos a uma nova posição satisfatória, entretanto, neste meio tempo, vemos por parte dos homens leigos e seus apoiadores uma violência desesperada e um antiintelectualismo que são a causa de seu fracasso. Vemos também interesses elitistas próprios da parte das classes intelectuais e um explícito autoritarismo por parte dos líderes políticos com intenções humanitárias. Essas reações não tentam lidar com o tema empírica ou analiticamente. Conhecimento e *expertise*, aceitos ou rejeitados, são geralmente vistos como elementos que existem por si próprios, não como abstrações realizadas por meio de atividades organizadas por homens em carreiras ocupacionais e grupos.

Neste livro tento mostrar que a organização ocupacional do trabalho de uma profissão do conhecimento tem uma dimensão tão distinta e tão importante quanto o conhecimento que possui, e que o valor social de seu trabalho depende tanto da organização quanto do conhecimento e da habilidade que pretenda possuir. As análises sociológicas de organizações ocupacionais podem, creio, ajudar enormemente na formulação de uma política inteligente voltada para o papel da *expertise* profissional nos negócios públicos. Mas, para ser correta, tal análise deve prestar uma cuidadosa atenção tanto nos detalhes empíricos quanto na teoria. Infelizmente, a maior parte da copiosa literatura sobre esse problema é muito geral. Nesta obra, tento suprir exatamente os relatos circunstanciados necessários para apreciar o papel social de uma das mais importantes profissões. Esses aspectos, entretanto, devem ser vistos em relação a duas importantes questões de liberdade em nosso tempo.

Uma está relacionada com o fato de as profissões buscarem a liberdade para lidar com o conhecimento e o trabalho à sua maneira, protegendo-se das interferências leigas. De fato, as profissões valorizam o protótipo de homem que é confiável por ser capaz de controlar de maneira responsável o próprio negócio, visando ao interesse público. Neste livro comentarei a natureza da liberdade profissional e a maneira como é exercida. A segunda questão consiste na capacidade do homem que detém conhecimento, ou *expert*, em gerenciar os problemas dos homens leigos. Se a influência do *expert* for forte e sua jurisdição se estender, será limitada a liberdade que o homem leigo terá em governar os próprios problemas, da maneira que escolheu. Parte da análise deste livro tenta avaliar as justificativas para o crescimento da influência do homem com conhecimento aplicado que ocorreu à custa da liberdade dos leigos.

Ao escrever este livro, a oportunidade de receber comentários e críticas nos primeiros rascunhos foi muito valiosa para mim. Tive a sorte de ter sido ajudado por muitas pessoas. Estou especialmente agradecido a Judith Lorber pela crítica detalhada a diversos rascunhos de todo o livro, e a Howard S. Becker, Robert Bierstedt e Paul J. Sanazaro por seus inúmeros comentários em diversos capítulos. Outros fizeram comentários em capítulos específicos relacionados diretamente com seus interesses: eles são Peter Berger, Vern L. e Bonnie Bullough, Joel R. Davitz, Mark G. Field, Blanche Geer, Irwin Goffman, Herbert Klarman, Donald Mainland, David Mechanic, Derek L. Phillips, Richard Quinney, Thomas J. Scheff, George A. Silver, Erwin O. Smigel, Merwyn Susser, Kerr L. White e Irving K. Zola. Estes amigos e colegas nem sabem como foram úteis para mim, e eu agradeço a todos.

Eliot Freidson

# PREFÁCIO À EDIÇÃO BRASILEIRA

*Profession of medicine: a study of the sociology of applied knowledge* não foi o primeiro nem o único livro em que Eliot Freidson analisou a profissão médica, a doença e a relação médico-paciente do ponto de vista sociológico. Há alguns anos ele havia lançado o livro *Patients' views of medical practice* (1961). Nos anos seguintes, Freidson dedicou sua atenção ao tema em livros autorais,[1] em coletâneas e em artigos.[2] *Profession of medicine* é, no entanto, sua obra mais conhecida. Este livro é considerado um clássico por Claudine Herzlich (1984), uma obra de referência por Rosemary Stevens (2001) ou, ainda, um livro que mudou "fundamentalmente os parâmetros da sociologia médica" (BOSK, 2007:142). Assim que foi lançado, *Profession of Medicine* recebeu o Prêmio Sorokin da Associação de Sociologia Americana. Nos anos seguintes, ele foi traduzido para outros quatro idiomas.

Além de ser freqüentemente citado, discutido e comentado por profissionais de saúde e cientistas sociais em diversas partes do mundo, este livro promoveu, segundo Peter Conrad (2007), uma revolução na sociologia médica que era, até então, uma área de conhecimento pouco valorizada. A he-

---

1 *Professional Dominance: The Social Structure of Medical Care.* (New York, 1970); *The Professions and their Prospects.* (Beverly Hills, 1973); *Doctoring Together: A Study of Professional Social Control.* (New York, 1976); *Professional Powers: A Study of the Institutionalization of Formal Knowledge.* (Chicago, 1986); *Medical Work in America: Selected Essays.* (New Haven, 1989); *Professionalism Reborn: Theory, Prophesy and Policy.* (Chicago, 1994); *Professionalis: The Third Logic.* (Chicago, 2001).

2 A relação bibliográfica completa da obra de Eliot Freidson pode ser encontrada em Bosk (2006), p. 647-653.

rança da obra de Freidson estaria associada, para Sydney Halpern e Renee Anspach (1993), à maneira com que lidou com a sociologia médica, pois adotou uma perspectiva estrutural à análise institucional mantendo certo distanciamento do ponto de vista médico. Como prova de reconhecimento do conjunto de sua obra intelectual, a seção de sociologia médica da Associação de Sociologia Americana (ASA) criou, em 1993, o Prêmio Eliot Freidson oferecido anualmente, de maneira alternada, ao melhor artigo ou livro publicado na área.[3]

Freidson integrou a geração de sociólogos formados na Universidade de Chicago depois da Segunda Guerra Mundial. Sob a orientação de Everett Hughes, Herbert Blumer, Robert Redfield e W. Lloyd Warner formaram-se, naquela época, sociólogos como Anselm Strauss, Erving Goffman, Horward Becker e Eliot Freidson.

No Brasil, o autor publicou um artigo (1996:141-154) e um livro (1998) que reúnem alguns de seus artigos.

A publicação de *Profession of medicine* no Brasil traduz o reconhecimento do vigor das idéias apresentadas neste livro. Apesar de ter se passado quase quarenta anos desde sua primeira edição e de sua base empírica basear-se fundamentalmente na realidade norte-americana do final dos anos 60, muitos dos temas tratados nesta obra parecem ter enorme atualidade.

A obra apresenta a *profissão* como um conceito sociológico central. Enfatiza as *profissões de consulta* – que vendem seus serviços a uma clientela – diferenciando-as das *profissões acadêmicas*, que não têm a mesma preocupação. A *profissão*, nesse sentido, representa uma maneira distinta da marxista de pensar a divisão social do trabalho e a organização da sociedade. Uma *profissão* cujo exercício é controlado por pares, pelo Estado e pelos clientes.

Assim, o autor estabelece uma diferenciação entre uma relação profissional "dependente de clientes" e outra "dependente de colegas". No primeiro caso, os pacientes utilizam a avaliação leiga de outros pacientes para escolher e avaliar a performance de um profissional, enquanto, no segundo, enfatiza-se a rede de relações inter-profissionais que avaliam e definem se encaminham ou não um cliente de um profissional para outro. Nessa avalia-

---

3 Disponível em: http://dept.kent.edu/sociology/asamedsoc/. Acesso em 22 maio 2009.

ção entre pares, Freidson observa a relutância existente entre os profissionais para condenar ou punir seus colegas, e essa dificuldade tem suas origens na cultura profissional.

Nesta obra, Freidson resgata em Becker a expressão *empreendedor moral* associada à prática médica, para ressaltar que a *medicalização*, apesar de ter motivações humanitárias, tem como conseqüência a ampliação do papel controlador do profissional sobre o cidadão e o conjunto da sociedade.

Neste livro, a noção de *profissão* aplica-se ao campo da saúde, mas não se restringe a ele. Um dos pontos centrais de seu pensamento concentra-se na organização da prática médica e suas conseqüências para o cuidado com o paciente. Além disso, ele ressalta que a organização da prática dos serviços de saúde está assentada em uma força de trabalho ordenada de forma hierárquica, na qual o médico desempenha papel central e a enfermeira ocupa lugar periférico. Essas posições estão calcadas na idéia de que a autonomia técnica de uma atividade é cerceada pela outra, dessa forma a autonomia da profissão médica é analisada em função da atividade de outras ocupações. O autor nos apresenta o processo histórico no qual a profissão médica conseguiu conquistar essa autonomia passando a ser a única atividade no mundo do trabalho capaz de determinar se alguém está ou não doente, quais serviços o paciente deve receber e como esses serviços devem ser organizados e apresentados. Os demais profissionais exercem o papel que a profissão médica determinar.

Freidson nos mostra que apesar de a doença, a saúde e a morte terem evidências "físicas" ou "naturais", essas categorias têm forte conotação social e cultural que é, ainda hoje, imputada pelo saber e pela prática médica. Apesar de amparar-se nas idéias de Parsons sobre doença, sobretudo quando se refere à sua dimensão de desvio, Freidson não entende que o papel do médico e do paciente seja complementar ou harmônico. Para ele a interação entre médico e paciente é freqüentemente conflituosa e discordante.

Seria impossível sintetizar a abrangência e a profundidade deste livro em poucas palavras. Como principal tradutor deste texto, posso advertir que o leitor terá contato com um material lógico, muito bem estruturado, denso, complexo, crítico, envolvente e carismático, embora o autor pareça estar insatisfeito com os resultados que encontra progressivamente.

Como um dos responsáveis pela introdução deste livro no Brasil, gostaria de resgatar brevemente a história de sua publicação. Esse sonho começou a ser acalentado em 2006 durante meu pós-Doutorado no Departamento de Ciências Sociais e do Comportamento da Universidade da Califórnia – San Francisco (UCSF). Originalmente, o projeto apresentado e aprovado pela Capes incluía a análise da vida e da obra de Freidson. Esse trabalho seria desenvolvido por meio de meu convívio e intercâmbio acadêmico com o próprio intelectual. Desde 2004, estabelecemos um intenso e fraterno contato virtual. O processo de elaboração do projeto e de reunião de toda a documentação necessária para dar entrada na Capes foi acompanhado por ele com entusiasmo. Em outubro de 2005, recebi a resposta positiva dessa agência de fomento e a informação de que Freidson estava com câncer. No dia 14 de dezembro de 2005, poucos dias antes de embarcar para os Estados Unidos, Eliot Freidson faleceu. Assim que me instalei, comecei a fazer a tradução deste livro, que contou inicialmente com o apoio e incentivo de Helen Giambruni – viúva do intelectual. Ao mesmo tempo realizei uma pesquisa em que entrevistei alguns parentes e colegas da Universidade de Nova York onde ele trabalhou a maior parte de sua vida. Esse esforço transformou-se em um artigo sobre a história de vida e a trajetória profissional desse intelectual que será publicado em breve na Revista *Manguinhos – História, Ciências e Saúde*. Ao voltar ao Brasil, apresentei a idéia da publicação deste livro ao professor Everardo Duarte Nunes (Unicamp). Ele ficou encantado com a proposta que foi encaminhada ao Conselho Editorial da Unesp. Com sua aprovação e a subseqüente exigência de prazos pela editora, resolvi convidar Kvieta de Moraes para traduzir os capítulos finais deste livro.

A tradução de todos os capítulos, no entanto, foi revisada por mim com o maior profissionalismo e carinho possível. Trata-se, portanto, de uma longa história de respeito e reconhecimento à obra de um dos mais importantes sociólogos da saúde do século XX. Um sonho que agora se torna realidade. Um sonho que foi alimentado pela Bia que me encanta e me acompanha nessa caminhada.

André de Faria Pereira Neto

# INTRODUÇÃO

Este livro apresenta uma ampla análise sobre uma profissão. Como o título sugere, serão enfatizados os dois lados do significado da palavra "profissão", ou seja, como um tipo especial de ocupação e como reconhecimento de uma promessa. Como tentaremos mostrar nos capítulos que se seguem, é útil pensar a profissão como uma ocupação que assumiu uma posição dominante na divisão do trabalho e, assim, obteve sucesso ao controlar e determinar a essência do próprio trabalho. Diferindo da maioria das ocupações, ela é autônoma e auto-regulada. A profissão mantém esse status especial por ser persuasiva e conseguir convencer outras pessoas de que seus membros são especialmente confiáveis. A confiança que eles professam naturalmente inclui a dimensão ética, além de determinadas habilidades. Na verdade, a profissão reivindica ser a autoridade mais segura em relação à natureza da realidade com que lida. Quando seu trabalho característico lida com os problemas que as pessoas lhe trazem, a profissão desenvolve uma concepção própria e independente sobre esses problemas e tenta conviver com ambos, clientes e problemas, de maneira própria. Ao desenvolver sua abordagem singular "profissional", a profissão muda a definição e a forma com que os problemas vinham sendo vividos e interpretados pelo leigo. O problema do homem leigo é recriado e gerenciado – outra realidade social é criada pela profissão. É a autonomia das profissões na sociedade que permite que elas recriem o mundo do homem leigo.

Valendo-se dessas observações é possível identificar dois problemas fundamentais para uma análise sociológica sobre as profissões. Em primeiro lugar, deve-se entender como a autonomia e a auto-regulação das profissões são desenvolvidas, organizadas e mantidas. Em segundo lugar, deve-se entender a relação entre o conhecimento profissional e seus procedimentos, para a organização profissional e para o mundo leigo. O primeiro é um problema de organização social. O segundo é um problema de sociologia do conhecimento (BERGER & LUCKMANN, 1966).[1] Estes são os problemas que pretendo me esforçar para lidar ao analisar uma das principais profissões da sociedade moderna – a Medicina.

A Medicina, entretanto, não é simplesmente a principal profissão de nosso tempo. Entre as profissões estabelecidas nas universidades européias da Idade Média, é a única que tem desenvolvido uma conexão sistemática com a ciência e a tecnologia. Diferindo do Direito e do Sacerdócio, que não estabeleceram nenhuma importante conexão com a ciência moderna e a tecnologia, a Medicina se desenvolveu no interior de uma complexa divisão de trabalho, organizando um crescente número de prestadores de serviços e técnicos em torno da tarefa central do diagnóstico e do tratamento das doenças da humanidade. Além disso, ultrapassou as outras profissões em preeminência. Isso aconteceu porque, nas sociedades pós-industriais, a produção de bens e outras formas reais de propriedade passaram a ser um problema menor que o bem-estar dos cidadãos. O bem-estar passou a ser definido em termos exclusivamente seculares e não mais religiosos; e a noção de doença se expandiu, muito mais do que em anos anteriores, incluindo muitas outras facetas do bem-estar humano; a Medicina tirou o Direito e o Sacerdócio de suas posições de dominância. Na verdade, de uma maneira ou de outra, a profissão médica, e não o Direito ou o Sacerdócio ou qualquer outra profissão, tornou-se o protótipo segundo o qual ocupações que desejam um status de privilégio estão modelando suas aspirações. Quanto melhor conhecermos a Medicina, melhor seremos capazes de conhecer os problemas colocados pela profissionalização de um dos serviços-chave do Bem-Estar Social.

Meu propósito neste livro é contribuir com o entendimento sobre profissões, fazendo uma análise específica sobre a profissão médica. Obviamente, esse é um empreendimento traiçoeiro, como salientou Rueschmeyer (1965:17-30); existem tantas diferenças importantes entre apenas duas profissões como o Direito e a Medicina que uma generalização acurada de uma

---

[1] E, particularmente, HOLZNER, B. *Reality Construction in Society.* Cambridge: Schenkman Publishing Co., 1968.

em relação à outra, e de uma em relação às demais, seria uma tarefa muito difícil. Mas como nenhum homem pode dominar dados relevantes sobre muitas profissões estabelecidas, a escolha estaria entre comparar muitas profissões por variáveis simples demais, ou restringir ao exame de uma profissão em toda a sua complexidade, sem esquecer as demais. Eu escolhi a segunda opção.

Entretanto, para iluminar todas as profissões por meio do exame acurado de uma delas, é necessário permanecer em um nível de abstração que previna a confusão entre o particular e o geral. Isto significa dizer que um conceito-chave não pode originar-se das particularidades da profissão concreta que estivermos estudando. Significa dizer que é preciso, de alguma maneira, manter-se à parte e fora da profissão específica que está sendo estudada. No caso da Medicina, do Direito ou do Sacerdócio, deve-se usar conceitos analíticos que permitam comparações de uma com as outras. Esses conceitos não podem partir de nenhuma profissão em particular, pois cada uma tem as próprias preocupações, visão de mundo e "ciência". Então, com o intuito de estudar a Medicina dessa maneira, a fim de esclarecer e ampliar nosso conhecimento sobre as profissões em geral, não deve ser adotada a concepção particular da Medicina e sua missão, suas habilidades e sua "ciência". Como as profissões são empreendimentos humanos coletivos, além de organizações com os próprios conhecimentos, crenças e habilidades especiais, a Sociologia pode enfocá-las como organizações comuns de grupos, separados de seus conceitos diferentes, provendo aqueles gerais pelos quais as profissões poderiam ser individualmente comparáveis. É para isso que espero contribuir. Detalhando a análise sobre a Medicina, espero demonstrar a utilidade de ver a profissão como um tipo de organização ocupacional na qual certo estado de consciência floresce e que (por conseqüência de sua posição autorizada na sociedade) chega a transformar, se não realmente criar, a essência do próprio trabalho.

Vou começar o livro com a discussão sobre como uma profissão difere de uma ocupação tradicional, comparando a importância da cura na sociedade em diferentes momentos históricos e argumentando que, ainda que o objetivo ou finalidade da cura não tenha mudado, a posição das profissões dedicadas a ela modificou-se na sociedade. Vou assinalar como a Medicina tem alcançado este status especial, como tem se tornado dominante na rebuscada divisão do trabalho e como, mesmo em circunstâncias em que não está inteiramente livre do controle do Estado, encontra-se formalmente livre para controlar o conteúdo, mas não necessariamente as condições, de seu trabalho. Meu argumento é que esse tipo especial de ocupação é essencialmente autônomo e auto-regulável.

Ao fazer uma análise mais detalhada das instituições médicas norte-americanas, pretendo discutir os diferentes cenários nos quais o trabalho médico é exercido, e devo analisar como, sob condições de autonomia profissional, o trabalho médico é guiado ou controlado por seus pares. Isso nos levará à caracterização das organizações informais das profissões, que determinam o que deve ser conhecido sobre as variáveis no desempenho profissional e que mostram como indivíduos em comunidades locais se relacionam com as organizações profissionais formais.

Finalmente, a última parte do livro irá lidar com o objeto do trabalho da Medicina – a doença. Como tenho o intuito de desenvolver conceitos gerais o suficiente para permitir comparações sistemáticas entre profissões específicas, não vou fazer um extensivo uso da noção médica de "doença". Pelo contrário, eu a tratarei como um conceito social que, assim como o crime e o pecado, refere-se a desvios de expectativas sociais e morais que estão inseridas em uma ordem oficial que as profissões representam hoje em dia. Tentarei mostrar como a estrutura mental das profissões, assim como a organização do trabalho profissional, influencia a natureza desses conceitos; e como o homem leigo contribui para o processo de construção social da realidade da doença.

Em todo o livro minha exposição tentará apresentar um sugestivo modelo de análise das profissões em geral e das profissões de consulta em particular. Parte da exposição, portanto, deve ser endereçada ao problema da definição e da classificação. Mais importante, deverei discutir áreas importantes que serão necessárias para uma análise lógica e coerente das profissões, mas sobre as quais há pouca informação segura e sistemática disponível. Com a intenção de completar tal lógica, tentarei discutir tais áreas confiando, todavia, em minha experiência de pesquisa e no meu senso de plausibilidade, mais do que teria preferido. Quem discordar de mim sobre os fatos nessas obscuras áreas do procedimento das profissões deve recordar as demandas lógicas das análises que me levaram a especular, porque aqui a análise é a mais importante. Ainda que dificilmente tenha me desinteressado pela profissão médica como tal, a qual estudo há alguns anos, meu interesse tem sido sustentado pela forma com que a Medicina pode servir de base para o desenvolvimento de métodos mais adequados na análise das ocupações e profissões que existem na sociologia atualmente. É sobre Medicina que escrevo, mas escrevo sobre ela, primeiro, como ocupação e, depois, como Medicina em si.

# PARTE 1
## A ORGANIZAÇÃO FORMAL DE UMA PROFISSÃO

"O sistema mostra duas características principais: o agrupamento espontâneo dos médicos em associações e a intervenção reguladora do Estado.

... O propósito das associações profissionais é realizar, e do Estado, onde quer que ele intervenha, é outorgar, em algum nível, o monopólio do trabalho aos médicos."

A. M. Carr-Saunders e P. A. Wilson

# CAPÍTULO 1
## A EMERGÊNCIA DA MEDICINA COMO UMA PROFISSÃO DE CONSULTA

Em todas as sociedades as pessoas diagnosticam doenças e adotam vários métodos de lidar com elas. Na maioria das sociedades alguns indivíduos são vistos como especialmente habilitados para tratar e lidar com as doenças e são chamados para dar socorro a doentes e suas famílias. Em muitos casos esses indivíduos são compensados por prestarem este auxílio: alguns, ao curar, suplementam apenas suas necessidades diárias; outros desenvolvem suficiente clientela e, com isso, garantem sua subsistência por meio das práticas de cura e assim desenvolvem uma vocação, tornando-se membros de uma verdadeira ocupação. Mas nem todas as pessoas que curam são chamadas de doutores ou médicos, nem são, geralmente, consideradas profissionais em nenhum outro sentido, a não ser que consigam sua subsistência com seu trabalho (opondo-se aos amadores). Essas ocupações que se diferenciam das demais por serem chamadas de profissões são consideravelmente mais especiais.

## O problema da "profissão"

Além de ser uma atividade de tempo integral com algum significado ou preeminência social, é difícil encontrar algum consenso em relação à definição da palavra "profissão". Isso se deve a inúmeras razões. Primeiro, a palavra é tanto valorativa quanto descritiva.[1] Praticamente quase todos os gru-

---

[1] Ver a revisão sobre uma série de definições em COGAN, M. L. Toward a Definition of Profession. *Havard Educational Review*, XXIII, 1953, p.33-50.

pos ocupacionais, conscientes de sua situação, de tempos em tempos, se autointitulam "profissionais" para fazer um agrado a si próprios ou para tentar persuadir os outros de sua importância. As ocupações que adotaram essa palavra são muito distintas entre si e não têm nada em comum a não ser a sede de prestígio. Esse estado de coisas levou Becker (1962:27-46), por exemplo, a afirmar que é impossível esperar que a palavra refira-se a mais um símbolo social que as pessoas associam a algumas ocupações, mas não a outras. Uma segunda razão para a falta de entendimento que gira em torno do significado dessa palavra relaciona-se com as estratégias subjacentes ao processo de definição. Geralmente as pessoas criam as definições para decidir que certas ocupações "são" profissões e, então, determinam as características que essas ocupações têm em comum. Como as pessoas discordam sobre quais ocupações "são" profissões – bibliotecários (GOODE, 1961:27-46)? assistentes sociais (FLEXNER, 1915:901-911)? enfermeiras?[2] –, suas definições variam de acordo com as ocupações que incluem (ou excluem) ou são parecidas em níveis tão abstratos que não podem ser usadas para diferenciar as ocupações reais. Finalmente, existe a questão do propósito e da intenção subjacente a essa definição. Como já sugeri, algumas definições têm, primeiro, uma intenção hostil e, somente depois, analítica. Quando o intuito é analítico, o interesse analítico pode variar muito: alguns enfatizam valores culturais ou cognitivos; outros valorizam a dedicação individual e a auto-identificação. As variações da definição são conseqüência de interesses bastante diferentes.

Fica claro, então, que seria uma loucura ser dogmático no que se refere a qualquer definição sobre "profissão" ou assumir que certa definição seja tão bem conhecida que não haja necessidade de discussão. No meu entender, parece necessário declarar aqui minhas concepções essenciais. Primeiro, assumo que se alguma coisa "é" uma profissão, esta coisa é a Medicina contemporânea. Se a examinarmos com cuidado, poderemos identificar o que a categoria "profissão" inclui, em vez de examinarmos casos ocupacionais não tão definidos. Em segundo lugar, assumo que as variáveis analíticas da organização social são elementos que definem melhor uma profissão do que as normas, atitudes ou ética e que, de fato, a organização social tem uma relação

---

2 Ver o Capítulo 3 deste livro.

mais próxima aos procedimentos com pacientes do que as normas, atitudes ou ética; na verdade, as primeiras têm mais relação com o comportamento que a última. Minhas definições e análises devem, portanto, enfatizar mais a organização social do que a psicologia social da profissão médica.

## A profissão hoje e ontem

A maioria dos autores que escreve sobre Medicina parece ter em mente uma noção muito geral dela como sendo qualquer atividade relacionada com o diagnóstico e o tratamento de doenças. Esse uso é tão abrangente que cobre desde o autodiagnóstico e autocuidado em sociedades simples (Medicina Popular) até as pesquisas mais esotéricas em bioquímica. Essencialmente, esse uso refere-se ao conhecimento de uma ocupação específica. Conforme meu propósito, entendo a Medicina como uma ocupação cujos membros engajam-se no diagnóstico e no tratamento das doenças das pessoas que os procuram pedindo tal ajuda. Meu primeiro interesse é o homem no trabalho, e, apenas em segundo lugar, seu conhecimento. Medicina, então, nesse uso sociológico, é uma profissão de consulta (*consulting occupation*) que pode servir como descobridora, portadora e executora de algum tipo de conhecimento, mas que não é um conjunto de conhecimentos em si. Além disso, é uma ocupação em primeiro lugar e apenas às vezes uma profissão.

Se considerarmos a profissão médica atualmente, fica claro que sua principal característica é sua preeminência. É preeminente não apenas no prestígio, mas também na autoridade relativa à sua especialidade. Isto para dizer que o conhecimento médico sobre doenças e seu tratamento é considerado autorizado e definitivo. Apesar das exceções interessantes, como a quiroprática e a homeopatia, não existem representantes de ocupações em competição direta com a Medicina que tenham conseguido posições semelhantes na formulação de políticas relacionadas à saúde. A posição da Medicina hoje em dia está próxima das antigas religiões de Estado — ela tem um monopólio aprovado oficialmente sobre o direito de definir o que é saúde e doença e de tratá-la. Além disso, ela é altamente reconhecida pelo público, o que reflete o grande prestígio que possui. Tal posição não foi estabelecida há muito tempo; na verdade, a Medicina a ocupa há menos de cem anos. Se a Medicina foi uma "profissão" no passado, possuía características muito distintas das que observamos hoje em dia. Durante quase toda a história não houve uma única ocupação que se identificava como "Medicina", porque havia muitos tipos de curandeiros. Depois, com o crescimento da universidade na Europa, a Medicina tornou-se primeiro uma "profissão do conhecimento". Só recentemente ela se tornou uma profissão de consulta de verdade e atingiu a força e a estabilidade que caracterizam sua proeminência atual.

## O caso da medicina Zande

A maneira mais clara para perceber alguns dos elementos essenciais envolvidos no desenvolvimento da profissão que tem as características atuais da Medicina é olhar de perto um exemplo em que os práticos que diagnosticam e tratam doenças não constituem uma ocupação estável, muito menos uma profissão. Tal caso negativo é oferecido no estudo clássico de E. E. Evans-Pritchard, publicado em 1937,[3] sobre a comunidade Azande do leste da África. Ele descreve uma ocupação em uma posição insegura e instável, carente de pré-requisitos para tornar-se uma profissão. Vamos a ela.

O feiticeiro Zande desempenhava dois tipos de trabalho. Primeiro, ele dirigia sessões públicas nas quais adivinhava a causa do infortúnio, inclusive das doenças, que os pacientes lhe traziam. As sessões públicas eram eventos um pouco festivos nos quais mais de um feiticeiro normalmente atuava. Os praticantes vestiam-se com chapéus especiais e ornamentos e usavam ferramentas especiais, como apitos e drogas. Dentro de um círculo mágico, em que estabeleciam sua distância social em relação à audiência leiga, dançavam e cantavam acompanhados por tambores e gongos até entrarem em um estágio de exaustão. Nesse momento, os espectadores que desejavam que o feiticeiro determinasse ou adivinhasse a causa de seus problemas ofereciam presentes ("remuneração") aos praticantes. O feiticeiro levava muito tempo para responder a essas questões, primeiro fazendo uma série de perguntas ao "paciente", como o nome de suas esposas. Quando respondido em público, ele raramente nomeava o indivíduo-fonte da feitiçaria que causara o infortúnio, apenas fazia menção à sua identidade.

---

3 Para a exposição que se segue, confiei plenamente em EVANS-PRITCHARD, E. E. *Witchcraft, Oracles and Magic Among the Azande*. Oxford: Clarendon Press, 1937.

Segundo, o feiticeiro tinha uma "prática privada" que Evans-Pritchard chamava "leechcraft" (sangria espiritual), que consistia em dar drogas especiais a um cliente removendo, com chupadas, as pelotas mágicas supostamente encravadas no corpo dele. Embora o feiticeiro não possuísse o monopólio sobre a adivinhação ou sobre o uso de drogas, ele possuía o de remover as pelotas mágicas. Esse serviço requisitava pagamento porque as drogas não eram consideradas algo "quente" e realmente funcional a menos que os pagamentos fossem feitos. E, como muitos pacientes no mundo inteiro, o leigo relutava em pagar, a menos que seu sofrimento fosse considerado sério e não tivesse diminuído por meio do autocuidado ou tivesse sido tratado por outra pessoa, como um parente mais velho e experiente.

Em nenhum dos casos a clientela era tão grande ou importante a ponto de o feiticeiro Zande ser uma figura com prestígio em sua sociedade. Em outras sociedades, o médico ou feiticeiro teve uma posição consideravelmente mais importante.[4] A posição irrelevante do feiticeiro na sociedade Zande não é resultado da diferença entre conhecimento e prática, pois suas práticas eram muito semelhantes àquelas exercidas em outras culturas africanas. A posição modesta desses feiticeiros é uma conseqüência da teoria sustentada pelo Zande sobre a causa do infortúnio e a própria maneira de determinar a solução ou cura. Essencialmente, a concepção Zande de feitiçaria era tão mecânica e impessoal que os conhecimentos e intervenções ensinados eram considerados irrelevantes para poder lidar com esses problemas: nenhuma ocupação especialmente treinada poderia tratar o infortúnio causado pela feitiçaria.

Entre os Azande, quando Evans-Pritchard estudou-os, a feitiçaria não era vista como uma força imaterial, mas como uma substância material malévola presente no corpo das bruxas. Acreditava-se que a substância era transmitida geneticamente: filhos herdariam dos pais e filhas, das mães. Acreditava-se ainda que sua potência aumentava na medida em que o corpo crescia e amadurecia. Como uma substância material, acreditava-se que ela estava sempre presente no corpo das bruxas, ainda que inativa ou controlada. Além disso, como substâncias materiais, sua influência podia ser apenas local, não atuando em grandes distâncias: bruxas de comunidades locais, não de outras

---

4 Ver, por exemplo, o estudo em CORBETT, W. T. *The Medicine-Man of the American Indian and his Cultural background*. Springfield: Charles C. Thomas, 1935.

comunidades, eram responsáveis pela ruína das colheitas, pelo desaparecimento da caça, pela morte, doença e outras maldades.

As bruxas eram acusadas apenas quando o infortúnio ocorria apesar de precauções sensíveis e razoáveis terem sido tomadas contra incidentes naturais. Um homem que não estivesse atento ao que estava fazendo ao se cortar e então não tomasse cuidado com a ferida provavelmente culparia apenas a si próprio, e não a bruxaria, ao ficar doente. Entretanto, se um homem sofria algum mal inesperado que não podia ser explicado por ele próprio ou por outras faltas humanas, a bruxaria aparecia como responsável pelo que ele sentia. Uma bruxa individual não era necessariamente considerada responsável porque se acreditava que a bruxaria poderia ser "quente" mesmo sem conhecimento e intenção de quem a perpetrou. Quando confrontada com a evidência de que sua feitiçaria era responsável, a bruxa poderia justificar-se, jurar que não houve intenção e suplicar o arrefecimento de sua substância feiticeira.

Um problema crítico no tratamento, análogo ao diagnóstico, era a adivinhação, usada para descobrir o indivíduo que carregava a substância indesejável. Um método de adivinhação era o oráculo com o formato de uma tábua de esfregar, que consistia de uma tábua com um sulco no qual o feiticeiro esfregava uma bucha. Os oráculos eram lidos levando em conta se a bucha esfregada emperrasse ou não na tábua. O segundo método era o oráculo dos cupins: uma ou duas varas eram colocadas em um dos túneis de um monte de cupins, e o resultado do oráculo era baseado no fato de as varas serem ou não consumidas pelos cupins. O terceiro método era o oráculo do veneno, no qual uma galinha bebia um líquido envenenado; o oráculo ocorria se ela morresse ou não. Todos os três oráculos poderiam ser administrados por qualquer homem leigo que tivesse o equipamento adequado – eram maneiras de fazer o autodiagnóstico usando meios mecânicos ou ajuda não humana. Apenas em cerimônias públicas era sempre requisitado o serviço de um "profissional", o feiticeiro – que oferecia consulta e diagnóstico utilizando uma habilidade ocupacional "profissional".

Na cultura Zande, concepções sobre a bruxaria favoreciam os métodos leigos de diagnóstico porque neles o elemento humano estava menos presente. A bruxaria era considerada uma força física e natural, independente da vontade humana. Na adivinhação, alguém provavelmente chega mais perto da verdade quando os desejos humanos são menos capazes de influenciar os resultados. Então, o que tem maior valor é esse tipo de adivinhação no qual a influência da intromissão do elemento humano é menor. Os Azande reconheceram que era muito fácil fazer a bucha ser cravada na tábua de esfregar, deliberada ou inconscientemente; e que era muito fácil para os feiticeiros enganar. Assim, nem a tábua nem o feiticeiro eram reconhecidos como métodos definitivos ou conclusivos de adivinhação. O oráculo dos cupins, por ser considerado menos dependente da pessoa que o administrava, era mais valorizado. O oráculo do veneno era visto como o que tinha menos chance de ser tendencioso e era o mais respeitado. Ele tinha, de fato, conquistado certo valor legal.

Parece claro que o feiticeiro tinha uma posição insegura. Era reconhecido ocasional e individualmente como tendo uma "arte", mas nenhuma "perícia" ocupacional especial. Os homens leigos acreditavam que alguns feiticeiros eram dignos de confiança pelo fato de possuírem, *hereditariamente*, uma substância potente de feitiçaria em seus corpos, mas nenhuma perícia ou conhecimento *ocupacional*. Os leigos continuavam a acreditar que a parafernália da feitiçaria e os atos desempenhados eram irrelevantes para seu desempenho, exceto como entretenimento – o valor de seu trabalho não se originava de habilidades aprendidas.

## Condições para uma profissão de feitiçaria

Os feiticeiros procuravam enfrentar essa situação de duas formas. Primeiro, eles tentaram provar seu valor ocupacional sustentando que a eficácia de seu trabalho era decorrente do conhecimento *conquistado* durante o aprendizado com um mestre. Eles declaravam que, antes de fazer seu trabalho, comiam substâncias especiais que lhes permitiam adivinhar a bruxaria; essas substâncias secretas e especiais garantiam a eles a aquisição do poder de feiticeiro sem que tivessem herdado isso: obter uma educação técnica adequada sobre drogas mágicas e outras substâncias era a única maneira de ser um bom feiticeiro.

Segundo, eles adotavam procedimentos "profissionais" especiais para diferenciarem-se do homem leigo – maneiras peculiares de se vestir, falar e utilizar nomes profissionais especiais quando trabalhavam, e, no caso da remoção das pelotas mágicas, falsidades deliberadas para impressionar o cliente. Esta última forma era racionalizada de uma maneira particularmente interessante. Evans-Pritchard revela como um aprendiz desiludido, a quem ajudou a descobrir a fraude que envolvia a remoção de pelotas mágicas, questionou seu mestre. Este disse que o público deveria ser induzido a continuar o tratamento, por estar impressionado com as pelotas, ao passo que as drogas que realmente faziam a cura não impressionavam tanto. A falsificação era justificada como um placebo – uma terapia deliberadamente inócua dada pelo consultor para agradar o paciente –, que mantém o paciente em tratamento e então pode se beneficiar das *verdadeiras* habilidades do feiticeiro. Nenhum desses estratagemas, entretanto, supriu fundamento suficiente para transformar o feiticeiro em uma ocupação forte, muito menos em uma profissão. Embora tenhamos dificuldade em especificar todas as condições necessárias para um fundamento desse tipo, o caso do feiticeiro da sociedade Zande sugere várias condições relevantes.

O feiticeiro deve, para manter uma posição estável, primeiro, ganhar o controle exclusivo de praticamente todos os métodos legitimados de adivinhação, incluindo o acesso a elementos estratégicos da tecnologia necessários que faça com que nenhum homem leigo possa utilizá-los sem sua ajuda. Não é necessário que ele controle toda a tecnologia, mas simplesmente as partes necessárias do conjunto – as buchas, mas não as tábuas de esfregar, por exemplo. Além disso, não é necessário que ele controle a tecnologia em si, se obtém o controle sobre as condições de seu uso ou administração – quando deve ser usado, por exemplo. Nem mesmo seria necessário o controle sobre a administração, caso a ocupação conquistasse a exclusiva competência de interpretar os resultados. Independentemente das estratégias adotadas, é claro que uma condição mínima de controle é que a *ocupação conquiste o comando da exclusiva competência para determinar o conteúdo adequado e o método efetivo para desempenhar algum trabalho.*

Em segundo lugar, para estar segura, a ocupação também deve basear seu sucesso no conhecimento e perícia que só podem ser obtidos com a inserção do membro em um grupo profissional. Se o conhecimento e a perícia preeminentes originarem-se de um acidente hereditário ou "dom" sobrenatural, então é sempre possível que pessoas externas à ocupação possam reivindicar ter competência semelhante ou superior. *O grupo ocupacional, então, deve ser a primeira fonte para estabelecer o critério que qualifica o homem ao trabalho de maneira aceitável.*

Entretanto, como essas duas condições podem ocorrer? Devemos lembrar que ainda que o feiticeiro Zande reivindique competência baseada em treinamento, ele não conquistou nenhum nível importante de controle sobre as atividades de adivinhação. Mesmo se postularmos uma situação em que o feiticeiro fosse designado adivinhador "oficial", poderíamos facilmente imaginar os resultados – os homens leigos continuariam utilizando seus métodos baratos de qualquer forma e evitariam o feiticeiro exceto quando tudo mais tivesse falhado. Da mesma forma que o médico, o feiticeiro deve ser consultado antes de ser capaz de trabalhar. As pessoas não podem ser obrigadas a usar seus serviços. Sem alguma crença ou respeito por suas capacidades, elas podem escolher consultar qualquer pessoa em vez dele. Apenas o controle formal ou oficial sobre o desempenho ou a interpretação das tarefas não são, portanto, suficientes para a sobrevivência de uma ocupação baseada na consulta e no serviço personalizado. Também é necessário que haja *a crença geral e pública na competência da ocupação de consulta e no valor do conhecimento e habilidade professados*. Sem essa crença geral, existirá pouca consulta.

Obviamente, essa crença pode ter muitas bases. Uma delas é a congruência do trabalho das ocupações com as crenças gerais sobre tal trabalho. No caso dos Azande, a essência da crença geral era tal que tornava impossível que um grupo ocupacional pudesse adivinhar efetivamente. Mas os feiticeiros Zande estavam no caminho certo: se tivessem tido sucesso em persuadir seus clientes que o uso sistematizado de ervas poderia temporariamente criar feitiços poderosos, eles iriam pelo menos se estabelecer e ser uma fonte segura para consulta. Neste caso, as bases para a crença pública estariam na compatibilidade das práticas dos feiticeiros com o sistema cultural de crenças. Essa base, entretanto, não pôde ser estabelecida.

Assim como qualquer método que é meramente compatível com as crenças culturais gerais de uma sociedade pode obter os mesmos resultados ou efeitos, tal compatibilidade, entretanto, é insuficiente para o reconhecimento de uma atividade. Ela não oferece vantagens competitivas sobre qualquer outro método que também seja compatível. Uma vantagem competitiva é a eficácia do método do feiticeiro. Se sua adivinhação e sua recuperação das pelotas mágicas aliviassem, mais que outros métodos, a doença e outros infortúnios, a fé nele deveria crescer de maneira considerável; presumivelmente, o feiticeiro Zande falhou nesse terreno também.

## Medicina e o feiticeiro

Historicamente, creio que a Medicina também só obteve há pouco tempo as condições para desenvolver-se como uma ocupação de consulta com um status verdadeiramente profissional. Ainda que o conteúdo de seu conhecimento ou perícia (ou "ciência") fosse diferente, ela foi, no passado, uma ocupação cuja posição na sociedade e organização era quase similar àquela dos feiticeiros Zande. Na verdade, a Medicina não era nem mesmo um grupo ocupacional único e organizado até a Idade Média. Naquele tempo, como Bullough (1966) demonstrou, a Medicina havia obtido reconhecimento *oficial* da própria instrução universitária como primeiro critério para qualificar a prática de um homem que cura. Ao médico foi concedida a exclusiva competência para determinar o próprio meio e efetivo método para tratar o doente. A Medicina *oficial*, entretanto, tinha apenas uma frouxa e variável conexão com as crenças culturais gerais da população e era uma profissão mais aprendida do que praticada. A maioria das consultas a curandeiros pela população em geral não era controlada pela organização ocupacional médica. A Medicina tornou-se uma verdadeira ocupação de consulta no final do século XIX, depois de ter desenvolvido uma base científica suficiente que fez que seu trabalho parecesse superior ao trabalho dos curandeiros. Ela consolidou sua posição no século XX à medida que aperfeiçoou o ensino da média dos praticantes e que a educação da população elevou-se para receber e aceitar seus serviços.

## O desenvolvimento da tecnologia médica

Eu acredito que a demonstração empírica do resultado do trabalho médico é importante para seu desenvolvimento como uma profissão de consulta. Analiticamente, essa é uma questão de aceitação cultural das práticas de um grupo ocupacional especial pelo público que as recebe. Embora não precisemos acreditar que o homem seja completamente racional e pragmático, não influenciado por ilusões ou por concepções *a priori* sobre a natureza do mundo, ou, no caso da Medicina, que seja imune à influência da fé e da esperança nos processos do corpo, existe, todavia, uma quantidade imensa de evidências em que o benefício material racional e pragmático exerce um papel importante, mesmo que não exclusivo, na aceitação pública[5] dessa profissão. Na prática, o trabalho do médico é, antes de tudo, dirigido concretamente à solução de um problema prático, da mesma maneira que o trabalho do feiticeiro. Até possuir fundamento científico, o trabalho médico podia oferecer a seus consumidores pequenos benefícios a mais se comparado a muitos outros curandeiros.

Infelizmente, a maior parte dos historiadores da Medicina se dedicou exclusivamente a documentar descobertas de pequenos feitos isolados que nós consideramos agora serem cientificamente verdadeiros. Relembrando o passado com base na atual perspectiva da "ciência moderna", o historiador é inclinado a passar pelos séculos escolhendo a dedo os elementos "válidos" do conhecimento médico, reunindo uma cronologia de verdades que ajudam a converter-se na Medicina científica de hoje. Em histórias escritas dessa maneira, sobretudo quando estão inflamadas por uma fé apaixonada na glória e na dignidade da Medicina, não é fácil ver que no passado (como hoje, também) essas verdades fragmentárias eram freqüentemente confundidas com uma quantidade de procedimentos ineficazes e até mesmo nocivos, alguns dos quais foram simplesmente utilizados de forma empírica, ao passo que outros se originaram sistematicamente de teorias tão estranhas quanto aquelas dos Azande. O benefício era, sem dúvida, pequeno para o paciente atendido pelo médico que fazia ou usava uma descoberta válida, mas que, na prática, estava inserida no conjunto de falsas convenções. Além disso, não havia evidência que todos os curandeiros daquele tempo, mesmo em uma "escola" específica, usassem tais verdades em sua prática. Como as histórias da Medicina são geralmente de descobertas médicas e de seus descobridores mais do que histórias sobre o dia-a-dia do trabalho médico, elas não conseguiam mostrar que o trabalho médico era radicalmente diferente daquele exercido nos dias de hoje. Isso nunca deve ser esquecido.

Sabe-se que certas culturas anteriores à Grécia antiga já dispunham de um corpo bem constituído de conhecimentos médicos que foram absorvi-

---

5 Ver revisões da literatura nas seguintes obras: BARNETT, H. G. *Innovation: The Basis of Cultural Change*. Nova York: McGraw-Hill Book Co., 1953; LIONBERGER, H. F. *Adoption of New Ideas and Practices*. Ames, Iowa: Iowa State University Press, 1960; ROGERS, E. *Diffusion of Innovations*. Nova York: The Free Press of Glencoe, 1962.

dos pela Medicina grega,[6] mas convencionou-se começar com os gregos por causa da maneira mais natural, em vez da sobrenatural, com que a doença era tratada por certos curandeiros gregos.[7] Mais particularmente, os médicos hipocráticos enfatizavam a cuidadosa observação e a descrição da doença e de seu desenvolvimento, com a visão do prognóstico preciso. O tratamento era um pouco conservador, baseando-se, sobretudo, na dieta e pouco em drogas ou cirurgias. A suposição era que a natureza por si só era curadora e que o médico deveria simplesmente assistir mais do que lutar contra a natureza. A visão hipocrática de saúde baseava-se na idéia de uma harmoniosa mistura de humores (sangue, catarro, bílis negra e amarela, originadas no coração, cérebro e baço, respectivamente). A doença seria a conseqüência de uma mistura incorreta dos quatro humores. A condição do pulmão, as influências sociais e climáticas e a constituição física do paciente também contribuíam para essa concepção de saúde e doença.

Mas os hipocráticos não foram os únicos médicos na Grécia e nos tempos helênicos. Muitas escolas participaram, descrevendo e classificando doenças, órgãos e processos biológicos. Durante setecentos anos de Medicina, começando com Hipócrates e terminando com Galeno, existiram várias escolas, denominadas como tal, como os dogmatistas, os empiristas, os discípulos de Esculápio, os metodistas e os pneumatistas, muitas das quais não aderiram à teoria dos humores. Numerosas observações que nós agora consideramos corretas foram feitas durante essa época – incluindo cuidadosas descrições anatômicas de elementos como o olho, traquéia, duodeno e genitália, e as descrições clínicas do diabetes, da lepra e do tétano.

Costuma-se dizer que o período Grego culmina com a síntese de Galeno do Pergaminho (130-201 d.C.), cuja influência foi sentida na Medicina de maneira considerável durante mais de mil anos. O trabalho de Galeno era dominado pela teleologia aristotélica – cada órgão tinha um objetivo especial e, portanto, uma função especial; e, como Aristóteles e alguns médicos que o antecederam, Galeno defendia uma concepção humoral de doença. O

---

6 Sobre os tempos antigos, ver SIGERIST, H. E. *A History of Medicine*. Nova York: Oxford University Press, 1951, vs.1 e 2.
7 Nesta seção eu conto com um conjunto de histórias correntes do conhecimento médico, particularmente o de ACKERKNECHT, E. W. *Short History of Medicine*. Nova York: The Ronald Press Co., 1955.

próprio trabalho de Galeno sobre anatomia e fisiologia foi extraordinário, mas sua mais importante influência em tempos posteriores originou-se em sua especulação sistemática. Seu trabalho se tornou tão oficial durante o final da Idade Média que os médicos, supervisionando dissecações de cadáveres humanos, só viam aquilo que Galeno havia descrito, mesmo que ele aparentemente nunca tivesse dissecado um corpo humano e houvesse postulado propriedades anatômicas tão claramente excêntricas como o útero em formato de chifre e o fígado de cinco lóbulos.

Com a Renascença, no entanto, a velocidade das novas descobertas se acelerou e o peso das antigas teorias diminuiu. As grandes navegações estabeleceram contato com uma nova botânica e, conseqüentemente, com novas drogas para tratamento. No século XVI, o trabalho de Vesalius corrigiu muitos erros de Galeno e acrescentou nova precisão por conta própria. Paracelsus, com a introdução de remédios específicos de minerais como chumbo, arsênio e enxofre e com sua teoria química da doença, enfraqueceu a antiga teoria dos humores. Ambroise Paré fez importantes contribuições para a cirurgia.

Durante os séculos XVII e XVIII houve uma crescente aceleração de cuidadosas observações e também foram feitas algumas descobertas de técnicas especializadas. A comprovação feita por Harvey sobre a circulação sanguínea, usando argumentos experimentais e morfológicos, é corretamente considerada um dos mais importantes avanços. Entretanto, apesar de sua grande realização e a de outros, nesse período, o mais importante desenvolvimento da Medicina não parece ter sido exatamente médico, mas mais científico e tecnológico, como a invenção do microscópio e o trabalho em física de Newton e Galileu. O desenvolvimento da Física e da Química tornou possível, pela primeira vez, uma fundamentação sistemática da Medicina.

Sem uma fundamentação sistemática, a prática médica poderia ter sido somente um conjunto de concepções tradicionais complementadas por uma variedade de julgamentos clínicos. A teoria dos humores, é claro, representava uma espécie de fundamentação sistemática, e sempre houve, igualmente, alguma inconsistência e ignorância nas tarefas do conhecimento aplicado como a Medicina; todavia, até que a verdadeira fundamentação científica fosse estabelecida, não houve uma adequada maneira de classificar e analisar o espectro de experiências clínicas. Agindo unicamente em um nível pragmático ou clínico, o que é para nós estranho poderia coexistir pacificamente com o que é exato e verdadeiro.[8] Sem uma noção sistemática das causas das patologias que foram cuidadosamente descritas e classificadas no passado, ou das causas do sucesso de uma nova droga ou procedimento, o progresso seria incerto e confuso, e o trabalho dos indivíduos deveria variar de acordo com a opinião ou a experiência de cada um.

Nenhum evento simples é um fato isolado nem é por si só de extraordinária importância. Entretanto, a descoberta, em 1860, de que um bacilo fora a causa do antraz foi de crucial importância na história da Medicina. Ela resolveu de uma só vez o conflito entre várias teorias. Nas mãos de Pasteur, Koch e outros, a idéia de agentes causadores específicos das doenças foi estabelecida, e as doenças passaram uma após a outra por investigações que resultaram desta idéia. Como um historiador disse, "pela primeira vez na história, as *causas* de numerosas doenças tornaram-se conhecidas. O caminho foi substituir o tratamento empírico e sintomático pelo tratamento causal e preventivo" (ACKERKNECHT, op. cit.:171). Além disso, o desenvolvimento tecnológico da anestesia e assepsia permitiu que a cirurgia obtivesse um sucesso nunca antes possível, mesmo que os cirurgiões tivessem desenvolvido outrora um conjunto de refinados conhecimentos e habilidades. Essas realizações estabeleceram uma ruptura *qualitativa* com o passado: pela primeira vez, foi possível qualquer praticante bem treinado da ocupação prever e controlar com segurança um amplo espectro de doenças humanas. Pela primeira vez, como L. J. Henderson afirmou, um paciente comum tratado por um médico comum podia ter mais de 50% de chance de melhorar. E então a distinção entre médicos e os denominados charlatões não ficou mais baseada na certificação acadêmica da superioridade de uma superstição sobre outra.

O clero poderia ter uma estabilidade ocupacional limitada por obter o reconhecimento estatal do dogma do qual tinha custódia. O advogado necessitava simplesmente controlar o acesso às cortes, onde residia o poder político. Mas a posição do médico dependia da decisão dos indivíduos de procurá-lo. Então ele necessitava atrair para si um amplo público. A qualidade do seu trabalho não o habilitava a fazê-lo até o final do século XIX.

---

8 Para um resumo das práticas inúteis e perigosas de tais eruditos como os escritos de Hipócrates, Galeno, Paracelsus, Paré e Osler, ver SHAPIRO, A. K. A Contribution to a History of the Placebo Effect. In: *Behavioral Science*, V, 1960, p.109-135.

## O desenvolvimento de organizações ocupacionais

Com o desenvolvimento de uma fundamentação tecnológica ou científica adequada do trabalho médico, desenvolveu-se uma fundamentação sociológica para criar uma ocupação tão bem estabelecida na sociedade que se tornou uma verdadeira profissão de consulta – comandando os critérios que qualificam os homens ao trabalho de cura, com exclusiva competência para determinar o conteúdo correto e o método efetivo de exercer sua atividade, sendo consultado livremente pelos que necessitam de sua ajuda.

Antes da Idade Média não havia, provavelmente, uma clara identidade ligada aos médicos, exceto de uma maneira muito geral, porque nenhum dos que exercem as práticas de cura detinha o título especial de "doutor"; e em alguns momentos e lugares não havia nem mesmo uma ocupação denominada de curandeiro.[9] Ao longo dos séculos, os curandeiros diversificaram-se enormemente, tanto nas escolas quanto na prática dos grupos, nos quais treinavam e se habilitavam. Em cada grupo de pacientes, eles tinham de ouvir reivindicações embaralhadas e confusas, algumas parecendo eruditas e outras, caseiras e simples. Esses curandeiros que se consideravam especialmente sábios e racionais – muitos deles sabiam ler e escrever, deixaram documentos e então se tornaram candidatos ao privilégio de serem chamados hoje de ancestrais diretos das profissões – estavam cercados por um variado agrupamento de outros praticantes, alguns apenas com a pretensão de ter um truque para colocar ossos no lugar ou um conjunto de conhecimentos especiais sobre ervas medicinais simples, graças à tradição familiar, e outros com a grande pretensão de terem a ciência e a teoria.

Para se ter consciência sobre o significado do passado do médico (isso se nós pudermos mesmo falar sobre "o" médico de maneira realística), não se deve esquecer que ele não teve, em nenhum momento em sua história, algo parecido com um monopólio, informal ou formal, sobre os serviços de cura. Mesmo atualmente é praticamente impossível impedir que um paciente trate de si próprio ou procure ajuda com amigos ou parentes. E, qualquer que fosse a razão, o monopólio completo e formal nunca foi garantido à Medicina pelo Estado. Nos tempos modernos, as exceções legais ao monopólio são

---

9 Ver, por exemplo, BULLOUGH, V. L. The Term 'Doctor'. In: *Journal of the History of Medicine and Allied Sciences*, XVIII, 1963, p.284-287.

poucas, mas existem mesmo assim, como no caso dos quiropráticos nos Estados Unidos, por exemplo. No passado, as exceções ao monopólio eram a regra. Por quê? Quais foram as implicações disso para a organização profissional dessas ocupações? Vejamos brevemente as circunstâncias sociais do trabalho desses curandeiros que nossos historiadores têm escolhido para "legitimar" mais que os falsos médicos do passado. Comecemos outra vez com os Gregos, sem esquecer que nosso conhecimento do passado é quase completamente dependente dos preconceitos específicos da elite política e literária que nos disponibilizou seus documentos.[10]

No caso dos curandeiros Gregos, encontramos ocupações instáveis e defensivas, felizmente reunidas em uma série de grupos de aprendizes e ex-aprendizes em torno dos mestres que os ensinavam, cada grupo preservando cuidadosamente, em relação aos demais, os segredos aprendidos de seus mestres, cada qual competindo agressivamente com o outro para obter clientela. De fato, algumas das características técnicas e intelectuais de cada escola ou grupo parecem ter surgido de problemas práticos de ser bem-sucedido em uma situação de competitividade, assim como do problema de conquistar uma clientela sob as condições de uma prática itinerante. Sigerist analisou o interesse do curandeiro hipocrático no prognóstico (a previsão do curso da doença), por exemplo, como um método orquestrado pelos trabalhadores sem reputação local que precisavam de um método para impressionar os pacientes críticos e, assim, estabelecer sua reputação e atrair rapidamente uma clientela em uma cidade onde ele não ficaria muito tempo. Os hipocráticos em si (ou pelo menos alguns escritores do *corpus* hipocrático) lamentavam os truques utilizados por seus concorrentes para atrair a clientela – a prescrição de remédios exóticos, por exemplo, e a utilização sistemática de maneiras esquisitas de falar e vestir (SIGERIST, 1934:190-214; COHN-HAFT, 1956; JONES, 1923 e 1943).

---

10 Entre as obras mais úteis que tratam da história da prática médica são: KING, L. S. *The Medical World of the Eighteenth Century.* Chicago: University of Chicago Press, 1958; ROSEN, G. *A History of Public Health.* Nova York: MD publications, 1958; SHYROCK, R. H. *The Development of Modern Medicine, An Interpretation of the Social and Scientific Factors Involved.* Nova York: Alfred A. Knopf, 1947; SIGERIST, H. E. *On the Sociology of Medicine,* ed. M. I. Roemer. Nova York: MD Publications, 1960; TURNER, E. S. *Call the Doctor.* Nova York: St. Martin's Press, 1959; BULLOUGH. *The Development of Medicine,* op. cit.

Antes da Idade Média, segundo consta nos livros de História, os curandeiros eram aqueles que tratavam da ou trabalhavam para a elite. Nós sabemos muito pouco sobre os curandeiros que tratavam dos artesãos, dos camponeses e dos escravos. Em alguns casos, a elite contratava respeitáveis curandeiros para cuidar de certos segmentos da população em geral: este foi o caso dos médicos na Grécia; Galeno foi aparentemente empregado para cuidar dos gladiadores em Roma; e médicos foram contratados para tratar de populações de guetos na Idade Média (MARCUS, 1947). Nós podemos estar seguros, entretanto, que na Grécia, como em tempos posteriores, as pessoas tinham os próprios praticantes humildes que, apesar de historicamente imperceptíveis, dedicavam boa parte de seu tempo cuidando da maioria da população. Esses "praticantes populares" começaram a ser reconhecidos em documentos históricos como uma classe especial quando podiam ser diferenciados dos "respeitáveis" curandeiros. O título de "médico" conferido pela universidade constituía a primeira fonte estável de distinção. A universidade da época medieval então, pela primeira vez na história, criou um critério administrativo, definitivo e distinto, estabelecendo uma identidade ocupacional singular em meio à dispersa coleção de curandeiros que atuavam naquele tempo. O desenvolvimento da universidade e das escolas médicas em seu interior facilitou o esforço do Estado e do grupo escolhido de curandeiros para regulamentar formalmente as ocupações relacionadas com a saúde. Tal legislação, como a de Roger II da Sicília, em 1140, e de Frederik II, em 1224, representaram cedo, se não pioneiramente, a regulamentação das práticas de cura com esse conjunto de credenciais.[11]

A regulamentação oficial foi também facilitada pelo desenvolvimento das guildas: associações nitidamente leigas, compostas por homens reunidos por desempenharem trabalhos semelhantes e por serem responsáveis pelo bem-estar público. Ambas, a universidade medieval e as guildas, ofereciam aos médicos uma identidade pública específica e colocavam em funcionamento mecanismos pelos quais seu prestígio em relação a outras ocupações poderia ser facilmente estabelecido. Tecnicamente, o médico foi preeminente em relação a outros trabalhadores, como os donos de mercearias e os boticários, e também supervisionava o trabalho deles. Entretanto, nem a universidade

---

11 Um precoce exame e licença para o exercício foram estabelecidos em Bagdá em 931 d.C.

nem a guilda conseguiram por si só estabelecer o monopólio do médico sobre o trabalho da cura, pois não conseguiram criar na mentalidade pública uma ampla confiança que encorajasse as pessoas a utilizar abundantemente os serviços médicos. Os médicos das guildas e com formação universitária formavam uma elite, uma elite pequena. Os clientes eram praticamente limitados à nobreza e à riqueza, mas havia pouca evidência de que até mesmo a elite tivesse confiança plena nos médicos universitários, pois era comum patrocinarem praticantes irregulares.[12] Os pobres urbanos e os camponeses tinham pouca atenção médica, buscando em seu lugar a atenção dos práticos leigos dispostos a cuidar deles. Embora os médicos fossem respeitados como membros educados da elite, pareciam não ter muita autoridade como curandeiros. O estabelecimento de associações profissionais nacionais de Medicina na Inglaterra, Alemanha e em outros países permitiu, no século XIX, outro apoio para o monopólio profissional, mas a fidelidade do público ao médico continuou faltando. Para ela ser conquistada, outros elementos, além do título universitário, pareciam necessários.

Nos Estados Unidos, durante os séculos XVIII e XIX, a população apresentava repulsa pelos métodos de sangria e purgação oferecidos pelos médicos como tratamentos científicos, levando ao desenvolvimento de uma variedade de métodos mais agradáveis, como o florescimento, no século XIX, da prática de usar álcool e ópio (YOUNG, 1961). Então, durante o século XIX, apesar da existência de guildas e leis de licenciamento, não havia nenhum grupo entre os curandeiros, incluindo os médicos, que obtivesse realmente um monopólio sobre os cuidados de cura. Eles tinham apenas o mero reconhecimento oficial. Nos Estados Unidos, foi especialmente difícil criar uma ocupação simplesmente por meio de credenciais distintas. O igualitarismo criou o sentimento de que a liberdade humana de cuidar do outro não deveria ser atrapalhada por leis de licenças médicas e a contínua expansão da fronteira dificultava a imposição de qualquer conjunto de regras sobre quem podia exercer a cura. Na fronteira, praticamente qualquer pessoa poderia praticar a cura e muitos se autodenominavam "doutores" (PICKARD & PULEY, 1945). Os que desejavam um diploma poderiam ter um de manei-

---

12 Ver a discussão sobre "charlatões" em KING, op. cit.; COPEMAN, W. S. C. *Doctors and Disease in Tudor Times*. London: Dawsons', 1960; e especialmente em TURNER, op. cit.

ra fácil freqüentando uma escola médica particular.[13] No final do século XIX havia não só um enorme número de "médicos" nos Estados Unidos, mas também uma grande confusão para assimilar e comunicar ao público os avanços científicos do século ou ganhar sua completa confiança. Apenas no século XX a licença foi amplamente estabelecida nos Estados Unidos, baseada em um modelo uniforme de educação médica.[14] Com um treinamento uniforme, poderia ser esperado que cada médico licenciado tivesse a mesma base educacional técnica e distinta de todos os tipos de curandeiro. Ao mesmo tempo, a consolidação política da nação tornou possível o reforço das leis de licenciamento. Com uma sólida base técnica para seu treinamento, o médico pôde conquistar confiança e estabelecer a justiça em suas reivindicações de privilégio. E finalmente, com a educação em massa, o público desenvolveu conhecimento e crenças que mais se assemelhavam às dos médicos em si, tornando-se mais receptivos a seu trabalho. O resultado foi o controle sobre a prática de cura que a Medicina nunca havia tido antes.

## Tecnologia e as profissões de consulta

Em minha discussão sobre o desenvolvimento da Medicina para a forma de organização atual, tenho apresentado dois argumentos. Primeiro, para uma utilização adequada do conceito profissão é fundamental que ela possua algo parecido com o monopólio sobre o exercício de seu trabalho. Segundo, argumentei especificamente que, no caso da Medicina, um monopólio significativo não poderia ocorrer antes do desenvolvimento de uma tecnologia de trabalho segura e prática. Este aspecto foi necessário, mas não suficiente, para a Medicina porque a sobrevivência da prática médica depende da escolha do homem leigo em consultá-la. A escolha pela consulta não pode ser forçada; deve ser atraída. Os "bons resultados" da prática médica com uma profunda fundamentação no conhecimento são, no meu entender, uma importante fonte de atração.

---

13 Ver, por exemplo, BONNER, T. N. *Medicine in Chicago, 1850-1950*. Madison: The American History Research Center, 1957.
14 Ver a discussão sobre as várias modalidades de escolas de Medicina existentes nos Estados Unidos no início do século XX em FLEXNER, A. *Medical Education*. Nova York: The Macmillan Co., 1925. O "Relatório Flexner", é claro, condenou as escolas médicas.

Obviamente, "bons resultados" não são necessários para o monopólio de outras ocupações que são chamadas de profissões – para o acadêmico erudito ou o clérigo, por exemplo. A *expertise* do médico tem um caráter diferente da do acadêmico erudito. Como o advogado, o médico tem a tarefa de resolver problemas práticos que as pessoas lhe trazem. Ele não é guardião de um dogma revelado cuja função é distinguir o genuíno dogma do espúrio, nem é o repositório e o elaborador da teoria e do conhecimento acumulados pela sociedade. O pedido é o seguinte: "médico, faça algo"; e não "médico, me diga se isso é verdade ou não". Nesse sentido, existe uma profunda diferença entre o que deve ser denominada de "profissão de consulta" e uma profissão acadêmica, erudita e científica. Os primeiros sobrevivem ao oferecer, a uma vasta clientela leiga, serviços que procuram resolver problemas práticos. Eles devem atrair a confiança da clientela leiga. A melhor maneira de fazê-lo é oferecendo soluções a seus problemas. As profissões eruditas, entretanto, podem sobreviver apenas com o interesse e o financiamento de um patrocinador especial e poderoso sem precisar ganhar confiança dos leigos; elas podem ganhar seu monopólio de trabalho apenas pela conjunção das associações profissionais e o Estado. As profissões de consulta têm de passar pelo teste de resolver problemas práticos apresentados por sua clientela leiga. Estes dois tipos de ocupação podem ser denominados "profissões", mas as condições para seu estabelecimento e manutenção são tão distintas que se corre o risco de criar uma grande confusão considerando-as conjuntamente.[15] Ao não estabelecer a diferença entre as duas ocupações não se reconhece a profunda mudança de caráter que a Medicina, como profissão, sofreu recentemente. Pelo menos até a Idade Média, a Medicina manteve seu status de profissão universitária e erudita. Mas a profissão médica como uma profissão de consulta parecia, até pouco tempo atrás, aquela do feiticeiro Zande.

---

15 Deve ficar claro aqui, como em qualquer outro ponto neste livro, que sigo a distinção analítica de HUGHES, E. C. Psychology: Science and/or Profession. In: *Men And Their Work*. Nova York: The Free Press of Glencoe, 1958, p.139-144.

# CAPÍTULO 2
## ORGANIZAÇÃO POLÍTICA E AUTONOMIA PROFISSIONAL

No primeiro capítulo tentei mostrar que a transformação da Medicina em uma profissão plenamente independente envolveu a interação de diversas variáveis. A escola médica universitária da Idade Média preparou as bases para o desenvolvimento de critérios claros sobre os quais um grupo específico de trabalhadores podia ser identificado. Ela também ajudou na criação de um grupo ocupacional consciente de si mesmo que compartilhava uma formação comum de treinamento. Dada a importância que o aprendizado de alto nível tinha para a elite daquela época, os novos médicos formados pela universidade obtiveram o apoio do Estado para se tornar árbitros do trabalho médico. Assim, esta Medicina passou a exercer sobre seu trabalho um controle oficialmente reconhecido; um controle que finalmente tornou-se plenamente operacional a partir do momento em que o trabalho em si tornou-se desejado e atraente para o conjunto da população.

A origem do controle da Medicina sobre o seu próprio trabalho é, portanto, de caráter claramente político, envolvendo a ajuda do Estado no estabelecimento e na preservação da preeminência da profissão. A ocupação em si tem representantes formais, organizações ou indivíduos que tentam dirigir os esforços do Estado em direção às políticas desejadas pelo grupo ocupacional. Dessa maneira, é pela interação entre agentes ou agências formais das ocupações e funcionários do Estado que se estabelece e se formaliza o controle da ocupação sobre o próprio trabalho. A característica mais estratégica e preciosa da profissão – sua autonomia – é, portanto, decorrente de sua relação com o Estado soberano, sem o qual ela não é, enfim, autônoma. E a autonomia de um médico individual existe em um espaço social e político aberto e mantido em seu benefício por mecanismos ocupacionais formais e políticos. É evidente que a autonomia profissional não é absoluta: o Estado tem soberania sobre todos e concede autonomia condicional a alguns. Para entender essa autonomia deve-se compreender o caráter da organização formal da ocupação e sua relação com os interesses políticos do Estado. Uma ocupação pode ser verdadeiramente "autônoma", uma profissão pode ser "livre" se tem de se submeter à proteção do Estado? No caso específico da Medicina, deve ser pensado que, na medida em que deve sua proeminência ao Estado, ela é vulnerável ao controle não profissional ou leigo que é seu anátema.

Obviamente, esta é uma questão muito importante para nosso entendimento sobre a Medicina, em particular, e as profissões em geral; importante tanto para a teoria das profissões quanto para a política social do Estado. Neste capítulo pretendo examinar até que ponto a dependência da profissão em relação ao Estado pode diminuir sua autonomia. Devo analisar as relações entre as instituições formais da Medicina e as do Estado em três exemplos nacionais que apresentam importantes diferenças nesse sentido. Vou enfatizar até que ponto as associações profissionais nacionais são controladas de maneira privada e possuem autoridade legal e formal delegada pelo Estado. O mais importante para tal análise serão as considerações sobre as várias dimensões da autonomia profissional, que podem ser grosseiramente divididas em dois tipos: de um lado, o julgamento cognitivo e a técnica do trabalho que podem ser conhecidos por meio de dados tecnológicos, e do outro, os denominados "humores, costumes e hábitos que se desenvolvem em torno do trabalho – as maneiras de trabalhar, por assim dizer", como disse V. O. Key Jr. (1964:125).

Essencialmente, neste capítulo, devo mostrar que, apesar de contextos políticos muito variáveis, o Estado deixa sempre nas mãos da profissão o controle do aspecto técnico de seu trabalho. O que varia, de acordo com a relação estabelecida com o Estado, é o controle sobre a organização econômica e social do trabalho. Sugiro que a perda do controle sobre tal organização não reduz o mais crítico e importante elemento da autonomia profissional e que essa perda de controle não tem necessariamente relação com a diminuição do status profissional. A ênfase será dada sobre o que parece ter maior importância analítica nas relações entre profissões e Estado: o importante é que o aspecto técnico do trabalho de uma profissão não pode ser avaliado nem controlado por outras ocupações em sua divisão de trabalho; a ausência de uma liberdade completa em relação ao Estado e, ainda, a ausência de controle sobre os termos socioeconômicos do trabalho não alteram significativamente seu caráter essencial como uma profissão. Para ser livre uma profissão não precisa ser empreendedora em um mercado livre.

Para terminar esta introdução, é necessário fazer uma advertência. Todas as três nações que vou analisar são grandes, complexas e em plena mudança. Os Estados Unidos parecem estar sofrendo atualmente uma mudança particularmente rápida. Para cada país analisado, alguns fatos citados na primeira versão deste livro tiveram de ser mudados na segunda e novamente na versão final. Além disso, os fatos apresentados foram obtidos em trabalhos monográficos que estão desatualizados pelo tempo em que foram publicados. Não é possível publicar um trabalho analítico que esteja atualizado como um jornal diário. Por esse motivo, tudo que posso reivindicar aqui é que, com o melhor de meu conhecimento, tanto quanto se saiba, as informações a que me refiro estavam corretas e eram as melhores disponíveis na época em que este livro foi escrito. Mais importante, entretanto, é meu objetivo: estudar a situação de três países para exemplificar uma área lógica de possibilidades de exercício do poder estatal e seus efeitos sobre o trabalho profissional. Como os Estados Unidos são úteis para ilustrar uma situação extrema, deliberadamente evitei complicar a análise com as mudanças sociais e econômicas quase revolucionárias que provavelmente ocorrerão em sua Medicina nos próximos dez ou vinte anos. Meu propósito principal é mais analítico que empírico, enfatizando a lógica específica de cada exemplo nacional sob a perspectiva de minha questão central, que é da autonomia profissional.

## A Medicina nos Estados Unidos

A Medicina nos Estados Unidos contemporâneos nos oferece um exemplo razoável de uma profissão com considerável autonomia tanto do ponto de vista socioeconômico quanto técnico. Sua organização representativa – ou associação profissional – dispõe freqüentemente de poderes que o Estado, em outros lugares, reservou para si, e seus praticantes têm permanecido, dessa maneira, inteiramente livres da interferência leiga.[1] Como veremos, as associações profissionais, sejam elas federais, estaduais ou locais, não são de maneira alguma a única fonte de criação e imposição de regras sobre os médicos. Entretanto, elas constituem, de fato, a estrutura organizacional básica, formal e quase legal, dentro da qual o trabalho profissional é exercido.

Deve-se frisar que, no momento em que escrevia este livro, não havia um sistema nacional de serviços de saúde nos Estados Unidos, embora um sistema nacional de financiamento aos cuidados médicos tenha começado com o nome de Medicare.[2] Encontramos, ao contrário, uma mistura de organizações e programas da comunidade, da região, da cidade e do Estado, uns sobrepondo-se a outros, uns conflitando com outros, poucos atuando de forma coordenada; alguns são financiados e gerenciados pela iniciativa privada, outros, pelos poderes públicos, e ainda existem os financiados pelo poder público e gerenciados por agências privadas (HAMLIN, 1961). Agências federais provêem cuidados ambulatoriais e hospitalares ao corpo militar e seus dependentes, assim como aos veteranos, índios e outros (CLARK & MACMAHON, op. cit.:781-812; 813-847). Agências estatais e comunitárias provêem serviços ambulatoriais e hospitalares aos indigentes doentes, aos pobres e aos que sofrem doenças específicas, como tuberculose, e provêem serviços especiais para as crianças em idade escolar. O Estado, ou mais freqüentemente as agências públicas locais, é responsável pelo saneamento dos lugares públicos. Quase todos os serviços de enfermagem hospitalar e domiciliar são oferecidos sob os auspícios da iniciativa privada, com a ajuda dos fundos de taxas públicas e dos fundos de seguros quase públicos, e ainda com doações filantrópicas privadas e financiamento daqueles que usam os serviços. Alguns hospitais são organizados sob apoio financeiro religioso, outros funcionam como instituições seculares, beneficentes e "comuni-

---

1 Muita informação útil sobre as relações entre as profissões e o governo nos Estados Unidos pode ser encontrada em GILB, C. L. *Hidden Hierarchies: The Professions and Government.* Nova York: Harper & Row, 1966.
2 Sobre o desenvolvimento do Medicare, ver FEINGOLD, E. *Medicare: Policy and Politics.* San Francisco: Chandler Publishing Co., 1966. Uma discussão geral sobre o financiamento dos cuidados médicos pode ser encontrada em HARRIS, S. E. *The Economics of American Medicine.* Nova York: The Macmillan Co., 1964; e KLARMAN, H. E. "Financing Health and Medical Care". In: CLARK, D. W. e MACMAHON, B. (eds.) *Preventive Medicine.* Boston: Little, Brown and Co., 1967, p.741ff.

tárias", que são formalmente privadas (MCNERNEY et al., 1962). A maioria dos serviços ambulatoriais é oferecida por médicos e alguns praticam um serviço individual, com base na remuneração dos serviços feita diretamente pelo paciente (*fee-for-service* ou taxa por serviço).

Não vou discutir aqui em detalhe como todos os serviços relacionados com a saúde são organizados, ou desorganizados, nos Estados Unidos. O relevante é a ampla autonomia assegurada aos médicos em tal sistema e o fato de que as pressões oficiais e centralizadas, que visam a preservar ou circunscrever a autonomia permitida por um sistema tão frouxo e local, emanam de uma única organização nacional privada, com raízes firmes e bem organizadas em cada comunidade local. Graças a essa capilaridade, ela exerce uma influência enorme e singular sobre toda a organização dos cuidados médicos nos Estados Unidos. Eu me refiro à Associação Médica Americana (AMA, do inglês American Medical Asssociation).[3]

A AMA é uma associação nacional subdividida em sociedades estaduais e territoriais (denominadas constituintes) e em sociedades locais em cada distrito ou município (denominadas componentes). Entretanto, nenhum médico pode pertencer à AMA nacional se não for membro de uma sociedade distrital ou municipal, o que confere à sociedade local certo poder em relação à representatividade. Cada sociedade municipal estabelece os próprios critérios para filiação de seus membros. De uma maneira geral, entretanto, a regra é a mesma para todas as sociedades: todo médico titular de um diploma de Medicina é admitido por causa de sua "reputação e ética", mas existe uma ambigüidade tão grande sobre o significado desses termos que, ocasionalmente, queixas plausíveis de arbitrariedades têm sido feitas como críticas contra o sistema de admissão praticado pela sociedade municipal. Recentes esforços têm sido feitos pela AMA para impedir que a raça seja um critério de admissão nessas sociedades locais.

Os membros das sociedades municipais votam diretamente em seus dirigentes e representantes para a "assembléia" estadual, ou Casa de Delegados. Esses delegados selecionam seus dirigentes estaduais e escolhem seus

---

3 Ver HYDE, D. R. et al. "The American Medical Association: Power, Purpose and Politics in Organized Medicine". In: *Yale Law Journal*, LXIII, 1954, p.938-1022, que, apesar de desatualizados em alguns pormenores, é quase a única fonte para este tema. Ver também BURROW, J. G. *AMA, Voice of American Medicine*. Baltimore: Johns Hopkins University Press, 1963.

representantes estaduais na Casa Nacional de Delegados. Estes últimos elegem o presidente e outros dirigentes nacionais da AMA, incluindo o Conselho Diretor. Tal Conselho e particularmente seu pequeno Comitê Executivo devem agir como uma diretoria corporativa, exercendo um controle contínuo e diário sobre a associação, pois o Conselho Diretor se reúne apenas semestralmente. O Conselho Diretor aprova todos os gastos e designa o vice-presidente executivo, que é o gerente da associação. Os comitês permanentes, ou conselhos, são eleitos pela Casa de Delegados ou designados pelo Conselho Diretor: uma equipe de auxiliares assiste, em horário integral, as atividades da AMA em várias áreas sob a coordenação da direção do conselho.

Essa estrutura é aparentemente dominada por um grupo relativamente restrito de homens, que mantêm o poder graças ao processo de nomeação característico dessa associação. No momento em que escrevia este livro, o presidente de nível municipal nomeava uma comissão responsável pelo estabelecimento de uma lista de candidatos elegíveis. O presidente estadual tomava iniciativas semelhantes. Como a associação nacional e as estaduais controlam a chapa dos elegíveis, raramente uma oposição organizada para o pleito obteve sucesso; e a lista oficial quase sempre é eleita. A reeleição dos homens que estão no poder é comum e o "sangue novo" é raro. Essas práticas eleitorais não são, é claro, exclusivas da AMA;[4] elas podem ser encontradas em associações ocupacionais em geral. Suas conseqüências são também comuns: a apatia geral característica de seus membros, o método de selecionar seus representantes, em que os dirigentes conseguem permanecer no poder sem obstáculos e a política do *Jornal da AMA*, que não publica opiniões opostas às posições da Casa de Delegados e do Conselho Diretor. Todos esses aspectos contribuem para que a associação, quando atua como porta-voz oficial da Medicina, ofereça ao mundo externo uma aparência unitária.

A Associação Médica Americana, então, é uma organização monolítica que facilita o exercício do poder que ela pode ter em relação à saúde. Mas qual é o atual poder que a AMA exerce? E como ele é exercido? O maior poder da AMA assenta-se na inexistência de outra associação profissional com alguma importância nos Estados Unidos. A filiação à seção local da

---

4 Ver a discussão geral deste problema em LIPSET, S. M. *et al. Union Democracy.* Garden City, Nova York: Anchor Books, 1962.

AMA é a única possibilidade associativa oferecida ao médico; e sua participação na AMA pode ser decisiva na carreira. Ocasionalmente, a filiação à AMA foi usada como critério de competência profissional para contratar médicos, como aconteceu na Marinha dos Estados Unidos. No passado, um médico que não fosse filiado à AMA não poderia ser avaliado e classificado por uma banca de examinadores de especialidades e, nos dias de hoje, esses médicos, algumas vezes, têm dificuldade de integrar equipes hospitalares. As companhias de seguro que cobrem os erros médicos solicitam prêmios de seguro mais elevados aos não filiados e podem, até mesmo, recusar-lhes a oferta de qualquer seguro. Devemos lembrar que um membro da AMA deve ser filiado a uma sociedade local e que a admissão nessa sociedade local é inteiramente arbitrária; o médico recusado não tem direito de ser ouvido e nem de apelar sobre o veredicto. No passado, alguns médicos foram ameaçados de interdição ou expulsão por terem aceitado trabalhar em bases econômicas repugnantes segundo os parâmetros dos membros das sociedades médicas municipais. Por esta razão, os médicos da empresas Elk City Cooperative, Puget Sound Group Health Cooperative e Health Insurance Plan of Greater New York tiveram sua filiação rejeitada em associações municipais e, depois, pela associação nacional.

Além de ter grande influência sobre as carreiras dos indivíduos, por ser capaz de negar a filiação individual, o que é requisitado para muitas atividades médicas, a AMA tem tido um papel notável no avanço das normas técnicas mínimas para o funcionamento dos serviços de saúde. Ela esteve engajada, por muitas décadas, na promoção da qualidade dos produtos farmacêuticos, alimentos dietéticos e dispositivos terapêuticos e diagnósticos. Ela apoiou o Pure Food and Drug Act, de 1906, que estabeleceu padrões para os produtos alimentares e drogas, e inseriu em seu código de ética um item proibindo a prescrição de remédios secretos. A AMA tem oferecido bolsas de pesquisas e auxiliado a comunicação do conhecimento teórico e prático por meio de seus periódicos científicos, ciclos de conferências e congressos. Ela lutou ativamente contra a prática dos não-médicos, estabelecendo normas de treinamento do pessoal paramédico. Em seu escritório de investigação, a AMA tem mantido um arquivo dos "charlatões" conhecidos e auxiliado em sua apreensão e abertura de processo jurídico. Ela também tem se esforçado em eliminar ou limitar a prática de competidores na divisão do trabalho. No caso da quiroprática, que pode ser exercida legalmente em muitos estados da América do Norte, a pressão da AMA tem sido para limitar tal prática a um "ajustamento manual da coluna espinhal". A prática osteopática também tem sido limitada. Parece que os osteopatas, entretanto, da mesma maneira que os homeopatas foram no século XIX, estão sendo absorvidos pela profissão médica, uma vez que as escolas osteopáticas aceitaram e adaptaram-se aos padrões da AMA. No caso da psicologia, algumas vezes as sociedades médicas tentar impedir o licenciamento do psicólogo, exigindo que apenas a pessoa com a graduação em Medicina possa legalmente tratar desordens mentais e nervosas. Finalmente, deve ser feita uma menção ao papel da AMA em estabelecer padrões de treinamento, registro, licenciamento ou certificação de muitas especialidades paramédicas – ela exerceu uma colaboração direta e formal no caso dos bibliotecários especializados em obras médicas, tecnologistas médicos e terapeutas ocupacionais; e um papel indireto, mas destacado, no caso de muitas outras especialidades, sobretudo aquelas formadas nos hospitais, tais como terapeutas de inaladores e técnicos de raio X.

Além de fiscalizar a competição com outras ocupações, a AMA também controla a qualidade e a quantidade de médicos disponíveis nos Estados Unidos. Todos os Estados exigem como pré-requisito para o credenciamento de um médico que os profissionais tenham graduação em escolas aceitáveis de Medicina. Os serviços estaduais de controle da Medicina definem como "aceitáveis" os estabelecimentos aprovados por uma comissão conjunta formada pela AMA e pela Associação Americana de Faculdades Médicas. Eles confiam nessas associações profissionais para o credenciamento, como também confiam na comissão conjunta (com a Associação Americana de Hospitais) para aprovar os treinamentos especializados de pós-graduação para médicos em hospitais. Os padrões para aprovação e credenciamento, ambos com visitas de inspeção, têm certamente aumentado e mantido os níveis mínimos na educação médica.

A influência da AMA sobre a qualidade dos serviços médicos tem sido amplamente limitada à exigência de uma formação mínima para conceder o direito de exercer a Medicina e à divulgação das informações sobre as novas e avançadas técnicas médicas por meio de periódicos profissionais e cursos de pós-graduação. A pressuposição geral estabelecida, mas não declarada, parece ser a de que cada médico com formação mínima deveria ser livre para trabalhar de acordo com seu melhor julgamento, não obstante quantos anos se passaram desde que obteve o diploma. Presume-se que a atividade voluntária das sociedades médicas locais seria suficiente para garantir as normas éticas e técnicas apropriadas para a prática, ao passo que os processos de má prática civil abertos por pacientes vitimados seriam deplorados. As atividades das sociedades médicas locais variam consideravelmente de um lugar para outro, contudo, devemos dizer que um único padrão mínimo e uniforme imposto à prática médica, sem nos referirmos à formação e ao credenciamento, é encontrado em hospitais aprovados para treinar especialistas, onde as condições de instrução influenciam tanto médicos quanto estudantes.

Como vimos, a AMA regulamenta as práticas concorrentes, fixa as normas mínimas de formação e credenciamento e mantém seus filiados cientes dos avanços científicos recentes que podem afetar o aspecto tecnológico da prática médica. Além disso, ela tem sido extremamente proeminente em relação ao controle socioeconômico da prática médica. Ainda que a AMA tenha reconhecido oficialmente o princípio da Medicina de grupo e o sistema de financiamento dos custos médicos pelos seguros-saúde, seus "Princípios Morais Médicos" estão assentados sobre um modelo de prática médica individual, não cooperativa, baseada em honorários pagos diretamente pelo paciente ao profissional pelos serviços realizados (*fee for service*), em vez de uma forma assegurada e pré-paga. Esse modelo de prática profissional sofreu, nos últimos vinte anos, terríveis pressões econômicas, políticas e tecnológicas, mas a política da AMA foi a de prevenir, tanto quanto possível, esta mudança. Sua justificativa para essa política baseia-se em argumentos mais "éticos" que técnicos.

No caso da prática assalariada, a AMA tem criticado o fato de os clientes, em vez de pagarem ao médico diretamente, pagarem para as organizações que empregam os médicos. Ela tem feito pouca objeção ao trabalho assalariado na pesquisa, na saúde pública, no magistério e no trabalho militar. Também não tem feito muita objeção quando um médico emprega outro de forma assalariada. Mas há grande objeção por parte das sociedades de especialistas, com o apoio da AMA, quando os hospitais contratam como assalariados os radiologistas, os anestesistas e os patologistas, apesar de não existir, nestes três casos, uma relação direta médico-paciente a ser protegida da ingerência da "terceira parte". A justificativa apresentada é que a dignidade da profissão diminui e isso permite a pressão por parte da administração hospitalar, que pode, oportunamente, reduzir os padrões da prática médica, levando os médicos a serem explorados pelos hospitais. Realmente, a lógica aqui demonstra a curiosa assimetria dos argumentos da AMA sobre as condições gerais da prática médica: além de tratar do tema da "dignidade", ela afirma que a qualidade do trabalho médico é vulnerável e sensível às circunstâncias nas quais o profissional está empregado em uma organização em que os indivíduos que contratam os serviços oferecidos não pagam diretamente ao profissional, mas a uma organização – uma "terceira parte". Entretanto, a Associação não aceita que a qualidade do trabalho médico varie (e possa ser comprometida) em decorrência de tais circunstâncias sociais e econômicas e que ameace a qualidade do trabalho, pois o médico depende dos honorários individuais e deve satisfazer às preferências de pessoas leigas. Todavia, o argumento tem sido que os elementos críticos da autonomia profissional, que influenciam a qualidade da prática, estão em perigo em todos os casos em que o modelo de pagamento por serviço não for adotado.

A AMA interessou-se ativamente, durante alguns anos, sobre os métodos de pagamento dos serviços médicos. E se satisfez, inicialmente, ao dificultar os planos privados de seguro-saúde. Na década de 1940, entretanto, a estratégia da AMA mudou: diante da possibilidade real de um seguro de saúde governamental ser implantado, ela aliou-se aos planos de saúde privados, apoiando particularmente os projetos em que o homem leigo não exercesse qualquer controle sobre a dimensão econômica da prática médica. A Associação não se opôs seriamente aos planos de indenização privados que reembolsam ao paciente um valor fixo para seu tratamento e deixam para ele a responsabilidade de pagar os honorários demandados pelo médico. Assim, estabeleceu a "cobrança direta" no caso do Medicare e agora não está insatisfeita com essa decisão. Ela tem sido, no entanto, muito cuidadosa em relação aos seguros médicos, na medida em que o paciente tem o direito de consultar um médico sem nenhum custo significativo adicional. Neste caso é o seguro-saúde que paga o médico e não o paciente. Esses programas, entretanto, acabam sendo aceitos pela AMA quando estão sob os auspícios de associações médicas, como é o caso da Blue Shield.

A grande controvérsia tem sido ocasionada pelos planos de saúde patrocinados por instituições leigas ou pelo governo. Nestes casos, a AMA enfatizou que os profissionais e não os leigos deveriam controlar os programas. O debate tem sido essencialmente sobre os *termos* da participação dos médicos nesses programas – a organização social da prática e a modalidade e o valor das retribuições aos médicos de tal prática. No passado, para obter a aprovação da AMA sobre os termos da prática nesses planos, foram criadas comissões locais representando todos os médicos, até os que não desejavam participar do plano. Essa exigência, é claro, dificultou a criação de um plano que trouxesse vantagens financeiras para o consumidor. As sociedades médicas locais lutaram contra tais planos, chegando a expulsar ou ameaçando de expulsão os médicos que fossem favoráveis a eles. Elas circularam listas com os nomes desses planos, para encorajar seus associados a boicotá-los ou não procurarem consulta com seus médicos e convencer as equipes médicas hospitalares a recusar privilégios aos médicos vinculados a tais planos. Essas formas duras de resistência da AMA ao pagamento feito pela seguradora e não pelo paciente são justificadas geralmente em nome da "ética" – pela qual defende que certas formas de concorrência entre médicos são iníquas e que a redução da liberdade do doente de escolher seu médico é indesejável. A AMA não tem conseguido ser muito convincente ao acusar os médicos dissidentes de serem incapazes tecnicamente ou que o trabalho em tais programas envolve técnicas incompetentes. O que importa para a AMA, acima de tudo, é preservar a liberdade empreendedora do médico.

Deve ter ficado claro agora que, nos Estados Unidos, a AMA tem defendido uma posição claramente favorável a um controle expressivo sobre a qualidade e as condições da prática médica. Neste caso, o Estado, como em outros lugares, detém a autoridade suprema em matéria de licenciamento, credenciamento e punição dos médicos, mas delegou à AMA uma grande parte de seus poderes ou baseou sua posição nos conselhos dessa associação profissional. No caso do licenciamento, os funcionários públicos são normalmente indicados pelos representantes da associação médica. A AMA usou seu poder para melhorar e preservar os padrões científicos e a posição econômica da profissão. De uma maneira geral, apesar da recente legislação nacional de seguros a favor de pessoas idosas e doentes indigentes, desenvolveu-se uma situação na qual os médicos têm liberdade para exercer sua prática com poucas restrições formais que não foram impostas ou formuladas por eles. Na verdade, a liberdade do médico norte-americano tem sido considerada um modelo de liberdade profissional. Todavia, em outros países, a autonomia não se estende por tantos domínios do trabalho. A questão é analisar como essa carência de autonomia relaciona-se com o caráter da profissão em cada país.

## MEDICINA NA INGLATERRA E NO PAÍS DE GALES[5]

O sistema de saúde inglês tornou-se consideravelmente mais organizado que o norte-americano. Logo após a Segunda Guerra Mundial, a Associação Médica Britânica (BMA, do inglês British Medical Association) teve de reconhecer o peso da necessidade pública e da pressão política para um plano nacional de saúde e negociar com o governo a criação de um Serviço Nacional de Saúde. A BMA e outras associações do ramo mantiveram o poder direto sobre o aspecto técnico do exercício profissional, mas o controle sobre as condições do exercício foi ajustado com o governo. Essas negociações levaram à promulgação de uma lei que criou um sistema nacional de organização e pagamento dos serviços de saúde para todos os cidadãos.

No dia 5 de julho de 1948, o Ministério da Saúde passou a dirigir a estrutura administrativa e fiscal dos serviços de saúde. Todos os residentes[6] passaram a ter livre acesso a um amplo espectro dos serviços de saúde existentes, sem qualquer custo direto para eles. Os serviços eram mantidos em grande parte por taxas gerais, com uma pequena parte deduzida dos salários. Uma estrutura organizacional e administrativa foi criada, paralelamente à estrutura preexistente. Ela se dividiu em três partes: (1) cuidados hospitalares e serviços especializados; (2) Medicina clínica geral, odontologia, farmácia, e outros serviços de saúde comunitária; (3) serviços de saúde pública, incluindo os cuidados materno-infantis, a escola de serviços de saúde, programas de imunização etc. Apenas os dois primeiros são pertinentes para nosso presente propósito.

---

5   Nesta parte do livro, apoiei-me em vários trabalhos, incluindo: LINDSEY, A. *Socialized Medicine in England and Wales*. Chapel Hill: University of North California Press, 1962; "Health Services in Britain", London: British Information Services, 1965; TITMUSS, R. *Essays on the 'Welfare State'*. London: George Allen and Unwin, 1958; GEMMILL, P. *Britain's Search for Health*. Philadelphia: University of Pennsylvania Press, 1960; ECKSTEIN, H. *The English Health Services*. Cambridge: Harvard University Press, 1959; e *Pressure Group Politics: The Case of British Medical Association*. Stanford, California: Stanford University Press, 1960; SUSSER, M. & WATSON, T. *Sociology in Medicine*. London: Oxford University Press, 1962; STEVENS, R. *Medical Practice in Modern England*. New Haven: Yale University Press, 1966; e FORSYTH, G. *Doctors and State Medicine*. Philadelphia: J. B. Lippincott Co., 1967.

6   Há neste caso certa indefinição terminológica na expressão. Talvez Freidson esteja usando a palavra *residents* tanto para as pessoas que têm cidadania inglesa e/ou visto de permanência quanto para as que têm apenas residência temporária naquele país. (N.T.)

Na Inglaterra e no País de Gales, existem 15 grupos hospitalares regionais. Cada um é dirigido por um conselho regional nomeado e submetido ao Ministério da Saúde. Os hospitais universitários são organizados separadamente em uma unidade própria, relacionando-se diretamente com o Ministério. Os conselhos regionais que dirigem os 15 grupos hospitalares regionais na Inglaterra e no País de Gales abrangem mais de 350 conselhos gestores, que supervisionam mais de 2.600 hospitais. São os conselhos regionais, entretanto, e não os conselhos gestores, que contratam os membros mais qualificados para os hospitais; os conselhos gestores contratam os demais membros da equipe. Os salários são negociados em escala nacional com o Ministério da Saúde por meio de representantes das ocupações diretamente envolvidas. A distribuição de especialistas, a classificação e a determinação dos recursos de cada hospital são determinadas nacionalmente no fim das negociações, mas se baseiam nas recomendações dos conselhos regionais e de gestores. Estes últimos são gerenciados de maneira benévola, incluindo uma minoria de representantes médicos e alguns secretários assalariados. Eles são responsáveis pela política geral, pela administração e pelo planejamento dos programas, mas não têm autoridade fiscal.

Os médicos clínicos gerais têm pouco ou nenhum acesso ao hospital. Os médicos consultantes (*consultants* ou "especialistas", como são chamados nos Estados Unidos) recebem um salário compatível com uma tabela e com o percentual de tempo dedicado ao trabalho hospitalar (se for de meio expediente). Quando o especialista chega a ser titular em seu posto, passa a controlar certo número de leitos. É o especialista e não o clínico geral (GP, do inglês General practitioner) quem determina se o paciente deve ou não ser hospitalizado. Uma comissão dirigida por um médico importante, em decisão secreta, oferece anualmente o prêmio de "honra ao mérito" para cerca de um terço de especialistas, mas, afora isso, o progresso na hierarquia é relativamente metódico e, na opinião de alguns profissionais, bem lento. As posições que os especialistas ocupam são formais, burocráticas e vinculadas a determinado número de leitos hospitalares disponíveis. A mobilidade deles é limitada e, por isso, muitos aspirantes à especialista ficam desapontados. Estes parecem ser os maiores críticos ao sistema – além dos emigrantes.

O clínico geral é pago por um sistema com base na capitação – ou seja, não é pago por consulta, mas sim de acordo com a quantidade de doentes pelos quais é responsável no decorrer do ano, independentemente do serviço oferecido a cada um dos pacientes. O número de doentes não pode exceder um teto. Este número pode aumentar se o clínico geral tiver um médico assistente remunerado ou se for membro de alguma parceria. Diferindo dos médicos clínicos gerais, os dentistas são pagos por consulta e o valor é negociado com o Ministério da Saúde. Os farmacêuticos são pagos por prescrição e os preços também são negociados com o ministério.

O ministério tentou estabelecer diferentes recompensas financeiras para encorajar as práticas consideradas desejáveis. Em 1952, a maneira com que o médico clínico geral era remunerado foi modificada. Ele passou a receber mais por paciente atendido quando o número total de pacientes atingia um nível considerado mais favorável, mas, se o número de pacientes crescesse demais, o pagamento era reduzido. Os clínicos gerais também podem receber honorários especiais para atender nas maternidades, cuidar de residentes temporários, treinar assistentes, fornecer medicamentos e utensílios, conduzir sessões clínicas locais etc. Para encorajar a prática em áreas rurais, os médicos recebem indenizações substanciais baseadas nos gastos com milhagem e em auxílios para a primeira instalação. Os médicos idosos com um pequeno número de pacientes recebem um pagamento extra. Todos os médicos participantes têm uma posição privilegiada em relação aos impostos e pertencem a um plano de pensão.

O Serviço Nacional de Saúde (NHS, do inglês National Health Service) está interessado em apaziguar as organizações médicas – pelo menos seus segmentos mais poderosos. Seu programa de saúde é tão popular que nem mesmo os maiores partidos políticos estão inclinados a atacá-lo. O serviço em si é organizado de uma maneira que tenta proteger o médico da influência leiga, deixando-o livre para praticar a Medicina como desejar. Ele pode ter quantos pacientes particulares quiser, além daqueles vinculados ao NHS. Ademais, em 1950, por solicitação da BMA, restrições foram incorporadas à facilidade que os pacientes tinham de poder mudar de médico do NHS – um período de espera foi introduzido e, em muitos casos, o consentimento escrito do médico original foi exigido. Todavia, existe uma quase completa liberdade de escolha para o médico e o paciente. Este pode escolher qualquer médico e, se sentir necessidade, ter uma consulta privada e paga com ele. O médico não é obrigado a receber os pacientes do NHS, limitando-se a ter somente uma clientela privada, mesmo se for especialista ou clínico geral. Se receber pacientes filiados ao NHS, pode continuar recebendo o número de pacientes privados que desejar. Os hospitais freqüentemente reservam "leitos pagos" ou "leitos de cortesia" (*amenity beds*) para a clientela privada e para quem deseja evitar a espera por um leito comum ou pagar para ter maior privacidade ou conforto do que é normalmente oferecido pelo hospital. Os próprios pacientes podem escolher por contratos privados de seguro-saúde que não sejam o do Serviço Nacional de Saúde.

Um último ponto é que, diferindo do sistema inteiramente voluntário dos Estados Unidos, foi criado no NHS um dispositivo para receber e investigar as queixas dos pacientes. Isso significa que, na Inglaterra, o paciente pode importunar mais facilmente um médico que não lhe tenha agradado do que nos Estados Unidos. Na Inglaterra e no País de Gales existem 134 Conselhos Executivos que são responsáveis pela gestão dos serviços de clínica geral, odontologia, farmácia e ótica em suas localidades. Eles são compostos em sua maioria por profissionais e assessorados por comissões locais que representam várias profissões. Eles são necessários para forçar os comitês a investigar as queixas dos pacientes e recomendar ao Ministério da Saúde a suspensão do pagamento dos médicos que não satisfizerem as condições do NHS. Um tribunal especial decide sobre os casos em que é proposta a desqualificação do médico do NHS. Entretanto, o médico acusado desfruta de inúmeras salvaguardas. As deliberações do tribunal do NHS são secretas. A pessoa que acusa não tem direito a ter um advogado, mas o médico incriminado pode recorrer a um representante da BMA, cuja competência tem valor quase legal. Existe o direito de recurso ao ministro da Saúde, mas o ministério só pode anular as decisões do tribunal se for a favor do médico acusado.

Ainda que aparentemente não exista um descontentamento severo ou persistente entre usuários[7] ou entre médicos[8] em relação ao NHS (mesmo que, como veremos, haja uma resposta muito diversificada que dificulta uma caracterização simples), existem problemas operacionais que se desencadeiam periodicamente. Um grande problema é a questão dos incentivos para melhorar o exercício técnico. O pagamento por paciente não tem necessa-

---

7 Para um bom retrato das respostas dos pacientes e dos clínicos gerais em relação ao NHS, ver CARTWRIGHT, A. *Patients and their Doctors*. London: Routledge and Kegan Paul, 1967.
8 Para um recente levantamento sobre os clínicos gerais, ver MECHANIC, D. "General Practice in England and Wales". In: *Medical Care*, VI, 1968, p.245-260.

riamente relação com a qualidade dos cuidados e, em certos casos – como na redução-padrão nos impostos segundo a qual o médico economiza dinheiro se suas despesas gerais forem baixas –, existe um verdadeiro desestímulo ao aperfeiçoamento das condições materiais do exercício médico. Além disso, com a criação do NHS, o clínico geral está ainda mais isolado do especialista e do hospital que antes. Ele está, dessa maneira, afastado das fontes de um conhecimento médico novo e propenso a se sentir como um simples agente à disposição do especialista.[9] Ele tende ainda a ser reticente ao encaminhar pacientes grávidas ao especialista temendo perdê-las (e as compensações especiais que recebe delas). A segregação que o clínico geral sofre pelo hospital e especialista aparentemente foi resultado de pressões exercidas por eminentes e poderosos especialistas no período das negociações que levaram à criação do NHS (ECKSTEIN, op. cit.). Na verdade, o sistema de especialistas, que foi estabelecido acatando a demanda dos representantes dos especialistas em si, parece ser tão estreito e rígido que os jovens que aspiram a tornar-se especialistas parecem mais propensos a deixar o país do que se instalar como clínicos gerais ou suprir laboriosamente uma vida precária enquanto esperam por uma vaga no NHS.

Existem também outras controvérsias no sistema britânico; uma em relação ao nível de recompensa que os médicos filiados ao NHS têm direito; outra sobre as regras que determinam a distribuição geográfica dos médicos em função das necessidades do público, impedindo que os médicos estabeleçam seus consultórios onde desejam; e outra sobre a documentação requerida dos médicos filiados ao NHS. O primeiro desses problemas tem, algumas vezes, permitido que os médicos ameacem uma retirada massiva de sua participação no NHS. Tais problemas são, entretanto, insignificantes quando comparados com os mecanismos que conduzem à melhoria da qualidade dos cuidados, com a questão do isolamento do clínico geral e com a limitada mobilidade no interior do sistema dos serviços especializados, os quais parecem ter sido criados, sobretudo, por segmentos da profissão e não por funcionários leigos ou por assistentes burocráticos de qualquer esquema de seguro, público ou privado. De fato, muitas das peculiaridades do NHS parecem originar-se diretamente do fato de ele ter sido lançado e insti-

---

9 STEVENS, op. cit. analisa com grande abrangência o problema do especialista e do clínico geral na Inglaterra.

tuído com a cooperação e a opinião de associações privadas e independentes que representam as profissões de saúde. Assemelhando-se ao sistema dos Estados Unidos, as associações profissionais britânicas dominam as principais instituições, como o Conselho Central de Serviços de Saúde, ou unidades cruciais "de base" (*grass-roots*), como os Comitês Médicos Locais. A representação profissional é alta quando as instituições oficiais de administração podem produzir efeitos nos trabalhos dos profissionais. Na verdade, a influência dos médicos sobre os homens leigos em grupos, tais como os escritórios hospitalares regionais e os comitês de administração hospitalar, tem sido tão grande que o Comitê Guillebaud uma vez recomendou que a representação médica fosse reduzida a 25% ou menos.[10]

Geralmente, no sistema inglês é o Estado que financia e organiza a gestão dos serviços de saúde. Diferindo dos Estados Unidos, o Estado inglês determinou essencialmente o regulamento administrativo que controla o lugar onde o médico pode trabalhar, em que condições pode trabalhar, se pode escolher trabalhar no sistema e como o sistema será financiado – as associações profissionais privadas nacionais têm influência parcial na determinação destas regras. As associações profissionais são, no entanto, reconhecidas como as legítimas representantes da profissão e têm, de fato, negociado com o Estado as condições de trabalho do médico. A Associação Médica Britânica não tem, por este motivo, o domínio completo sobre muitos aspectos sociais e econômicos do exercício da Medicina. Graças a seu papel no Conselho Médico Geral, a BMA controla, ainda, a certificação médica. Por causa do lugar que ocupa no Conselho Central de Serviços de Saúde, assim como nas comissões oficiais regionais e locais, a Associação exerce uma influência muito forte sobre a formulação dos usos profissionais. Além disso, ainda define a determinação dos padrões técnicos do trabalho médico e parece ter a voz predominante quando se trata de estabelecer o que é "ético" e "não ético".

---

10 Uma recomendação citada em SUSSER & WATSON, op. cit., p.160.

## Medicina na União Soviética[11]

Na União Soviética, não existem associações privadas, independentes, como a AMA e a BMA, que falam em nome da profissão. A própria noção de autonomia profissional parece ser um tanto fraca; ela está limitada à liberdade de julgamento técnico do perito e aparentemente exclui todo o direito de opinar sobre como o trabalho é organizado. Desde 1918, os serviços de saúde na União Soviética têm sido organizados em um sistema único sob a direção de um comissariado de proteção da saúde. Atualmente, este sistema nacional de saúde é planejado, financiado e supervisionado pelo denominado Ministério da Saúde; o ministro é um membro do Conselho de Ministros, que é a unidade executiva mais importante da União Soviética. Existe, de fato, uma variada rede estratificada de serviços, cada uma com responsabilidade por unidades de abrangência geográfica e importância política procedentes, desde os ministérios das repúblicas autônomas até os distritos municipais ou rurais, e, no nível administrativo mais baixo, o hospital rural, o microdistrito (*utchastok*), ou o médico responsável pela saúde em uma unidade fabril. Cada unidade de saúde é responsável, ao mesmo tempo, pela unidade superior de saúde e pela unidade governamental superior, e esta última é responsável pelo suporte financeiro e logístico.

Colocando-se de lado algumas exceções especiais, como o cuidado médico nas forças armadas, o Ministério da Saúde esforça-se em controlar virtualmente todas as fontes e serviços relacionados intimamente com a saúde. O Ministério da Saúde tem relações consultivas com a Academia de Ciências Médicas e relações administrativas diretas com as empresas estatais para a matéria-prima farmacêutica. O ministério inclui departamentos dedicados ao planejamento da construção, à produção de medicamentos e acessórios médicos, à educação médica, à organização da saúde pública e à administração de alguns serviços médicos especiais, como a radiologia. O

---

11 Nesta seção eu contei fundamentalmente com o trabalho recente extremamente útil de FIELD, M. G. *Soviet Socialized Medicine: An Introduction*. Nova York: The Free Press of Glencoe, 1967. Ver também "Report of the U.S. Public Health Mission to U.S.S.R., 13 de agosto a 14 de setembro, 1957"; U.S. Public Health Service Publication No. 649, Washington, D.C.: Government Printing Office, 1958; e "Hospital Services in the U.S.S.R.," Report of the U.S. Delegation on Hospital Systems Planning, U.S. Public Health Service Publication n. 930-F-10. Washington, D.C.: Government Printing Office, 1966.

ministério da saúde nas repúblicas é mais complexo, com um conselho médico científico e com "administrações" para o saneamento, cuidados materno-infantis, escolas médicas, pessoal médico, sanatórios especializados, institutos de pesquisa científica e assim por diante. Nos departamentos regionais e provinciais de saúde existe uma estrutura semelhante, embora menos complexa, à qual estão vinculados os cirurgiões, ginecologistas, obstetras, pediatras, especialistas em transmissão de doenças e diversos outros, que atuam como "chefes especialistas". Cada unidade administrativa especializada é responsável pelos padrões da prática, pela equipe e pela educação de pós-graduação em serviços de saúde. Em nível local, os departamentos municipais ou rurais financiam e administram o pessoal e as necessidades, nomeando a equipe. Eles são responsáveis pela saúde da população local e pela manutenção da relação com as organizações comunitárias voluntárias, como a Cruz Vermelha e Cruz Vermelha Muçulmana (Red Crescent). Nos distritos rurais, o médico chefe do hospital distrital rural tem servido como um gestor dos serviços de saúde locais.

A maior parte dos serviços de saúde no interior dessa estrutura geral é fornecida à população por médicos que trabalham nas policlínicas vinculadas aos hospitais distritais. Existe também uma variedade de unidades de saúde para os trabalhadores industriais e agrícolas, estudantes e outros segmentos distintos da população; também existem facilidades especiais para pacientes com doenças venéreas, mentais,[12] tuberculose, câncer, assim como unidades para cuidados de emergência.

Qual é o lugar da profissão médica nesse sistema? Sem dúvida alguma, o médico ocupa a posição de funcionário público. Esses profissionais ocupam funções criadas e remuneradas pelo Estado, com pouca (mas certamente não poderíamos dizer nenhuma) possibilidade de exercer a Medicina privada. Além disso, são assalariados, com remuneração estabelecida por lei. Sua carga horária de trabalho é decretada burocraticamente (geralmente seis horas e meia por dia) e as normas administrativas são estabelecidas para determinar a duração do seu trabalho (em 1960, por exemplo, esperava-se que os pedia-

---

12 Sobre a Psiquiatria na União Soviética, ver FIELD, M. G. & ARONSON, J. "The Institutional Framework of Soviet Psychiatry". In: *The Journal of Nervous and Mental Disease*, CXXXVIII, 1964, p.305-322; e FIELD, M. G. "Soviet and American Approaches to Mental Illness: A Comparative Perspective". In: *Review of Soviet Medical Sciences*, I, 1964, p.1-36.

tras atendessem no ambulatório uma *média* de cinco pacientes por hora). O que é talvez mais importante para nossas comparações nacionais, entretanto, é que o médico pode parecer uma criatura quase inteiramente do Estado, do qual ele não tem uma posição sociopolítica independente. Existiam as associações profissionais "privadas" na forma da Sociedade Pigorov e da associação pós-revolucionária União de Associações Profissionais de Todos os Russos. Elas foram extintas por decreto no início da década de 1920. Acordos foram feitos para reunir os médicos no recém-criado sindicato estatal – a União Federativa dos Trabalhadores da Medicina. Os médicos venceram as eleições e constituíram apenas uma seção ou unidade técnica deste sindicato, que compreende outros grupos profissionais da saúde, em um sindicato único que é um braço do Estado.

Não obtive informações sobre as atividades desse sindicato ao qual os médicos pertenciam e posso, por este motivo, me enganar supondo que ele seja um representante da profissão mais fraco que as associações ou sindicatos independentes. Provavelmente ele não é capaz de organizar uma ação tão drástica como uma greve, como fizeram recentemente grupos de médicos na Bélgica, Chile e Canadá. Possivelmente também não pode ameaçar o Estado com uma retirada em massa de seus membros, como fez a Associação Médica Britânica há pouco tempo em torno de problemas de indenização. Na melhor das hipóteses, ele pode demandar ou exigir melhores condições de trabalho para os médicos. Portanto, pode-se dizer que o sindicato tem pouco controle sobre o funcionamento social ou econômico da prática médica. E como não há muita oportunidade nem encorajamento de exercer a Medicina privada na União Soviética, o médico não tem outro lugar para ir se estiver insatisfeito com suas condições de trabalho.

Na União Soviética, então, os médicos não têm uma posição econômica garantida independente do Estado. Mas será que isso quer dizer que ele não é um verdadeiro "profissional"? Seguramente, para ser um profissional não é necessário ser um empreendedor em um mercado livre ou possuir o monopólio em um mercado "livre". O que é comum ao profissional é o controle sobre sua técnica ou perícia, ou seja, o monopólio sobre sua prática. Mesmo que haja certa ambigüidade ocasional sobre a existência de tal controle nos países comunistas, onde a ideologia deixou por vezes ao Estado a ênfase em certas práticas, como a Acupuntura (na China), ou certas orientações, tais como as de Lysenko e Pavlov (na União Soviética), a evidência parece apontar para a liberdade do "profissional" em determinar sua técnica, diante das limitações financeiras que lhe são impostas. Tanto a burocracia quanto o sistema estatal de serviços, os diretores leigos de larga escala e as unidades gerais de gestão, todos parecem confiar na liderança das unidades do conselho médico, ao passo que são os médicos que dirigem todos os hospitais e policlínicas. Se um médico que é membro do Partido Comunista tem mais chances de ascender na hierarquia médica do que um que não é filiado, ele continua sendo um médico e não um leigo. Além disso, como pode ser percebido na condenação médica à "cura do câncer", Krebiozen, os homens leigos na União Soviética podem fazer uso político do julgamento médico, como ocorre nos Estados Unidos. Neste caso, mesmo o todo poderoso Comitê Central do Partido Comunista recusou intervir, em 1962, contrariando algumas importantes opiniões leigas. Ele endossou a visão da Academia de Ciências e do Ministério da Saúde, que declararam que a "cura contra o câncer" não tinha valor. O Comitê Central considerou-se desqualificado para tal avaliação, deixando ao corpo médico tal decisão (FIELD, 1967).

Então, na União Soviética, os médicos não controlam diretamente a condição econômica e administrativa de sua atividade, porque são funcionários públicos e não têm instâncias de representação e negociação de seus interesses fora da esfera do Estado. Todavia, eles parecem controlar diretamente tanto os meios técnicos que utilizam quanto sua avaliação a respeito delas. Field (1957) sugeriu que como o médico é funcionário público, o julgamento final sobre a disposição de seus casos pode ser influenciado pela política estatal, sem falar de "normas de produção" que lhe são impostas. Neste sentido, não se supõe que ele seja capaz de adotar o comportamento "profissional" em relação ao "bem" do próprio paciente. Eu diria, todavia, que a pressão da política estatal sobre o médico para, por exemplo, reduzir a licença médica para tratamento de doença e então aumentar a produção fabril não enfraquece a autonomia de seu julgamento técnico e, tampouco, estabelece as premissas sociais e morais sobre as quais está baseado seu julgamento sobre a doença – premissas que existem em todo o lugar, variando no conteúdo e na autoconsciência.[13] Que a autonomia profissional deve estender-se até a autodeterminação de tais premissas – uma atividade que o médico

---

13 Na Parte III irei discutir, com algum aprofundamento, as pressuposições morais e sociais subjacentes ao diagnóstico de uma doença.

não tem qualificação moral ou técnica especial – é uma vantagem duvidosa para qualquer um. De fato, em todos os países, incluindo os Estados Unidos, o médico pode ser requisitado por lei a colocar a saúde pública na frente do segredo e conveniência do paciente portador de uma doença altamente infecciosa ou socialmente perigosa.[14] O que nos parece mais relevante em nosso propósito de examinar o status do médico no sistema de saúde soviético não é que o médico não tenha o direito de decidir por si só que peso dar ao interesse público ou privado, mas que ele preserve o direito de fazer um diagnóstico e prescrever segundo os critérios habituais do saber médico e de ter o trabalho avaliado por seus pares e não por leigos. Este é, seguramente, o verdadeiro critério de autonomia profissional; e parece que ele existe fortemente tanto na União Soviética quanto nos Estados Unidos ou na Inglaterra. A perícia parece ter força própria.

## O Estado e as zonas de autonomia profissional

Os três exemplos discutidos foram escolhidos para apresentar um diversificado conjunto de organização política da profissão e sua relação com o Estado. Esta variedade, de modo geral, é importante aqui, não pelos detalhes empíricos que podem mudar amanhã. Os exemplos empíricos foram escolhidos porque sugerem, mesmo que não constituam plenamente, um conjunto lógico de variações na organização moderna dos serviços profissionais. Em um extremo, *parcialmente* representado pelos Estados Unidos contemporâneos, o Estado utiliza a profissão como fonte de direção, exercendo seu poder de tal maneira que reforça as normas da profissão e cria as condições ambientais socioeconômicas, nas quais a atividade está livre de toda a concorrência séria de um médico rival e controla de maneira firme os trabalhadores auxiliares. Dentro desse ambiente protegido pelo Estado, a profissão tem poder suficiente para, sozinha, controlar virtualmente todas as dimensões de seu trabalho sem a interferência séria de qualquer grupo leigo. É a autonomia profissional com um alcance um tanto amplo, incluin-

---

14 São relevantes, neste caso, os comentários sobre responsabilidade em MARSHALL, T. H. *Class, Citizenship and Social Development.* Garden City, Nova York: Anchor Books, 1964, p.158-179.

do a autonomia em determinar as condições econômicas do trabalho, a localização e a organização social e o conteúdo técnico do trabalho. Em comparação com tempos passados, quando qualquer pessoa estava legalmente livre para exercer a Medicina, essa autonomia ampla da profissão está protegida por um monopólio garantido pelo Estado. Em outro extremo lógico, *parcialmente* representado pela União Soviética contemporânea, o monopólio garantido pelo Estado concede autonomia profissional apenas para determinar o conteúdo técnico do trabalho. Administradores e dirigentes políticos que representam o Estado controlam as condições econômicas do trabalho, sua localização e organização social, não deixando para a profissão outra opção senão aceitar tais condições.

Analisando estes dois extremos poderíamos perguntar até que ponto é útil considerá-los e o que fica entre eles, para representar as profissões. Não há dúvida, é claro, que a ampla autonomia em todas as dimensões do trabalho é compatível com a idéia de profissão – na verdade, ela constitui o tipo de posição empreendedora que as noções liberais de "liberdade" do pensamento ocidental do século XIX facilmente abrangem. Mas e o outro extremo? Podemos seguramente dizer que o caso soviético representa o mínimo de autonomia para uma profissão. Alguém pode argumentar que uma ocupação que não controla o exercício da perícia sobre a qual reivindica exclusivo conhecimento não poderia ser chamada de profissão. Contudo, eu argumentaria que a autonomia técnica está na essência daquilo que é único às profissões e que, de fato, quando esta essência é conquistada, pelo menos alguns segmentos da autonomia em outras zonas vêm em seguida (GLASER, 1966: 90-106).

A profissão baseia sua reivindicação por esta posição de posse de uma perícia tão esotérica ou complexa que os leigos não podem exercer a atividade de maneira segura e satisfatória nem mesmo avaliar o trabalho de maneira adequada. Por isso os leigos são excluídos da prática e da avaliação. Dada esta exclusão e sua implicação com a concessão de autonomia, eu argumentaria que apesar de qualquer estrutura administrativa imposta sobre a profissão, a autonomia em controlar suas técnicas permite que ela misture muitos elementos dessa estrutura além da intenção e do reconhecimento de seus planejadores e chefes executivos. Este é particularmente o caso da Medicina, em que o trabalho inadequado pode ter perigosas consequências, e onde a *reivindicação* da emergência e as possíveis conseqüências perigosas são um dispositivo poderoso de proteção.

Com a autonomia concedida em sua técnica, o profissional tem inúmeras vantagens em outros segmentos da prática. Existe, em primeiro lugar, a autoridade concedida e a deferência obtida por sua *expertise* aceita. Mesmo nos tribunais soviéticos, em que a intervenção leiga no processo legal é institucionalizada e encorajada, os profissionais parecem ter um poder maior do que formalmente poderíamos esperar.[15] Em segundo lugar, existe a influência nas áreas não técnicas do trabalho que avaliam o trabalho em si: o profissional pode argumentar que não pode exercer sua atividade adequadamente a menos que esteja próximo de determinado grupo de colegas ou de determinado conjunto de fontes técnicas; ele pode argumentar que não pode desempenhar seu trabalho adequadamente se tiver de trabalhar sozinho ou se estiver sujeito à interferência estruturada; ou pode reivindicar que seus casos são muito complexos para tratar de maneira segura ou adequada com uma média de cinco pacientes por hora. Com base em sua perícia concedida no diagnóstico e no tratamento, ele está bem equipado para influenciar, se não controlar, muitas outras áreas de seu trabalho. Apenas um profissional desse tipo pode dizer não, porque o contra-argumento pode ser justificado apenas com base no conhecimento das características especiais do trabalho. A autonomia sobre o caráter técnico do trabalho, então, confere ao médico soviético o meio pelo qual um profissional pode ser "livre", mesmo se for dependente do Estado para estabelecer e sustentar sua autonomia.

---

15 Ver FEIFER, G. *Justice in Moscow.* Nova York: Dell Publishing Co., 1965. E ver também em PONDOEV, G. S. *Notes of a Soviet Doctor.* Nova York: Consultants Bureau, Inc.,1959, particularmente o Capítulo 14, "Medical Ethics and Medical Secrecy", em que o autor analisa o caráter "complexo e variado" do trabalho médico e rejeita a idéia de que a lei formalmente constituída possa guiar a atividade médica. Mesmo que a lei soviética aparentemente não reconheça o segredo médico ou outro segredo profissional, Pondoev sugere que ele tem uma vantagem funcional que deve ser seguida de alguma forma pelo médico.

# CAPÍTULO 3
## A DIVISÃO DO TRABALHO MÉDICO

Até aqui, tenho dedicado minha atenção sobretudo à profissão médica em si. Vimos como esta ocupação diferenciou-se e foi capaz de conquistar o direito exclusivo de praticar a Medicina graças ao apoio do Estado e à própria organização. Em minha análise sobre esse processo, não foi possível tratar a Medicina isoladamente, porque o que chamamos hoje de Medicina era, até pouco tempo atrás, apenas uma das várias maneiras de curar. A Medicina, no final das contas, conquistou o direito *exclusivo* da prática de cura diante da prática de inúmeros curandeiros.

Além das ocupações que foram expulsas da prática ou continuam a exercê-la clandestinamente no meio urbano miserável, no meio rural e no ambiente do ocultismo, existiram muitas outras – a farmácia pode ser um bom exemplo – que forneciam serviços relacionados com a cura e que puderam, na ocasião, se colocar em concorrência com a prática médica sob a forma de consultas. Os serviços de muitas dessas atividades são úteis para os médicos e necessários para sua prática, mesmo que ameacem seu monopólio. Como mostrei anteriormente, a solução para o problema dos médicos, se fosse o caso de uma rivalidade direta, não seria eliminar tais atividades. Eles deveriam, sobretudo, obter do Estado o direito de limitar, supervisionar ou dirigir seu exercício. Foi assim que o Estado tornou ilegais as atividades que podiam concorrer com a Medicina e concedeu ao médico o direito de dirigir as atividades que se relacionassem com ela. "Não tendo equivalente em outro setor econômico, o médico controla e influencia sua esfera de ação e tudo que arrisca aproximar-se dela" (HIESTAND, 1966:148). A divisão do trabalho no setor não profissional pode resultar de uma contingência histórica, do poder econômico e político, da concorrência e das relações puramente interdependentes, ao passo que a divisão do trabalho em torno de uma atividade fortemente profissionalizada de cura é ordenada politicamente pela profissão dominante. Constitui-se formalmente uma hierarquia. Neste capítulo, pretendo discutir o caráter hierárquico da divisão do trabalho médico e, em particular, o status nela reservado para as atividades paramédicas. Minha questão se concentrará essencialmente na análise da diferença entre a Medicina como profissão e as outras ocupações na divisão do trabalho médico.

## As ocupações paramédicas[1]

Existem poucas atividades tradicionais de cura desempenhadas pelo médico que não são executadas também pelo pessoal de saúde não-médico. Na verdade, muitas das atividades desempenhadas por este pessoal já foram consideradas prerrogativas ordinárias dos médicos em si. Dessa forma, os critérios técnicos não podem ser considerados como o diferencial entre o médico e os demais paramédicos. O que o médico faz é parte de uma ampla divisão técnica do trabalho: uma parte às vezes muito genérica ou pouco definida. O que é bem definido é o *controle* que o médico exerce sobre a divisão do trabalho. As ocupações que estão sob seu controle são denominadas "paramédicas". Portanto, para podermos compreender tanto a tecnologia quanto a sociologia médicas propriamente ditas, devemos compreender o caráter do trabalho paramédico.

O termo "paramédico" refere-se às atividades organizadas em torno do trabalho de cura, que são, em última instância, controladas por médicos. Esse controle é manifestado de diferentes maneiras. Em primeiro lugar, muito dos conhecimentos técnicos que o pessoal paramédico aprende durante sua formação e utiliza no exercício de sua atividade foi, em geral, descoberto, aprovado ou tornou-se aplicável por médicos. Em segundo lugar, as tarefas exercidas pelos paramédicos tendem mais a prestar assistência do que a substituir a atividade verdadeiramente decisiva no diagnóstico e tra-

---

[1] Algumas partes deste capítulo foram retiradas de "Paramedical Personal", de Eliot Freidson, publicadas com a autorização do editor da *International Encyclopedia of the Social Sciences*, David L. Sills (ed.), v.10, p.114-120. Copyright 1968 por Cromwell Collier et Macmillan, Inc.

tamento. Em terceiro lugar, os empregos paramédicos são quase sempre subordinados, na medida em que seu trabalho é exercido a pedido do médico ou sob sua "ordem" e, muito freqüentemente, sob sua supervisão. Finalmente, o prestígio que essas atividades recebem do público é geralmente inferior ao dos médicos.

Estas características são tais que as ocupações paramédicas podem ser diferenciadas das profissões reconhecidas pela ausência relativa de autonomia, responsabilidade, autoridade e prestígio. Entretanto, o fato de serem, por definição, organizadas em torno de uma profissão reconhecida e, em vários níveis, compartilhar alguns (mas não todos os) elementos do profissionalismo, permite-nos distingui-las de muitas outras ocupações e, na verdade, demonstrar que representam uma forma sociológica distinta de organização ocupacional.

Todavia, deve ser observado que as ocupações paramédicas não podem ser adequadamente diferenciadas em relação às tarefas que desempenham na saúde. Ocupações denominadas usualmente de "paramédicas" são aquelas que foram empurradas ou puxadas para dentro de uma divisão do trabalho organizada profissionalmente. Outras ocupações que desempenham atualmente algumas tarefas técnicas semelhantes podem ter uma posição diferente em relação à profissão dominante (como é o caso do herbanário comparado a um farmacêutico). Neste caso, os herbanários não são denominados "paramédicos", mas sim "curandeiros" ou "praticantes irregulares". Por esse motivo, as diferenças entre os "paramédicos" e os "curandeiros" não surgem necessariamente do que cada um faz ou como o faz, mas indicam as relações que cada um estabelece com a profissão dominante. O paramédico, submetido a uma "disciplina", é mais facilmente definido pela sociologia que pela tecnologia. As ocupações paramédicas não são apenas parte de uma divisão tecnologicamente diferenciada de trabalho, mas, mais importante, são parte de uma divisão de trabalho organizada em torno de uma profissão central que a controla e domina.

Por ser diferente, o modelo "paraprofissional" não é comum. Por exemplo, embora exista entre os homens da lei nos Estados Unidos uma divisão de tarefas bastante elaborada, não seria apropriado usar a expressão "paralegal" para o almoxarife, contador, notário e banqueiro da mesma maneira que nós usamos a expressão "paramédico" quando nos referimos às enfermeiras e aos técnicos de laboratório. Nem o prefixo parece ser empregado apropriadamente para designar a divisão do trabalho conectada com qualquer profissão reconhecida, ainda que ela tenha sido utilizada recentemente para distinguir a ajuda de professores em escolas secundárias. Nos Estados Unidos, apenas a Medicina parece ter imposto essa ordem definitiva sobre as ocupações que a circundam.

## O desenvolvimento da divisão do trabalho

Uma divisão do trabalho em torno das tarefas de diagnóstico e tratamento de doenças humanas sempre existiu de uma forma ou de outra na maior parte das sociedades humanas. Sempre houve herbanários, parteiras e enfermeiras, mesmo que de forma amadora ou ocasional. A nítida divisão de trabalho denominada como "paramédica", entretanto, é relativamente recente e alcançou toda a sua complexidade apenas nas sociedades industriais mais desenvolvidas onde a Medicina moderna se estabeleceu. Mesmo onde podemos encontrá-la, esta divisão de trabalho varia muito no grau de integração e de controle pela profissão médica. Infelizmente, não existe nenhum estudo comparativo adequado sobre as organizações dos trabalhadores de saúde em diversos países que pudesse fornecer pelo menos informações descritivas elementares para uma análise, nem as indicações dos tipos e das fontes de variação devem ser baseadas em poucas informações dispersas.

Na Europa, a origem da divisão bem clara do trabalho paramédico começou a aparecer pelo menos aproximadamente na época do desenvolvimento das guildas[2] corporativas e das universidades nas cidades. A cidade oferecia uma densidade demográfica necessária para permitir a criação de um conjunto de especialidades de tempo integral. A guilda oferecia atividades relacionadas à saúde com uma organização viável, pelas quais foi possível produzir, com dificuldade, uma identidade distinta aos olhos do público e das autoridades, além de pressionar pelos direitos exclusivos a favor desta identidade e do trabalho que a envolvia. O direito de ter algo como um monopólio de título ou função e controlar, de maneira razoavelmente severa, a

---

2 Ver as descrições do desenvolvimento das várias ocupações inglesas em CARR-SAUNDERS, E. M. & WILSON, P. A. *The Professions*. Oxford: Clarendon Press, 1933; e em MILLERSON, G. *The Qualifying Associations*. London: Routledge and Kegan Paul, 1964.

entrada e o progresso dentro da carreira ocupacional, entretanto, foi obtido do Estado. Em troca desse direito, as ocupações progrediram em sua organização, mas também se sujeitaram a uma posição oficial relativamente bem definida no interior de uma divisão de trabalho mais geral, uma posição que freqüentemente envolvia esforços de subordinação de seus membros a outras guildas. As ocupações com formação universitária tinham uma reivindicação mais forte, em virtude de sua aura de formação e "ciência", visando a uma posição superior. A formação universitária deu aos médicos e cirurgiões um poder político maior para persuadir o Estado a colocar sob seu controle tais concorrentes, como os boticários, comerciantes e barbeiros, sem falar na permissão que lhes foi dada de perseguir os médicos irregulares. Isso ocorria mesmo quando se duvidava que o conhecimento e habilidade da formação universitária, naquele tempo, preparavam-no para o exercício profissional um pouco melhor que seu concorrente autodidata ou formado com base na prática.

Com o desenvolvimento da universidade e da guilda nas cidades européias, então, apareceu uma organização rudimentar de trabalho de saúde em tempo integral, organizada sob o controle parcial dos médicos e dos cirurgiões. Esta organização, como já observei, permaneceu extremamente instável durante séculos, sofrendo uma competição incontrolável ocasionada pela persistência de muitas e variadas práticas médicas irregulares. Semelhante à situação atual dos serviços de saúde nos países não industrializados, a divisão do trabalho médico era relativamente estável apenas nas zonas urbanas, onde as pessoas bem-nascidas estavam dispostas a patrociná-la. Nas favelas urbanas e no meio rural, os pobres e os camponeses continuavam a confiar nos remédios populares, nos amadores e nos curandeiros itinerantes – nos dois primeiros porque faziam parte de sua cultura, e no terceiro porque lida com ela. Existiam, então, essencialmente, dois sistemas de saúde: o maior, enraizado na cultura camponesa, e o mais proeminente, advindo de todas as tradições aprendidas na civilização ocidental. Antes de o último se tornar, ao mesmo tempo, estável e universal, o primeiro teve de ser destruído ou pelo menos severamente restrito. Até o início do século XX, na Europa e na América do Norte, não emergiu qualquer coisa parecida com uma divisão de trabalho estável e duradoura dominada por médicos. Atualmente nos países não industrializados, esta divisão de trabalho ainda não existe de forma dominante.

No início do século XX, a profissão médica esteve finalmente em condições de estabelecer um mandato seguro para suprir o serviço central de saúde. Na Inglaterra, os clínicos gerais do meio rural foram incorporados ao *ranking* da Medicina regular. Na Rússia, o *feldsher* foi substituído pelo médico ou colocado sob o controle do médico. Nos Estados Unidos, muitos médicos de todos os tipos e qualidades, todos atribuindo a si democraticamente o nome de "doutor", foram reduzidos a certa uniformidade. O controle sobre as tarefas específicas como o diagnóstico e a prescrição foi, assim, assegurado. Contudo, algumas especialidades, como a de dentista e médico veterinário, foram capazes de se manter fora do controle do médico, devido ao fato de suas tarefas serem facilmente segregáveis. Finalmente, graças a seu papel destacado como árbitro na aplicação de novas descobertas, a profissão médica pôde organizar em torno de si um pessoal técnico prolífero e novo.

É neste contexto que o desenvolvimento da divisão do trabalho paramédico contemporâneo pode ser compreendido como algo muito mais complexo que apenas uma diferenciação racional de funções ou de técnicas. Fatores sociais, políticos e econômicos importantes explicam por que existe uma grande diversidade na origem e na posição atual das ocupações relacionadas com a saúde. Algumas especialidades históricas, como a de dentista, quase não foram afetadas pela divisão de tarefas paramédicas. Outras, como a de Farmácia e, muito particularmente, a de Optometria, não foram completamente integradas à divisão de tarefas paramédicas, ficando parcialmente independentes dela. Outras ainda, como o colocador de ossos (*bone-selter*) e, nos Estados Unidos, as parteiras, passaram a ficar sob o controle direto do próprio médico, ao passo que os leigos e amadores tiveram seu exercício proibido. Outras, entre as quais se destaca a Enfermagem, mantiveram suas funções tradicionais sendo ainda colocadas firmemente sob o controle do médico. E, para terminar, algumas novas especialidades, como a dos técnicos de laboratório, que se desenvolveram com a nova ciência e a tecnologia médicas no interior do hospital e das escolas de Medicina, constituíram-se, com algumas exceções, inequivocamente como parte da divisão de trabalho paramédica. Nesse processo, a contingência histórica e as diferenças nacionais não desempenham papel irrisório.

## A hierarquia dentro da divisão de trabalho

A divisão das tarefas paramédicas é um sistema estratificado, no qual as ocupações em vários níveis estão dispostas em torno do trabalho médico. Todas as ocupações neste sistema recebem da sociedade menor prestígio que a Medicina (REISS JUNIOR, 1962). Consoante a esta diferença de prestígio, a origem sociocultural do médico em si parece ser mais elevada que a de todas as ocupações paramédicas. Além disso, existe uma hierarquia de prestígio e autoridade *entre* os paramédicos, na qual as enfermeiras, por exemplo, estão acima dos agentes hospitalares e técnicos. Esta hierarquia também parece refletir a origem social desses trabalhadores. Comparando muito grosseiramente essas ocupações, os paramédicos, diferindo dos médicos, têm um número desproporcional de mulheres de grupos étnicos, raciais e religiosos desvalorizados dos Estados Unidos. Excetuando-se o sexo, todas as diferenças socioculturais e pessoais parecem se encontrar dispostas de maneira ordenada na hierarquia entre os paramédicos.

A ordem hierárquica na divisão de trabalho entre os paramédicos pode, entretanto, ser exagerada. Só podemos compreender as relações entre trabalhadores paramédicos situando-os em um processo mais amplo que englobe os médicos, as ocupações de saúde que não integram a divisão de trabalho paramédica e as instituições onde são oferecidos os serviços de saúde médicos e não médicos. Uma das maiores variáveis que estão mediando as relações entre as ocupações nos serviços de saúde parece ser a autonomia funcional – o grau em que o trabalho pode desenvolver-se independentemente do controle organizacional, ou da supervisão médica, e o grau em que pode ser sustentado atraindo os próprios clientes independentemente do referendo organizacional ou do referendo de outras ocupações, incluindo os médicos. De maneira geral, quanto mais a ocupação é autônoma, quanto mais seu trabalho se sobrepõe ao do médico, maior é potencial de conflito, legalmente ou de outra forma. Nos Estados Unidos, este conflito pode ser percebido entre quiropráticos e médicos; na União Soviética, ele opõe homeopatas e médicos; e em quase todos os países não industrializados, praticantes "nativos" e médicos rivalizam-se.

Os conflitos mais interessantes ocorrem, entretanto, no interior da divisão do trabalho paramédico durante o aparecimento de ocupações novas capazes de conseguir autonomia funcional. Nos Estados Unidos, onde as ocupações têm uma propensão forte e extensiva de autodenominarem-se "profissões", e onde os médicos, por causa de seu número, não estão em condições de oferecer a preços baixos todas as funções tradicionais que lhes são demandas, tal conflito é comum, centrado em torno da questão de saber se os não-médicos estão autorizados ou não a oferecer serviços relacionados com a saúde sem a supervisão médica. O resultado tem sido limitado pela incapacidade legal de prescrever medicamentos, de acordo com os crescentes casos de sucesso, como o dos psicólogos clínicos que mantiveram uma independência formal da prática. Mas a psicologia clínica é apenas um exemplo; o crescimento de novas técnicas e as novas ocupações que as praticam, impulsionadas pela força da profissionalização, parecem estar dando um novo formato à divisão do trabalho paramédico. Alguns anos atrás, este formato podia ser visualizado mais ou menos como uma pirâmide, com o médico no cume. Atualmente, nos Estados Unidos, a pirâmide parece estar mudando para uma estrutura menos delineada, no topo da qual existe um platô sobre o qual estão dispostos os médicos e outros profissionais de consulta, que têm sua autonomia e cooperam de longe com a Medicina.

## Recrutamento e treinamento

O treinamento segue também um modelo cuja ordem é aproximadamente paralela à do prestígio, independência e responsabilidade atribuídos ao trabalho. A extensão do treinamento engloba desde escolas de formação profissional, associadas a universidades que requisitam educação integral de alto nível durante muitos anos de treinamento, até a formação em serviço, curta e informal. Entre estes extremos, encontram-se outras possibilidades de formação que variam de duração, formalidade administrativa e conteúdo teórico, realizadas em hospitais universitários, escolas técnicas privadas, centros de treinamento e congêneres.[3] Nos Estados Unidos, onde a universidade é uma instituição muito menos claramente definida que em outros lugares, os estudos paramédicos podem ser encontrados mais facilmente autodenomi-

---

3 Ver a tabela dos períodos de treinamento ocupacional em WARDWELL, W. I. "Limited, Marginal and Quasi-Practitioners". In: FREEMAN, H. E. et al. *Handbook of Medical Sociology*. Englewood Cliffs, N.J.: Prentice-Hall, 1963, p.216-217.

nando-se de profissionais. Na Europa, as escolas técnicas separadas da universidade existem provavelmente para a educação de carreiras paramédicas de alto prestígio, mas a tendência parece seguir o modelo norte-americano.

A posição da ocupação paramédica parece também estar hierarquizada pela duração e tipo de treinamento requisitados pela ocupação – as que ocupam posições mais elevadas na divisão de trabalho tiveram uma formação mais longa, mais formalmente administrada e mais próxima ao treinamento universitário. Para que uma ocupação paramédica alcance a mais alta posição nesta hierarquia, deve investir muito tempo e energia no treinamento, recrutar de maneira menos casual e ter enorme compromisso com a ocupação. Os empregos paramédicos pouco qualificados parecem ser ocupados em função direta do mercado de trabalho e da demanda por trabalhadores não especializados propensos a cumprir tarefas pouco gratificantes. Mas o recrutamento para posições muito qualificadas é consideravelmente mais problemático, pois são tradicionalmente ocupadas por mulheres.

A Enfermagem oferece um exemplo bem documentado dos problemas que envolvem o recrutamento e a formação das ocupações paramédicas. A dificuldade na Enfermagem não é encontrar pessoas que suportem o treinamento em si, mesmo que poucas pessoas iniciem esse treinamento. O problema reside em recrutar mulheres que concluirão sua formação e, em seguida, continuarão sua carreira até o fim da vida. As mulheres costumam se sentir divididas entre os compromissos de trabalho, casamento e família – tal conflito, observado freqüentemente entre as estudantes de Enfermagem, está intimamente relacionado com os abandonos durante o curso e, mais tarde, com as mudanças de emprego.

Líderes de Enfermagem nos Estados Unidos têm se esforçado em lutar contra este problema, enfatizando as qualidades profissionais da ocupação, esperando provavelmente criar um compromisso "profissional" maior com o trabalho. Entretanto, o problema parece inerente à posição da mulher na força de trabalho e não parece poder ser resolvido pela profissionalização. Mesmo no caso da mais profissional das profissões, a Medicina, apenas uma modesta proporção de mulheres qualificadas para a prática a exerce nos Estados Unidos (DYKMAN & STALNAKER, 1957:1-38). Alguém pode suspeitar que a melhor solução para um sistema social como esse dos Estados Unidos pode ser encontrada com a mudança da organização do trabalho de forma a acomodá-lo para as demandas de casamento e família.

Nos países europeus, o lugar da mulher na força de trabalho médica e paramédica é um pouco diferente, em razão, aparentemente, dos diferentes papéis ocupacionais das mulheres em cada nação; diferenças pequenas, embora significantes, no sistema de classes; e, finalmente, por causa do grau de industrialização e do padrão geral de vida.[4] Esta última observação revela outro aspecto do recrutamento e da formação das carreiras paramédicas. Faltam evidências claras, mas a opinião geral parece ser a de que está cada vez mais difícil recrutar pessoas para os trabalhos médicos cuja formação técnica requisite investimento considerável de tempo e dinheiro. Se for assim, este fenômeno deve ser entendido como um sintoma de um processo mais amplo da industrialização avançada.

No início da Era Industrial, os serviços de saúde constituíam a maior e mais conhecida fonte de mobilidade econômica e social a que poderiam aspirar aqueles que estavam dispostos e eram capazes de se dedicar ao treinamento especializado. Hoje em dia, a demanda por serviços técnicos especializados tem se desenvolvido marcadamente em *outros* segmentos da economia, provendo, desse modo, um universo considerável e maior de oportunidades do que o existente anteriormente. Inseridos em um sistema mais antigo e razoavelmente organizado, exigindo um extenso investimento em treinamento, mas oferecendo com freqüência carreiras inflexíveis e subordinadas, os empregos nas ocupações da saúde parecem incapazes de competir no recrutamento, pois a demanda de empregos médicos e paramédicos é pequena. Parte da ênfase difusa da profissionalização das carreiras paramédicas nos Estados Unidos parece ser uma tentativa de aumentar os atrativos do trabalho e, desse modo, ajudar a recrutar os melhores profissionais.

Seja como for, a ênfase no profissionalismo costuma ser mais forte durante o período de formação, quando os líderes da ocupação são mais influentes. Mas na medida em que o profissionalismo é capaz de enfatizar as habilidades técnicas e intelectuais, existe um perigo de insatisfação dos estudantes que foram motivados a entrar na ocupação não por razões intelectuais e sim humanitárias – este perigo já foi observado nas escolas de Enfer-

---

4 Para a análise francesa, ver DOAN, J. B. & LÉVY, D. R. "Les femmes dans la médecine et les professions libérales". In: *Cahier de Sociologie et de Démographie Médicales*, IV, 1964, p.123-136; e DOAN, J. B. "Quelques aspects de la féminisation dans les professions libérales et médicales". In: *Les Concours Médical*, LXXXVII, 1965, p.1480-1486.

magem (CORWIN, 1961:604-615). Sobre isso, o mais importante é a possibilidade de os estudantes paramédicos, imbuídos da ideologia profissional que enfatiza sua dignidade e a autonomia, serem expostos ao "choque de realidade", quando começarem a trabalhar em situações em que são subordinados. E se a doutrinação estudantil tiver sido completa, sua relação com outras ocupações na hierarquia paramédica deverá ser ainda mais difícil.

## PROFISSIONALISMO E O CASO DA ENFERMEIRA[5]

Pelo que parece, as ocupações têm maiores oportunidades para sua autonomia funcional quando conseguem lidar com o lado de fora das organizações, particularmente as de saúde como clínicas médicas e hospitais. A Enfermagem, cujos dirigentes nos Estados Unidos e em outros países, com grande energia, têm sabido estabelecer habilidades próprias e um status profissional pleno, parece fadada a permanecer subordinada às ordens do médico, em parte por causa do fato de seu trabalho ser desempenhado, majoritariamente, no interior de um hospital. Cabe observar que, *com a intenção de atingir status semiprofissional*, a enfermeira teve de se tornar subordinada à divisão do trabalho paramédico, o que comprometeu suas chances de adquirir, posteriormente, status profissional. Examinemos seu caso em mais detalhe, não apenas porque ela é um importante membro da divisão de trabalho paramédico, mas também porque o problema que representa é decisivo para o delineamento útil de uma concepção de "profissão".

As funções da Enfermagem são sempre desenvolvidas em todas as sociedades, talvez de maneira mais freqüente do que as demais atividades de cura. Desde os antigos registros, a Enfermagem tem sido algo parecido com uma ocupação. Sempre houve a consciência da necessidade de um cuidado no leito do doente e das técnicas específicas a esta prática, que envolvem o arre-

---

5 Nesta parte, baseei-me em histórias como as de ABEL-SMITH, B. *A History of the Nursing Profession*. London: William Heinemann, 1960; SHRYOCK, R. H. *The History of Nursing, An Interpretation of the Social and Medical Factors Involved*. Philadelphia: W. B. Saunders Co., 1959; e BULLOUGH, B. & BULLOUGH, V. L. *The Emergence of Modern Nursing*. Nova York: The Macmillan Co., 1964. DAVIS, F. (ed.). *The Nursing Profession*. Nova York: John Wiley & Sons, 1966 também contém observações históricas e sociais úteis de alguns de seus colaboradores.

fecimento do corpo febril e a alimentação da pessoa doente. Do ponto de vista do médico, a necessidade seria encontrar alguém em quem pudesse confiar para cumprir suas ordens ao cuidar de um paciente quando ele não estivesse presente. Na verdade, na obra hipocrática foi sugerido que um aprendiz seria colocado no leito para cumprir as ordens médicas de uma maneira mais segura que se poderia esperar do paciente ou de sua família.[6] Excluindo-se as ações militares e as áreas urbanas, parece que o cuidado com o doente na Antiguidade foi exercido geralmente na casa do paciente – um lugar onde sua família, se não o próprio paciente, pode exercer razoavelmente um forte controle sobre o que é feito com ele. Talvez por esta razão pouco se sabe sobre a prática da Enfermagem nesse contexto, exceto que ela deve ter existido apenas sob a forma de uma empregada doméstica que cuidava de pacientes.

O surgimento do cristianismo mudou a definição de doença, que deixou de ser atribuída à natureza e passou a ser vinculada à dimensão religiosa e sobrenatural. Nesta definição, o importante foi que a caridade passou a ser o motivo que justificava a assistência ao doente, levando à fundação de hospitais onde o cuidado era feito por religiosas, nem tanto com finalidades funcionais, mas, sobretudo, para a própria salvação e a dos pacientes.[7] Neste caso, o cuidado no leito do paciente passou a ser em tempo integral, embora fosse praticado mais como um exercício espiritual do que como uma ocupação, sendo oferecido a um segmento especial da população – os degredados por razões nem tanto terapêuticas mas, sobretudo, morais. Um exemplo das enfermeiras religiosas daqueles tempos pode ser encontrado no Hôtel-Dieu, de Paris. As pessoas que atendiam eram freiras agostinianas, qualificadas com enfermeiras apenas por sua piedade e inclinação à caridade. Individualmente, as freiras acumulavam uma vasta experiência clínica que nunca integrou um saber profissional em si porque não era passada adiante ou utilizada na instrução das noviças. Por meio dos relatos das queixas dos doentes

---

6 "Deixe um de seus pupilos ser encarregado, para cumprir suas instruções com prazer, e para administrar o tratamento... Nunca coloque o homem leigo encarregado de nada, senão, se o inesperado ocorrer, a culpa vai cair sobre você." *Hippocrates*. Trad. W. H. S. Jones, v.2. London: William Heinemann, 1943, p.299.

7 Ver a discussão sobre a cristandade em ROSEN, G. "The Hospital: Historical Sociology of a Community Institution". In: FREIDSON, E. (ed.). *The Hospital in Modern Society*. Nova York: The Free Press of Glencoe, 1963, p.1-36.

temos uma noção do tipo de cuidado oferecido pelas irmãs. Durante séculos elas foram acusadas de estarem mais interessadas em rezar e confessar do que em dispensar medicamentos, fazer lavagens, dar banho nos pacientes, cortar seus cabelos ou algo semelhante. Além disso, as enfermeiras-freiras só reconheciam a autoridade de suas superiores eclesiásticas, que freqüentemente zombavam das instruções do médico, chegando a rasgar prescrições das quais não gostavam. Diante de tal atitude, era difícil realizar uma autópsia em um hospital, fazer uma sangria, dar medicamentos que provocassem vômito ou mesmo dar água mineral. As freiras eram orientadas a cobrir os próprios olhos durante um parto para não ver o ânus do recém-nascido, a recusar tratamento aos portadores de doenças venéreas e a não atender os filhos de mãe solteira. Elas foram expulsas do Hôtel-Dieu em 1908, voltando apenas quando obtiveram o diploma reconhecido pelo Estado e o credenciamento leigo.

Nas ordens monásticas encontramos freiras de tempo integral que visitavam domicílios e, sobretudo, ficavam no hospital, onde ofereciam cuidados no leito dos pacientes. O problema residia no conteúdo deste cuidado, pois as técnicas paramédicas não eram aprendidas na escola e eram motivadas por intuitos mais espirituais que terapêuticos. Além disso, a autoridade pela realização desse cuidado não era médica: o cuidado no leito não acompanhava o avanço do conhecimento médico. Com essas enfermeiras, então, nós encontramos fundamentalmente uma ocupação de tempo contínuo fora da divisão médica de trabalho, mesmo que trabalhassem próximas aos médicos e cirurgiões. Eram "enfermeiras", mas não paramédicas.

Do ponto de vista histórico, os cuidados no leito feitos pelas freiras foram, pelo menos, respeitáveis. Seus impulsos religiosos de caridade dignificavam de fato um trabalho muito sujo – até então, os hospitais eram para os extremamente pobres, e qualquer pessoa com renda ficava em casa quando estava doente. Os impulsos religiosos puderam dignificar o trabalho do cuidado com os párias, embora tal cuidado, mesmo atualmente, não seja muito bem diferenciado das necessidades domésticas imediatas realizadas por arrumadeiras, camareiros, barbeiros e copeiras. Estas tarefas são especialmente difíceis de dignificar quando exercidas para o extrato social mais baixo da sociedade, porque alguém pode considerar um privilégio remover os suspensórios do rei, mas ninguém se sentirá privilegiado trocando os lençóis de um tuberculoso iletrado. Os serviços oferecidos aos párias puderam ser dignificados apenas como uma forma especial de auto-humilhação, mas não como um simples trabalho.

As freiras seculares, como as monásticas, não eram especialmente formadas com técnicas de cuidados no leito e não tinham uma clara relação técnica com a prática dos cuidados médicos no hospital. Além disso, diferindo das freiras monásticas, faltava-lhes uma base de respeito público. Durante o século XIX, na Inglaterra pelo menos, a Enfermagem hospitalar teve seu estereótipo dominante, Sairey Gamp, uma enfermeira civil alcoólatra e degradada, praticamente excluída da respeitável divisão de trabalho médico. Mas, no mesmo século XIX, na Inglaterra e em outros lugares, o mercado promoveu uma mudança na ocupação, transformando integralmente a divisão paramédica de trabalho. A análise destas mudanças e seu significado podem ser examinados detalhadamente no caso inglês, que aconteceu com Florence Nightingale.[8]

Florence Nightingale mencionou que "no dia 7 de fevereiro de 1837, Deus falou comigo e me chamou para servi-lo". Como ela era protestante, não havia um orientador espiritual que pudesse encaminhar sua energia para uma ordem monástica; e como desconhecia o objetivo para o qual Deus lhe havia chamado, demorou algum tempo procurando sua missão. Cinco anos depois deste chamado, ela ouviu falar que um pastor alemão estava desempenhando uma tarefa pouco usual ao treinar enfermeiras tecnicamente. Dois anos depois, ela entendeu que o chamado de Deus era para ajudar os doentes nos hospitais. Ela também chegou a acreditar, contrariando as noções prevalecentes em seu tempo, que não era suficiente ser uma mulher gentil para ser boa enfermeira, mas que ela deveria submeter-se a um treinamento especial em inúmeras habilidades. Por este motivo, quis ir até a Alemanha aprender Enfermagem com o Pastor Fliedner, mas sua família ficou tão horrorizada com esta idéia que somente depois de nove anos ela foi capaz de iniciar seus estudos com ele.

Em 1853, ela voltou para a Inglaterra como superintendente do Instituto de Cuidados a Mulher de Boa Família Doente em Situação de Sofrimento (*Institution for the Care of Sick Gentlewomen in Distressed Circumstances*,

---

8 Para minha discussão sobre Nightingale contei, sobretudo, com WOODHAM-SMITH, C. *Florence Nightingale*. Nova York: McGraw-Hill Co., 1951. ABEL-SMITH, op. cit., também foi útil.

em inglês). Nessa instituição nem os pacientes de outra origem socioeconômica nem os estudantes de cirurgia podiam entrar. Como uma mulher de boa família, Nightingale administrava uma instituição onde outras mulheres de boa família atuavam como enfermeiras. Surgiram, então, questões sobre o fato de ser mulher e de ser enfermeira: Uma mulher pode seguir as ordens de um médico? Uma dama pode cuidar de uma mulher que não é uma dama? Uma dama pode estar presente em exames físicos? Estas perguntas, embora baseadas mais em questões de status social do que de obediência religiosa, eram muito semelhantes àquelas feitas no início por freiras sobre as damas serem enfermeiras ou as enfermeiras serem damas. A Enfermagem não tinha em si um papel ou identidade ocupacional suficiente, independente de outros papéis.

A Guerra da Criméia deu a Nightingale a oportunidade de deixar seu posto de superintendente e organizar um contingente de enfermeiras para cuidar dos feridos próximos ao campo de batalha. Ela teve o controle absoluto de um contingente de freiras, prostitutas e irmãs anglicanas. Seu primeiro esforço foi retirar-lhes qualquer feminilidade e colocá-las acima de qualquer reprovação moral. Ofereceu-lhes uniformes feios, impediu que elas usassem qualquer ornamento, proibiu que saíssem sem a companhia de outros membros do grupo e racionalizou o consumo de bebidas alcoólicas.

Armada com suas enfermeiras e com dinheiro da contribuição pública, Nightingale entrou no Scutari, onde se confrontou com espantosas cenas de sofrimento das tropas feridas. Os médicos militares, entretanto, recusaram tanto as enfermeiras quanto o dinheiro da contribuição pública. Em contrapartida, Nightingale proibiu que suas enfermeiras prestassem, por iniciativa própria, qualquer tipo de serviço aos feridos. Os cuidados de enfermagem deveriam ser garantidos apenas quando requisitados especificamente pelos médicos. Nenhuma enfermeira poderia alimentar qualquer paciente sem a ordem médica por escrito, nem acalmar ou limpar um paciente sem uma ordem do médico. As freiras estavam proibidas de fazer visitas religiosas. Nightingale exigiu, então, que a enfermeira só deveria fazer pelo paciente aquilo que o médico considerasse necessário para seu cuidado. Mesmo a tarefa menos qualificada, como a alimentação do paciente, era definida como parte do regime médico. Todo o serviço de enfermagem passou a fluir a partir das ordens médicas e, então, a enfermeira tornou-se parte do trabalho médico; um trabalho mais técnico do que uma prática feminina "natural" ou do que uma parte dos impulsos de caridade. *A atividade da enfermeira foi definida, portanto, como uma parte subordinada da divisão técnica do trabalho em torno da Medicina.*

Quando seus serviços de enfermagem foram finalmente utilizados durante a guerra, obtiveram grande sucesso. Com seu retorno à Inglaterra em 1860, Florence Nightingale tornou-se uma heroína pública. Foi estabelecida a Fundação Nightingale para organizar um treinamento escolar para esse novo tipo de enfermeira. Os médicos não ficaram muitos entusiasmados com essa escola de treinamento e um eminente médico escreveu: "Em relação às enfermeiras, elas estão na mesma posição que as empregadas domésticas e requisitam formação limitada, como aprender a fazer cataplasma" (WOODHAM-SMITH, op. cit.:233). Mas, apesar da falta de entusiasmo de alguns médicos, a escola de formação profissional foi fundada e, com isso, um novo tipo de enfermeira emergiu. As profissionais formadas nessa escola foram colocadas como supervisoras nos hospitais e eram capazes de treinar as enfermeiras que já trabalhavam naquelas instituições. As alunas eram cuidadosamente selecionadas por Nightingale de acordo com sua classe social e moral e eram deliberadamente treinadas para formar um pessoal técnico.

Florence Nightingale acreditava que a questão de saber se as damas são enfermeiras ou se as enfermeiras são damas era teoricamente irrelevante: ela devia essencialmente estar a serviço da humanidade e ter caráter, habilidade e formação. Ao recrutá-las, Nightingale passou a dedicar sua vida à formação de enfermeiras e ao desenvolvimento de seu caráter. A ênfase que ela dava a *ambos* – caráter e treinamento essencial – levou-a a se opor à proposta de 1886, que previa a criação de um colegiado de enfermeiras examinadoras, independentes das escolas de treinamento, para aprová-las e estabelecer as bases para um registro oficial de enfermeiras. Ao passo que o conhecimento técnico podia ser testado por meio de exame, o caráter não podia – apenas as enfermeiras formadas com recomendações pessoais das professoras e diretoras da escola de formação, que levavam em consideração igualmente o caráter e a educação, seriam dignas de confiança.

A posição de Nightingale sobre o exame e o registro levou à criação de uma estrutura pessoal nas carreiras de Enfermagem. Qualquer enfermeira poderia ter o diploma, mas apenas aquelas próximas às poderosas e respeitadas diretoras de escolas de Enfermagem poderiam conseguir bons empregos. As outras iam para o sistema particular. O problema naquela época era, como continua sendo hoje em muitos campos, que os diplomas de Enfermagem de diferentes escolas poderiam significar coisas diferentes, e empregadores mal informados podiam não perceber tal diferença, porque um diploma, antes de tudo, é um diploma. Na Inglaterra do século XIX não existiu um sistema geral de exame, nem um conjunto mínimo de normas capazes de servir como denominador comum dos diplomas oferecidos pelas várias escolas. Nos Estados Unidos, por exemplo, nasceram fábricas de diploma para enfermeiras como aconteceu com a Medicina, e os hospitais-escola ficaram mais interessados em explorar a força de trabalho barata das estudantes de Enfermagem do que instruí-las.[9] Os empregadores fora do sistema não tinham garantia de que a enfermeira com o diploma atendia às exigências básicas. Pressões em relação ao registro e à certificação começaram a ocorrer nos Estados Unidos em torno de 1903. Nightingale, entretanto, continuou resistindo tanto a esta idéia na Inglaterra que o registro só ocorreu depois de 1919. Entretanto, estes eventos não criaram uma ocupação legal ou sociologicamente segura.

## Os dilemas da Enfermagem

Na virada do século XIX para o XX a Enfermagem tornou-se uma ocupação plena, com status independente, deixando de ser apenas uma ocupação com caráter gentil e caridoso razoavelmente dignificado pela clientela a quem prestava serviço. Em primeiro lugar, foi estabelecido o "código" que realçava suas perícias e respondia inteligentemente às ordens do médico. Mas uma questão, no entanto, começou a surgir: "Nós somos subservientes ou damos respostas inteligentes às instruções médicas?" As líderes de Enfermagem chegaram à conclusão de que a Enfermagem não era nem uma diminuição da Medicina nem um acréscimo das funções que a Medicina não quis exercer. Como a Enfermagem se estabeleceu com uma ocupação plena e com alguma dignidade tentando estabelecer-se às margens da Medicina, ela começou a esforçar-se muito para encontrar uma posição nova e independente na divisão de trabalho.

---

9 Ver ROBERTS, M. *American Nursin: History and Interpretation.* Nova York: The Macmillan Co., 1954, para este e outro material baseado nos problemas da enfermagem percebidos pelos líderes da ocupação.

Um dos dilemas, entretanto, refere-se ao fato de seu trabalho não poder ser controlado pela ocupação em si. A maioria das enfermeiras trabalha em um hospital, onde não consegue ter autonomia. Fora do hospital, a posição da enfermeira profissional liberal é empreendedora, mas é igualmente dependente das ordens do médico, dos pacientes e de seus familiares. Nos Estados Unidos, poucos estados exigem qualificação específica para contratar uma enfermeira. Na verdade, as exigências de qualificação específica não são exigidas porque a linha existente entre o trabalho doméstico e o da enfermeira que não tem instrução médica é muito vaga. A única maneira de preservar os padrões da Enfermagem em residências particulares é por meio da distinção feita pelos médicos que atendem: eles podem tolerar uma pessoa para ajudar seu paciente em uma casa e podem solicitar uma enfermeira titulada em outra, dependendo das necessidades médicas. O trabalho da enfermeira como tal não tem condições de fixar normas deste tipo, ela apenas as cumpre.

De qualquer maneira, a enfermeira tradicional que atendia seus pacientes em casa tem se tornado rara hoje em dia, e a maioria das enfermeiras particulares atuam no hospital. Algumas das funções domésticas das enfermeiras têm sido exercidas por enfermeiras visitadoras de saúde pública. Diferindo das demais, as enfermeiras da saúde pública atuam, entretanto, como agentes de uma organização na qual assumem responsabilidade pela prática da Enfermagem. Neste caso, não é necessário pertencer a uma lista particular de enfermeiras de um médico para poder trabalhar, mas sim conseguir um emprego que administre os serviços de enfermagem. Quanto à enfermeira no hospital, sua dependência em relação a uma organização é ainda mais evidente. Dentro ou fora do hospital, a enfermeira hoje é majoritariamente obrigada a integrar uma organização para poder trabalhar; e depende das ordens e exigências do médico que determina as tarefas que ela deve ou não realizar. A demanda do paciente pode reforçar ainda mais seu sentimento de ser uma empregada doméstica. E assim se caracteriza o papel secundário ou coadjuvante que a enfermeira desempenha na divisão do trabalho médico.

A Enfermagem está se renovando e assumindo novas responsabilidades. Antes de 1900, podiam ser identificadas semelhanças entre uma enfermeira e uma empregada doméstica obediente e disposta. Mas a enfermeira tornou-se primeira assistente de cirurgia e de anestesia e começou a atuar na execução de técnicas extremamente precisas e complexas da Medicina interna – manter os diagramas precisos, tirar sangue, fazer transfusões e administrar os medicamentos. Com isso, tornou-se uma substituta ocasional do médico, pois está familiarizada com a teoria geral e os procedimentos da Medicina moderna, de forma a implementar adequadamente as ordens médicas. Por outro lado, à medida que a quantidade de tarefas em torno do leito do paciente foi aumentando, a enfermeira passou a abandonar suas tradicionais tarefas no leito e dedicou-se à supervisão.[10] Ao mesmo tempo em que a enfermagem se desenvolvia, estabeleceu-se uma hierarquia entre as especialidades e novos tipos de enfermeira emergiram, algumas das quais, como "subprofissionais", assumiram as tradicionais tarefas da enfermagem. Neste último caso insere-se a auxiliar de enfermagem que, nos Estados Unidos, faz apenas um ano de treinamento técnico.

O desenvolvimento de novas ocupações em torno da Enfermagem suscitou naturalmente questões sobre sua relação com esta atividade. A Enfermagem tem se esforçado mais em definir um papel subordinado e restrito para elas do que em criar uma colega habilitada, estabelecendo uma hierarquia nas atividades de enfermagem dentro da hierarquia paramédica. Uma expressão gráfica deste esforço pode ser encontrada na declaração do Comitê Conjunto de Enfermagem Prática e Trabalhadores Auxiliares nos Serviços de Enfermagem, de 1951:

> A enfermeira auxiliar é uma pessoa treinada para cuidar de pacientes selecionados em estado agudo e crônico e para ajudar a enfermeira profissional integrando sua equipe, especialmente no cuidado àqueles casos mais agudos de doença. Ela oferece seus serviços de enfermagem nas instituições e nos domicílios particulares, estando preparada para prestar os serviços domésticos de assistência se necessário. [...] A enfermeira auxiliar trabalha apenas sob as ordens diretas do médico licenciado ou sob a supervisão de uma enfermeira profissional registrada (ROBERTS, op. cit.: 459).

Apesar de essa declaração oferecer os esclarecimentos necessários sobre tais relações, estudos feitos por Hughes e colaboradores (op. cit.) mostram que as ajudantes de enfermagem que não receberam nenhuma educação formal algumas vezes preparam e administram medicamentos, ou mesmo apli-

---

10 Para uma extensa revisão sobre pesquisas e, particularmente, sobre as mudanças sociológicas da enfermagem, ver HUGHES, E. C. et al. *Twenty Thousand Nurses Tell Their Story*. Philadelphia: J. B. Lippincott Co., 1958.

cam injeções líquidas intravenosas. Por outro lado, Habenstein e Christ (1955) encontraram, em pequenos hospitais privados ou religiosos das regiões rurais, enfermeiras registradas cortando a grama e cuidando da contabilidade. Sem um claro controle sobre o acesso ao emprego ou sobre a natureza do trabalho, nenhuma ocupação poderia esperar mais, mesmo que, em um momento de forte demanda e fraco fornecimento de enfermeiras, os trabalhadores possam evitar empregos realmente insatisfatórios e até mesmo mudem de um emprego para outro, seguindo a prática denominada de "turista" (PAPE, 1964:336-344).

Em geral, constatamos que a Enfermagem é praticamente uma ocupação incompleta e em processo de mudança. Sua origem no leito do doente colocou-a em uma posição submissa à autoridade médica na divisão do trabalho paramédico. Entretanto, sua presença ao lado do leito e sua busca pela responsabilidade da supervisão como sinal de profissionalismo estão agora afastando-a do paciente. Nos Estados Unidos, a enfermeira busca alinhar-se à administração do hospital, erradicando sua relação de dependência com a Medicina em si. Ela reagiu assim, pelo que parece, em parte como resposta às limitações impostas à sua mobilidade: no leito do paciente, a enfermeira não pode deixar de subordinar-se ao médico, mas como administradora ela pode. Para administrar são necessárias habilidades razoavelmente gerais em um ambiente em que nenhuma ocupação tinha ainda adquirido monopólio: abandonando as habilidades particulares da Enfermagem de cuidar do doente em seu leito e inserindo-se em posições administrativas, a enfermeira pode ascender na hierarquia médica até equiparar-se a todos que ocupam seu topo. Nós podemos, por este motivo, compreender por que essas enfermeiras, que estão preocupadas em atingir um razoável status independente, tentaram condenar as habilidades no leito do doente delegadas por Nightingale – que foi um dia foram chamadas de "Enfermagem" – e as passaram para pessoas menos qualificadas, especializando-se em tarefas administrativas. Na assistência tradicional da Enfermagem, a prática é submetida ao julgamento de uma enfermeira que se coloca em posição superior às auxiliares de enfermagem, de forma que a Enfermagem tradicional jamais constitui a base de sua autonomia.[11]

---

11 Ver o caso interessante de Israel, brevemente analisado por Ben-David, onde as enfermeiras eram inicialmente muito fortes, mas acabaram entrando "na mesma luta por status como

## Profissional e paraprofissional

A Enfermagem está em um curioso dilema no que diz respeito a abandonar as tarefas que lhe são próprias para, então, mudar de posição na hierarquia paramédica e assumir uma posição cuidadosamente legitimada por sua relação com a Medicina. Para fugir da subordinação da autoridade médica, ela tem de encontrar alguma área de trabalho sobre a qual possa reivindicar e manter o monopólio, mas deve fazer isso em condições nas quais o centro de todas as tarefas seja a cura sob o controle da Medicina. Este é um problema comum de todas as paraprofissões na divisão de trabalho médico.

Mesmo que a Enfermagem não seja representativa do conjunto de ocupações que estão na divisão paramédica de trabalho, ela apresenta um caso típico do problema da divisão de trabalho paramédico em geral e indica alguns aspectos estratégicos de sua atividade. O maior problema ocupacional de todos esses trabalhadores reside em seu status de paramédico, que os obriga a trabalhar sob a direção do médico porque a atividade só adquire legitimidade por meio de sua relação com o trabalho do médico. Então, ou eles aprendem a encontrar satisfação em tal subordinação ou descobrem alguma fonte de legitimação independente. No primeiro caso, eles continuam fazendo parte da hierarquia dominada pelo médico, que constitui atualmente a maior parte da divisão de trabalho paramédico; no último caso, se obtiverem sucesso, eles assumem uma posição externa, senão paralela, à hierarquia médica. Dado o desenvolvimento histórico da distribuição de tarefas e de sua organização oficial, que deu ao médico a autoridade principal, e às vezes única, de exercer ou autorizar procedimentos terapêuticos, aplicar testes e administrar medicamentos – uma licença reforçada pela imagem que o grande público tem da identidade autorizada –, a estrutura é bastante conservadora. Mas, diante da proliferação de tecnologias e tarefas paramédicas, das aspirações de novas e antigas ocupações e da crescente complexidade do sistema em administrar esses serviços, a estrutura, embora mais conservadora que muitas outras, é passível de mudanças.

Entretanto, parece que a estabilidade está totalmente vinculada ao *profissionalismo*: graças a ele, as ocupações subalternas afirmam para o público

---

... em qualquer lugar", tendo sido "desprofissionalizadas". BEN-DAVID, J. "Professionals and Unions in Israel". In: *Industrial Relations*, V, 1965, 54a.

e para si mesmas que suas tarefas são dignas e que seu pessoal tem qualidades profissionais. Na verdade, a reivindicação é para tornarem-se autênticos profissionais, apenas por identificação com a Medicina, que é a verdadeira profissão. Ainda que os paramédicos estejam subordinados à Medicina, existe uma dignidade na tarefa terapêutica na qual todas as ocupações da divisão paramédica de trabalho desempenham seu papel, ainda que seja pequeno. A manifestação que se segue testemunha esta reivindicação:

> Eu sou um tecnologista médico, um indivíduo que pensa, que é capaz de trabalhar tanto com a cabeça quanto com as mãos. Existe compensação em meu trabalho. Sendo um elemento desta profissão cujo objetivo é o bem-estar mental e físico da humanidade, minha parte consiste em exercer tais técnicas cujos resultados o médico seguirá e julgará com suas descobertas clínicas.
>
> Se eu planejar praticar minha profissão por um ano ou se eu a praticar enquanto for capaz física e mentalmente, terei de usar as mesmas precauções ao realizar os testes, como se a saúde de um membro de minha família dependesse deste resultado.
>
> Como tecnologista médico, meu objetivo ou minha função não é estabelecer diagnósticos, mas fomentar a cooperação com o médico, a quem os dados do laboratório são indispensáveis.
>
> Como tecnologista médico, estou orgulhoso, com um orgulho que está impregnado com a verdadeira humildade, com o orgulho de ser uma das três profissões médicas: o médico, a enfermeira e o tecnologista médico, cada um trabalhando com sua respectiva função e orientação.
>
> Como tecnologista médico, eu sou independente, com espírito cooperativo trabalhando com meus colegas da profissão médica. E não quero passar dos limites em relação às premissas de ninguém.[12]

Obviamente, esta declaração tem o objetivo de dar dignidade e orgulho a um trabalhador subalterno. Ela contém uma meticulosa caracterização da ocupação como, se não uma profissão, pelo menos *parte* de uma profissão. Ela presume atribuir a si a perícia e a ética de uma profissão. Mas fica claro que essa atividade não ocupa a mesma posição que a Medicina na divisão de trabalho, fato que não se muda pelo exercício da atividade com espírito de

---

12 Reimpresso do *American Journal of Medical Technologists*. In: *Hospital Management*, LXXXV, 1958, 122.

serviço e ética, que caracteriza os membros da profissão. A ocupação não tem autonomia para controlar o próprio trabalho. Ela permanece submissa às ordens e às avaliações das ocupações que estão em posição superior dentro da divisão de trabalho médico. Medidas empíricas de tal subordinação não necessitam apenas articular as relações interocupacionais no interior dos diversos organismos médicos, ou seja, se o trabalhador "recebe ordens" ou não. Outras medidas podem ser determinadas examinando o caráter das associações ocupacionais[13] e analisando o caráter dos procedimentos de credenciamento, incluindo a composição profissional das instâncias de credenciamento.[14]

## Profissão e profissionalismo

Minha discussão neste capítulo levou em consideração desde a divisão de trabalho em torno da cura até a avaliação analítica das características das ocupações inseridas na organização da divisão de trabalho. Embora seja perigoso dar muita atenção à organização das ocupações, uma vez que, nos Estados Unidos, muitas delas lutam ativamente para melhorar seu prestígio e posição, mesmo assim a extensão de seu domínio e a importância decisiva de seu foco praticamente garantem a superioridade da Medicina sobre elas. Uma ocupação combativa como a Enfermagem pode ter as próprias escolas de formação, pode exercer o controle sobre numerosas instâncias de credenciamento e pode ter os próprios "serviços" no hospital, dando assim aparência de uma autonomia específica, oficial, apoiada pelo Estado. Mas o trabalho que seus integrantes desenvolvem permanece subjugado à ordem de outra ocupação. De fato e de direito, o médico detém a competência reconhecida para diagnosticar, prescrever e operar. A autoridade e a responsabilidade médicas estão no centro de uma constelação em torno da qual o trabalho de muitas outras ocupações se movimenta. Como o caso da Enfermagem

---

13 Ver o recente artigo interessante de AKERS, R. L. & QUINNEY, R. "Differential Organization of Health Professions: A Comparative Analysis". In: *American Sociological Review*, XXXIII, 1968, p.104-121, em que a Medicina, Odontologia, Optometria, Farmácia e Quiroprática são comparadas.
14 Um recente (e revelador) compêndio é "State Licensing of Health Occupations", in: *U.S. Public Health Publication*, n. 1758. Washington, D.C.:U.S. Government Printing Office, 1968.

demonstra, essas ocupações paramédicas que gravitam em torno do médico não podem deixar de estar subordinadas à autoridade e responsabilidade médicas. Por mais que seu trabalho guarde um caráter médico, as ocupações paramédicas não conseguem conquistar autonomia ocupacional, independentemente da inteligência e agressividade de seus líderes. Para alcançar a autonomia de uma profissão, uma ocupação paramédica tem de controlar razoavelmente um domínio de trabalho específico, que possa estar separado do campo global da Medicina e que a prática não exija o contato cotidiano com os médicos ou dependência da Medicina. Existem poucas ocupações paramédicas atualmente, para não dizer nenhuma, que ocupe tal setor potencialmente autônomo.

Em relação à divisão de trabalho médico, então, produz-se ainda outra distinção estrutural ou organizacional entre as ocupações, uma distinção que poderia, no meu entender, ser refletida no uso do termo "profissão". Da mesma forma que as contingências de trabalho das "profissões" de consulta são objetivamente diferentes das "profissões" acadêmicas, em que a sobrevivência da primeira depende apenas da livre escolha de um cliente individual leigo, a posição da "profissão" médica na divisão de trabalho é objetivamente diferente daquela ocupada pela "profissão" de enfermeira. Uma é autônoma, a outra não; a primeira dá ordens a todos e não recebe ordem de ninguém, ao passo que a outra dá ordens a alguns, mas recebe de outros. Seguramente, tal diferença tem uma importância analítica suficiente para garantir a separação de dois tipos de ocupação.

Finalmente, deve ser mencionada uma variável que é freqüentemente associada às profissões e que aparentemente *não* é diferenciada pelas distinções estruturais que apontei. Eu me refiro ao "profissionalismo", que pode ser definido como um conjunto de atributos tidos como característicos dos profissionais. Diz-se que o profissionalismo deve incluir duas atitudes: o comprometimento com determinado trabalho como sendo uma carreira, de maneira que seja integrado a uma identidade determinada, e a ênfase colocada sobre o serviço voltado, sobretudo, para o público e não em proveito próprio. Como uma coleção de atitudes ou valores pessoais, o "profissionalismo" é analiticamente distinto dos atributos estruturais com os quais tenho lidado. Além disso, não parece ser possível distinguir as ocupações na divisão do trabalho tão claramente como quando utilizamos variáveis estruturais, porque não há nenhuma dúvida de que muitos membros que exercem trabalhos subalternos, como as enfermeiras, manifestam as mesmas atitudes de profissionalismo que os membros da profissão médica. Se os médicos podem manifestar *mais* profissionalismo que as enfermeiras, auxiliares ou tecnologistas médicos – um fato que não foi empiricamente comprovado –, esta diferença é sutil, ao passo que as diferenças estruturais são mais definidas e absolutas. Na verdade, o profissionalismo parece ser capaz de existir independentemente do status profissional. Desta maneira, as ocupações paramédicas mantêm uma posição nitidamente subordinada na complexa divisão de trabalho dominada por uma profissão, uma posição cujo caráter é, ao mesmo tempo, obscuro e palatável pela reivindicação do profissionalismo.

# CAPÍTULO 4
## As características formais de uma profissão

Quais são as características formais da profissão médica? Uma profissão, no sentido mais elementar do termo, é um grupo de pessoas que desempenham um conjunto de atividades de onde tiram a maior parte de sua subsistência – estas atividades denominam-se "trabalho" e "vocação" e não "lazer" ou "passatempo". Elas são exercidas em troca de uma remuneração e não para atender a uma satisfação particular. As profissões são consideradas úteis ou produtivas; por isso as pessoas que a desempenham são remuneradas por outras pessoas. Quando certo número de pessoas desempenha a mesma atividade empregando métodos comuns, que são transmitidos aos futuros profissionais e que se tornam convenções, podemos dizer que estes trabalhadores estão organizados em um grupo organizacional, ou em uma ocupação. De uma maneira muito geral, uma profissão é uma ocupação.

Entretanto, a profissão costuma ser vista como um tipo especial de ocupação. Por isso, é necessário que sejam desenvolvidas analiticamente distinções úteis entre a profissão e as demais ocupações. Tenho argumentado que a distinção mais importante reside na autonomia legitimada e organizada – a profissão difere das demais ocupações por ter adquirido o direito de controlar o próprio trabalho. Algumas ocupações, como os malabaristas e os mágicos de circo, possuem autonomia de fato, por causa do caráter esotérico ou isolado de seu trabalho, mas essa autonomia é essencialmente acidental e objeto de mudanças, para que o público venha a se interessar cada vez mais por eles. Diferindo das demais ocupações, as profissões têm uma autonomia reconhecida *deliberadamente*, que inclui o direito exclusivo de determinar quem pode, legitimamente, fazer seu trabalho e como deve ser feito. Todas as ocupações lutam, a princípio, para obter esses dois direitos, e alguns chegam a utilizá-los. O direito de exercê-los legitimamente é concedido apenas para a profissão. Ainda que nenhuma ocupação possa estar isenta de uma avaliação de seus consumidores, clientes, empregados e outros trabalhadores, apenas a profissão tem o direito reconhecido de declarar essa avaliação "externa" ilegítima e intolerável.

## As fontes do status profissional

Obviamente, uma ocupação não adquire "de maneira natural" uma condição tão pouco usual como a autonomia profissional. O trabalho de um grupo comumente sobrepõe-se ao, e até compete com o, de outras ocupações. Dada a ambigüidade da realidade, e dado o papel que ocupam o gosto e os valores em estimá-lo, é improvável que uma profissão possa ser escolhida entre outras e garanta seu status profissional singular espontaneamente por algum tipo de voto popular. A Medicina certamente não foi escolhida desta maneira. Uma profissão atinge e mantém tal posição graças à proteção e ao patrocínio de algum segmento da elite da sociedade que foi persuadida da existência de um valor especial em seu trabalho. Sua posição é, então, assegurada por uma influência política e econômica da elite que a patrocina – uma influência que se exerce, em parte, excluindo as ocupações rivais no mesmo setor de atividade, em parte desencorajando-as em função das vantagens competitivas conferidas à profissão escolhida e, em parte, exigindo que as demais ocupações sejam submetidas à profissão eleita. Assim como mostrei anteriormente, a Medicina consolidou sua posição desde o surgimento da universidade até os dias atuais.

Na medida em que a fonte da posição específica de uma profissão lhe é garantida, ocupações que se transformaram em profissões são próprias das civilizações desenvolvidas – onde é comum encontrar não apenas especialistas de tempo integral, mas também elites que exercem sua dominação de forma organizada sobre a maioria da população.[1] Além disso, o trabalho da

---

[1] Será encontrada uma notável tentativa de conceituar "o modelo de distribuição e de controle dos conhecimentos em uma sociedade" em HOLZNER, B. *Reality Construction in Society.* Cambridge: Schenkman Publishing Co.,1968.

ocupação não teria sido escolhido se não representasse ou expressasse certas crenças ou valores importantes para as elites – alguns dos valores e conhecimentos estabelecidos na civilização considerada. Assim, a Medicina medieval se diferenciou porque fez uma conexão com o conhecimento antigo. Ademais, no momento em que ela é escolhida pela elite, seu trabalho não precisa corresponder às crenças ou valores do cidadão comum. Mas, uma vez estabelecida em sua posição protegida de autonomia, é provável que a profissão tenha a própria dinâmica, desenvolvendo novas idéias ou atividades que podem vagamente refletir as da elite dominante, e até contradizê-las. O trabalho da profissão pode, portanto, eventualmente divergir do ideal esperado pela elite. Se ele tiver pouca relação com o conhecimento e os valores da sociedade, sua sobrevivência será difícil. A posição privilegiada da profissão é dada por esta mesma sociedade e pode ser reconhecida e abolida por ela.[2] É essencial para a sobrevivência da profissão que a elite dominante esteja persuadida sobre o valor positivo de seu trabalho, ou que, pelo menos, ele seja inofensivo; é assim que a elite continuará a protegê-la dos intrusos.

## Profissões de consulta e acadêmicas

Existem alguns tipos de trabalho que só podem ser exercidos com a cooperação do homem leigo e exigem, para se perpetuar, certa popularidade: são as ocupações práticas ou de consulta que devem manter relacionamento direto e contínuo com a clientela leiga. As necessidades da clientela têm grandes conseqüências sobre a organização ocupacional, o que as difere das demais ocupações que não sofrem a mesma demanda. As ocupações de consulta devem satisfazer os clientes que estão *fora* da comunidade ocupacional e que, por este motivo, não devem estar familiarizados nem de acordo com as idéias e práticas profissionais. Nas ocupações acadêmicas, o trabalhador

---

2 Pode-se argumentar que *uma ocupação* como a eclesiástica perdeu sua posição profissional, sobretudo nos países onde não existe uma religião do Estado. Nos Estados Unidos, a ocupação controla a ordenação religiosa em cada igreja, mas não controla nem o ingresso na ocupação, como tal, nem o acesso aos seus privilégios legais (como celebrar o matrimônio religioso). Seria como se os médicos controlassem a entrada em alguns hospitais, mas não controlassem o que ocorre nos outros hospitais, ou permitissem que um pessoal não habilitado trabalhasse nessas instituições.

deve dar satisfações sobre o que faz a seus colegas e a outros trabalhadores *de dentro* desta comunidade ocupacional. No primeiro caso, a sobrevivência da ocupação depende de aproximação entre o profissional e o homem leigo. Aproximá-los é muito mais difícil que aproximar os profissionais entre si.

No trabalho aplicado, o controle formal e legal deve ser necessariamente imposto, sobretudo se ele se dirigir a uma clientela importante.[3] Ele é o único que tem conseqüências imediatas, e às vezes sérias, na vida dos homens. Quando o público é considerado muito inexperiente para poder avaliar tal trabalho, as camadas dominantes da sociedade podem estimar que o público precisa ser protegido dos profissionais desqualificados e inescrupulosos. O Estado, depois de ser persuadido de que a melhor competência em determinada ocupação exige um treinamento formal qualificado e uma boa disposição moral de seus membros, pode excluir todos os outros que não tenham esses atributos e dar à ocupação escolhida o monopólio legal que pode ajudar a aproximá-la do homem leigo (restringindo a escolha dele, por exemplo). Assim, a profissão ganha o apoio do Estado sob a forma de credenciamento ou outro dispositivo formal que proteja alguns profissionais e exclua outros. É muito pouco provável que um acadêmico ou um pesquisador beneficiem-se deste tipo de dispositivo porque ambos se dedicam a pesquisas de caráter intelectual que buscam essencialmente obter a opinião dos colegas. Entretanto, no caso das profissões de consulta ou de prática, tal direito legal exclusivo de trabalhar não assegura a sobrevivência da profissão: o trabalho só pode ser exercido, credenciado ou não, se for de alguma forma atraente para a clientela leiga.

Diferindo da carreira científica e acadêmica, que cria e elabora o conhecimento oficial de uma civilização, a profissão prática tem a tarefa de aplicar tal conhecimento à vida cotidiana. Ela faz a ligação entre a civilização e a vida cotidiana e, diferindo da carreira científica e acadêmica, deve estar de alguma maneira vinculada à vida diária e ao homem comum. Parte desta vinculação pode ser sustentada politicamente – como um dispositivo legal que permite que apenas determinada profissão ofereça um tipo de serviço que está sendo demandado –, mas outra parte parece depender da capacidade que o trabalho em si tem de atrair o homem comum, e sua adequação

---

3 Ver a distinção entre conhecimento especializado e conhecimento ideológico em HOLZNER, op. cit.

imediata com o trabalho que o homem comum considera desejável e oportuno. No caso da Medicina, eu tenho analisado que o desenvolvimento dos resultados concretos da prática, assim como a educação em massa, aproximou o homem comum das idéias, conhecimentos e normas da profissão, transformando-a em uma profissão de consulta de sucesso, quando antes havia uma profissão acadêmica e científica apoiada oficialmente em uma prática restrita à elite.

Mas, mesmo se minha interpretação sobre o desenvolvimento histórico do status da Medicina estiver sujeita a questionamentos, espero pelo menos ter sido claro e persuasivo em relação à taxonomia utilizada. Distingui dois tipos de profissões estruturalmente diferentes: as "profissões" acadêmicas e científicas e as "profissões" práticas e de consulta. Observamos que as diferenças são maiores que as semelhanças na maneira com que cada uma se estabelece e se mantém e também nos problemas que seus membros enfrentam no trabalho cotidiano. Cientistas e médicos são denominados comumente de "profissão", sendo-lhes atribuída uma bagagem de conhecimentos comum, mas estas semelhanças têm poucas conseqüências importantes. Na verdade, como analisarei no Capítulo 5, mesmo no interior da profissão médica, as maneiras de exercer o trabalho se modificam profundamente quando é uma Medicina prática "dependente do cliente" ou uma Medicina acadêmica "dependente do colega"; e a representação que o médico prático e acadêmico faz de si e de seu trabalho a partir da experiência respectiva de seus trabalhadores é também muito diferente. O fato de os cientistas, médicos e pesquisadores se autodenominarem "doutores" não deve nos levar a concluir que são todos idênticos.

## Profissão e paraprofissão

A análise do desenvolvimento da Medicina nos levou a observar as diferenças estruturais entre as profissões acadêmicas e as de consulta. A mesma análise da divisão de trabalho em torno da organização formal das tarefas de cura nos leva a constatar as diferenças estruturais existentes entre as várias ocupações na divisão de trabalho. No caso da Medicina, a divisão de trabalho não é uma simples combinação funcional entre especialidades. Algumas ocupações – a Odontologia, por exemplo – são autônomas em seus direitos, mesmo se não tiverem tanto prestígio quanto a Medicina (SHERLOCK, 1969:41-51). Outras, usualmente denominadas "paramédicas", são parte da divisão de trabalho organizado dentro de uma hierarquia de autoridade, que é estabelecida e imposta por lei, e gravitam em torno da autoridade e da responsabilidade dominantes da profissão médica. Algumas das ocupações que ocupam um lugar subalterno na divisão de trabalho médico, entretanto, se denominam e são freqüentemente denominadas de "profissões".

Essas ocupações paramédicas, em que a Enfermagem talvez seja o exemplo mais proeminente, têm claramente uma posição bem diferente daquela ocupada pela Medicina, pois é legítimo que as enfermeiras recebam ordens dos médicos e sejam avaliadas por eles, mas não é legítimo que elas dêem ordens a eles ou avaliem seu trabalho. Sem essa reciprocidade, nós dificilmente poderíamos considerá-las iguais a eles. E sem a autonomia que os médicos têm, dificilmente acreditaríamos que seria útil para elas serem classificadas como o mesmo tipo de ocupação que os médicos. Elas são ocupações específicas e genéricas organizadas em torno da profissão médica – as ocupações paraprofissionais. Tal característica faz com que seja constituído um tipo específico de ocupação, particularmente quando as pessoas desta ocupação, dada sua aproximação com a profissão, são encorajadas a exercer atributos profissionais e a reivindicar para si o status profissional. Mas independentemente da reivindicação, elas não estão na mesma posição estrutural que a profissão que têm como modelo.

É interessante notar que as ocupações paramédicas freqüentemente procuram dar a si o status profissional, criando instituições idênticas àquelas das profissões que o possuem. Elas desenvolvem um currículo formal padronizado de formação, se possível na universidade. Criam ou descobrem uma teoria abstrata para ensinar a seus alunos. Escrevem códigos de ética. E são propensas a procurar apoio para o credenciamento e o registro para serem capazes de exercer certo controle sobre quem está autorizado a exercer seu trabalho. Mas o que estas ocupações nunca conseguem é obter a autonomia plena, nem na formulação de seus padrões de treinamento e credenciamento, nem no exercício concreto de seu trabalho. Sua autonomia é sempre parcial, porque ela é apenas uma parte e é limitada pela profissão dominante. Este é um critério irredutível que mantém estas ocupações na condição paraprofissional, apesar de chegarem a alcançar muitos dos atributos institucionais das profissões. A autonomia plena tem um poder discriminatório e não corresponde à validade das mudanças institucionais, como a formação ou o credenciamento. Que tais mudanças institucionais sejam úteis para dotar uma ocupação de autonomia, isso é certo; que sejam condição necessária, isso pode se discutir; mas é simplesmente falso que sejam condição suficiente.

## Os critérios formais da profissão

Analisando a situação da Medicina e das ocupações associadas, evitei deliberadamente adotar a maioria dos critérios que costumam ser utilizados por outros autores que definem as profissões. Na verdade, contestei explicitamente a importância atribuída à formação e ao credenciamento. Este não é o lugar para examinar e analisar detalhadamente as diversas definições que foram publicadas antes e depois da revisão de Cogan (1953:33-50). Parece necessário, entretanto, tratar do tema, mesmo que brevemente. A brevidade é facilitada pelo fato de que nenhum novo critério parece ter sido acrescentado depois da revisão de Cogan, embora vários autores, como eu, tenham comentado e enfatizando um ou outro aspecto. Além disso, o arranjo parcimonioso desses critérios pelo mais sofisticado e cuidadoso dos analistas recentes, William J. Goode (1960:902-914), permite concentrar sua análise essencialmente sobre duas "características centrais" das profissões, das quais derivam dez outras características relevantes. Estas duas características centrais são "o treinamento prolongado e especializado de um corpo de conhecimentos abstratos" e um "serviço voltado para a coletividade" (ibidem:903). Entre as "características derivadas", que são provavelmente "causadas" pelas características centrais, cinco referem-se à autonomia: "(1) A profissão determina os próprios padrões de educação e treinamento. [...] (3) A prática profissional é freqüentemente reconhecida por alguma forma de credenciamento legal. (4) Os conselhos de licenciamento e admissão são compostos por membros da profissão. (5) A legislação que afeta uma profissão é majoritariamente elaborada por ela própria. [...] (7) O profissional é relativamente livre da avaliação ou controle dos leigos" (ibidem:903). As características centrais de Goode são, sem dúvida, decisivas em relação à profissão, na medida em que ele observa as causas da autonomia profissional como eu as defini e muitas outras características descritas por outros autores. Vamos examiná-las de perto para ver se as coisas acontecem dessa forma.

Quais são precisamente as referências empíricas dessas características centrais? No primeiro caso, o treinamento, estão ocultas pelo menos três especificações problemáticas – "prolongado", "especializado" e "abstrato". Como todo treinamento demanda algum tempo, quanto tempo é necessário para uma ocupação ser qualificada desta forma? Como toda formação é, de alguma forma, especializada, como determinar se o treinamento foi suficientemente especializado para ser qualificado desta forma? Como o termo "abstrato" é mais relativo que absoluto, como podemos determinar se o treinamento é suficientemente abstrato e teórico? É difícil, se não impossível, responder a estas perguntas com algum grau razoável de precisão. Além disso, qualquer que seja a resposta, nenhuma conseguirá, me parece, incluir todas as ocupações reconhecidas claramente como profissões; ou poderia excluir todas aquelas reconhecidas como não sendo profissões. Se tomarmos as três profissões tradicionais – Medicina, Direito e Sacerdócio –, constataremos que as características centrais, como duração do treinamento (particularmente do sacerdócio), grau de especialização e quantidade e natureza dos conhecimentos teóricos e abstratos (particularmente no caso do Direito), são amplas o suficiente a ponto de permitir que muitas ocupações acabem sendo reconhecidas como profissões. A Enfermagem, por exemplo, que Goode não inclui na condição de profissão, baseando-se no critério do treinamento, satisfaz o perfil apresentado pelas três profissões reconhecidas.

O que é significativo, entretanto, é que Goode exclui a enfermagem porque pensa que sua formação não é mais do que "uma educação médica de nível inferior" (ibidem:903), o que implica mais na falta de autonomia que deveria produzir do que em algumas qualidades específicas do treinamento das enfermeiras. Assim, não é o conteúdo nem a duração do treinamento que importa, mas sim o fato de que são os médicos, em último caso, que determinam a maior parte do conhecimento que as enfermeiras adquirem. O conteúdo objetivo e a duração do treinamento desempenham um papel consideravelmente menos decisivo que o *controle* ocupacional sobre o treinamento. Na verdade, em outro artigo em que analisa o treinamento do bibliotecário, Goode (1966:36) dedica uma atenção maior à questão do controle – especificando que uma ocupação deve ajudar a criar seu conhecimento, que ela "deve ser o árbitro final sobre qualquer controvérsia sobre o que é e o que não é o conhecimento válido para ela", e que ela deve "[controlar] amplamente o acesso a este conhecimento, controlando a admissão nas escolas, os currículos e os exames".

Então, o treinamento em si não é capaz de distinguir claramente as ocupações das profissões. O que é decisivo é a questão da autonomia e do controle da ocupação sobre seu treinamento, ainda que ambos sejam reconhecidos por uma elite ou por um público persuadido de sua importância. A Farmácia e a Optometria, por exemplo, têm mais ou menos o mesmo tempo de formação e o mesmo grau de especialização e conhecimento abstrato (ainda que alguém consiga determinar a proporção e a quantidade para estes termos). Entretanto, na maioria dos estados norte-americanos, por exemplo, o optometrista diplomado tem legalmente o direito de diagnosticar (ele estabelece as taxas de refração, por exemplo) e prescrever (ele ordena, fabrica e ajusta lentes corretivas), ao passo que o farmacêutico diplomado não tem essas prerrogativas. O optometrista está claramente mais próximo da autonomia profissional que o farmacêutico, que continua fortemente subordinado à Medicina (DENZIN & METTLIN, 1968:375-382). O conteúdo real da formação não pode explicar ou produzir tais diferenças. Como sugeri em minhas análises sobre a divisão do trabalho médico, as relações entre o trabalho exercido por uma ocupação e o desempenhado pelas profissões predominantes constituem um fator decisivo para as possibilidades da autonomia profissional. É resultado de um processo mais político e social que técnico – um processo em que o poder e a retórica persuasiva têm um peso maior que o conteúdo objetivo do conhecimento, da formação e do trabalho.

Sobre o caráter político do processo, devo salientar que os líderes de todas as profissões que aspiram a ter autonomia, incluindo enfermeiras, farmacêuticos e optometristas, insistem que suas ocupações oferecem uma formação longa para um conjunto de habilidades de alto nível, particularmente uma formação com conhecimentos teóricos e abstratos que interessam a esta atividade. E eles podem argumentar sobre a existência de cursos obrigatórios de teoria para reforçar suas convicções. Estes são fatos institucionais cuja verdade não pode ser negada. Seu significado, entretanto, é suspeito, pois em uma ocupação o conteúdo e a duração da formação, incluindo os conhecimentos abstratos ou teóricos, resultam freqüentemente de uma intervenção deliberada destinada precisamente a mostrar que ela é uma profissão e que tem, por esse motivo, direito à autonomia.[4] Se não existir um corpo teórico sistemático, ele é fabricado para se poder dizer que existe. A natureza de uma formação ocupacional, portanto, pode ser um elemento ideológico, uma retórica deliberada em meio a um processo político de grupos de pressão, de relações públicas e outras formas de persuasão para alcançar o objetivo desejado – o controle completo sobre seu trabalho.

Não me parece que o sucesso ou não deste processo esteja relacionado com as características objetivas da formação. Um observador neutro como Goode não pode determinar se existe "realmente" abstração, duração e especialização suficiente na formação para impulsionar uma ocupação a ter um status profissional. O que determina o sucesso é a avaliação dos observadores menos neutros envolvidos, como os legisladores, o público e os representantes de outras ocupações. Os critérios que utilizam na avaliação podem variar: o legislador leva em conta os votos; o público, os riscos; e as outras ocupações, os empregos. Embora as características da formação freqüentemente sirvam como critério de credenciamento e de identificação dos integrantes de uma ocupação, não existe, me parece, em relação ao conteúdo e ao tempo de formação, nenhum predicado objetivo definido que possa distinguir seguramente uma profissão de uma ocupação.

Apesar de ser um critério problemático, o treinamento tem pelo menos a virtude de possuir objetos empíricos claros. A formação é submetida a regras e regulamentos formais corporificados em leis ou a regulamentos e resoluções vinculadas a instituições políticas, associações profissionais e organizações educacionais. Mas a segunda "característica central" especificada por Goode, encontrada com freqüência em outros autores, é muito mais problemática. A "orientação para o serviço ou para a coletividade" refere-se menos à orientação das organizações ocupacionais e mais às preocupações dos *indivíduos* que as integram. As atitudes dos indivíduos, entretanto, constituem claramente um critério inteiramente diferente daquele vinculado às

---

4 Várias tentativas têm sido feitas para esboçar uma história natural das ocupações que aspiram ao status profissional. Ver, por exemplo, HUGHES, E. C. *Men and Their Work*. Nova York: The Free Press of Glencoe, 1958; CAPLOW, T. *The Sociology of Work*. Minneapolis: University of Minnesota Press, 1954; WILENSKY, H. L. "The Professionalization of Everyone?". In: *American Journal of Sociology*, LXX, 1964, p.137-158. Ver também GILB, C. L. *Hidden Hierarchies, The Professions and Government*. Nova York: Harper & Row, 1966 para numerosos comentários sobre como o status político é desenvolvido pelas profissões.

qualidades das instituições ocupacionais. Os atributos destas instituições diferem das atitudes dos indivíduos, na medida em que podem ser determinados empiricamente por meio do exame da legislação, das regras administrativas e de outros documentos oficiais, como os currículos prescritos. As atitudes dos indivíduos, por sua vez, devem ser determinadas pelo estudo direto dos indivíduos em si.

A existência de instituições verdadeiras de formação profissional, a duração dos estudos, a natureza dos cursos exigidos para obter o diploma e as características dos exames para o credenciamento são certamente fatos estabelecidos. Mas, de modo curioso, não existe atualmente uma informação confiável que demonstre que a orientação para o serviço é de fato intensa e difundida entre os profissionais. Faltam os três tipos de dados necessários para tal comprovação: nós não sabemos que percentual de profissionais manifesta, e com que intensidade, uma orientação para o serviço; não sabemos em que medida a orientação para o serviço é mais intensa e amplamente difundida entre os profissionais do que outras orientações; e não sabemos se sua intensidade e sua extensão são mais importantes para os profissionais do que entre outros tipos de trabalhadores. Mesmo quando tentamos arrancar indicativos dos dados escassos e restritos disponíveis, nos surpreendemos com o fato de que é admitido *por definição,* e sem verificação experimental, que a "orientação para o serviço" é especialmente comum entre os profissionais. Como indicarei em capítulo posterior, não nego que exista na realidade uma disposição para uma orientação para o serviço como tal (embora fosse bom demonstrá-la empiricamente). Eu contesto que ela seja uma propriedade distinta, exclusiva e mesmo predominante das ocupações profissionais. Já salientamos que esta atitude, que faz parte do "profissionalismo", pode ser amplamente encontrada entre as ocupações que não são autônomas e que não estão propensas a sê-lo no futuro. Goode, de fato, concorda que, apesar de a Enfermagem não ter se tornado uma profissão, ela tem uma orientação para o serviço. Este critério possui, portanto, reduzido valor para definir uma "profissão".

A orientação para o serviço, contudo, não deve ser considerada uma qualidade individual dos trabalhadores. Se nos colocarmos em um nível diferente de abstração, a orientação para o serviço pode ser considerada uma qualidade *institucional* de uma ocupação. Como uma característica formal de uma ocupação, ela é uma reivindicação do conjunto dos membros do corpo profissional. A reivindicação, é claro, também é feita por paraprofissionais e por muitos outros tipos de organização ocupacional, incluindo sindicatos e associações comerciais. Considerada assim, como um traço institucional da ocupação, também pode acontecer o mesmo que com a formação: que seja criada deliberadamente para convencer melhor as figuras politicamente importantes sobre as virtudes da ocupação. Ela pode ser completamente inventada, talvez mais facilmente que um currículo, com o objetivo de melhorar a imagem pública da ocupação. E, como a formação, o que distingue as profissões quanto à orientação para o serviço é *a aceitação geral de sua reivindicação;* aceitação que é fruto de seu precoce sucesso em persuadir. Como Goode ("The Librarian", op. cit.:37) afirmou: "Na medida em que a sociedade está convencida que a orientação para o serviço é uma regra para a profissão, ela irá garantir à profissão mais autonomia e liberdade em relação à supervisão e ao controle dos não profissionais". Outras ocupações podem atualmente ter uma grande parte de seus membros com tal orientação – esta não é a questão. Elas podem ter códigos de ética, juramentos e outros atributos institucionais refletindo tal orientação – esta também não é a questão. *A orientação para o serviço de uma profissão possui um crédito obtido pelo público, crédito que ela conquistou graças aos esforços de seus líderes que convenceram a sociedade a consentir e apoiar sua autonomia.* Esta atribuição não significa que os membros das profissões sejam majoritariamente ou mais intensamente comprometidos com uma orientação para o serviço que os membros de outras ocupações.

## Instituições formais e desempenho profissional

Tentei demonstrar no Capítulo 1 que o único critério verdadeiro e uniforme para distinguir as profissões das demais ocupações é de fato a autonomia – quer dizer, o direito legítimo de controlar seu trabalho. Esta autonomia não é absoluta, sua existência depende da tolerância e mesmo da proteção do Estado e não se estende necessariamente por todos os setores da atividade concernente. Comparando a profissão médica em três diferentes nações, nós mostramos que o único setor no qual a autonomia *deve* realmente existir para que tenha seu status profissional está na essência do trabalho propriamente dito. A autonomia é o resultado complexo da interação entre os poderes econômicos e políticos e os representantes da profissão; tal interação às vezes é facilitada pelas instituições educacionais e outros expedientes que persuadem com sucesso o Estado de que o trabalho ocupacional é confiável e válido.

Além disso, argumentei que não existe nenhuma qualidade institucional estável que assegure esta posição de autonomia. É por vias não previsíveis, por meio de um processo de difícil negociação política e persuasão que a sociedade, um dia, é levada a crer que seria desejável conceder a uma ocupação o status profissional, com a autonomia de suas atividades regulada por ela mesma. As instituições de formação profissional, os códigos de ética e o trabalho em si são argumentos que costumam ser utilizados para criar esta convicção. Não é verdade, no entanto, que eles detenham o poder de persuasão constante ou mesmo maior, nem individual ou coletivamente, que faria deles *critérios objetivamente determináveis*. Pode ser verdade que o público e/ou uma elite estratégica sempre acredite que o treinamento, a ética e o trabalho da ocupação que eles favoreçem têm qualidades excepcionais, mas isso é, sobretudo, conseqüência do processo de persuasão e não dos atributos em si, se bem que não podemos dizer que estes atributos sejam as "causas" do status profissional nem que objetivamente sejam exclusivos das profissões.[5]

Com poucas exceções, minha discussão neste capítulo se concentrou quase inteiramente no nível da análise institucional ou formal da profissão vista como uma organização, integrada a uma organização mais ampla do Estado e da divisão social do trabalho. Os indivíduos a que chegamos a nos referir durante esta discussão foram invocados como porta-vozes da profissão, como líderes engajados nas negociações e na argumentação persuasiva, e preocupados com a criação e administração das associações profissionais, das instituições de formação e das associações profissionais, mas não como homens fazendo o trabalho diário característico desta profissão. Esse nível de análise é perfeitamente apropriado quando se trata de compreender o desenvolvimento de uma ocupação e sua organização atual, porque determina a estrutura política, jurídica e interprofissional que estabelece os limites gerais nos quais os profissionais poderão exercer sua atividade.

---

5 Deve ser observado que este argumento é semelhante ao de BECKER, H. "The Nature of Profession". In: *Education for the professions*. Chicago: National Society for the Study of Education, 1962, p.24-46.

O comportamento individual dos membros da profissão se inscreve em um quadro determinado por esses critérios formais. Mas eles não são capazes de especificar se o exercício do trabalho varia ou não de acordo com o indivíduo, se existem ou não diferenças sistemáticas e, se for o caso, qual é a sua natureza e a origem. No nível formal, todos os indivíduos são iguais, pois são submetidos igualmente aos mesmos padrões mínimos de recrutamento e formação e, com isso, lhes é permitido exercer a atividade sob a proteção de alguns tipos de competição e sem que outros venham a supervisionar ou avaliar seu trabalho. Baseados em tais critérios formais, observamos apenas as disparidades individuais de habilidade, caráter ou personalidade que explicam as diferenças de realização prática. Com isso, a análise do desempenho individual como tal escapa das propriedades formais. A conexão entre os dois só pode ser feita, eu acredito, pela mediação dos meios estruturados e concretos nos quais o trabalho e o desempenho têm lugar efetivamente. Estes meios de trabalho têm, de maneira evidente, seus limites gerais ditados pelas características formais da profissão e pela posição que ocupam no meio político e econômico, mas sua estrutura concreta é algo que deve ser analisado em si e por si. Uma vez que a estrutura dos cenários de trabalho esteja determinada, minha hipótese é que se torna possível compreender e prever as variações sistemáticas no desempenho individual dos trabalhadores da profissão.

Na próxima parte deste livro devo dedicar-me ao exame detalhado dos meios de trabalho profissional da Medicina, em relação àquilo que denominaremos desempenho profissional. Admitindo que existam variações deste desempenho que não são apropriadas do ponto de vista técnico e ético – porque não existe nenhuma razão em acreditar que a curva normal de distribuição de uma característica em uma população dada não se aplique às populações profissionais –, eu concentrarei a análise sobre a maneira com que os meios de trabalho profissional conseguem ou não exercer o controle sobre os desempenhos desviantes. A questão do controle sobre os desempenhos desviantes é, acima de tudo, outra face da questão da autonomia, porque se a profissão pretende ter autonomia, ela deve ter condições de exercer, ela mesma, suas regras ou seu controle sobre o desempenho de seus membros, sem interferência externa. Da mesma forma que a autonomia é o teste para a condição profissional, a auto-regulacão é o teste da autonomia profissional.

# PARTE II
# A ORGANIZAÇÃO DO DESEMPENHO PROFISSIONAL

"Tanto os motivos quanto as ações não costumam ser originados em si, mas sim com base em situações nas quais os indivíduos se encontram."

Karl Manheim

# CAPÍTULO 5
## As condições do trabalho cotidiano do profissional

Parece que, há bastante tempo, existem duas perspectivas distintas de interpretar os problemas humanos. Existe a visão característica dos especialistas em religião, educação e psicologia que afirmam que a personalidade humana determina como irá proceder, independentemente do meio em que a pessoa esteja inserida. Em termos morais, esta visão sustenta-se na idéia de que o mundo só pode mudar a partir da mudança do indivíduo – seja por uma graça divina, seja pela instrução ou pela psicoterapia. Existe também a visão de que o comportamento humano ocorre em função das pressões do meio ambiente, que determina a consciência e a maneira como o indivíduo se comportará, independentemente de sua personalidade. Esta visão defende que o mundo pode mudar com a mudança do meio ambiente humano. No primeiro caso, a estratégia de análise visa a determinar que tipo de indivíduo está envolvido na situação – sua personalidade, suas normas ou crenças, sua educação – e como estes atributos influenciam seu comportamento. No segundo caso, a análise enfatiza como as mudanças no meio ambiente estão associadas às mudanças de comportamento individual.

As duas orientações, apresentadas de maneira sumária, são uma caricatura, pois a verdade é bem mais complexa e inclui essas duas facetas. Cada orientação representa, contudo, uma estratégia particular de formular e investigar. Cada uma detém uma ênfase específica que guia a atenção em circunstâncias inevitáveis que tornam impossível estudar tudo de uma vez só. Eu acredito que, dentre ambas, tem sido dada muita atenção às características e atitudes individuais dos membros de uma mesma ocupação e muito pouca atenção às condições de trabalho. Este é particularmente o caso das profissões. De uma maneira geral, os estudiosos que analisam as profissões (e a profissão médica em particular) têm enfatizado o valor individual do homem que exerce a atividade. Esses autores tendem a caracterizar as qualidades pessoais que são tipicamente "profissionais"; qualidades estas que se manifestam sobre a perspectiva que se tem sobre o trabalho, sobre si mesmo e sobre seus clientes, que serão reforçadas e impostas ao longo da formação profissional. O comportamento inadequado de um profissional será explicado como resultado de suas deficiências pessoais, ou como conseqüência de uma "socialização" inapropriada feita pela escola profissional. A solução mais comum sugerida para comportamentos como estes é a reformulação dos currículos e não a modificação das circunstâncias em que se desenvolve o trabalho profissional: tenta-se chamar a atenção dos médicos sobre os doentes com problemas ensinando a sociologia na escola médica e fazendo com que os estudantes se interessem por abordagens globais, confiando-lhes a responsabilidade de famílias inteiras das escolas de Medicina.

Agora não há dúvida alguma de que a formação social e técnica obtida pelo médico na faculdade e no hospital, onde ele é interno ou residente, é a origem *principal* de todo o seu comportamento e prática posterior. Com isso, quero dizer que o que distingue um médico de um leigo é precisamente esta preparação particular. A educação, portanto, é seguramente de grande importância, não apenas para determinar os critérios formais de credenciamento, mas também por estabelecer individualmente entre os membros da profissão um núcleo comum de conhecimentos e atitudes.[1] As instituições médicas não são idênticas, assim como os estudantes e os professores que elas recrutam[2] também não; então é possível que as diferenças que observamos na prática dos médicos que elas formam estejam relacionadas a estas diferenças.

---

1 Para uma excelente discussão sobre este ponto de vista, ver MERTON, R. K. "Some Preliminaries to a Sociology of Medical Education". In: MERTON, R. K. et al. (eds.). *The Student Physician: Introductory Studies in the Sociology of Medical Education*. Cambridge: Harvard University Press, 1957, p.3-79.
2 Para exemplos recentes de estudos sobre as diferenças entre as escolas, ver SANAZARO, P. J. "Research in Medical Education: Exploratory Analysis of a Blackbox". In: *Annals of the New York Academy of Sciences*, CXXVIII, 1965, p.519-531, incluindo suas referências aos trabalhos de Stern, Schumacher e Hutchins.

Contudo, entendo que a formação profissional seja uma variável menos importante que o meio onde o trabalho é exercido. Existem muitas evidências convincentes de que a "socialização" não explica tão bem alguns elementos importantes do desempenho profissional quanto a organização imediata do meio onde o trabalho é exercido. Seeman e Evans (1961:67-80; 193-204) mostraram que os mesmos médicos comportam-se de maneira diferente no hospital quando a supervisão muda. Peterson e sua equipe (1956) descobriram que a prática dos clínicos gerais tinha, alguns anos após a graduação, uma relação muito tênue com sua respectiva formação profissional. Clute (1963) chegou às mesmas conclusões em seu trabalho sobre o corpo médico canadense. Em um estudo muito diferente, Price e colaboradores (1963) mostraram que não existia uma relação entre a média de notas e o desempenho do estudante depois de formado. Em um estudo sobre a ajuda psicossocial individualizada[3] com função corretiva, Piven (1961) não encontrou uma relação importante entre a atitude "terapêutica" desejável em relação aos clientes e a presença ou ausência do profissional durante o curso universitário. Carlin (1966) não encontrou qualquer conexão significativa entre a moralidade dos advogados e a faculdade de Direito onde se formaram. Em um estudo longitudinal pouco usual, Gray e sua equipe (1966:128-132) descobriram o "cinismo" médico e concluíram que certo grupo de estudantes com boas notas na universidade apresentou igualmente esta característica. Eles demonstraram que o "cinismo" variava de acordo com a atividade de médico e não em função do local onde havia feito sua formação. Estudos como estes que acabamos de mencionar provam que alguns componentes importantes do comportamento profissional – o nível de competência técnica, o contato com o cliente, o "cinismo" e a ética – não variam muito de acordo com a formação profissional recebida pelo indivíduo, mas em função do nível socioeconômico do lugar onde o indivíduo trabalha após seus estudos se encerrarem. Eles reforçam minha crença de que é muito razoável e adequado afirmar que a maioria dos aspectos significativos do comportamento médico está associada ao meio socioeconômico onde ele desempenha sua atividade: eles estão a todo o momento e constantemente respondendo a pressões decorrentes de situações em que se encontram em

---

3 No original, *casework*. (N. T.)

um momento específico; o que eles são é, *sobretudo*, o que são no presente e menos o que foram no passado, e o que eles fazem é, *sobretudo*, conseqüência das pressões advindas de situações que acabaram de viver e não de situações que "internalizaram" anteriormente.[4]

Neste capítulo, então, vou começar analisando os locais onde os membros da profissão trabalham, com o objetivo de compreender as fontes maiores de variação do comportamento profissional. Aqui, vou me dedicar essencialmente ao estudo da prática no consultório médico, onde se desenvolve diariamente a maior parte da atividade profissional. Infelizmente, apesar de algumas exceções importantes, existem poucas informações empíricas sistematicamente reunidas e disponíveis sobre o trabalho exercido em consultório. Devemos lamentar também que existam poucos estudos teóricos dedicados a conceituar as implicações dos postos de trabalho no desempenho profissional.[5] Talvez parte do problema da conceituação esteja relacionado à grande variedade de postos de trabalho que observamos de um estabelecimento para outro: desde o consultório, mantido por um único médico, até os organismos burocráticos em que cada profissional exerce uma especialidade. E, para complicar mais o problema, existe ainda uma extrema diversidade de relações interpessoais, que vão desde as relações formais com as associações profissionais até as redes de relações informais entre colegas e que estão presentes desde o mais simples posto de trabalho individual, ligando-o aos demais. Contudo, eu tentarei ainda, ao longo deste capítulo, ordenar e tirar algumas conclusões desta diversidade.

---

4 Esta posição foi apresentada de maneira mais abstrata por BECKER, H. S. "Personal Change in Adult Life". In: *Sociometry*, XXVII, 1964, p.40-53.
5 Para algumas revisões recentes, ver WEINERMAN, E. R. "Patients' Perceptions of Group Medical Care. A Review and Analysis of Studies of Choice and Utilization of Prepaid Group Practice Plans". In: *American Journal of Public Health*, LIV, 1964, p.880-889; WEINERMAN, E. R. "Research into the Organization of Medical Practice". In: *Milbank Memorial Fund Quarterly*, LXVI, 1966, Parte 2, p.104-145; WHITE, K. L. "General Practice in the U.S.". In: *Journal of Medical Education*, XXXIX, 1964, p.333-345; WHITE, K. L. "Patters of Medical Practice". In: CLARK, D. W. & MACMAHON, B. (eds.). *Preventive Medicine*. Boston: Little, Brown and Co., 1967, p.849-970.

## Tipos de organização da prática médica[6]

O médico trabalha diariamente preservando sua privacidade. Em outras profissões estabelecidas, o trabalho freqüentemente se desenvolve de maneira pública, tanto no tribunal, na Igreja e nos auditórios como nos escritórios. O trabalho do médico é caracteristicamente conduzido em um consultório fechado ou em um quarto residencial. Além disso, o médico costuma oferecer seus serviços pessoais mais a indivíduos do que a congregações ou classes. Estas características fazem que a Medicina se assemelhe, mais do que outras profissões estabelecidas, a uma atividade baseada na relação simples entre profissional-cliente e não a uma organização. Ela é, entretanto, muito mais do que uma simples relação: é uma prática inserida em uma estrutura organizada que influencia o comportamento dos médicos e dos pacientes. Na verdade, atualmente nos Estados Unidos, a estrutura da prática parece estar mudando em direção a formas mais elaboradas, que podem transformar a natureza da relação médico-paciente.

A maneira típica de exercer a Medicina nos Estados Unidos é a "prática solo". Isso envolve um homem trabalhando por conta própria em um consultório mantido e equipado com capital próprio. Ele cuida de pacientes que o escolheram livremente para ser seu médico particular e com os quais ele tem responsabilidades. Neste esquema clássico, ele não estabelece qualquer relação formal com seus colegas.

A expressão "prática solo" é comumente usada tanto de uma maneira ideológica quanto descritiva. Sua ideologia, como observou Evang (1960), é um tabu em muitos países. A conotação ideológica tem implicações analíticas interessantes. Um dos temas centrais é a independência – a noção de "autonomia profissional" –, na qual um homem pode exercer sua atividade da maneira que quiser. Para que a autonomia exista, o profissional deve trabalhar sozinho e ter obrigações de longa duração com seus clientes; deve ser capaz de interromper esta relação a qualquer hora e vice-versa; em relação ao paga-

---

6 Boa parte das informações que se seguem foram reproduzidas de meu artigo: "The Organization of Medical Practice". In: *Handbook of Medical Sociology,* editado por Howard E. Freeman, Sol Levine e Leo G. Reeder, 1963, com a permissão de Prentice-Hall, Inc., Englewood Cliffs, New Jersey.

mento dos serviços, o princípio dos honorários pagos por serviço deve prevalecer sobre o pagamento por contrato, pois encoraja a prática autônoma.

A verdadeira autonomia baseada no esquema de pagamento por serviço a um médico é inerentemente instável: o profissional que a pratica pode passar a ser controlado tanto por seu paciente como por seu colega. Em um sistema de competição livre, o médico não pode contar nem com a lealdade do paciente (com quem ele não tem contrato), nem com fidelidade dos colegas (com quem não tem vínculos e que competem com ele). Como os colegas são seus competidores, ele não deve pedir-lhes conselhos ou orientações e não deve seguramente encaminhar-lhes seus pacientes. Nestas circunstâncias, ele está praticamente isolado e relativamente livre do controle dos colegas, mas, ao mesmo tempo, está muito vulnerável ao controle de seus clientes. Para mantê-los, ele deve dar aos clientes o que demandarem – tranqüilizantes ou antibióticos –, ou outra pessoa irá fazê-lo. A prática médica, ainda que conscienciosa, sob estas condições, é obviamente difícil e frustrante. Dificilmente poderíamos descrevê-la como "autônoma".

Os médicos podem se proteger da concorrência unindo-se contra a seleção tirânica dos clientes, mas eles acabam caindo sob a tirania dos colegas, que se escolhem livremente. Na verdade, a "autonomia completa" só pode ocorrer em circunstâncias muito especiais. É possível pensar que quando a quantidade de médicos é restrita e não atende à demanda, o controle do cliente pode ser evitado. Se, além disso, existe a possibilidade de se abrir um consultório sem que sejam feitos grandes investimentos e sem a necessidade de recorrer a instituições de consulta ou a serviços hospitalares, e se o controle dos colegas pode ser evitado, estamos próximos da "autonomia completa".

Nos Estados Unidos hoje em dia, a quantidade de médicos em muitas áreas é tal que o controle do cliente pode ser evitado; ao passo que, por outro lado, eles não podem escapar ao controle feito por colegas. De uma maneira ou de outra, o médico depende de seus colegas. Esta é a regra atual nos Estados Unidos na medida em que a Medicina moderna exige a presença dos especialistas, do uso de hospitais e de equipamentos caros. Em poucas palavras, a prática médica atual não é mais "solo": ela integra uma ampla variedade de relações organizadas, em que a maior parte reforça o controle feito por colegas e minimiza aquele feito por clientes.

Como os médicos são levados a cooperar? Vamos começar analisando uma prática "solo", com honorários pagos por serviço, como pode ser encontrada nos Estados Unidos, onde o número de médicos é relativamente restrito. Mesmo em tal circunstância, a prática não é muito segura, pois a ameaça da competição está mantida com a contínua entrada de jovens profissionais no sistema, que não é acompanhada pela saída proporcional de profissionais idosos para a aposentadoria. Em resposta a esta ameaça, muitos médicos mantêm seus pacientes consigo, mas isso implica que os profissionais estejam sempre à disposição para o serviço. Para ter livre uma noite, final de semana, férias ou a possibilidade de poder ficar doente, o médico tem de ser "coberto" por um colega em quem confie e que não irá "roubar" seu paciente. Assim, um médico é levado a cooperar com outro profissional.

A necessidade para tal cooperação torna-se ainda mais necessária quando envolve o trabalho de um especialista. Pacientes que precisam ver mais de um médico para dar curso ao tratamento devem vincular-se a um deles e não voltar ao profissional que deu a indicação. O perigo de se perder pacientes que são encaminhados a jovens internalistas parece ter levado alguns médicos a não encaminhar mais nenhum paciente. Um estudo sobre os médicos negros mostra que alguns encaminham seus pacientes aos médicos brancos porque supõem que estes não desejem manter pacientes negros e que eles reencaminharão seus clientes ao médico original (REITZES, 1958). Manter um paciente a todo custo não é, obviamente, uma solução satisfatória, pois um médico consciente sabe que seus doentes podem necessitar de cuidados que ele não pode oferecer. Ele pode encaminhar certo número de doentes, mas não todos, para se consultar em uma clínica ou um hospital cuja equipe possivelmente não irá "roubá-lo". Uma solução mais natural e clássica é trabalhar com um conjunto amplo de acordos recíprocos: o clínico geral encaminha seus pacientes a um número restrito de especialistas em quem pode confiar e que atuarão "eticamente" com o eventual retorno ao clínico; e o especialista encaminhará ao clínico os pacientes que necessitarem seus serviços.

Hoje em dia, nos Estados Unidos, o clínico geral não tem mais a posição poderosa que tinha outrora, quando "alimentava" o especialista de clientes. Na medida em que o paciente tornou-se mais sofisticado e o número de especialistas disponíveis aumentou, o paciente evitou o clínico e procurou o próprio especialista. Na verdade, o lugar do clínico geral foi sendo ocupado pelo médico internalista e pelo pediatra. No meio urbano, as recomendações dos leigos são a principal fonte de obtenção de pacientes: oftalmologistas, otorrinolaringologistas e ortopedistas, sem falar dos ginecologistas-obstetras, alergistas e dermatologistas. Na medida em que a chave da divisão de trabalho não está nas mãos de um "alimentador", existe o perigo de uma considerável confusão e irregularidade nas disposições dos pacientes. Torna-se importante, então, que os médicos estejam organizados de maneira bem integrada, não somente para ganhar e regular o acesso dos pacientes, mas também como uma maneira de estabelecer entre os colegas canais regulares de comunicação sobre o paciente e sua doença. As "redes de colegas" descritas por Hall (1946:30-41) podem ser usadas como um protótipo de um arranjo informal, mas bem integrado na prática médica individual dos Estados Unidos. Na verdade, podemos suspeitar que esta rede seja uma maneira estratégica de regular o recrutamento e o acesso ao trabalho em todos os lugares onde não existam critérios objetivos evidentes para definir a competência. Esta mesma rede desempenha um papel importante no mundo acadêmico e jurídico.

Hall (ibidem:31-33) oferece uma descrição lúcida da rede de colegas:

> Na medida em que os médicos de determinada localidade têm seu consultório e sua clientela relativamente fiel, eles formam um sistema. Este sistema tem o poder efetivo de excluir um novo concorrente inoportuno: por um lado, os médicos estabelecidos controlam o sistema hospitalar, onde ocupam postos de comando. Por outro, eles tentam se desenvolver, ao longo do tempo, em associações, um tipo de organização informal. Seus direitos, sua posição, seu status e seu poder são reconhecidos e respeitados. Mecanismos de sucessão legítima e modelos de recrutamento se institucionalizam.
>
> As facilidades oferecidas ao médico em determinada comunidade dependem muito da organização deste sistema. Aliás, os dois problemas discutidos anteriormente, ou seja, as instituições e a clientela, estão intimamente relacionados ao funcionamento da organização informal. As posições que os médicos ocupam em instituições, o ritmo das promoções, o número de pacientes que lhe são encaminhados, tudo se articula com o funcionamento da organização informal...
>
> O patrocínio não é necessariamente um processo unilateral. Ele permite que o novo profissional se torne parte do sistema estabelecido, mas também impõe responsabilidades sobre ele. Obriga-o a ocupar uma posição menor na hierarquia institucional. Os conselhos e a assistência profissionais que ele necessitar devem ser solicitados ao seu patrocinador. E se for escolhido para suceder um membro reconhecido da profissão, deverá necessariamente cumprir as obrigações e os deveres que eram da responsabilidade de seu predecessor. O

protegido é, portanto, essencial para que a fraternidade na profissão continue a funcionar.

O tipo de rede descrito por Hall existe com mais facilidade em localidades onde há uma variedade de hospitais e outras instituições médicas ordenadas hierarquicamente, com acesso controlado por médicos. Nas cidades pequenas, ao contrário, é menos provável que exista um sistema tão bem definido e articulado porque os hospitais são, potencialmente, instituições comunitárias abertas. Mesmo nas grandes cidades, as instituições municipais e privadas oferecem aos médicos amplo acesso, independentemente da posição que ocupam na rede da hierarquia profissional (SOLOMON, 1961:463-471). Por esta razão, podemos afirmar que a forma mais comum de rede nos Estados Unidos é aquela que os estudos sociométricos de Coleman, Katz e Menzel retratam e que é bem menos rígida (COLEMAN et al., 1966).

A rede de colegas, por ser inteiramente informal, representa o tipo mais elementar de prática cooperativa. Mas ela é suficientemente fraca para tornar-se vulnerável ao colapso. Sob um sistema como este, pacientes e hospitais não estão sempre sob monopólio completo. Com freqüência, a rede de colegas não pode controlar completamente o meio de tratamento e, então, pode deixar de prestar um atendimento confiável, necessário para conquistar a cooperação dos jovens. Além disso, a lealdade entre os pares, indispensável ao funcionamento de todo o sistema informal, pode ser quebrada por invejas e antipatias pessoais. Os médicos norte-americanos têm desenvolvido uma série de técnicas formais para se protegerem. Um médico que tenha sucesso pode, como Hall (1949:243-253) sugeriu, encaminhar seus clientes em excesso a um colega mais jovem que ele protege, mas pode – o que costuma acontecer bastante – deixar de encaminhar qualquer caso e contratar o serviço de um médico mais jovem, confiando-lhe os casos rotineiros e os chamados de emergência. Desta maneira, ele se alivia da carga, sem correr o risco permanente de perder clientes. A posição do médico-empregador é particularmente forte quando o homem que ele ajuda não tem qualificação suficiente para trabalhar por conta própria (como é o caso de alguns assistentes na Inglaterra) ou quando é muito caro ou senão difícil organizar a prática (como é o caso dos médicos que têm de ser ambos ou onde a competição é severa).

Contudo, quando o assistente está em condições de abrir o próprio consultório e de concorrer com seu ex-empregador, este se torna muito vulnerável, porque cada assistente que ele apresentou a seus doentes pode roubar-lhe parte da clientela ao partir. O médico pode se prevenir, fazendo seu assistente assinar um documento legal que estipule que não poderá se instalar na mesma região que seu empregador quando partir. Outra solução, que não exclui a primeira, é manter o assistente como parceiro.

Entretanto, a maneira de cooperação mais habitual entre pares não é a parceria, mas o que deve ser denominado *associação* – um acordo por meio do qual os médicos dividem as despesas comuns com a manutenção (aluguel ou compra de um consultório, taxa para seu equipamento, salário de empregados etc.), ao passo que cada um mantém a própria clientela. Além disso, é possível um médico "cobrir" o outro, visitando seus pacientes durante as férias ou outras ausências. De uma forma ou de outra, este tipo rudimentar de cooperação formal é muito comum nos Estados Unidos, sobretudo desde o desenvolvimento dos edifícios construídos para serem "centros médicos" nas grandes cidades, com consultórios sofisticados que pertencem aos médicos.

Da associação até a *pequena parceria legal* não existe grande distância, embora esta não seja tão simples. Neste caso, os parceiros dividem tudo: os honorários que recebem de cada cliente e os custos das taxas gerais. Entretanto, a divisão dos benefícios comuns corre o risco de ser sempre um pomo de discórdia, pois as atividades de uns e de outros, ainda que se sobreponham, não são idênticas. Este é particularmente o caso quando os especialistas estão envolvidos, na medida em que um pode achar que atrai mais dinheiro que o outro e que merece, conseqüentemente, uma parcela maior dos benefícios obtidos. Contudo, se estes problemas forem superados, a colaboração fica mais fácil de gerenciar e apresenta mais garantias que outras formas mais simples de cooperação. Em uma rede de colegas, os médicos certamente podem se cobrir reciprocamente e tirar férias apesar das exigências imprevisíveis do trabalho. O sistema de associação apresenta a mesma vantagem, mas a divisão das despesas gerais comuns reduz as despesas profissionais ordinárias de cada um e permite que se tenha mais equipamentos de laboratório e de diagnóstico. Além disso tudo, a colaboração oferece um aumento da segurança financeira de longo termo. Este é o caso dos médicos que não são da mesma geração: os mais jovens atendem uma clientela maior que não teriam no início da carreira. Por outro lado, os mais idosos usufruem uma renda que excede ao que ganhariam em um momento em que os doentes começassem a abandoná-los ou que sua energia diminuísse, obrigando-os a renunciar a certos clientes. Fora isso, onde mais de um especialista está envolvido, cada um pode funcionar em função do outro, com benefícios mútuos: as dificuldades éticas que acompanham a divisão de benefícios, dificilmente evitáveis em um sistema de cooperação informal, passam a estar regulamentadas sem suscitar nenhum problema ético. Constitui-se alguma proteção contra a concorrência externa e cria-se uma situação em que é facilitada a comunicação entre os médicos sobre informações dos doentes.

Uma exigência comum a todas as formas de cooperação é o acesso a uma clientela relativamente maior. Comparativamente, a Medicina cooperativa tem uma escala maior e envolve o gerenciamento de despesas, ajuizamentos, consultas e, no caso da cooperação, benefícios, em um sistema que permite responder a uma quantidade de demandas que ultrapassam as possibilidades de trabalho de um único homem. Quanto mais formal for o sistema, mais sistemático e racional ele se torna. Em certo ponto da escala, entretanto, uma mudança quantitativa leva a uma mudança qualitativa. "Medicina de grupo" é uma expressão utilizada freqüentemente para designar uma forma de associação que vai além do alcance de uma relação de parceria entre dois ou entre poucos médicos, mas não encontramos nenhuma definição satisfatória que caracterize eficazmente tal diferença. O valor desta expressão, como o da expressão "prática solo", é limitado por seu tom demasiadamente ideológico. Em vez de enfatizar a autonomia e a independência, o termo destaca a relação entre grupos e a interdependência. Mas, como dizem Pomrinse e Goldstein (1960:845-859), se "a Medicina de grupo é uma associação formal de três ou mais médicos que oferecem serviços em mais de um domínio médico ou especialidade, que dividem os rendimentos obtidos segundo normas fixadas com antecedência", fica difícil perceber como a Medicina de grupo difere da colaboração entre dois profissionais, exceto se esta colaboração só incluir uma especialidade médica. A distinção entre uma colaboração entre dois ou mais profissionais não me parece pertinente sociologicamente; nem entre uma colaboração entre dois ou três parceiros. Como 57% dos grupos médicos analisados por Pomrinse e Goldstein (ibidem) têm apenas entre três e cinco médicos trabalhando com dedicação integral, é evidente que não há diferença pertinente entre as associações denominadas "Medicina de grupo" e a colaboração das duas partes.

Se os números devem ser utilizados para definir a Medicina de grupo, a sugestão de Jordan (1958) de um número mínimo de cinco médicos com dedicação integral me parece razoável. Cinco médicos em tempo integral, nem todos acompanhando diariamente o paciente, podem atender a uma população de cinco até vinte mil pessoas, dependendo da proporção de clínicos, internalistas e pediatras, dos acordos financeiros com os pacientes e do estilo geral da prática. Na medida em que o número de pacientes e doutores aumenta, parece que a posição de barganha onde se encontra o médico se modifica e algumas das características técnicas da burocracia emergem: organização hierárquica, divisão de trabalho extensiva, regras e procedimentos sistemáticos e coisas semelhantes. Em um sentido lógico ideal, isso pode ser visto como uma prática burocrática.

## A atividade médica no consultório

Até aqui, descrevi em linhas gerais as formas e as características funcionais da prática médica. Esta variedade pode ser dividida em dois extremos lógicos, mas não hierárquicos em importância. Em um extremo, existe a verdadeira prática "solo", cada vez mais rara. Empiricamente, ela é instável, fluida, impura e seus profissionais costumam cooperar de maneira informal com seus colegas. A rede de colegas é próxima, mas ainda informal. A "associação" representa uma variedade simples de cooperação formalmente regulamentada, ao passo que a colaboração entre duas partes ou a prática de grupo tem formas mais rígidas e complexas. No outro extremo, encontraremos uma configuração muito rígida e regulamentada, que pode ser denominada de organizacional ou burocrática. Mas, para poder utilizar todo o material *empírico* relacionado com a prática, devemos dividi-lo em duas grandes categorias, o que nos permitirá estabelecer um paralelo entre o que é denominada comumente "prática solo" e "prática de grupo". Eu colocarei na primeira o médico que trabalha verdadeiramente sozinho e todas as formas de cooperação médica não regulamentadas. A segunda inclui, nas "associações", todas as formas de cooperação regulamentadas formalmente. Feita esta distinção, podemos tentar perguntar como a organização do trabalho influi sobre o desempenho do trabalho.

Todos os profissionais têm a mesma pretensão: deter conhecimentos e uma técnica altamente especializada – uma *expertise* especial. Assim, a primeira questão é se as diferentes condições de trabalho têm um efeito sobre a qualidade do serviço oferecido ou sobre a eficácia da técnica geral. Infelizmente, existe pouca informação a este respeito. Pensa-se, geralmente, que o médico não poderá exercer a melhor Medicina sem um acesso fácil aos modernos diagnósticos e recursos terapêuticos. Então, é razoável assumir que um médico que atua sozinho e que não tenha acesso a esses recursos terá dificuldade de fazer o melhor por seu paciente. Por outro lado, os sistemas de cooperação regulamentados – sejam simples ou complexos – são a melhor maneira para reunir o capital necessário para a compra de equipamentos adequados.

Além disso, o isolamento do médico de seus colegas é visto como um elemento que interfere na qualidade do cuidado. Acredita-se, hoje em dia, que o médico deve permanecer continuamente a par dos avanços do desenvolvimento científico, confiando menos na "educação" questionável, mas muito disponível, da indústria farmacêutica e seus representantes, e acreditando mais na "educação" oferecida por colegas e por publicações científicas. Como vimos, é difícil avaliar o grau de isolamento de um médico que trabalha por conta própria, na medida em que a quantidade de interações informais, que não são menos reais e importantes, faz parte da rede de relações mal definidas que o vinculam a seus colegas. Como notou Peterson (op. cit.:83), isso acontece nas relações de pesca, *bridge* e golfe, mas de certa forma também se refere à Medicina.[7] Entretanto, o fato de o isolamento ser *possível* distingue o médico que está por conta própria daqueles que se agrupam, seja em colaboração de pequenos grupos, seja em grupos em grande escala. Neste sentido, a Medicina de grupo, e não a prática "solo", parece facilitar a qualidade dos cuidados. Na verdade, Peterson (ibidem) observa uma leve tendência neste sentido: os cuidados oferecidos pelos médicos de grupo são de qualidade melhor que os oferecidos pelos médicos que traba-

---

7 COLEMAN, op. cit., p.110, encontrou que quando um médico divide seu consultório, ele adota uma nova droga mais rapidamente que outro profissional que trabalha sozinho.

lham isoladamente, embora Clute (op. cit.:318) aparentemente não tenha chegado ao mesmo resultado.

O cuidado oferecido por uma série de especialistas é também visto como necessário hoje em dia. Embora a prática "solo" não impeça que se procure o especialista, a Medicina de grupo facilita as consultas freqüentes e a troca de informações profissionais. Na organização em que vários especialistas trabalham juntos, não é apenas mais fácil encaminhar os pacientes, mas também comunicar ou coordenar as informações sobre eles. Coleman, Katz e Menzel (ibidem) demonstraram a importância das relações profissionais entre colegas sobre um ponto específico: a prescrição dos medicamentos. Então, pode-se esperar que, na prática de grupo, a fragmentação de cuidados decorrente da especialização seja compensada por um tratamento mais completo.

Finalmente, devemos falar sobre o controle que os médicos exercem uns sobre os outros. Seeman e Evans (op. cit.) mostraram que este controle tem conseqüências sobre a qualidade do desempenho. As instituições médicas de maior reputação, como os hospitais universitários, por exemplo, são caracterizadas por terem um médico que trabalha em associação estreita com o outro e sob sistemática supervisão pelo chefe de serviço, e onde as comissões de especialistas reexaminam os casos dos pacientes que chegam a falecer (removendo os tecidos cirurgicamente e coisas semelhantes). Excetuando-se este contexto pedagógico, onde a supervisão é aceitável ideologicamente, o controle nas burocracias médicas tem recebido pouca atenção, mas é indubitável que pelo menos alguma supervisão administrativa formal quase sempre exista. Além disso, o aprimoramento dos arquivos médicos e o acúmulo sistemático de informações que eles contêm estão sob seu controle. Os registros podem não ser analisados regularmente, mas podem ser sempre consultados se alguém questionar o trabalho de um médico. Se, como Peterson defende, um sistema de arquivos sistemático e completo é um elemento importante para um cuidado médico de qualidade, as organizações burocráticas, que são as que de longe mais apóiam o arquivamento de informações médicas, podem conseqüentemente oferecer um cuidado de melhor qualidade.

Teoricamente, então, o trabalho formal e cooperativo tem mais condições de oferecer melhores cuidados médicos que a prática informal e individual. Entretanto, os dados que sustentam esta idéia são muito fragmentados. Poderíamos invocar um fato que parece se inscrever contra o predomínio dos médicos isolados nos Estados Unidos: menos da metade das intervenções cirúrgicas feitas em hospitais norte-americanos entre 1957 e 1958 foram realizadas por médicos diplomados em cirurgia (HEALTH INFORMATION FOUNDATION, 1961). Mas este fato não oferece uma prova direta de que a prática de grupo seja de melhor qualidade. Estudos comparativos são, portanto, necessários.

Um dos raros estudos comparativos neste assunto foi feito pelo Plano de Seguro de Saúde da Grande Nova York (em inglês, *Health Insurance Plan of Greater New York*). Nele foram estudados os casos de hospitalização e mortalidade perinatal em uma população atendida por grupos de médicos contratados por esse plano de seguro. Os dados foram comparados com os da população de Nova York (SHAPIRO et al., 1958:170-187). Tal estudo, entretanto, envolveu um elemento adicional na organização do cuidado médico – o contrato pré-pago de serviços (*the prepaid service contract*). Acredita-se que quando as pessoas têm a garantia de que podem ser atendidas pelo médico sem que isso interfira em seu orçamento, elas não irão hesitar em usar os serviços. Elas podem, assim, obter o cuidado necessário, ainda durante o curso da doença, prevenindo complicações. Conseqüentemente, poderia ser concluído que um sistema de seguro de saúde pré-pago é, por sua natureza, o melhor meio de se prestar um cuidado médico. Mas este estudo não estabelece a diferença entre seguro e organização. Fica então difícil estabelecer como cada uma destas variáveis influencia a qualidade do cuidado médico.

O problema é o mesmo quando a maneira de indenizar os médicos e a organização do sistema está misturada. O trabalho de Densen e seus colaboradores compara a freqüência hospitalar de membros de um mesmo sindicato que estavam vinculados a dois planos de seguro médico diferentes – em um caso, os cuidados eram oferecidos por um grupo de médicos que são reembolsados por cada assegurado, qualquer que seja o número de visitas; no outro, o médico era indenizado por cada visita e escolhido livremente pelo paciente. A freqüência hospitalar dos membros do primeiro grupo parece ter sido inferior à dos membros do segundo grupo, ainda que os riscos cobertos fossem mais ou menos os mesmos (DENSEN et al., 1960:1710-1726). Mas é difícil dizer se os resultados inferiores do primeiro grupo resultam da Medicina de grupo como tal ou do fato de que o plano deste outro grupo não prevê uma indenização complementar para o médico de grupo que vai operar no hospital.[8] É claro que as provas oferecidas por este estudo são insuficientes.[9]

De uma maneira ou de outra, as pessoas são profundamente envolvidas emocionalmente por seus médicos. O cuidado médico que recebem deve satisfazê-las de tal forma que continuem a procurar por ele. A satisfação do cliente assumiu uma importância ainda maior quando a Medicina tornou-se uma questão política. Em numerosas pesquisas nacionais realizadas nos Estados Unidos, muitas pessoas expressaram uma satisfação geral em relação aos serviços médicos que tipicamente são organizados de forma cooperativa, com base na remuneração em troca de serviço; e a prática isolada do médico clínico geral é parte do folclore. Apesar desses resultados, uma razoável proporção da população menciona motivos para insatisfação. Eles queixam-se de que os médicos os deixam esperando demais, que são difíceis de ser encontrados à noite ou nos finais de semana e que não dão muita atenção a eles. O estudo de Koos (1955:1551-1557) apresenta a maior proporção de insatisfeitos, ao passo que o estudo da Ben Gaffin Associates (s.d.) mostra que as pessoas estão menos propensas a se queixar dos próprios médicos do que dos médicos em geral.

Todos esses trabalhos, como as informações sobre cirurgia praticada no hospital, baseiam-se até agora apenas na prática médica "solo" em si, na medida em que ela é a forma de exercício mais comum e mais característica nos Estados Unidos. Mais uma vez repito que apenas os estudos comparativos podem apresentar evidências úteis. Anderson e Sheatsley (1959) compararam dois grupos de doentes equivalentes do ponto de vista social e econômico, ambos com seguro de saúde. A organização financeira de um é, entretanto, diferente da do outro: na primeira, os honorários para cada visita são indenizados pela seguradora baseando-se no troca de remuneração por serviço; na outra, o médico em um grupo é retribuído em função do número de doentes que tiver. Eles descobriram que a Medicina individual

---

8 Sobre este assunto, ver BADGLEY, R. F. & WOLFE, S. *Doctors' strike: MédicalCare and Conflict in Saskatchewan*. Nova York: Atherton Press, 1967, p.115-118.

9 Estudos sobre este difícil problema podem ser encontrados em DONABEDIAN, A. "A Review of Some Experiences with Prepaid Group Practice". In: *Bureau of Public Health Economics, Research Series*, n.12. Ann Arbor: School of Public Health, The University of Michigan, 1965.

baseada na troca de serviço por remuneração provocou mais satisfação nos clientes do que a Medicina de grupo. Os doentes do segundo grupo tinham a tendência de se queixar do pouco interesse pessoal dado pelos médicos, das explicações insuficientes sobre sua saúde, do tempo despendido na sala de espera e da dificuldade em telefonar para o médico em sua residência. Eu identifiquei a mesma tendência em um de meus estudos anteriores (1961), no qual os doentes comparam suas experiências com estes dois tipos de organização médica. Existiu também uma tendência em sentir que o "interesse pessoal" era mais facilmente obtido na Medicina individual baseada na troca de serviço por remuneração do que na Medicina de grupo. Os doentes tiveram, ao mesmo tempo, um sentimento de que o cuidado médico de melhor qualidade técnica poderia ser obtido com a Medicina de grupo.[10] Em ambos os estudos, entretanto, os médicos que trabalham sozinhos foram comparados com os que recebem honorários. Não há como controlar a variável financeira e comparar práticas profissionais como estas. É evidente que devemos ter cuidado com os dados relativos à satisfação da clientela. Mas nada se opõe à idéia de que um paciente tenha maior satisfação com um médico colocado em uma situação mais próxima e que sensibiliza seu paciente (do qual ele depende), do que com um médico de grupo que tem obrigações específicas em relação à organização de seu trabalho.

A satisfação dos médicos também pode ser mais influenciada pela organização do trabalho do que pelas modalidades de pagamento. Se quisermos tratar da satisfação com o trabalho, entretanto, devemos inicialmente reconhecer que é mais fácil para o médico ser *freelance* do que para o professor ou o sacerdote, pois ambos precisam de coletividades (alunos e fiéis), ao passo que o médico trabalha com um conjunto de indivíduos que se apresentam uns após os outros e nenhum deles pode contar com uma motivação tão forte quanto a oferecida pela doença. Isso por si só significa que, mesmo em uma situação em que o Estado determina as condições do trabalho para o profissional médio – como é o caso na Inglaterra e União Soviética –, o médico tem a possibilidade de ficar fora do sistema se quiser. Conseqüente-

---

10 Ver também a revisão de WEINERMAN. "Patients' Perceptions". op. cit., e de DONABEDIAN, A. "A Review of Some Experiences with Prepaid Group Practice". In: *Bureau of Public Health Economics Research Series*, n.12. Ann Arbor: School of Public Health, The University of Michigan, 1965.

mente, o médico, em qualquer esquema organizado de prática, pode sempre encontrar alguma maneira de trabalhar à margem dele, mesmo que com isso corra algum risco pessoal e sacrifício.

Deve ser notado, além disso, que a satisfação com o trabalho depende inevitavelmente da presença constante de uma alternativa para a carreira e da gratificação simbólica e material que ela representa. Na Medicina nos Estados Unidos, por exemplo, a posição que tem valor simbólico do trabalho é a do especialista reconhecido, que atua por conta própria, recebendo seus honorários diretamente do paciente. O clínico geral pode usufruir de alguns casos menores (denominados de "lixo" pelos especialistas), como a imposição de mãos e as visitas em domicílio onde é recebido calorosamente – é o lado humano e não científico da Medicina. Mas em momentos de depressão ele pode descobrir que não é um sucesso social e profissional porque não é um especialista com uma prática limitada e clientes proeminentes. Devemos, então, considerar que o meio influi parcialmente na satisfação que o médico pode ter com seu trabalho, porque define a forma da atividade profissional e, ao mesmo tempo, oferece alternativas.

Independentemente da tirania do paciente, a prática "solo" tem a qualidade da potencial autonomia plena. O médico que trabalha na privacidade do próprio consultório pode examinar, prescrever, diagnosticar e tratar da maneira que quiser. Obviamente, nada pode atenuar a pressão que os pacientes com seus julgamentos leigos exercem sobre ele. Quando sua prática é insegura, é possível que o médico se sinta obrigado a fazer o que realmente não gostaria de fazer, mas, teoricamente, ele pode mudar a idéia de seu paciente em vez de se submeter a ela. Pelo que parece, a Medicina praticada individualmente detém a forma de autonomia mais plena que qualquer profissão pode ter, pelo menos *potencialmente*. Isso é o que foi enfatizado pelos estudantes de Medicina em resposta a uma pesquisa sobre por que eles rejeitariam posições assalariadas em organizações. Mas as vantagens obtidas com a prática "solo" são contrabalançadas com algumas desvantagens: isolamento em relação aos demais colegas e suas informações e apoio; a preocupação diária com a base financeira da prática; a insuficiente remuneração no início e no fim da carreira; e a dificuldade em controlar e regulamentar suas horas de trabalho. Estes são alguns problemas que a prática da Medicina em grupo parece resolver. Na verdade, os estudantes de Medicina que preferem as posições assalariadas enfatizam as vantagens que existem em manter estreita associação com colegas, ter uma renda regular e uma carga horária fixa (CAHALAN et al., op. cit.).

No geral, poder-se-ia esperar que o médico em prática "solo" ou a prática em grupo ofereceria as maiores vantagens e os menores inconvenientes dos dois extremos. Uma posição intermediária seria a que garantiria a autodeterminação no consultório sem sacrificar as maiores virtudes da prática cooperativa. Elas são muito populares no Meio-Oeste e no Sudoeste dos Estados Unidos. O levantamento de Cahalan (ibidem) sobre estudantes de Medicina revela que entre os que recusam um emprego não assalariado, apenas 26% preferem estabelecer-se por conta própria e não trabalhar em grupo, em associação ou em um sistema fundamentado na cooperação. E, entre os estudantes que pretendem se estabelecer por conta própria, os calouros superam os que estão se formando. Este dado sugere que o interesse por um trabalho coletivo cresce na medida em que se aproxima o início da carreira profissional. Entretanto, de acordo com o mesmo relatório, os estudantes que se posicionam a favor do trabalho de grupo acham que têm menos chance de realizar seus desejos do que os que preferem se estabelecer por conta própria. O estudo de Weiskotten (op. cit.) prova que essas expectativas são realistas: 64% dos estudantes da turma de 1950 estabeleceram-se por conta própria e trabalhavam sozinhos.

## Análise dos tipos de organização da prática

Até aqui, discutimos o trabalho médico como uma variável *quantitativa* da organização e da cooperação profissional de sistemas médicos, desde o profissional isolado até o membro de uma complexa burocracia médica. No entanto, essa análise parece simplista, pois não realça algumas importantes qualidades analíticas da prática, particularmente as que afetam de forma direta o desempenho dos médicos na prática. Por exemplo, como já havia sido observado, a medicina de grupo é considerada aquela que oferece aos seus pacientes um cuidado técnico de melhor qualidade do que a prática "solo", apesar de ser, geralmente, considerada a que oferece a melhor relação interpessoal com seus pacientes. Em outro nível, o especialista é reconhecido como aquele que oferece um cuidado técnico de melhor qualidade do que o oferecido pelo clínico geral, embora seja considerado mais frio e impessoal. Finalmente, diferentes especialistas – por exemplo, obstetras opondo-se a patologistas – são reconhecidos como tendo diferentes "personalidades" e com algumas práticas significativamente distintas.

Como podemos explicar estas diferenças? Podemos fazê-lo assumindo que cada pessoa faz a própria seleção – antes de começar uma especialização o estudante sabe, em linhas gerais, o que cada uma delas implica. Ele, por se conhecer bem, sabe selecionar a especialidade que melhor se ajusta as suas capacidades. Certamente, a auto-seleção é um elemento que deve ser levado em consideração, mas colocá-lo em primeiro lugar é acreditar que o pressentimento e o autoconhecimento superam a razão. Nós podemos, alternativamente, supor que alguns indivíduos, depois de experimentar um tipo de especialização, tentem outra, e talvez ainda outra. É seguramente verdade que a carreira médica se faz a partir de algum grau de ensaio e erro: alguns generalistas tornam-se especialistas e alguns profissionais de consultório particular passam a exercer a medicina de grupo, ou vice-versa. Mas os custos pessoais e profissionais dessas mudanças, particularmente de uma *especialidade* para outra, são tão grandes que esse tipo de auto-seleção simplesmente não é muito comum.

Outro tipo de explicação pode ser encontrado ao analisar a pressão que o indivíduo sofre ao longo de sua experiência de vida – no papel das condições de trabalho na transformação do indivíduo que é forçado a se adaptar a elas, nas conseqüências de estar em uma situação em que demandas persistentes e poderosas forçam o indivíduo a se comportar de certa maneira sem considerar suas características pessoais. As contingências estruturais da prática, que parecem ter o maior significado para a profissão, são as que influenciam a manutenção, o aumento ou a diminuição dos padrões éticos e técnicos da prática profissional. Elas são estabelecidas e definidas pelos membros da profissão e, como tal, podem ser denominadas padrões de "coleguismo". Muitos desses padrões são, indubitavelmente, aceitos por todos os membros da profissão, mas podemos distingui-los, grosseiramente, ao compará-los com os padrões leigos. Podemos colocar como princípio axiomático que os doentes e os médicos têm pontos de vista diferentes sobre a saúde, o que significa dizer que em nenhuma ocasião o doente solicitará um tratamento que os colegas não aprovem. Opondo o homem leigo e os colegas, portanto, podemos distinguir as práticas *medindo até que ponto são suscetíveis, ou não, ao controle leigo ou de colegas.*

Assim, para os objetivos desta análise, podemos distinguir dois tipos lógicos de prática médica diametralmente opostos.[11] Em um extremo, encontramos uma situação de trabalho em que a manutenção econômica depende inteiramente da avaliação feita por leigos – a prática dependente do cliente. Quando este começa a se sentir doente, ele pensa que é capaz de julgar se está verdadeiramente doente e que tipo de doença tem. Com base nisso, cuida de si mesmo. Sem obter sucesso com isso e com outras formas de tratamento improvisadas, ele sai em busca de um médico. Deve ficar claro que esse médico é escolhido em função do que o paciente imagina precisar: ele não decide baseado em critérios profissionais. Se o médico quiser ser escolhido, ou seja, se quiser continuar a exercer a profissão, deve oferecer serviços que o leigo acredite necessitar: antibióticos para gripes, injeção de vitaminas quando os pacientes estão "derrubados" e sedativos ou tranqüilizantes para os "nervos". E para ser escolhido de novo e sobreviver, o médico deve estar preparado para oferecer serviços que respeitem as pré-disposições dos pacientes a ponto de convencê-los que estão sendo tratados da maneira mais apropriada. Além disso, se o médico for completamente dependente da escolha do cliente, seu trabalho terá poucas chances de ser observável ou de se tornar dependente dos colegas. Por esse motivo, seus padrões profissionais serão, comparativamente, inferiores. No outro extremo, pode ser encontrada a prática médica dependente dos colegas que, em si, não atrai o cliente e, opondo-se à anterior, serve às necessidades dos colegas ou aos organismos profissionais que atraem tal clientela. Tal prática depende mais dos colegas do que do homem leigo para ter clientela: são os colegas que encaminham os clientes ao médico. Assim, para poder sobreviver, o médico deve respeitar mais as opiniões dos colegas do que as dos clientes. Neste caso, obviamente, devemos esperar que os padrões profissionais sejam relativamente melhores.

A situação extrema de um médico sob controle completo do cliente não nos parece totalmente aplicável a qualquer situação de trabalho profissional, na medida em que o diploma do profissional, em último caso, depende da aprovação de colegas. O charlatão, entretanto, parece ser uma definição útil para um médico que atinge a posição extrema de não ter qualquer obri-

---

11 Este critério foi sugerido, pela primeira vez, em meu artigo "Client Control and Medical Practice," *American Journal of Sociology*, LXV, 1960, p.374-382, e elaborado em meu livro *Patients' Views*, op. cit.

gação ou identidade com um grupo organizado de colegas. Próximo a este extremo, nos Estados Unidos, está o médico por conta própria de um bairro ou pequena cidade, que tem, na melhor das hipóteses, laços muito frouxos com colegas e instituições médicas locais. Também próximo a este extremo estão os especialistas que devem atrair a clientela diretamente e que não precisam utilizar o hospital todos os dias – por exemplo, particularmente nas áreas urbanas, alguns médicos internalistas e pediatras, assim como alguns oftalmologistas e ginecologistas. No outro extremo da prática dependente de colegas, alguns casos empíricos são fáceis de encontrar. Tais especialidades médicas, como a patologia, a anestesiologia e a radiologia, são, quase sempre, completamente dependentes da opinião dos colegas e têm pouca necessidade de tais técnicas voltadas ao cliente, como ficar perto do leito do paciente. Um pouco menos puras, mas próximas a este extremo, estão as práticas encontradas nos hospitais, clínicas e outras burocracias profissionais. Neste caso, embora os clientes costumem fazer suas escolhas com freqüência, as exigências da organização minimizam sua influência. De modo geral, a prática médica é dependente do equipamento e dos auspícios organizacionais. E, enquanto os médicos nas organizações podem ser escolhidos por clientes, seu trabalho é vulnerável à avaliação e ao apoio dos colegas, o que o leva a tomar certa distância do cliente.

A classificação da prática médica oferece os fundamentos para o entendimento de certos mecanismos envolvidos na diferenciação entre o desempenho dos médicos segundo sua organização prática. Admitindo que os médicos sejam, individualmente, exemplos de consciência e ética, nós teríamos condições de identificar os tipos de prática que poderiam incomodá-los, mesmo que elas não alterassem significativamente seu desempenho. Admitindo que os médicos sejam apenas indivíduos normalmente conscientes e éticos, podemos compreender porque, em tal tipo de prática, eles deixam de observar os padrões que aprenderam na universidade, e porque, de outro modo, tenderiam a mantê-los. E, admitindo determinado número de médicos que são igualmente "cínicos" ao sair da universidade, podemos prever o grau de "cinismo" que mantêm quando são distribuídos em diversos tipos de prática que exercem pressões estruturais específicas sobre eles (GRAY, op. cit.).

# CAPÍTULO 6
## Modelos de prática no hospital

No capítulo anterior, analisei as características da prática médica exercida no consultório – quer dizer, o trabalho exercido em um endereço profissional, onde os pacientes podem encontrar o médico, consultá-lo e pagá-lo. Como já foi mencionado, a organização desta prática pode variar enormemente, de acordo com a natureza da interação estabelecida entre médico e paciente. Ela pode ocorrer na sala de estar da casa do médico, em um consultório particular ou em uma ampla clínica ou hospital. Mas, independentemente da prática predominante, deve-se prestar atenção aos casos previsíveis, mesmo que não sejam freqüentes, em que o doente está imobilizado e não consegue ir até o consultório médico ou quando seu estado exige cuidados tão minuciosos ou uma medicação tão perigosa que é difícil confiar seu acompanhamento a um homem leigo em casa e quando parece precisar da cooperação de diversos especialistas e da utilização de aparelhos.

Diante do desenvolvimento da tecnologia médica nos últimos cinqüenta anos, o hospital tornou-se, nos países industriais e pós-industriais, o lugar onde estes casos previsíveis, embora pouco freqüentes, são tratados. Desta forma, o hospital constitui o mais importante local de exercício da prática médica – e não há prática, qualquer que seja sua organização, que prescinda de um serviço dessa importância. O médico comum, que não puder pessoalmente encaminhar seus pacientes ao hospital e supervisionar o cuidado que estiverem recebendo, deve estar preparado para ver alguns de seus pacientes serem transferidos para outros médicos que possam acompanhá-los ao hospital. Se este médico quiser ter uma prática estável, deverá encontrar uma forma de encorajar seus pacientes a voltar a procurá-lo depois de deixarem o hospital. Estas formas são muitas e variadas: em muitos hospitais europeus, por exemplo, existe uma separação rígida entre a prática comunitária e a prática hospitalar, que impede que o médico comunitário acompanhe o paciente ao hospital, mas que também impede que os pacientes recorram ao hospital como um consultório para o atendimento diário. Se o médico comunitário "perde" seu paciente para o hospital, certamente ele o reconquista quando sai de lá.

Assim, o médico comunitário, mesmo que não tenha nenhuma vinculação com o hospital, desenvolve sua prática levando em consideração a existência dessa instituição. Neste sentido, a possibilidade de recorrer sistematicamente ao hospital faz parte de todas as formas de prática médica existentes nas sociedades industrializadas. Deste ponto de vista, o hospital pode ser considerado parte integrante da prática médica em si, servindo como o lugar para onde podem ser levados e tratados os casos que não podem ser cuidados em casa ou no consultório. Historicamente, o hospital desenvolveu-se separadamente da prática médica convencional. Ele era o local em que os pobres e os estrangeiros, que na época não tinham direito a um médico comunitário, poderiam encontrar (ou dividir) um leito e ter o cuidado da enfermagem.[1] Na verdade, o hospital não é somente um mero componente, entre outros, da prática médica – ele é algo além disso. Mas muitos de seus problemas podem ser mais bem compreendidos se for enfatizada sua condição de apêndice da prática médica (o que é especialmente o caso dos hospitais nas cidades médias dos Estados Unidos) e sua luta por maior autonomia, estabelecendo objetivos e estratégias independentes do modelo de prática solo que obedece a Medicina comunitária.[2]

---

1 Para uma excelente história, ver ABEL-SMITH, B. *The Hospitals, 1800-1948*. London: William Heinemann, 1964. Para uma breve história do desenvolvimento do hospital, ver ROSEN, G. "The Hospital: Historical Sociology of a Community Institution". In: FREIDSON, E. (ed.). *The Hospital in Modern Society*. Nova York: The Free Press of Glencoe, 1963, p.1-36.

2 "Para os pacientes particulares e seus médicos, o hospital é, em primeiro lugar, uma instituição que presta serviços onde o médico providencia o tratamento de seu paciente." BELKNAP, I. & STEINLE, J. G. *The Community and Its Hospitals*. Syracuse: Syracuse University Press, 1963, p.39.

## As práticas médicas no hospital

Examinando em que medida o hospital é um apêndice da prática médica, consideraremos inicialmente o grau de variação em que as estratégias e procedimentos hospitalares são controlados pelos médicos que utilizam a instituição como um lugar de internação e tratamento para seus pacientes. Nos Estados Unidos, esta variação é ampla, apesar de não existirem informações empíricas sistemáticas disponíveis. Para discutir esta variação de maneira inteligente, devemos limitar nossa definição da palavra "hospital" de tal forma que exclua as casas de enfermeiras, asilos de idosos, "casas de repouso", "sanatórios" e outras instituições domiciliares que podem oferecer algum cuidado de saúde, mas não cuidado médico de maneira intensiva e diária. Assim, limito-me a considerar o hospital "uma instituição na qual os pacientes ou pessoas feridas recebem cuidados médicos ou cirúrgicos" (Webster's New Collegiate Dictionary, 1959:400).

Em um extremo está o *hospital privado* – uma propriedade privada com fins lucrativos. Na medida em que os serviços que o hospital oferece são da competência exclusiva dos médicos diplomados e na medida em que estes médicos controlam o acesso à instituição e persuadem os pacientes a serem hospitalizados e decidem o que deve ser feito com eles, conseqüentemente, quer os médicos sejam ou não os proprietários do hospital (o que aparentemente é comum), sua política parece visar a acomodar-se às necessidades e aos desejos dos médicos, atendendo de alguma maneira às demandas dos pacientes e obedecendo aos imperativos de ordem econômica e às exigências de lucro. O médico que trouxer para o hospital o maior número de pacientes ou os melhores pagadores terá maior influência política na instituição. E a política em geral será dominada pelo princípio do *laissez faire*: o médico estará livre para fazer, mais ou menos, o que lhe aprouver, com pequena ou nenhuma supervisão de seu desempenho médico.[3] Este tipo de hospital é uma extensão literal da prática médica.

---

3 Ver as descobertas sobre a qualidade do cuidado em hospitais privados na cidade de Nova York em: "The Quantity, Quality and Costs of Medical and Hospital Care Secured by a Sample of Teamster Families in New York Area". In: *Columbia University School of Public Health and Administrative Medicine*, s.d.

Uma situação similar já foi comum nos *hospitais voluntários e comunitários* nos Estados Unidos. Esses hospitais são, por princípio, sem fins lucrativos.[4] É comum que seu orçamento seja inferior as suas despesas e que recebam apoio significativo sob a forma de subsídios e contribuições de caridade. Até recentemente, quando o pagamento hospitalar pelos seguros de saúde privados e depois públicos ainda não era uma regra e sim uma exceção, muitos pacientes de hospitais voluntários norte-americanos estavam lá por "caridade" – contribuíam muito pouco em relação aos custos dos serviços que recebiam. Para equilibrar esta situação, os hospitais começaram a atrair pacientes que pagassem bem. Os médicos que conseguiram atrair tais pacientes para o hospital foram obviamente de grande importância para a sua sobrevivência e, como podia ser esperado, estabeleceram a política do hospital apesar de não serem seus proprietários nem seus acionistas.[5]

Recentemente, entretanto – em parte graças ao crescimento dos seguros de saúde públicos e privados que transformam todo o paciente em um "paciente que paga" e em parte graças ao desenvolvimento da prática profissional médica de tempo integral no hospital –, os médicos comunitários começaram a perder o controle dos hospitais voluntários e comunitários. Eles cederam lugar às comissões de "proprietários" e de administradores que gerenciam os negócios cotidianamente. A direção do hospital passou a ser dividida em diferentes esferas. Existem as comissões médicas, que dirigem a maior parte do trabalho médico, e a equipe administrativa, que supervisiona todo o resto, incluindo o acesso ao conselho de administração. Mas, antes mesmo que todas estas mudanças tivessem ocorrido, o hospital voluntário desempenhou um papel importante na formação da prática médica. Ao passo que no hospital privado o médico podia ir e vir como lhe conviesse, no hospital de caridade o médico era obrigado a "doar" seus serviços aos pacientes da "assistência pública", da "clínica" ou do "serviço", em troca do "privilégio" de hospitalizar seus pacientes em um hospital voluntário. Além disso, como o hospital de caridade se propunha a servir à comunidade e não apenas "oferecer" leitos aos pacientes dos médicos, algumas vezes seus fins

---

4 Esta definição é muito simples, como a discussão de Belknap e Steinle, op. cit., indica.
5 Ver a discussão sobre este período de dominação médica da política hospitalar em PERROW, C. "Goals and Power Structure: A Historical Case Study". In: FREIDSON, op. cit., p.112-146.

não eram exclusivamente médicos. Não é de espantar que o hospital tenha conseguido impor o próprio modelo de comportamento ao médico. Nos hospitais mantidos pelas ordens religiosas ou que observavam ao menos uma moral religiosa, os médicos deviam se conformar aos princípios da religião.

Nos dois casos analisados, a prática médica é distinta do hospital propriamente dito. Existem, no entanto, casos em que a prática médica se confunde totalmente com o hospital e perde completamente sua autonomia. O *hospital militar* oferece o exemplo mais claro: os médicos são membros da organização, comprometidos com ela e submetidos à sua disciplina como os outros militares em atividade. Os hospitais federais de Estado ou de município oferecem outro exemplo: eles empregam apenas médicos que trabalham em tempo integral. A prática do médico fica inteiramente circunscrita ao hospital, toda a sua carreira está atrelada às relações que ele estabelece com seu pessoal, como um empregado administrativo civil. Voltamos a encontrar este mesmo tipo de relação, embora mais complicada, nas escolas de Medicina e nos hospitais universitários, onde tem se tornado cada vez mais comum a atividade em tempo integral[6] – uma prática que não é tão dependente da organização em matéria de recursos como é em matéria de emprego. O médico de tempo integral em um hospital universitário de Medicina é como um professor universitário: sua "clientela" tende a ser nacional ou até internacional. Como sua "prática" depende em boa parte da posição que ocupa na organização, isso não impede que sua carreira apresente uma grande mobilidade de um estabelecimento a outro. Um fato deve ser destacado: a dedicação integral ao hospital impede que o profissional tenha qualquer clientela *pessoal* (não consideramos os pacientes que são do hospital). Assim, o trabalho se encontra emancipado da comunidade local e ele pode ser transferido (e negociado) para outros hospitais e localidades.

Finalmente, é necessário discutir um caso especial das práticas hospitalares que não são "puras", mas são essenciais em muitos hospitais onde há falta de pessoal médico qualificado – o trabalho dos médicos recém-diplo-

---

6 Ver KENDALL, P. "The Relationship Between Medical Educators and Medical Practitioners". *Annals of the New York Academy of Sciences*, CXXVIII, 1965, p.568-576, para uma análise sobre as tensões entre os médicos que atuam em hospitais universitários e os que exercem sua atividade na comunidade. Ver também esta questão em DUFF, R. S. & HOLLINGHEAD, A. B. *Sickness and Society*. Nova York: Harper and Row, 1968, p.44-65.

mados – que fazem nestas instituições seu internato ou residência, ou a "casa dos auxiliares". A maioria dos cuidados médicos que eles oferecem aos pacientes hospitalizados é parte das tarefas que eles devem desenvolver para adquirir melhor qualificação, tanto como clínicos quanto como especialistas.[7] Este trabalho é, entretanto, de grande valor para o hospital, pois ninguém mais, além do médico, pode fazê-lo. Quer seja em razão de suas pesquisas ou de seus compromissos profissionais externos, ou porque são em número absolutamente insuficiente, os médicos não conseguiriam exercer o trabalho dos estagiários se estes repentinamente desaparecessem. Nos estabelecimentos sem estagiários – como os hospitais privados ou os hospitais situados nas pequenas localidades isoladas – a maior parte dos cuidados *médicos* realizados em outros lugares pelos estagiários são assumidos pelas enfermeiras e até mesmo pelo pessoal de serviço e os demais auxiliares. O corpo médico ocupa-se apenas dos casos mais difíceis.

Não saberemos, entretanto, compreender o funcionamento do hospital se não levarmos em consideração que um de seus traços sociológicos mais memoráveis é o caráter *temporário* dos médicos estagiários. Eles estão na mesmo posição que os estudantes na universidade: tentam tirar da instituição o que eles acreditam ser necessário para sua formação (o que não corresponde, obrigatoriamente, ao que os pacientes demandam ou às necessidades do serviço), com o objetivo de poder partir e começar sua "verdadeira" vida de médico. É verdade que certo número de internos deseja tornar-se residente de primeiro ano e que alguns destes gostariam de passar para o segundo ano e assim por diante. É igualmente verdade que certo número de estagiários destes hospitais gostariam de tornar-se médicos nas mesmas instituições onde trabalham. Contudo, seu compromisso com o trabalho hospitalar é diferente do de outras pessoas. Ele é talvez menos intenso que o dos médicos de tempo integral e talvez mais intensivo que o da equipe de auxiliares; em todo caso, a presença dos estagiários dura menos tempo que a dos dois outros grupos. As conseqüências deste limitado compromisso podem não ser significativas para seu trabalho quando é necessário um cuidado episódico e de curta duração. Mas a substituição e rotatividade de estagiários

---

7 Ver SHEPS, C. et al. "Medical Schools and Hospitals". *Journal of Medical Education*, XL, 1965, Parte II, p.1-169, para uma discussão extensiva sobre o ensino em hospitais e seus programas.

podem ter conseqüências graves quando os pacientes de que eles cuidam requisitam ser pessoal ou continuamente acompanhados pelo mesmo médico. O exemplo mais evidente neste sentido é o hospital psiquiátrico – público ou privado: se admitirmos que a psicoterapia verbal é um método eficaz de tratamento e que seu sucesso exige que o terapeuta e o paciente tenham uma relação relativamente estreita, parece evidente que a rotatividade do pessoal que cuida compromete a terapia.

Eu prolonguei este tema da prática hospitalar com a finalidade de relacioná-lo com a minha discussão sobre a prática médica, mas, mais importante, gostaria de enfatizar um fato que freqüentemente não é notado nas discussões sobre a organização e a eficiência dos hospitais. Na maior parte dos casos estudados *nos Estados Unidos, o médico é menos uma parte do hospital do que o hospital é uma parte (e uma parte somente) da prática médica.* Tomemos o caso de um hospital geral de uma localidade, que é o tipo mais comum nos Estados Unidos: a equipe médica que hospitaliza os pacientes e que acompanha seu tratamento não está envolvida com o hospital da mesma maneira que os empregados que trabalham em tempo contínuo como as enfermeiras. Já que eles são parte do hospital, como pacientes, também são parte de uma maneira muito singular que é bastante diferente daquela observada entre os membros de uma organização burocrática como a das forças armadas, a das indústrias e dos serviços burocráticos públicos.[8]

Atestando o que digo, o segmento hospitalar da prática médica tem uma organização muito diferente da observada no consultório médico. Em sua prática de consultório, o médico recorre aos serviços de outras ocupações, mas é ele quem controla a iniciativa e mantém sua relação com tais trabalhadores. No hospital, ao contrário, o médico é confrontado com uma divisão de trabalho organizada e administrada independentemente de sua prática individual, e realizada por trabalhadores que têm aspirações e perspectivas profissionais que podem contrariar as suas. Em seu consultório, ele consegue trabalhar sozinho, mas no hospital ele não consegue deixar de entrar em contato com uma ampla divisão de trabalho no qual é apenas um elemento. O hospital é, portanto, um terreno privilegiado onde se coloca em questão o lugar que o médico ocupa nesta divisão de trabalho.

---

8 Para uma discussão sobre a organização e a função, ver EISELE, C. W. (ed.). *The Medical Staff in the Modern Hospital.* Nova York: McGraw-Hill Book Co., 1967.

## Ordenando a divisão de trabalho no hospital

Quais são os grupos que trabalham no hospital?[9] Em minha definição destaco a centralidade do trabalho dos médicos e cirurgiões. Mas, ainda que possam controlar o exercício prático, como convém aos membros de uma profissão, eles não conseguem fazer tudo sozinhos. Além disso, muitos serviços de apoio – técnicos e domésticos – são necessários para o funcionamento regular de uma instituição que oferece serviços, ao mesmo tempo, domiciliares e terapêuticos.

Recordando a discussão sobre a divisão do trabalho médico do Capítulo 3, é possível distinguir (1) os médicos dos (2) demais trabalhadores que estão sob suas "ordens" ou sob sua supervisão, ou seja, o pessoal médico e paramédico respectivamente. Entre estes últimos distinguimos (a) os que tratam diretamente dos pacientes – enfermeiras e auxiliares de quarto, mas também vários "especialistas em determinadas terapias" e (b) aqueles que oferecem serviços técnicos de laboratório e afins. Devemos igualmente mencionar o (3) grupo composto por responsáveis pelo material hospitalar que asseguram sua manutenção, assim como o pessoal da cozinha e da lavanderia. Enfim, todos os serviços indispensáveis para o bom funcionamento de um hospital, sem esquecer (4) as secretárias que preparam, transmitem e guardam todas as informações escritas da instituição. Devemos citar igualmente (5) as pessoas responsáveis por organizar, supervisionar e coordenar o trabalho dos empregados em função dos objetivos gerais da organização – eu me refiro aos "administradores". Ao pessoal que trabalha todos os dias na organização, dos quais acabamos de enumerar as categorias essenciais, se junta um grupo que não trabalha continuamente: trata-se do (6) grupo que dirige a instituição. Por fim, (7) os pacientes ou clientes que, apesar de serem mais ou menos passivos e freqüentemente transitórios, fazem parte da organização. Como se organizam todas estas relações?

---

9 O mais completo tratado sociológico sobre hospitais é de ROHDE, J. J. *Soziologie des Krankenhauses*. Stuttgart: Ferdinand Enke, 1962. BURLING, T. et al. escreveram uma introdução muito acessível sobre o hospital nos Estados Unidos em *The Give and Take in Hospitals*. Nova York: G. P. Putnam's Sons, 1956. O livro de MCEACHERN, M. T. *Hospital Organization and Management*. Chicago: Physicians Record Co., 1957 é uma obra de referência sobre administração hospitalar, que analisa cuidadosamente seu funcionamento.

Na indústria tradicional, que tende a ser, aos olhos do senso comum, o modelo do que pode ser uma "verdadeira" organização, os trabalhadores qualificados empregados da produção são subordinados à administração.[10] O gerente geral ou o vice-presidente é naturalmente o homem-chave, mas as qualificações necessárias que ele deve ter para obter este cargo e exercê-lo de forma satisfatória não incluem uma formação e uma aptidão para ser um *trabalhador* da produção. Além disso, ainda que este seja um cargo-chave na organização, a importância das outras direções (comercial, financeira, relações trabalhistas, relações públicas etc.) não é pequena. Neste sentido, podemos dizer que o operário que realiza as tarefas essenciais da produção industrial não exerce, ele mesmo, nenhum controle sobre a organização nem tampouco é representado por um superior dotado de uma autoridade particular. A estrutura organizacional da produção é relativamente lógica e simétrica; cada "função", mesmo as da produção, é ocupada por um conjunto de administradores que, por seu lado, submetem-se a uma instância coordenadora ou ao presidente. Existe assim, nominalmente, uma única linha de autoridade, delegada e diferencia por tarefa – um modelo monocrático como o que foi analisado por Max Weber.

Estudos recentes sobre organizações feitas por analistas de empresas tradicionais, como Victor Thompson (1961), sustentam que quando o trabalho criativo e complexo é requisitado, o modelo monocrático de organização não é apropriado. Estas análises que se preocupam com o papel do profissional na organização têm sugerido algo diferente da forma monocrática de organização para o trabalho profissional criativo e complexo – a empresa de iguais, uma organização profissional ou, em termos Weberianos, uma forma colegiada de organização.[11] E, de fato, nos hospitais estudados por Smith (1955:59-64) não existe apenas um eixo de autoridade, mas dois. Essencialmente, Smith nos faz observar que um médico pode intervir em muitos setores do hospital onde ele não detém nenhuma jurisdição administrativa ou autoridade oficial. Ao contrário de um contra-

---

10 MILLER, D. C. & FORM, W. H. apresentam uma excelente análise sociológica sobre a fábrica em *Industrial Sociology*, 2.ed. Nova York: Harper and Row, 1964.
11 Ver BARBER, B. *Science and the Social Order*. Nova York: Collier Books, 1962, p.195-198. SMIGEL, E. O. *The Wall Street Lawyer*. Nova York: The Free Press of Glencoe, 1964, p.275-286; e WEBER, M. *Theory of Social and Economic Organization*. Nova York: Oxford University Press, 1947, p.392-407.

mestre de uma fábrica que ocupa uma posição intermediária entre seus superiores e subordinados, uma enfermeira está entre dois tipos de superiores, o administrador e o médico. Este último não é seu superior no sentido burocrático. A enfermeira de quarto está sob as ordens da chefe, que é sua superior oficial na hierarquia do hospital, mas também deve obedecer às ordens do médico que atende o paciente do qual ela se ocupa, pois ele é seu superior em conhecimento e responsabilidade. Da mesma forma, referindo-se à saúde dos pacientes para justificar suas exigências, o médico pode dar (e na verdade dá) "ordens" aos demais membros da equipe hospitalar, mesmo se não for oficialmente superior hierárquico deles. Assim, podemos dizer que o funcionamento do hospital parece, de alguma forma, estar deslocado e quebrado, faltando-lhe a autoridade clara e unilinear que, segundo Weber, confere às organizações sua eficácia e confiança.

Alguém poderia, entretanto, perguntar por que nos Estados Unidos, por exemplo, esse tipo de situação se apresenta de maneira tão marcada nos hospitais e tão fraca nas indústrias. Nestas últimas, encontramos um crescente número de profissionais que, primeiro, planificam o trabalho a ser executado nos laboratórios e, em segundo lugar, os que, cada vez mais numerosos, trabalham na pesquisa e desenvolvimento. Mas, se acreditarmos em escritores como Kornhauser (1962), em vez de estarem livres para intervir no trabalho dos outros, como os médicos, os cientistas da indústria têm dificuldades de gerenciar livremente seu trabalho da maneira que desejam. As adversidades dos pesquisadores na indústria nos explicam que o fato de ser um *expert* não garante nem a "autoridade" para interferir no trabalho dos outros, nem a imunidade em relação às represálias da autoridade oficial. Devemos, sobretudo, pensar que os médicos dos hospitais nos Estados Unidos ocupam uma posição muito particular, muito diferente daquela ocupada por outros *experts* contemporâneos, em virtude do *conteúdo* de sua competência, da organização de sua prática e da posição de sua profissão.

Como foi destacado por Hall (1954:456-466), o médico é capaz de intervir em muitos lugares do hospital e justifica sua intervenção reivindicando "emergência médica" – uma situação na qual o bem-estar do paciente é tido como seriamente comprometido e apenas o médico sabe o melhor a ser feito. Nós todos estamos familiarizados com a imagem forte e simbólica: a interrupção da rotina ordinária por uma convulsão violenta, crise cardíaca ou hemorragia; a suspensão da rede de relações habituais e a reorganização em torno do médico hábil que, graças à sua intervenção, salva uma vida. Como seguramente as coisas acontecem assim de vez em quando, é mais freqüente o médico *rotular um evento ambíguo como caso de emergência*, esperando assim obter a ajuda ou os recursos de quem acreditar em suas necessidades. Recentemente, em certos hospitais, foram criadas comissões de emergência – comissões que examinam as condições para a suspensão dos procedimentos ordinários e a prioridade para admissão de doentes nos hospitais. Ambos sugerem que o rótulo "emergência" não é utilizado por médicos em circunstâncias que seus colegas concordariam que fosse "realmente" uma emergência e que tal rótulo é uma importante fonte de poder no hospital, que apenas o médico pode contestar. É este poder de invocar a emergência e reivindicar a exclusiva capacidade de avaliar e salvar uma vida que distingue o médico da maior parte dos outros especialistas que trabalham em outras organizações.[12]

## Em que momento o segundo nível de autoridade funciona?

Como já observei em inúmeros contextos, a palavra "médico", na melhor das hipóteses, designa um tipo muito geral de ocupação que pode ser apenas vagamente contrastada com o "advogado", o "cientista" e o "engenheiro". Existem vários tipos de médico, ou seja, podem ser encontradas variações sistemáticas com algum significado no interior da própria profissão. O conteúdo do trabalho médico influencia o tipo de emergência que ele pode encontrar e se, de fato, sua "emergência típica" terá ou não força retórica suficiente para que os interessados sejam persuadidos de que se trata de uma "questão de vida ou de morte". Eu penso que, como todas as especialidades (e de fato todos os tipos de trabalho) têm suas emergências típicas, elas variam gradualmente em função da capacidade que as emergências têm

---

12 A invocação da "emergência" é uma ação estratégica com algumas conseqüências em muitos negócios médicos. A aceitação da reivindicação de emergência suspende, se não destrói, o normal, a rotina, o racional e o legal. Na instância mais óbvia, a aceitação da reivindicação de emergência pelo governo justifica a suspensão das liberdades civis e transforma o processo em lei. Ninguém ainda fez uma análise sociológica extensiva sobre a emergência.

de convencer os outros de que elas são críticas o suficiente para justificar a interrupção da rotina habitual; e elas variam gradualmente em função dos mencionados casos de emergência serem freqüentes e característicos, quase habituais. Em um serviço de saúde pública, por exemplo, o anúncio de uma epidemia mortal ou ainda o envenenamento grave por uma substância alimentar constituem casos de emergência dramática por excelência. Em tais circunstâncias, o responsável pela saúde pública está autorizado a romper com os eixos de autoridade habituais. Mas, nos Estados Unidos, estas catástrofes são tão raras e comparativamente tão brandas que devemos esperar que o responsável pela saúde pública conforme-se às rotinas habituais de transmissão de autoridade, quer sejam burocráticas ou não. E sua "imagem" é segura e burocrática, como mostrou claramente um estudo sobre a escolha da especialidade feita na Carolina do Norte (COKER, 1959:601-609).

No hospital podemos, considerando todos os elementos iguais, prever a probabilidade da intervenção deste "segundo nível de autoridade" (e a desorganização da tomada de decisão) segundo o grau em que a especialidade médica envolvida é capaz de reivindicar "extrema urgência". Ainda que esta distinção seja muito ampla para ser pertinente, podemos supor que as especialidades cirúrgicas farão mais uso dela que as demais especialidades clínicas. E entre estas últimas, obviamente a medicina física (*physical medicine*) tem *menos* condições de fazer tal reivindicação do que a Cardiologia. Na cirurgia, a Oftalmologia e a Otorrinolaringologia têm menos condições de tornar plausível a reivindicação de emergência que a Neurocirurgia ou a cirurgia ortopédica. E os serviços especializados como a Patologia, a Radioterapia e a Anestesiologia têm consideravelmente menos condições de reivindicar a própria emergência do que vincularem-se às emergências definidas pela Medicina e cirurgia.

Qualquer que venha a ser a importância do conteúdo do trabalho (e a competência reivindicada), eu insistiria que, nos Estados Unidos, a maior parte dos problemas colocados pelo segundo eixo de autoridade não se origina do importante elemento da competência profissional, mas da combinação de sua responsabilidade sociojurídica com seus pacientes hospitalizados e a independência socioeconômica do médico em relação ao hospital. Como profissional voluntário ou como convidado, servindo e sendo servido pelo hospital, o médico está em condições de escapar da maior parte das obrigações que lhe são impostas pelos membros da burocracia, inclusive o exercício da autoridade burocrática: ele é um agente relativamente livre, deixando de se subordinar a uma hierarquia organizacional explícita. De forma diversa, a equipe de especialistas de uma indústria é empregada da organização sem ter necessariamente soluções profissionais alternativas. Além disso, o médico clínico é reconhecido como responsável pelo tratamento de seu paciente: se ele for responsável, mas não puder dirigir os que estão envolvidos no tratamento, ficaria em uma situação intolerável. Na indústria, ao contrário, a equipe de especialistas é responsável pelo próprio trabalho e não pelo trabalho dos outros, incluindo os que estão comprometidos com as tarefas centrais da produção: o fato de a equipe de especialistas não poder interferir nas tarefas centrais da produção é decisivo em seu trabalho. Na Medicina, o patologista está em uma situação análoga à da equipe de especialistas na indústria: ele não é responsável pelo tratamento de seus pacientes (nível da produção), deve apenas responder por seu trabalho de *expert*, dando algum apoio ao tratamento, mas não fazendo o essencial. Esta é a responsabilidade especial do médico clínico que, inevitavelmente, o envolve em diferentes níveis na divisão de trabalho. No momento em que o médico clínico tem essa responsabilidade pessoal, nós o veremos intervir sem levar em consideração a organização funcional e a hierarquia do hospital. Mas a *quantidade*, a *natureza* e o *sucesso* de uma intervenção como esta variarão em função das obrigações e da dependência médica em relação ao hospital.

Em síntese, se todas as coisas fossem iguais, eu colocaria a seguinte hipótese: quanto maior forem as obrigações do médico em relação ao hospital, maior será sua tendência em usar os canais ordinários de autoridade, e as informações e "ordens" serão, mais ordinariamente, transmitidas aos pacientes. Empiricamente, o exemplo mais simples de uma situação como esta é oferecida por um médico que trabalha em tempo integral em um hospital porque não tem alternativa de carreira; contudo, situações ocorrem nas quais um posto "voluntário" em um hospital torna-se tão decisivo para um médico que o compromete com a instituição ainda mais do que em outra em que tenha dedicação integral. Isso significa que poderíamos encontrar muito mais evidências da confusão descrita por Smith sobre os hospitais norte-americanos do que nos hospitais ingleses e europeus, onde a dedicação exclusiva a essas instituições é mais freqüente. E isso significa que o problema não se refere ao hospital como tal, nem às organizações burocráticas nas quais trabalham os membros da profissão. Parece, sobretudo, ser uma conseqüência de certas características próprias da profissão médica, das condições com que a Medicina é exercida, particularmente nos Estados Unidos.

## Pontos de vista conflitantes no hospital

É comum aceitarmos que as pessoas responsáveis pela administração de uma organização tenham os meios de fazê-la funcionar visando a atender os objetivos que lhe são fixados – ou seja, que o comportamento atual estará de acordo com a visão oficial sobre o que a organização *deveria* fazer. Mas nem sempre é assim. Em um estudo clássico de um hospital psiquiátrico estatal, Ivan Belknap (1956) mostrou como uma instituição supostamente voltada para a cura de doentes estava, em vez disso, dedicada à manutenção de uma custódia cruel de seus internos, sem fazer esforços terapêuticos significativos. Além disso, mesmo quando os objetivos oficiais são mais ou menos perseguidos, eles o são em um contexto de interação entre perspectivas conflitantes de seus participantes. Existem médicos que dirigem os serviços de cirurgia e a maternidade como um capitão dirige seu navio na tempestade, mas isso não acontece sem conflito com os pacientes que resistem e que demandam um atendimento mais pessoal e um apoio emocional maior.[13] Para compreender o que atualmente acontece nos serviços de saúde, devemos conhecer os pontos de vista dos participantes, verificar como eles entram em conflito entre si e identificar que recursos cada um tem disponível para impor seu ponto de vista sobre os demais. Devemos mencionar aqui quatro perspectivas: a do paciente, a do auxiliar não profissional, a da enfermeira diplomada e a do médico responsável.

*O paciente*. Existe uma vasta literatura sobre a angústia suscitada pela condição de doente e sobre o caráter irracional do comportamento dos pacientes hospitalizados. A equipe médica é menos envolvida com a doença

---

13 Cartwright descobriu que as pacientes das maternidades britânicas se queixam mais que outras dos cuidados que elas recebem nos hospitais, aparentemente porque são deixadas sozinhas durante o trabalho de parto. Do ponto de vista médico, as pacientes da maternidade não estão em uma situação tão crítica que "necessitem" da companhia da enfermeira ou do médico. CARTWRIGHT, A. *Human Relations and Hospital Care.* London: Routledge and Kegan Paul, 1964, p.177-188.

do que o paciente. Além disso, como leigo, o paciente também não é plenamente capaz de chegar a um diagnóstico próprio sobre seu sofrimento como fazem os que cuidam dele; e não é plenamente capaz de avaliar seu tratamento. Finalmente, cada paciente se ocupa apenas do próprio problema, ao passo que a equipe médica se preocupa com os problemas de todos os pacientes, equilibrando as necessidades relativas de alguns contra a de outros, levando em consideração a limitação de tempo e energia. Estas características, embora possam variar entre os pacientes devido às diferenças individuais, os distinguem como um grupo e a equipe médica como outro grupo.

Diante da natureza da situação, a perspectiva do paciente entra em conflito com a da equipe médica, e boa parte dos esforços da equipe será dedicada para controlar os comportamentos que interfiram na rotina do serviço. A maneira de procurar controlar este conflito depende da missão e da ideologia da equipe: podem ser utilizados meios físicos (mecânicos, eletrônicos, químicos e outros), explicações racionais, pedagógicas, sessões de formação e técnicas de psicoterapia. Entretanto, nem todos os membros da equipe são capazes de usar todas as técnicas de controle. Seu uso corresponde à posição que cada um ocupa na divisão de trabalho, com seu "nível de perícia" ou jurisdição ocupacional. Além disso, os pacientes têm como impor certos constrangimentos ao comportamento da equipe.

Numerosos estudos sobre a interação em um serviço hospitalar mostram que certas características do doente parecem induzir os membros da equipe a determinadas técnicas de controle para poderem organizar seu trabalho.[14] A mais comum é a incapacidade física: um paciente inconsciente coloca, obviamente, menos problemas para a equipe do que um consciente; um paciente acamado menos que um ambulatorial. A identidade sociojurídica é outra característica importante: se o doente é mantido por uma instituição pública graças ao Estado de Bem-Estar (*welfare*), ou se é prisioneiro em decorrência de uma obrigação legal (no caso de dependência de droga, tuberculose ou psicose), ou se é considerado irresponsável porque foi considera-

---

14 Talvez o mais importante trabalho que trate do ponto de vista e/ou das resistências do paciente dos/sobre procedimentos da equipe seja o de Julius A. Roth. Ver ROTH & EDDY, op. cit., ROTH, J. A. "Information and Control of Treatment in Tuberculosis Hospitals". In: FREIDSON, op. cit., p.293-318; e ROTH, J. A. *Timetables*. Indianapolis: Bobbs-Merrill Co., 1963.

do psicótico, senil, retardado ou com outra deficiência que impeça que seja considerado uma pessoa séria – em todos estes casos, ele terá dificuldade de fazer valer seu ponto de vista nas interações com a equipe médica. Os recursos socioeconômicos também podem ser mencionados: se o paciente tiver dinheiro (ou, nos países socialistas, importância política) para receber um cuidado especial – uma enfermeira particular onde a relação médico-doente seja frágil, por exemplo – e um apoio ativo fora da instituição de amigos influentes e parentes saudáveis e com conhecimento, ele se torna um problema difícil de resolver. Finalmente, a administração dos doentes torna-se ainda mais orgânica e persistente quando os pacientes são, eles mesmo, capazes de estabelecer uma relação social regular entre si, quando têm a mesma classe geral de enfermidade sobre a qual podem trocar informação e quando compartilham relativamente de um prognóstico crônico de longa duração. Nestas circunstâncias, eles estão em condições de formar a própria microssociedade que "vive dentro de quatro paredes", ou "em colônias", mas em ambos os casos o paciente não se torna uma fonte de poder social que a equipe deva levar em consideração.[15]

*Auxiliares, atendentes e serventes hospitalares*. Empiricamente, muitas diferenças podem ser esperadas entre pacientes, de acordo com seus valores e conhecimento e segundo os recursos sociais que permitem que ele afirme uma perspectiva própria. Esta variação existe em menor grau entre o pessoal responsável pelos serviços de manutenção do hospital – pelo menos no que se refere aos valores e ao conhecimento. Não é por acaso que os auxiliares dos hospitais psiquiátricos norte-americanos e britânicos sejam recrutados nos meios sociais desfavorecidos da população e que os doentes mentais de mesma origem socioeconômica, mas *não* os de classe média, tenham ambos a mesma visão "asilar" sobre o tratamento da doença mental.[16] Não se

---

15 Os pacientes de tuberculose, estudados por Roth, tinham esta característica, o que os tornou talvez antagonistas tão efetivos. Para uma discussão geral, muito útil, sobre as contingências organizacionais que influenciam o nível em que cada paciente pode aprender com o outro com o tratamento (por resistência ou cooperação) ver WHEELER, S. "The Structure of Formally Organized Socialization Settings". In: BRIM JUNIOR, O. G. & WHEELER, S. *Socialization after Childhood, Two Essays*. Nova York: John Wiley & Sons, 1966, p.53-113.
16 Ver GILBERT, D. G. & LEVINSON, D. J. "Role Performance, Ideology and Personality in Mental Hospital Aides". In: GREENBLATT, M. et al. (eds.). *The Patient and the Mental Hospital*. Glencoe, Illinois: The Free Press, 1957, p.197-208; e CARSTAIRS, G. M. & HERON, A. "The Social Environment of Mental Hospital Patients: A Measure of Staff

deve esperar destes trabalhadores mal pagos e desqualificados, aos quais são dadas as tarefas mais sujas, que eles possam conceber e muito menos aplicar os tratamentos complexos adotados pelos profissionais. Isso não quer dizer, entretanto, que eles não tenham *nenhuma* idéia do tratamento. O pecado deles é possuir uma concepção leiga do tratamento que não é compartilhada com os profissionais influentes. De acordo com a "Escala Ideológica de Guarda das Doenças Mentais", a concepção de doença mental que eles têm é tão anormal, sem esperança, irracional e perigosa que ultrapassa o entendimento humano, exigindo o acompanhamento e controle dentro do hospital. Esta concepção é muito parecida com aquela descrita pelos Cumming (1957) entre cidadãos de uma comunidade britânica. Entretanto, como assinalaram Strauss e seus colaboradores (1964:54-57), esta visão não implica em reações simplesmente punitivas por parte de quem presta serviço: a orientação leiga de lidar com o doente mental contém maneiras de "formação" próprias e diferentes de ajudar os pacientes.[17]

Por definição, como trabalhadores não profissionais, os auxiliares, atendentes e serventes hospitalares têm uma perspectiva não profissional de seu trabalho. Isso não tem grandes conseqüências práticas sobre a interação além do fato de este pessoal não ter condições de impor seu ponto de vista às outras pessoas do serviço. Como estão envolvidos com o trabalho dia e noite, eles têm condições de exercer alguma influência sobre o paciente, por intermédio de impedimentos físicos ou pela adoção de táticas evasivas de vítima da injustiça social – "deixando de ouvir", "esquecendo" e escapando das demandas dos mais poderosos. Isso seguramente os coloca em uma posição de alguma influência em qualquer serviço. O que aparentemente consolida e fortalece sua posição em hospitais públicos de saúde mental, entretanto, é a efetiva ausência de outros trabalhadores no serviço, além das circunstâncias que efetivamente neutralizam as demandas dos pacientes. Não é por acaso que os trabalhadores de "primeira linha" são poderosos precisamente nos estabelecimentos em que os pacientes são despidos de sua identidade como responsáveis, adultos, seres humanos e onde não há participação extensiva e

---

Attitudes". In: GREENBLATT, M. op. cit., p.218-230. Sobre os pacientes, ver GALLAGHER, E. & LEVINSON, D. J. *Patient-hood*. Boston: Houghton Mifflin Co., 1965.

17 Ver também a excelente discussão em SALISBURY, R. F. *Structures of Custodial Care*. Berkeley: University of California Press, 1962, p.37-40.

contínua dos profissionais em um processo terapêutico regular e efetivo dentro ou fora do serviço. O auxílio destes trabalhadores tem sido poderoso o suficiente para garantir uma ampla atenção no serviço apenas nas instituições com orçamento irrisório para suportar o esboço de uma equipe profissional de trabalhadores, e em estabelecimentos cheios de doentes cuja doença não conheça uma terapia direta com resultados imediatos bem definidos. No primeiro caso, não há pessoal qualificado suficiente para permitir uma supervisão e controle dos auxílios: eles devem confiar no que os relatórios lhes dizem sobre o auxílio prestado. No segundo caso, não existe fundamentação observável e resultados sem ambiguidade (tais como observamos no tratamento médico ou cirúrgico) para convencer os auxiliares que existem técnicas profissionais cujos resultados ultrapassam o bom senso leigo.

*A Enfermeira.* Como já observei em minha discussão sobre o trabalho da Enfermagem, no Capítulo 3, suas qualidades profissionais estão particularmente no hospital, relacionadas com o trabalho médico.[18] A enfermeira é o agente que implementa e supervisiona o cuidado e o tratamento determinados pelo médico. Neste sentido, ela representa a perspectiva profissional no serviço. Entretanto, na medida em que representa o dia-a-dia da administração do serviço, ela está também envolvida com um conjunto de pacientes – algo com o que, pelo menos nos Estados Unidos, o médico não se ocupa. Ela deve, por este motivo, adequar as ordens médicas a cada caso individual, opor-se à independência dos pacientes como tal e gerenciar o conjunto do caso de maneira administrativamente aceitável. Por esta razão, diferindo dos auxiliares, a enfermeira serve como autoridade adjunta, ao mesmo tempo médica e administrativa, que parece estar no centro dos conflitos. Diferindo dos demais auxiliares, ela desfruta de uma identidade profissional que a inscreve em um sistema de negociações muito mais complexo. Para negociar com os médicos, um de seus primeiros recursos relaciona-se com o fato de ela ter o conhecimento e a apreciação profissional de tudo o que acontece, devido à sua presença contínua no serviço – vantagem estratégica perdida em

---

18 Existem numerosos estudos sobre a enfermagem – seu papel e conflitos, alguns dos quais já havia citado no Capítulo 3. Ver também o excelente trabalho recente de MAUKSCH, H. O. "The Nurse: Coordinator of Patient Care". In: SKIPPER, J. K. Jr. & LEONARD, R. C. (eds.). *Social Interaction and Patient Care*. Philadelphia: J. B. Lippincott Co., 1965, p.251-265. E ver a extensa discussão em DUFF & HOLLINGSHEAD, op. cit.

hospitais como os da União Soviética, onde os médicos estão também presentes em número suficiente em regime de dedicação exclusiva, fazendo a diferença. Para negociar com os pacientes, sua primeira força reside no acesso ao médico; ela conhece, ao mesmo tempo, o conteúdo de sua informação e é capaz de discutir os casos com ele. Assim, por poder servir como um ponto problemático de perspectivas conflitantes, ela pode muito bem encontrar um equilíbrio nas forças, determinando o resultado da negociação entre o paciente e a equipe.

*O médico*. Conforme já observado anteriormente, em um tratamento intensivo, o médico determina, em grande medida, quais esforços terapêuticos são feitos e, se não fizer tudo que deve ser feito, determina e supervisiona o esforço dos outros. Além de impedir que a interação no serviço prejudique sua relação com os pacientes pelos quais é responsável, seu problema é obter a aceitação de suas ordens pela equipe. Embora seja relativamente fácil ter suas ordens obedecidas no papel, na prática é mais difícil. Quando a filosofia do tratamento médico contraria o ponto de vista leigo dos auxiliares, instaura-se um problema. E quando a filosofia médica de tratamento ameaça a rotina do serviço, ela corre o risco de não ser seguida. A enfermeira pode ser envolvida nestas dificuldades quando sua formação a leva a apoiar uma filosofia de tratamento "profissional" que difere da filosofia de tratamento do médico. Se, por acaso, este conflito filosófico existir, o médico deve agir de forma bem mais delicada no processo de manipulação e negociação para obter ganho de causa, como Strauss e seus colaboradores têm mostrado.

Quando tudo foi dito e feito, entretanto, é a perícia do médico que serve de recurso para a interação do conjunto da equipe. Como árbitro final em relação à divisão do trabalho médico, sustentada no prestígio e no mandato legal, ele tem uma "autoridade" que é independente da autoridade administrativa como tal.[19] É ele que, por fim, exerce, na divisão do trabalho, a "autoridade" que lhe confere conhecimento, julgamento e responsabilidade. Além disso, existe uma "hierarquia" de *expertise* independente da hierarquia administrativa do hospital, na qual o médico determina e supervisiona os que estão em um nível de perícia inferior ao seu. Isso leva a um comportamento hierárqui-

---

19 Ver minha discussão sobre as implicações autoritárias da perícia profissional in FREIDSON, E. *Professional Dominance*. Nova York: Atherton Press, no prelo, Capítulo 6 [Este livro encontra-se publicado pela Editora Aldine Transaction (2006). (N.T.)]

co, mesmo em situações em que a filosofia do tratamento envolva uma organização "democrática" ou as "comunidades terapêuticas" que, ainda que não sejam hierárquicas na intenção, tornam-se hierárquicas na prática. Não existe instância superior de apelação à decisão técnica do médico em qualificação, saber e julgamento; as decisões técnicas não são tomadas por voto.

## Tarefas médicas e comportamento da equipe

Os comentários sobre a perspectiva dos participantes do serviço em um hospital consideraram algumas variáveis, como a especialidade médica envolvida e a doença tratada. Claramente, não é possível entender as regularidades que podem ser encontradas no hospital sem ter em mente as especialidades envolvidas, a conseqüência de seu trabalho técnico e as diferentes demandas e expectativas dos pacientes. Alguém pode argumentar que não se pode analisar o hospital geral como uma simples organização. Embora possamos discutir se a maternidade, o hospício e outras instituições que se especializam em condições específicas ou em problemas de tratamento são organizações relativamente homogêneas, não podemos analisar o hospital geral da mesma maneira, devido à variedade de doenças e procedimentos que são encontrados em seus serviços especializados.[20] Em vez disso, devemos decompor o hospital geral em seus diferentes serviços e departamentos, cada qual com características próprias.

Existem muitas evidências de uma significativa variação na organização da interação e no desempenho dos serviços de um hospital geral, diferenças aparentemente associadas à presença de distintas especialidades, ou seja, de diferentes práticas, diferentes tarefas e diferentes exigências para exercer tais tarefas (ou "tecnologias"). Talvez a diferença mais marcante de tarefas a ser

---

20 Para a discussão da classificação por "tecnologia" ver PERROW, C. "Hospitals: Technology, Structure and Goals". In: MARCH, J. G. (ed.). *Hand-book of Organizations*. Chicago: Rand-McNally and Co., 1965, p.910-971. E ver os comentários sobre a impossibilidade de se comparar hospitais com os diversos interesses dos pacientes em LEFTON, M. & ROSENGREN, W. R. "Organizations and Clients: Lateral and Longitudinal Dimensions". In: *American Sociological Review*, XXXI, 1966, p.802-810. É a falta de reconhecimento deste problema que faz com que seja difícil avaliar as descobertas de GEORGOPOULOS, B. S. & MANN, F. C. *The Community General Hospital*. Nova York: The Macmillan Co., 1962.

observada na prática cotidiana do hospital geral seja aquela entre Medicina e cirurgia. Burling, Lentz e Wilson (op. cit., Capítulo 16) deram uma excelente descrição das diferenças gerais. Em um artigo um pouco mais analítico, Coser (1958:56-64) observou algumas das conseqüências destas diferenças. Ele salientou que as tarefas cirúrgicas freqüentemente têm um caráter mais próximo do serviço de emergência que as tarefas médicas. As tarefas da emergência devem ser feitas rapidamente, sem perda de tempo em discussões entre os participantes. O cirurgião responsável deve tomar as decisões rapidamente e ser obedecido sem reserva. Coser observou que esta característica do trabalho do cirurgião se reflete na maneira com que o exercício da autoridade e desempenho varia entre a ala médica e a cirúrgica. Já que a linha de autoridade é quase a mesma entre a Medicina e a cirurgia, na primeira existe uma consistente delegação de autoridade do médico residente ao interno. Mas, na cirurgia, o chefe residente não delega autoridade a seu cirurgião subordinado. Além disso, as distâncias sociais entre o chefe dos residentes e os residentes e internos é maior na cirurgia que na Medicina. Sem autoridade delegada, os residentes, internos e até as enfermeiras nos serviços cirúrgicos subordinados são mais ou menos "iguais", pois todos seguem as decisões do chefe dos residentes: a interação entre eles é razoavelmente livre e informal. Em contraste, no serviço clínico, onde todos os médicos, menos a enfermeira-chefe, participam da tomada de decisão, a autoridade é delegada a patamares inferiores da hierarquia médica. A interação entre todos os participantes tem um caráter mais formal, com uma distância social dividindo uma categoria da outra, em vez de existir separação apenas entre o chefe e todos os demais membros da equipe.

Evidentemente, a rotina diária nos serviços da Medicina clínica e na cirurgia pode variar independentemente da tarefa, conforme as políticas da administração hospitalar e dos médicos que atuam como chefes do serviço. O exemplo de Coser é apenas um dentre muitos, sugerindo que os efeitos variam segundo a natureza das tarefas. Em outro caso, Seeman e Evans (1961:67-80, 193-204) encontraram serviços cirúrgicos em um hospital onde o médico chefe tinha tendência a aumentar seu monopólio sobre a decisão, sua distância social em relação aos subordinados e sua condição simbólica; e também, no mesmo hospital, os serviços cirúrgicos nos quais esta "estratificação" era baixa. As medições se referem às variações no estilo pessoal de "liderança" do médico encarregado pelo serviço; eles não parecem estar preocupados com os efeitos das tarefas médicas discutidos por Coser e aprofundados por Perrow ("Hospitals", op. cit.).

O "estilo de liderança" de um superior pode estar vinculado as suas características como pessoa. Em qualquer serviço, um médico que compartilhe sua decisão e diminua a distância social de seus subordinados pode muito bem ser uma pessoa calorosa e receptiva. Entretanto, se for uma pessoa "calorosa", deve seguir uma "filosofia calorosa". E, mesmo que não seja pessoalmente "calorosa", deve seguir intelectualmente um tratamento ideológico que enfatize a importância das variáveis sociais e psicológicas na influência da doença e da terapia. A ideologia define as tarefas como algo um pouco diferente do que uma "mera" remoção cirúrgica ou a restauração de uma função defeituosa. Neste sentido, a tarefa médica não se mantém por si só, independente das concepções dos participantes: ao manter as tarefas da "rotina" cirúrgica como uma apendicite constante, o comportamento pode variar de acordo com a ideologia, assim como de acordo com as qualidades individuais dos profissionais. Pode ser bem possível que o *resultado* do trabalho que indica a taxa de "cura" não varie muito de uma ideologia ou filosofia para outra, mas a organização da interação entre os profissionais no serviço e entre estes e os pacientes, assim como o trabalho concretamente exercido, parece variar significativamente. Como sociólogos, estamos interessados nas interações que estão em curso durante o tratamento, se bem que uma variação nos *resultados interacionais* decorrentes da ideologia ou também da natureza das tarefas talvez seja mais importante que os resultados do "boletim médico".

A importância da ideologia para a organização do trabalho no hospital é ilustrada em outro caso estudado por Coser (1958), que compara o comportamento de dois grupos de enfermeiras que atuam em um mesmo hospital: um grupo pensava que os doentes de seu serviço não poderiam melhorar sua condição e o outro, em um centro de reabilitação, estimava que os pacientes poderiam ser curados. No primeiro caso, as tarefas foram definidas em relação à manutenção: manter o serviço limpo e em ordem. No segundo caso, as tarefas foram definidas em termos terapêuticos: melhorar o estado do paciente até que ele pudesse sair do hospital. As condições físicas "objetivas" dos pacientes de cada grupo coincidiam parcialmente (os médicos pensavam que a condição de certos pacientes dos serviços de guarda poderia melhorar e que certos doentes do Centro de Reabilitação tinham chegado a um ponto irreversível), mas a ideologia dominante no serviço parecia influenciar o comportamento da equipe.

Nos serviços de "guarda" a equipe de enfermagem fazia planos para se livrar de um paciente que criava problemas, porque elas assumiam que, a princípio, ele não deixaria de voltar. A ênfase estava na ordem e na manutenção do serviço, na rotina dos relatórios e na dimensão mecânica das tarefas da enfermagem. Existia, comparativamente, pouca interação entre a equipe e os pacientes. Na verdade, a equipe que tratava dos muitos pacientes sob guarda, tanto enfermeiras quanto médicos, parecia não se interessar pelas tarefas terapêuticas, atitude observada não somente pelos pacientes, mas também pelos integrantes da equipe quando se tratava de administrar os problemas dos doentes. Sem interação, existia pouco conflito ocupacional no atendimento aos pacientes sob custódia. Em contraposição, no Centro de Reabilitação, onde uma ativa ideologia de tratamento prevalecia (suportada, não devemos esquecer, por uma pequena equipe), as interações entre a equipe e os pacientes e entre os membros da equipe foram múltiplas. A "filosofia do tratamento" tem, portanto, conseqüências claras sobre a interação no serviço. Conseqüências que podem ser divididas com a apresentação de três modelos de serviços hospitalares.

## Modelos de serviços hospitalares

Até este momento em minha discussão, apontei, algumas vezes superficialmente, certas variáveis que pareciam ter relevância estratégica para o entendimento do desempenho da equipe médica nos hospitais dos Estados Unidos. Demos ênfase às diferentes conseqüências sociais das tarefas clínicas e cirúrgicas e às variadas ideologias de tratamento que orientam como as tarefas devem ser exercidas. Parece útil agora distinguir alguns modelos de prática que são encontrados nos hospitais ou em alguns serviços. Em um extremo pode ser encontrado o *modelo de serviço doméstico*, que não é exatamente um modelo hospitalar, no sentido estrito, mas que, entretanto, pode ser encontrado em "hospitais" que são oficialmente reconhecidos como instituições de tratamento médico. Este modelo inclui, essencialmente, o exercício de tarefas de manutenção da casa – alimentar, vestir, acamar e entreter os pacientes internos em suas necessidades diárias – com pouco esforço a qualquer coisa que ultrapasse um cuidado médico episódico que um "médico de casa" residente de um hotel ou a bordo de um navio poderia oferecer.

A gestão do modelo de serviço doméstico está fundamentada na idéia de que nada mais pode (ou deve) ser feito para o interno além de deixá-lo de uma maneira confortável ou fora dos problemas enquanto for residente. Este modelo é inadequado para os esforços terapêuticos intensivos, destinados a retardamentos incuráveis, inválidos, psicóticos, mutilados fisicamente por idade ou acidente.[21] Partindo deste princípio, conseqüentemente, não há necessidade de um tratamento da equipe médica. Além disso, como resultado, a qualidade da relação entre a equipe e o paciente parece ter poucos atributos tidos como característicos de uma relação entre um profissional e seu cliente. Ela será mais parecida com a relação que estabelecem entre si o empregado doméstico e seu patrão ou o zelador e seu encarregado. O primeiro tipo de relação parece existir em "casas de repouso" ou casas de enfermagem[22] e talvez em hospitais mentais japoneses com *tsukisoi* (CAUDILL, 1961:204-214). O segundo padrão de relacionamento, freqüentemente chamado ironicamente de "hospitais de custódia" pelos indivíduos que acham essa terapia adequada,[23] parece funcionar com um parco financiamento e uma equipe insuficiente. Mesmo que seja de "custódia" ou algo semelhante, o modelo de serviço doméstico não é nem dominado nem supervisionado de perto pelo médico, quer seja intencionalmente quer seja pela falta de financiamento e equipe.

O segundo modelo foi denominado por Wessen (1966:170-173) de *"modelo clássico de cuidado hospitalar"*, mas eu prefiro o termo *"modelo de intervenção médica"*. Diferindo do modelo anterior, ele é dominado pelo médico. Este está propenso a ver a dificuldade do paciente como um problema técni-

---

21 Ver ROTH, J. A. & EDDY, E. M. *Rehabilitation for the Unwanted.* Nova York: Atherthon Press, 1967, para o estudo dos internos fisicamente incapazes.
22 Ver a pesquisa sobre os asilos de aposentados na Grã-Bretanha de TOWNSEND, P. *The Last Refuge.* London: Routledge and Kegan Paul, 1962.
23 O significado da palavra 'custódia' está muito identificado com o trabalho de Daniel Levinson. O valor desta palavra está infelizmente enfraquecido na medida em que são misturadas duas noções distintas. A primeira é de ordem moral (com a qual todos devem concordar): independentemente do grau de pobreza ou deficiência física, todas as pessoas devem ser cuidadas com humanidade. A segunda é uma questão de fé nos resultados do tratamento, que são indubitavelmente estabelecidos com bases científicas seguras). Ver PERROW, "Hospitals", op. cit.

co transitório que pode ser superado por alguma intervenção física ou biomédica que apenas ele é capaz de exercer. A pressuposição é de que o paciente pode ser curado e reabilitado, mas que é incapaz de julgar o que necessita para ser curado, colocando-se passivamente nas mãos da equipe, obedecendo-a sem questionar e permitindo que ela faça o que achar necessário. De forma semelhante, o trabalho da equipe é organizado segundo as ordens do médico; ela tem pouca iniciativa, servindo primeiro como um agente do médico aos doentes. A interação entre o paciente e a equipe reveste-se de um caráter impessoal, ao passo que a interação entre os vários membros da equipe é ordenada por uma hierarquia profissional, que começa com o médico responsável pelo trabalho da enfermeira diplomada, esta é responsável pela enfermeira prática, e assim por diante. Este modelo é mais marcante entre os cirurgiões, mas também está presente entre os clínicos e na psiquiatria na forma de "ideologia de terapia somática".

Nas últimas décadas, o modelo de intervenção clássico tem sido atacado ao mesmo tempo dentro e fora da profissão médica. Independentemente do problema particular da doença mental e do crescente interesse pela Medicina psicossomática e pela teoria do estresse, temos sido levados a pensar que mesmo a mais simples doença não pode ser considerada uma entidade separada e delimitada e que pode ser gerenciada independentemente da pessoa. A expressão "cuidado compreensivo" foi construída para servir como um modelo de visão de que a doença não deve ser tratada de forma isolada, conduzida separadamente por cada especialista particular.[24] Ainda que estas idéias sejam mais programáticas que efetivamente realizadas, elas levaram o modelo clássico de cuidado hospitalar a se tornar ambíguo, particularmente nos hospitais universitários onde floresceram. Elas obscurecem a efetividade empírica da distinção que a lógica pode exercer entre o padrão de intervenção clássico e o recente padrão de interação terapêutica.

O modelo de *interação terapêutica* é comumente utilizado na Psicoterapia. Ele é também um modelo para a organização dos serviços hospitalares, muito influenciado pelas idéias psiquiátricas do meio "terapêutico", e que foi influenciado pela discussão do "modelo de reabilitação" de Wessen (op.

---

24 Para uma descrição e avaliação do programa de formação, ver READER, G. G. & GROSS, M. E. W. (eds.). *Comprehensive Medical Care and Teaching*. Ithaca: Cornell University Press, 1967.

cit.:176-178).²⁵ Neste modelo, o paciente deve estar convencido a ser um participante ativo no processo de interação que é criado em torno da terapia; sua atividade motivadora é uma parte essencial neste modelo. Além disso, como a maioria, mas nem todos, dos radicais ou auto-iludidos proponentes deste modelo relegam o médico a uma posição subordinada ou até simplesmente igual, ele ocupa um lugar mais ambíguo do que no modelo clássico de cuidado hospitalar. O médico é, na verdade, legal e institucionalmente responsável pelo doente, mas não tem o monopólio sobre o tratamento. E como reconhece que todos os membros paramédicos da equipe em interação com o paciente têm acesso às informações válidas para planejar a terapia e que não podem deixar de, na interação com os doentes, influenciar a reação deles ao tratamento, o médico deve pelo menos atuar como um membro da equipe terapêutica. Ele tende a tomar, comparativamente, pouca distância social de seus "subordinados", sendo menos um chefe e mais o primeiro entre iguais. Na verdade, o próprio paciente é algumas vezes levado a ser um membro do "time", mesmo que não participe de todas as reuniões da equipe.²⁶ Mesmo neste modelo, o caráter absoluto da autoridade baseada na competência pode ser observado.

## Desempenho médico no hospital

Neste capítulo enfatizei a influência que a Medicina e a prática médica exercem sobre o hospital e sua divisão de tarefas. Desenvolvi esta análise apesar de o médico ter deixado ser, na sociedade moderna, cada vez mais o proprietário do hospital; de as políticas hospitalares serem cada vez mais dominadas pelo Estado e pelas comunidades; de os administradores hospitalares serem cada vez mais uma força estratégica na implementação de políticas cotidianas no hospital; e do crescente número de não-médicos que reivindicam o título de "profissional" e se esforçam em agir desta manei-

---

25 É evidente que certas noções psiquiátricas de "comunidade terapêutica", atualmente em voga, estão presentes aqui. Ver, por exemplo, JONES, M. *The Therapeutic Community, A New Treatment Method in Psychiatry*. Nova York: Basic Book, 1953.
26 Este "fracasso" foi analisado por RUBENSTEIN, R. & LASSWELL, H. D. *The Sharing of Power in a Psychiatric Hospital*. New Haven: Yale University Press, 1966.

ra.[27] Enfatizei este aspecto em parte porque me interesso mais em Medicina do que em hospital. Mais ainda, acredito que esta ênfase pode ser justificada pelo fato de o médico desempenhar um papel dominante na determinação do caráter das atividades necessárias que fornecem a verdadeira razão de ser do hospital – ou seja, aquilo que é feito ao e para o paciente. Além disso, o médico não controla os aspectos financeiros, administrativos e constitucionais da organização hospitalar, mas preserva o direito de determinar quais recursos técnicos e humanos são necessários para o paciente que está sob seus cuidados. Como já mencionei anteriormente, esta é uma prerrogativa que caracteriza uma profissão. Além disso, nenhuma outra ocupação pode julgar ou questionar suas decisões, apenas seus pares (apenas as decisões financeiras e administrativas tomadas por outros podem limitar sua ação). Esta é também uma característica típica de uma profissão. A atuação médica, por este motivo, tende a variar, sobretudo, de acordo com o papel exercido por seus colegas na equipe médica e menos em função das características particulares de seu trabalho, e em circunstâncias especiais da prática hospitalar, de acordo com o papel desempenhado por outros profissionais na divisão de trabalho no interior do hospital. No hospital, como no consultório particular, a interação entre colegas é uma variável decisiva para a qualidade de seu desempenho.

Neste capítulo e no anterior tentei mostrar como as variações na organização da prática médica, no consultório e no hospital, podem exercer influência sistemática no desempenho do trabalho médico. Esta variação, pensada em bases estatísticas, prevê que o desempenho *médio* dos serviços prestados pelo total de agregados médicos em determinado local de trabalho se adaptará ao maior ou menor padrão médico, ou ao padrão leigo, ao passo que o desempenho médio da população médica em outro local de trabalho não. Enfatizei a importância da dependência individual e a interação com os colegas médicos. Apesar de, particularmente neste capítulo sobre o hospital, ter sugerido outros fatores – incluindo a variação do trabalho em si, que parece exercer forte influência em seu desempenho –, a interação entre colegas de-

---

27 Outras informações sobre este tema, e as referentes a outros países, podem ser encontradas no importante trabalho de GLASER, W. A. "American and Foreign Hospitals: Some Sociological Comparisons". In: FREIDSON, *Hospital in Modern Society,* op. cit., p.37-72.

sempenha papel determinante: quanto maior ela for, maiores serão as chances de as normas médicas se imporem sobre as do indivíduo ou as do leigo.

Contudo, apesar de este tipo de raciocínio ser capaz de prever e talvez explicar as *relativas* diferenças de desempenho, não pode fazê-lo em relação *aos níveis absolutos* de desempenho. Como exemplo, suponhamos que a qualidade da prestação de serviços médicos possa ter arbitrariamente os valores numéricos de um a sete – sete representando a situação excelente; poderíamos encontrar uma população de clínicos gerais isolados obtendo em média a nota dois, ao passo que a população de anestesistas atuando em um hospital obteria uma nota média de quatro. Mas por que estes valores? Por que eles têm de estar no nível em que se encontram? E, particularmente no caso do médico que depende de e é controlado por colegas, por que sua atuação não atingiu a nota cinco ou seis? É útil e importante entender as diferenças relativas, mas certamente tão importante quanto entender as diferenças absolutas do nível de desempenho.

Para responder a esta questão, inúmeras variáveis podem ser utilizadas, incluindo o nível absoluto de perícia e de capacidade dos indivíduos envolvidos e a efetividade do conhecimento e do equipamento disponíveis para desempenhar as diferentes tarefas. Psicólogos podem, sem dúvida, nos falar sobre o primeiro ponto e os médicos, sobre o segundo. Existe, entretanto, outra variável sobre a qual um sociólogo deve investigar adequadamente: dadas a perícia e a capacidade desejável e o conhecimento e o equipamento estando disponíveis, a interação entre colegas, que acreditamos elevar o nível *relativo* de desempenho, será capaz de reforçar seu nível *absoluto*, tal como as disponibilidades individuais e científicas lhe permitam? Esta questão dá origem a muitas outras. O que exatamente está envolvido na interação entre colegas que influencia o controle do desempenho? Que informação sobre o desempenho é aproveitada nesta avaliação e como ela é feita? O que é feito quando informações sobre um nível de desempenho aquém do esperado chegam as nossas mãos? Para concluir, qual é a natureza do processo de autoregulação que pode ser encontrado entre os médicos e quão amplo ele é? Estas são as questões a que tentarei responder no próximo capítulo.

# CAPÍTULO 7
## O TESTE DA AUTONOMIA: AUTO-REGULAÇÃO PROFISSIONAL

Conforme assinalei em minha análise da Medicina como uma profissão, a autonomia é a prova desta condição. Os membros de uma profissão dispõem de um privilégio especial: não são controlados por ninguém que seja de fora da profissão. Este privilégio se apóia em três argumentos. Primeiro: a reivindicação é de que existe um nível de perícia e conhecimento tão excepcional envolvido no trabalho profissional que os leigos não são capazes de avaliá-lo e regulá-lo. Segundo: a reivindicação de que os profissionais são responsáveis – seu trabalho deve merecer confiança sem que haja supervisão. Terceiro: a reivindicação de que a própria profissão deve implementar suas ações de regulação nas raras ocasiões em que um profissional for incompetente ou antiético no exercício de sua atividade. A profissão é a única instância competente para julgar um comportamento diferente do padrão; ela é ética o suficiente para controlar o comportamento desviante e para se auto-regular de maneira geral. Sua autonomia é justificada e testada pela auto-regulação.

Evidentemente, os processos de auto-regulação encontrados em uma profissão têm grande importância analítica e prática. A dificuldade, entretanto, é que existe pouquíssima informação sobre como eles funcionam. Na verdade, existem certas informações disponíveis nas instituições formais que se ocupam disso. No Capítulo 2, por exemplo, observei as providências tomadas pelos britânicos para rever as queixas feitas pelos pacientes contra seus médicos. Nos Estados Unidos, as sociedades médicas locais analisam, supostamente, tanto as queixas dos pacientes quanto as dos médicos e, como vimos no caso dos médicos que violaram normas "éticas" por realizarem algo diferente de uma prática em que a consulta corresponde a uma remuneração, estas sociedades, por vezes, exercem funções disciplinares, analisando queixas de incompetência e de falta de ética. As atividades destas instituições são secretas e é difícil dizer algo mais sobre elas além de que algumas são ativas e outras não. De qualquer forma, a análise das queixas pelas sociedades locais tem caráter legal e privado; elas ouvem as queixas sempre que surgem. Uma corte civil pode, provavelmente, analisar as mesmas queixas e exercer a mesma função. Mas, diferindo das instituições legais em geral, os conselhos de ética não têm nenhum agente formal cujo trabalho seja igual ao da polícia, que é procurar ativamente por violações da lei, inspecionar ou verificar diariamente os comportamentos desviantes e instituir multas em favor do interesse público. Em poucas palavras, falta a esses conselhos um conjunto de procedimentos oficiais para examinar cada caso.

Nos Estados Unidos, as comissões que têm sido criadas por alguns grupos de médicos e hospitais são mais importantes do que os comitês de ética das associações médicas locais. Nos hospitais "credenciados" – que são os que atingem os padrões mínimos pela Comissão Conjunta de Credenciamento de Hospitais (Joint Commission on the Accreditation of Hospitals) – estas comissões examinam freqüentemente as credenciais dos médicos que postulam privilégios no serviço, os prontuários médicos e as análises biológicas dos tecidos removidos em cirurgias. O relatório de McNerney sobre o "controle" nos hospitais oferece um guia inestimável de procedimentos de regulação na Medicina, apesar de tais exemplos terem sido limitados a 33 instituições do estado de Michigan.[1] Segundo este relatório, apenas 26% dos pequenos hospitais, e 47% destes entre 100 e 500 leitos, impõem à sua equipe certo número de restrições em relação ao trabalho que cada um deve oferecer de acordo com a qualificação. A maior parte dos grandes hospitais coloca limites aos "privilégios". No caso dos prontuários médicos, apenas 37% dos comitês encarregados analisaram estes relatórios para verificar se o cuidado oferecido pelo médico foi adequado ou não; os demais (63%) verificaram apenas se foram preenchidos corretamente. Sessenta e um por cento dos comitês encarregados de fazer análises biológicas dos tecidos, entretan-

---

1 MCNERNEY, W. J. et al. *Hospital and Medical Economics*. Chicago: Hospital Research and Educational Trust, 1962, v.2, especialmente p.1205-1459, sobre os "controles exercidos nos hospitais de caridade e sobre eles".

to, o fizeram corretamente. Vigilância e controle são comumente mais exercidos nos procedimentos cirúrgicos e menos nos complicados procedimentos obstétricos. O controle sobre os procedimentos médicos complexos, as pequenas cirurgias, as tarefas médicas simples e obstétricas normais é pouco comum.

Com a evidência de McNerney em mente, devemos perceber que, em 1967, 66% dos hospitais nos Estados Unidos eram "credenciados". Isto significa dizer que as credenciais e a atuação dos médicos não são avaliadas em um terço dos hospitais dos Estados Unidos. Obviamente, os mecanismos de auto-regulação *formal* extensivo para avaliar a prática não são predominantes nem mesmo em instituições organizadas como os hospitais. Na verdade, como McNerney (ibidem:1325) demonstra, os médicos são extremamente resistentes às restrições à sua independência de tomar decisões. De fato, as profissões têm sido criticadas constantemente por sua incapacidade de respeitar tais restrições.

Parece claro que as avaliações *formais* dos procedimentos não são muito comuns na maioria dos serviços médicos. Elas são, entretanto, mais comuns na prática hospitalar do que na de consultório; e ainda mais comuns nos hospitais-escola ou em hospitais vinculados a universidades – que são as instituições credenciadas para oferecer treinamento de pós-graduação aos internos e residentes – do que em hospitais sem programas de treinamento reconhecidos ou sem vinculação com uma instituição universitária. Na verdade, a qualidade do desempenho da equipe é tida como mais elevada em hospitais universitários do que nos demais. Esta descoberta pode ser esperada tanto na avaliação de seus procedimentos formais quanto na qualidade individual dos integrantes da equipe.

Cabe destacar que a discussão anterior foi concentrada inteiramente na mera *existência* ou não de padrões formais de comportamento e de procedimentos de avaliação. É possível acreditar que, onde eles existam, o desempenho estará em um nível mais elevado. Entretanto, como não sabemos como estes procedimentos formais são atualmente utilizados, não temos como saber se o desempenho *ideal* está ou não sendo encorajado. Mas, deixando de lado os relatórios oficiais evasivos, anedóticos e diplomáticos, não dispomos de nenhuma informação sobre como esses comitês de regulação funcionam. Além disso, os sociólogos sabem bem que o controle social não ocorre somente por meio das vias institucionais e que certo número de processos de regulação não oficiais ou informais chama a atenção dos comportamentos desviantes para as autoridades instituídas. Na verdade, eu argumentaria que os serviços *informais* adequados de regulação são necessários para a efetiva operação das instituições formais e, em certas circunstâncias, ambos são necessários e suficientes para uma regulação do desempenho ideal. Como existem algumas informações empíricas sistemáticas disponíveis sobre estes serviços informais, acredito que seja válido que nos concentremos neles aqui. Será necessário tratar os dados detalhadamente com base em uma prática específica, auxiliados de forma suplementar por alguns poucos estudos. Apesar de tal informação dificilmente ser suficiente para ilustrar a realidade da Medicina norte-americana, acredito que a condição de trabalho é estratégica o suficiente a ponto de ser instrutiva. A condição de trabalho em questão tem um nível acadêmico alto, representando um dos mais desenvolvidos e prestigiosos tipos de prática nos Estados Unidos. Todos os médicos vinculados a um hospital universitário têm privilégios e qualificações que convêm a esta função. A avaliação do desempenho da atividade médica no hospital universitário deveria, portanto, ter uma média superior à feita no consultório particular ou mesmo no hospital comum. Além disso, deveríamos encontrar não apenas o processo de auto-regulação habitual, mas os melhores métodos.

## Ambiente de trabalho[2]

As observações descritas aqui foram feitas durante um intensivo estudo sobre uma clínica médica urbana que empregava médicos muito bem qualificados e experientes. Todos eram ao mesmo tempo credenciados, por causa

---

[2] Algumas partes desta seção foram retiradas de FREIDSON, E. & RHEA, B. "Processes of Control in a Company of Equals". In: *Social Problems*, XI, 1963, p.119-131 (reprodução autorizada pela Society for the Study of Social Problems); e FREIDSON, E. & RHEA, B. "Knowledge and Judgment in Professional Evaluations". In: *Administrative Science Quarterly*, X, 1965, p.107-124 (reproduzido com a permissão da *Administrative Science Quarterly*. Este estudo e sua análise foram subvencionados pela U.S. Public Health Service Grants CH-00025 e CH-00414.
Ao longo deste relatório o tempo verbal utilizado deliberadamente foi o particípio passado para enfatizar as mudanças que ocorreram na clínica desde 1961-62, quando foi realizado o estudo.

de seu treinamento, ou passíveis de submeterem-se aos exames de especialização. Neste sentido, eles tinham melhores credenciais profissionais que a média dos médicos disponíveis no mercado. E como era uma clínica relativamente grande – com cerca de cinqüenta médicos, uma equipe administrativa completa, muitas secretárias, todo o pessoal paramédico, todos os médicos assalariados (poucos eram sócios) –, esta organização não apresentava as características burocráticas que encontramos, por exemplo, em uma universidade.

Os arquivos da organização foram examinados, tanto os confidenciais quanto os rotineiros, os oficiais e os não oficiais. Todas as reuniões, incluindo as da diretoria executiva, foram assistidas durante a realização deste estudo. Entrevistamos todos os médicos da instituição, a maioria deles três ou quatro vezes, assim como um conjunto de trinta médicos que não eram mais vinculados ao estabelecimento, mas que haviam trabalhado nele antes. O chefe administrativo do pessoal também foi entrevistado diversas vezes. Desta maneira, foram acumulados muitos dados, que vão desde entrevistas transcritas até notas tomadas durante conversas na hora do almoço, incluindo índices socioeconômicos, minutas de reuniões e cópias de relatórios administrativos e médicos.

Assim como a universidade, a clínica seguia o princípio da hierarquia, se bem que de maneira bem mais simples. O diretor médico era o responsável pela conduta geral da organização, incluindo a dos médicos, e o diretor administrativo era responsável pelas tarefas cotidianas que envolviam, particularmente, mas não de forma exclusiva, o pessoal paramédico e os funcionários do escritório. Os últimos eram organizados em escritórios e departamentos, com uma clara linha hierárquica vertical de autoridade. Os médicos, por sua vez, estavam divididos em diversos departamentos que correspondiam às especialidades médicas; e havia pouca divisão relacionada à linha hierárquica vertical de autoridade. Alguns departamentos tinham chefes, mas os deveres e prerrogativas não estavam claros nem mesmo para eles. Paralelamente, não havia uma diferença hierárquica análoga à existente nas universidades, e, ainda que o status de sênior exercesse uma importante influência, não era um critério suficiente para o estabelecimento de uma hierarquia de autoridade. Além disso, as pessoas que trabalhavam nesta clínica tiveram um longo período de treinamento característico dos profissionais; sua liberdade profissional estava protegida legalmente e a subordinação ou hegemonia entre colegas praticamente inexistia. Por isso, a clínica passou a ser uma espécie de "sociedade de iguais" (BARBER, 1962:195), que os profissionais consideram o melhor lugar para trabalhar: uma organização onde existe apenas o controle entre colegas.

## As regras

Na maioria dos modelos de burocracia os subordinados devem ser obedientes a seus superiores e exercer suas obrigações de acordo com várias leis e regulamentos. Os médicos da clínica se encontram parcialmente neste caso. Em primeiro lugar, o médico tem obrigações "contratuais", tais como despender determinado número de horas em seu consultório atendendo pacientes, que foram explicadas detalhadamente e que ele aceitou como condição para obter o emprego. Todos os médicos reconhecem (mesmo com má vontade) a legitimidade de tais regulamentações determinadas administrativamente. Além disso, existem as regras internas cujo propósito é assegurar a coordenação de esforços. Por exemplo: quem deve ser responsável pelos cuidados aos abortos espontâneos em casos de emergência – o obstetra ou o clínico generalista?[3] Algumas destas leis foram elaboradas pelos médicos; algumas foram sugeridas pela administração; e outras foram feitas conjuntamente, após discussão, pelas duas partes. Em todos os casos um entendimento entre as partes foi visto como vantajoso para resolver problemas inevitáveis e evidentes. Finalmente, existiam certas regras que deveriam afetar os médicos, mas que na verdade não afetaram. Algumas regras tinham origem externa, mas tanto os administradores quanto os médicos ignoravam-nas tacitamente, sobretudo quando elas interferiam na eficiência do serviço médico ou organizacional e tinham pequena chance de detecção.

Encontraremos a mesma diversidade de regras na maior parte dos organismos oficiais. Entretanto, devo assinalar que nenhuma das regras que afetam a dimensão técnica da prática médica – exame, diagnóstico, prescrição e tratamento – pode ser classificada formalmente assim. De modo geral, a regra mais importante que afeta a dimensão técnica da prática médica era mais

---

[3] Todos os médicos são "especialistas", mas os clínicos e os pediatras que oferecem os cuidados primários são denominados aqui de "generalistas".

uma declaração de intenções do que uma regulamentação: afirmava que a Medicina seria exercida no mais alto nível possível, independentemente do custo. A clínica, como qualquer outra organização onde o trabalho especializado é exercido, não especificou os procedimentos técnicos a serem utilizados, mas esforçou-se para especificar os procedimentos geralmente aprovados e utilizados pela comunidade profissional. Quando os médicos da clínica entravam em desacordo, podiam ser chamados médicos externos para decidir o caminho a seguir no tratamento. A discussão em termos técnicos era entre opiniões médicas – por exemplo, entre médicos clínicos e médicos externos, mas não entre médicos e o pessoal da administração.

A menção aos negócios técnicos traz à baila a necessidade de distinguir as áreas do trabalho em que o controle pode ser exercido. A essência técnica da prática médica era uma área de muita importância. Outro ponto importante era a quantidade de esforço despendido e a maneira com que este esforço era organizado. Foi neste último domínio, que não tem necessariamente relação com a competência técnica, que o conflito foi mais freqüente entre administradores e médicos e entre médicos. Por exemplo, a necessidade organizacional pela contabilidade e a coordenação da provisão de serviços levaram os administradores a pressionar os médicos em relação à pontualidade. A organização queria que os médicos fossem responsáveis por seus pacientes, levando à criação de canais administrativos para as queixas dos últimos. Nem a necessidade de pontualidade nem a responsabilidade com o paciente foram questionadas pela maioria dos profissionais, mas o fato de estes quesitos serem controlados pela organização foi visto pelo médico como indigno, o equivalente a ser tratado como um trabalhador fabril ou um empregado de escritório.[4] Os conflitos entre a administração e o corpo médico, e mesmo entre colegas, em áreas como estas foram constantes e se organizaram em bases e segundo regras diferentes dos conflitos sobre procedimentos técnicos.

---

4 Deve ser ressaltado que o profissionalismo como uma expressão da *perícia* requer apenas o controle sobre o conteúdo do trabalho (como já indiquei nos capítulos anteriores), e como uma expressão de *prestígio* exige o controle da *organização* do trabalho. Embora existam, certamente, áreas em que a organização interfere no conteúdo, os dois não são sinônimos analítica ou pragmaticamente.

## Como a administração recolhe suas informações

Se o controle sobre o pessoal deve ocorrer, as informações sobre seu desempenho devem ser coletadas. Obviamente, as regras não teriam sentido se ninguém soubesse quando elas eram quebradas. Como a conformidade às regras podia ser verificada pela administração quando o médico exerce sua atividade de forma privada em seu consultório? Em primeiro lugar, observando alguns aspectos mais simples da organização da prática médica. As recepcionistas supostamente notificavam a administração sobre a mudança de horário dos médicos, sobre os que chegavam apenas na hora marcada para a consulta e sobre os que atrasavam constantemente. Da mesma forma, quando os médicos atendiam depressa seus pacientes para acabar mais cedo, ou quando marcavam consulta com os pacientes mais cedo do que poderia atendê-los para ter certeza de que estariam à sua disposição quando ele estivesse pronto, esses e outros comportamentos semelhantes eram visíveis a todos que estivessem preocupados em notar. Algumas buscas de informações confidenciais dos paramédicos e a inspeção do livro de consultas eram estratégias razoavelmente regulares para controlar a organização dos médicos em seu trabalho. Mas esta era a única verificação regular e contínua da administração sobre o desempenho médico, o que permitia acompanhar apenas a pontualidade e a velocidade do trabalho, mas não informava nada sobre o desempenho técnico.

O paciente estava em contato direto com o médico durante seu trabalho, e a clínica estava organizada para oferecer canais regulares para os pacientes se queixarem à administração. Por este motivo, o paciente poderia ser uma fonte de informação sobre o desempenho do médico. Mas nem todos os profissionais reconheciam como válidas as opiniões dos pacientes sobre seu desempenho técnico; e embora algumas queixas tenham estimulado a investigação, os exemplos foram razoavelmente raros e ofereceram apenas poucas evidências ocasionais.

Existia, entretanto, uma fonte precisa de informação sobre todos os médicos, mas era utilizada apenas depois que fosse levantada a suspeita sobre algum erro. Cada paciente tinha um prontuário médico, com riqueza de informações detalhadas, o que era um deleite para a burocracia (e o pesadelo dos pesquisadores, por causa de seu caráter assistemático). As informações eram permanentemente registradas neste prontuário, devido talvez ao compromisso legal do médico com seu trabalho ou às necessidades do tratamento, mas elas não sofriam o exame cuidadoso e constante de ninguém. O prontuário médico era uma ferramenta de trabalho, tornando-se um dispositivo de supervisão apenas quando o interesse no caso fosse disparado por algum evento que sugerisse a necessidade de uma investigação mais cuidadosa – uma queixa de um paciente, uma ação judicial, uma observação acidental ou algo semelhante. Ele era, então, um instrumento latente de supervisão, usado após o fato ter ocorrido para reconstruir o tratamento feito, condenando-o ou desculpando-o.

## Coleta de informações dos supervisores feita pelos colegas

É evidente que a administração estava apenas tangencialmente envolvida nas atividades que poderiam exercer algum controle sobre o cerne das atividades técnicas dos médicos. Desta maneira, como deve ser entre as profissões, apenas os colegas podem estar tão envolvidos. Mas até que ponto eles podem estar envolvidos? Como as informações sobre o desempenho técnico dos médicos podem ser apreciadas sem a periódica análise dos prontuários? Quanto um colega pode saber do outro? Para responder a estas questões, vou mencionar alguns dados obtidos com os médicos, quando foram convidados a avaliar o desempenho de seus colegas. Afirmações de ignorância sobre o desempenho de *alguns* colegas foram aceitos ao pé da letra, mas se um entrevistado respondesse sobre todos os colegas, assumia-se que estava sendo mais evasivo que honesto.

Qual era o nível real de conhecimento e ignorância que os médicos desta clínica tinham de seus colegas?[5] Antes de tudo, a transferência de pacientes[6] deve ser levada em consideração na medida em que, por meio dela, um médico pode observar o outro. Nesta clínica, quatorze especialidades esta-

---

5 Detalhes estatísticos podem ser encontrados em FREIDSON, E. & RHEA, B. "Knowledge and Judgment," op. cit.
6 No original, *referral relations*. Quando um médico indica outro para cuidar de um aspecto específico da saúde ou da doença de seu paciente. Neste caso, trata-se de uma relação em que um médico serve de referência para o outro. (N.T.)

vam representadas. O maior departamento – de Medicina interna – era composto de doze médicos, todos trabalhavam como "médicos de família", tratando de adultos. Seis pediatras compunham outro departamento de clínicos, dedicados aos cuidados gerais das crianças. Todos os demais serviços, excetuando-se um, eram muito especializados no tratamento de órgãos, patologias ou procedimentos particulares. A exceção – Ginecologia e Obstetrícia – ocupava uma posição ambígua na divisão de trabalho médico, pois os obstetras preocupavam-se, em primeiro lugar, com o tratamento da mulher enquanto ela estivesse grávida; e os ginecologistas tratavam apenas os problemas especiais dos órgãos femininos. Excluindo a Ginecologia e a Obstetrícia, as respostas negativas obtidas mostraram, com base em sua classificação, uma estreita relação entre a *transferência de pacientes* e a opinião que um médico fazia do outro. A pesquisa revelou que a ignorância dos colegas esteve mais presente no relato dos internalistas e pediatras sobre as habilidades de cada um deles e no relato dos vários especialistas sobre as habilidades de cada um deles, do que nos relatos dos internalistas e pediatras sobre os especialistas e vice-versa.

A principal distinção entre especialidades de consulta e de referência, entretanto, pode ser refinada pelo caráter da especialidade e pelo lugar que ocupa na divisão de trabalho. A Oftalmologia, por exemplo, é uma especialidade técnica muito limitada: sete outras especialidades sabiam pouco dela e ela sabia pouco sobre outras sete especialidades. Os especialistas em alergias e os ortopedistas eram relativamente pouco conhecidos. Os médicos internalistas e os cirurgiões foram as especialidades mais facilmente conhecidas.

Estes comentários restringiram-se apenas ao conhecimento sobre a atuação técnica, mas é claro que existem outras áreas de atuação. Antes mesmo de perguntar-lhes sobre o que pensavam da própria competência, pedimos a todos os médicos que classificassem os generalistas em função do número relativo de visitas realizadas em domicílio, de sua popularidade com os doentes, de sua assiduidade no final de um dia de trabalho, e da tendência em confiar os casos necessários aos colegas especialistas ou de tratá-los por conta própria. Como a Pediatria e a Medicina interna ocupavam a mesma posição na divisão de trabalho, e como a Pediatria era consideravelmente um serviço com menos pacientes, foi necessário concentrarmos aqui nossa análise apenas nos internalistas e comparar o que um internalista sabia do outro com o que os especialistas sabiam sobre os internalistas. Entre os internalistas, descobriu-se que poucos se mostraram incapazes de avaliar tanto a popularidade de seus colegas com os doentes quanto sua disposição em visitar o paciente em domicílio. Um pouco mais da metade, entretanto, podia avaliar a capacidade de seus colegas de respeitar os horários, e somente um terço pôde avaliar se os colegas internalistas encaminhavam seus clientes a um especialista. Os especialistas, por outro lado, foram consideravelmente menos capazes de avaliar os internalistas sobre as visitas domiciliares e a respeito dos horários. Cerca da metade deles pôde avaliar a popularidade dos internalistas com os pacientes. Estes dados servem para demonstrar que o que um profissional sabe sobre o outro se dá em função da divisão do trabalho, mas a *visibilidade do desempenho garantida pela divisão de trabalho não é holística, e sim fragmentária*. Cada homem só saberá algumas coisas sobre o desempenho do outro, nunca tudo. Ele saberá apenas o que é importante para *sua* relação e não necessariamente o que é importante para os outros ou para avaliar o conjunto das atividades de um indivíduo. Como mostrarei mais tarde, havia, nesta clínica específica, pouca transmissão dessas informações sob a forma de fofoca. As barreiras para um fluxo corrente de informações sobre o desempenho estabelecido pela divisão de trabalho eram, assim, bastante claras.

Além disso, é possível observar que existiam preconceitos estruturados na maneira com que um homem avaliava o outro – o que influenciava os índices de avaliação do desempenho. Deixando de lado o fato de que o jovem era geralmente mais crítico em sua avaliação do que o mais velho – dando notas mais baixas – e que os diplomados há mais tempo eram, em geral, mais bem avaliados que os recém-formados, as diferentes perspectivas que cada homem tinha na divisão de trabalho promoveram avaliações distintas de competência graças a diferentes expectativas.

Um exemplo de preconceito pode ser ilustrado no índice obtido pelos obstetras-ginecologistas, quando comparamos a avaliação feita pelos pediatras e pelos médicos internalistas. Na avaliação dos pediatras, os obstetras-ginecologistas estavam em uma posição melhor que a das demais especialidades; na avaliação feita pelos internalistas, os obstetras-ginecologistas estavam na posição mais baixa entre as especialidades. Isso pode ser explicado pelo fato de os pediatras realmente não trabalharem com obstetras-ginecologistas, mas apenas receberem deles as crianças saudáveis. Os internalistas, ao contrário, encaminhavam as pacientes com problemas ginecológicos aos obstetras, muitos dos quais tinham dificuldade de resolver tais problemas. Os internalistas tinham, então, a oportunidade de obter uma visão mais invejosa das capacidades dos ginecologistas. Os julgamentos variavam de acordo com posição que o trabalho se encontrava em relação a uma ou outra especialidade.

Finalmente, deve ser observado que ninguém na clínica estudada parecia fazer fofoca sobre outros colegas. Isso significa que nenhum dado informal foi observado, nem mesmo os preconceitos decorrentes da divisão de trabalho ou a visão que muitas pessoas dispunham sobre outra pessoa. Por isso não foi possível completar ou corrigir as informações limitadas e fragmentadas disponíveis.

## Transmissão de informações dos supervisores

Deve ficar claro que nem a administração nem a elite médica (*collegium*) observaram o esforço dos médicos em organizarem-se e também a qualidade técnica deste esforço. Além disso, o que foi observado teve um caráter mais fragmentado que especializado; cada categoria de dados estava isolada das demais. A administração coletava informações sobre os horários do expediente que não eram muito acessíveis para a elite médica. O especialista recolhia informações sobre os clínicos que não eram muito observáveis por eles próprios. Obviamente, o grupo de médicos não se comportava como uma coletividade, pois as informações compartilhadas entre seus membros eram poucas e espalhadas discretamente. Eles tinham que, de alguma forma, compartilhar a mesma informação ao reuni-la. Isso podia ocorrer quando algum colega praticasse alguma atitude incorreta de forma persistente e completa e que, de uma maneira ou de outra, se tornasse perceptível por cada indivíduo na clínica; isso acontecia mais freqüentemente quando algumas informações sobre certos médicos circulavam entre os colegas.

De modo geral, embora a comunicação ocorresse, ela era lenta e limitada, manifestando-se, na maioria das vezes, por insinuação e não diretamente, sobretudo no interior de cada especialidade e dificilmente entre as especialidades. Mesmo que os médicos na clínica estudada fizessem fofoca entre si, eles não estavam, em geral, dispostos a comunicar as observações que faziam na medida em que iam sendo obtidas. A informação não era liberada de maneira contínua. Em vez disso, cada médico tendia a guardar as próprias observações, falando pouco ou nada sobre elas até que alguém não conseguisse conter sua indignação ou até que descobrisse, por meio de outros, indícios de que outros médicos também tinham dúvidas a respeito do mesmo colega. Mas, se os médicos tivessem poucas observações sobre determinado colega ou se elas não fossem importantes, eles guardariam segredo. Diante do caráter acidental de muitas descobertas e da necessidade que os médicos tinham de preservar as informações antes de compartilhá-las, um período considerável de tempo era necessário antes que qualquer opinião negativa sobre alguém fosse difundida. Obviamente, o tempo podia variar de acordo com a estratégia de visibilidade de cada especialidade. Muitos exemplos foram observados de médicos que estavam na clínica há algum tempo, cuja competência foi considerada abaixo da média da clínica, por colegas da mesma especialidade que se julgavam superiores ou, pelo menos, iguais aos demais.

Em casos mais raros, uma convergência de opiniões podia ser produzida excepcionalmente, quando um razoável número de médicos tivesse observado e guardado na memória uma quantidade suficientemente grande de informações sobre um colega. O descontentamento deveria ultrapassar certo nível antes que muitos médicos começassem a se queixar, entre si ou para a administração, sobre um colega. Um médico podia fazer um comentário mais neutro, mas investigativo, para um segundo sobre um terceiro, e então o segundo teria sua história para contar, e assim por diante. Mas, esta definição coletiva era formada apenas por grupos de médicos que tivessem a oportunidade de discutir tais problemas; em resultado, poderiam existir opiniões diferentes sobre um mesmo colega da clínica.

## Sanções negativas

Algumas informações sobre maus comportamentos foram aparecendo lenta e seletivamente. De que elas tratavam? Quando os médicos eram perguntados sobre o que fariam diante da ofensa de um colega, a resposta comum era: "nada". Questionados sobre o que fariam se a ofensa fosse repetida, entretanto, eles respondiam: "eu falaria com ele". "Falar com" era, de fato, a sanção mais ambígua na clínica e era usada por médicos e administradores como o único meio virtual de sanção. Com base nos exemplos obtidos, "falar com" parecia envolver vários tipos de orientações: amigáveis, persuasivas, humilhantes e ameaçadoras.

A incidência do "falar com" variou de acordo com a distância social. Um colega podia falar mais com alguém do próprio departamento do que com alguém de fora dele e falar mais com um colega jovem e inexperiente do que com um superior hierárquico mais velho. Ele não dizia nada se o colega fosse de fora de seu departamento ou se fosse seu superior. E quando perdia a paciência, ia se queixar com seus colegas ou mesmo com a administração. A maneira de "falar com" variava de nível e de severidade. A maneira mais branda (e a mais comum) de "falar com" alguém era o simples cara a cara — uma pessoa informalmente comentava algo com outra. Se o ofensor não corrigisse suas maneiras, o ofendido podia recorrer à ajuda de terceiros, quer de um administrador ou de um ou mais colegas. Se eventualmente o comportamento indesejado tornava-se intolerável, o ofensor podia ter de "falar com" o diretor médico ou com os comitês formais de colegas.

"Falar com" é evidentemente uma maneira de sanção informal comum entre os pares de todos os grupos de profissionais e é usada por superiores em todos os lugares. O interessante na clínica estudada é que o "falar com" era a única punição institucionalizada, sem contar a demissão. Não havia formas intermediárias de punição. E como a demissão era praticamente impossível para um médico titular, "falar com" era a única sanção disponível. As normas requisitadas para ser titular incluíam a votação de três quartos dos membros da clínica: a decisão de uma comissão de colegas também era necessária para a demissão. Como já vimos, o sistema não permitia a formação de uma opinião coletiva. Diante da distribuição irregular das informações na clínica que descrevemos, era quase impossível que a maioria, mesmo simples, de médicos tivesse experiência pessoal com as deficiências de colegas. Sem uma experiência pessoal como esta, a maioria dos médicos estava pouco inclinada a votar pela expulsão de um colega, baseando-se nas queixas que alguns colegas ou pacientes fizeram a alguém. Seria necessária uma falha extremamente grosseira e chocante. Era, então, praticamente impossível demitir um médico titular. Em quinze anos, cerca de oitenta médicos demitiram-se da clínica, a maioria deles por razões próprias, alguns encorajados, mas nenhum foi formalmente dispensado.

Assim, "falar com" era a única forma de sanção negativa em vigor na clínica. Com exceção disto, existiam apenas prêmios para motivar os médicos. Muitos destes prêmios eram burocratizados, funcionando de maneira automática, independentemente da conduta do médico. Existia, por exemplo, um sistema automático de auxílios: férias pagas, bônus pela obtenção de certificados de especialista etc. A partir de certa idade, um médico podia ser dispensado de atender à noite ou às chamadas de emergência nos finais de semana. Estes prêmios eram direitos dos quais um infrator não podia ser privado. Existiam, entretanto, outros prêmios particularmente importantes porque não eram garantidos burocraticamente e eram caracteristicamente indiretos e discricionários. Como eles não eram obrigatórios, um indivíduo podia ser "punido" ao não ser "lembrado" na premiação. Os colegas controlavam alguns e outros dependiam da administração.

O conjunto de tais prêmios discricionários pode ser denominado sistema de privilégios (*privilege system*): símbolos especiais, muitas vezes com caráter trivial, que não foram codificados e burocraticamente garantidos como direitos ou aumentos e que, tomados individualmente, podem ser únicos e não recorrentes, algumas vezes inventados até mesmo pelos administradores. Na clínica, alguns dos privilégios mais estáveis envolviam um orçamento extra para exercer tarefas como a direção do laboratório, a gestão da correspondência oficial sobre as queixas dos pacientes, os serviços especiais de consultoria e a direção de programas de pesquisa. Outros tinham um caráter mais simbólico, como ser convidado para representar a organização em um grupo de distintos visitantes, ser escolhido para viajar à custa da clínica ou autorizado a tirar dias de folga. Os privilégios mais estratégicos agiam sobre a auto-imagem do médico. Estes prêmios representavam o reconhecimento sobre o estágio em que o médico achava que sua carreira estava ou o nível de conquistas que tinha conseguido.

Em suma, as sanções típicas não tinham um grande efeito sobre os infratores a ponto de reduzir sua renda e minimizar ou impedir seu trabalho; e raramente estavam organizadas. De modo geral, os colegas ofendidos utilizavam a técnica de exclusão *pessoal*. Eles esforçavam-se para barrar o médico infrator deixando de trabalhar com ele individualmente ou de lhe encaminhar os próprios pacientes. Mas não impediam que os infratores atendessem os pacientes de outros colegas. Este método de controle é semelhante ao utilizado pelos médicos que atuam isoladamente em seus consultórios. O infrator não recebe pacientes enviados por outro colega ou, se a indicação tem de ser feita, apenas os casos mais simples são encaminhados para ele. Ele não é consultado sobre problemas em sua especialidade ou subespecialidade: sua opinião não é levada em conta e não é consultado para avaliar um caso interessante ou peculiar. Finalmente, ele não é incluído no sistema de troca de favores que é tão importante e comum no trabalho profissional: se pedir um favor a alguém, provavelmente não será recusado, mas os outros não lhe pedirão um favor e vão recusar-lhe o crédito que permitiria no futuro voltar a pedir outro favor sem dificuldade. É importante observar que todos esses métodos de exclusão são praticados por *indivíduos*: eles não são ações de um coletivo. Por este motivo, tais ações não impedem que o infrator continue a trabalhar e a manter relações de trabalho com seus colegas que não foram ofendidos. *Ele é punido na medida em que ele mesmo é sensível à opinião daqueles que o excluem.*

## Características do processo

Eu observei que os elementos envolvidos no processo pelo qual o controle era exercido nesta clínica não tiveram um caráter majoritariamente burocrático. O acesso à informação sobre o desempenho do trabalho não estava, de modo geral, organizado de maneira hierárquica. Na melhor das hipóteses, a divisão do trabalho fazia a seleção das informações; na pior, as revelações ocasionais e assistemáticas eram acidentais para observadores acidentais. Este estado de coisas ocorria porque a administração da clínica não adotava métodos burocráticos comuns e sistemáticos para coletar informações, deixando o problema nas mãos dos colegas de grupo. O acesso residual às informações sobre o desempenho dos colegas não teria sido tão significativo se os médicos não estivessem tão pouco inclinados a compartilhar tais informações com seus pares. Conseqüentemente, tornava-se muito difícil formar uma opinião coletiva entre os colegas e iniciar uma ação comum. Na verdade, os comportamentos desviantes eram controlados pela administração por meio do exercício discricionário das premiações e outras ações associadas integralmente a uma iniciativa profissional de base mais individual do que coletiva. Além disso, os métodos de controle existentes tinham um caráter normativo.

Indiquei que muito do desempenho profissional é imperceptível e, mesmo quando observado, é incomunicável e, mesmo quando comunicado, é incontrolável. O problema é alcançar algum consenso sobre o *tipo* de desempenho que deve ser observado e controlado. Alguns dos médicos da clínica admitiram não saber muita coisa sobre seus colegas, mas acreditavam que se alguém fizesse algo "realmente sério" – como matar um paciente – eles saberiam disso rapidamente. Acreditavam que se um colega fosse comprovadamente grosseiro, incompetente e antitético não haveria dúvida: ele seria dispensado. Salientaram que as intervenções realmente sérias, na forma e nas conseqüências, acontecem no hospital, onde se desenvolve um sistema de vigilância autoconsciente. E argumentaram, então, que as áreas importantes de atuação *estavam* de fato controladas. Entretanto, a idéia deles sobre o que é "realmente sério" era tão extrema que não podia ser tirada de sua experiência cotidiana. O que eles estavam dizendo, essencialmente, era que os açougueiros e os vigaristas seriam localizados e punidos rapidamente: nestes casos extremos o sistema funcionaria impiedosamente. Contudo, quase todas as formas de comportamento inadequado situavam-se entre o vigarista e o santo. E era exatamente neste meio-de-campo que os controles observados eram problemáticos.

O processo descrito aqui tem diversas características. A primeira delas é que o sistema de controle não funcionava de forma coletiva nem hierárquica. Ele tinha tendência de funcionar como um mercado econômico livre: indivíduos como tais são colocados em interação entre si quando seus interesses particulares de trabalho estão em questão. Isso ocorreu assim, apesar de ter sido em uma instituição consciente e organizada de Medicina de grupo. A segunda característica é que o processo andava lentamente porque um sistema deste tipo só pode funcionar tão rápido quanto as informações necessárias para o controle estão disponíveis. Finalmente, o processo tinha uma vulnerabilidade característica. Neste caso, para serem efetivas, as sanções utilizadas requisitavam que todos os participantes interiorizassem plenamente as normas envolvidas. O sistema era quase indefeso diante de um médico que não tivesse a estima e a confiança de seus colegas e que não seguisse os valores simbólicos do profissionalismo. Diante de um homem que não é tão incompetente nem tão sem ética que justifique uma demissão pura e simples, e que não manifesta nenhuma consideração pela opinião dos colegas, a administração e o grupo de médicos estão totalmente desamparados. Ele não pode ser agradado, humilhado ou insultado e também não pode ser persuadido a corrigir seus procedimentos ou resignar-se: tudo que pode ser feito é confiná-lo e tentar minimizar qualquer estrago que ele possa causar.

## Regulação em outro ambiente de trabalho

Até agora foi apresentado o estudo de um caso particular. Seria ridículo de minha parte caracterizar toda uma profissão e suas diversas práticas com base em um único exemplo. O que mostramos partiu do que é conhecido (e mesmo requisitado), sobre as práticas que encontramos nos hospitais universitários. Goss (1961:39-50; 1963:170-194), em um estudo muito útil sobre estas práticas, estudou o funcionamento de um programa de ensino de um centro médico universitário onde cerca de oitenta médicos trataram anualmente cerca de 12 mil pacientes ambulatoriais e deram orientações clínicas a alunos do quarto ano universitário. Diferindo da clínica analisada anteriormente, neste hospital os médicos estavam organizados claramente de uma forma hierárquica: um diretor, quatro assistentes, médicos clínicos distribuídos por especialidade e estudantes de Medicina.

Goss distinguiu dois tipos de controle exercidos hierarquicamente. Existiam, em primeiro lugar, as denominadas decisões administrativas, que distribuem e fixam o horário de trabalho de cada médico. Por exemplo, a organização de um programa de ensino prevê que alguns instrutores terão de trabalhar com certo número de alunos, por determinadas horas, com certos pacientes, em determinados consultórios. Para falar claramente, o superior determina onde, quando, durante quanto tempo e com quem o médico clínico irá trabalhar. Estas decisões e "ordens" eram aceitas sem questionamento e o direito do superior em estabelecê-las e a obrigação do subordinado em segui-las têm sido geralmente reconhecidos e admitidos. Entretanto, aparentemente não existia um método formal para determinar esta obediência nem penalidades específicas para os que não obedecessem tais "ordens".

Estas "ordens" administrativas estabeleciam a cadência e o ritmo da prática exigida aos clínicos que ensinavam, mas não interfeririam na prática propriamente dita. Um supervisor não tinha o direito de obrigar quem quer que fosse a tratar um paciente de determinada forma. O superior tinha o direito, se não a obrigação, de dar sua opinião sobre a maneira com que um subordinado tratava o paciente pelo qual era responsável. O supervisor tinha formalmente o direito de dar ordens ao subordinado sobre os cuidados oferecidos ao paciente, graças ao fato de "eles serem oficialmente responsáveis pelos cuidados profissionais dados aos pacientes em suas unidades" (GOSS, "Influence and Autority", op. cit.:46). Mas isto acontecia tão raramente, que o uso deste direito chegava a ser atípico. O sistema funcionava, sobretudo, por meio de conselhos em vez de ordens – freqüentemente os conselhos por escrito estavam presos com clipe nos prontuários médicos e raramente estavam escritos no próprio prontuário. Diferindo do conselho dado na prática privada, neste caso, o conselho era dado sem solicitação, mesmo quando o advertido não sentia necessidade dele.

Já que a opinião do superior era vista mais como um conselho do que como uma ordem, não havia obrigação de segui-la. Os médicos clínicos "consideravam que tinham o dever de levar em consideração as sugestões do supervisor sobre o paciente e, neste sentido, eles aceitavam a supervisão. Mas eles também se sentiam obrigados [...] a examinar tais sugestões criticamente e segui-las apenas se parecessem atender ao interesse do paciente de acordo com o próprio julgamento profissional" (ibidem:44). Na verdade, não havia sanções formais para os desobedientes, embora em um tratamento de um caso acompanhado pelo supervisor (talvez quando seu conselho não é seguido), ele pudesse discutir o problema técnico pessoalmente com o médico responsável ou talvez tratar de apresentar e discutir o caso com os estudantes e os professores durante as aulas. Mas uma vez que o médico advertido podia justificar o próprio tratamento do caso referindo-se a técnicas e conhecimentos médicos, nem a punição nem a pressão "educacionais" podiam ser impostas a ele. Sua obrigação é apenas rever seriamente o conselho baseando-se no conhecimento médico, no próprio conhecimento, na experiência clínica do paciente e em suas dificuldades. Como ele é o único responsável pelo resultado do tratamento, sua decisão era soberana contanto que justificasse a rejeição aos conselhos do superior.

Ao compararmos o hospital-escola com a clínica analisada neste capítulo, o que é distinto, no primeiro caso, é a maneira com que os supervisores avaliam o desempenho médico, analisando sistematicamente os prontuários dos doentes e dando conselhos que não foram solicitados. As duas características, eu acredito, são raras na prática médica em geral e refletem os atributos peculiares das instituições de ensino médico: onde os estudantes encontrados, por definição, não estão formados e não trabalham em tempo integral e, por este motivo, devem ser supervisionados e submeter-se à direção. A possibilidade de supervisão é ainda mais acentuada nos hospitais-escola, onde os pacientes, no leito, estão à disposição da observação de qualquer médico ou estudante que trabalha em turnos e, o que é mais importante, onde os pacientes permanecem presentes para serem examinados por outros e não voltam para casa depois da consulta, como é o caso do cuidado ambulatorial. Nestes hospitais, a observação permitida é de primeira mão e não se restringe apenas ao mero estudo dos documentos. Trata-se de uma possibilidade limitada porque mesmo nos hospitais-escola apenas o paciente "público" ou sob custódia é suscetível a ser examinado constantemente pelos estudantes e equipe médica; em alguns hospitais universitários, os pacientes "privados" não são acessíveis. Contudo, as possibilidades de observação e supervisão da prática médica são muito grandes em hospitais e, principalmente, nos hospitais-escola.[7] Como já mencionei anteriormente, os hospitais nos Estados Unidos dispõem de inúmeros mecanismos oficiais para realizar a avaliação dos procedimentos médicos.

Mas nem os médicos que trabalham em clínicas nem os de hospitais-escola são representativos do conjunto de médicos que atuam nos Estados Unidos. A maioria deles passa a maior parte do tempo no próprio consultório particular. Exceto quando indica um paciente a alguém, ou quando algum paciente lhe é indicado, seu trabalho é submetido apenas à observação dos pacientes. Mesmo quando seu trabalho é avaliado por um colega, ele não é obrigado a respondê-lo. Certamente, um conselho não solicitado tende a não ser oferecido, a não ser que seja dado por alguém mais velho com um ímpeto paternal ou que não seja mais competitiva, ou que se queira fazer um insulto a um colega. O conselho não solicitado viola a etiqueta médica. Uma única resposta pode ser dada depois da observação de uma prática considerada inadequada: continuar ou não a encaminhar pacientes. Mas, nos dias de hoje, em que os serviços médicos sofrem uma demanda relativamente forte, este tipo de resposta só tem importância se o médico avaliado tiver alguma estima por seus colegas. Tudo o que um médico pode fazer para evitar trabalhar com outro profissional que não foi bem avaliado por ele é proteger seus

---

7 Existe também uma grande variação entre os hospitais-escola. Ver, por exemplo, KENDALL, P. L. "The Learning Environments of Hospitals". In: FREIDSON, op. cit., p.195-230.

pacientes e sua prática profissional. Na verdade, o médico avaliado pode nem mesmo perceber que está sendo boicotado e, se perceber, não saberá por quê. Como na "prática privada", diferentemente dos médicos de clínicas ou dos hospitais universitários, a cooperação com outros é raramente obrigatória; não existe nada em seu exercício que suscite algo como "falar com" ou "aconselhar" ou exercer uma influência para modificar o desempenho dos colegas. Neste caso, no sistema de consultório particular, onde reina o *laissez faire*, a regulação de comportamentos é menos explícita e sistemática.

## A forma de observação, influência e normas

Este capítulo preocupou-se com a maneira com que o comportamento individual do médico pode ser controlado por seus colegas, ou seja, como a profissão exerce a autodisciplina que prometeu para si. De modo geral, procurei saber, sobretudo, como a organização da prática médica torna *possível* a regulação feita por colegas. A hipótese foi de que a forma de observar o desempenho[8] é um pré-requisito fundamental para toda a regulamentação. É ela que limita o grau em que o trabalho médico pode ser supervisionado e a qualidade das informações que podem ser recolhidas sobre o desempenho profissional. A forma de observar limita o tipo de avaliação que pode ser feita do trabalho. Neste capítulo foi feita uma tentativa de descrever como se exercem os controles, diante da forma em que a observação foi feita.

O material estudado nos apresenta um problema importante a ser compreendido. De modo geral, parece que os controles exercidos foram *menores* do que a quantidade de dados disponíveis pela observação permitia. No grupo da clínica, um médico tinha de ser praticamente forçado a manifestar suas opiniões aos outros. Existiam, em princípio, outras maneiras de controlar além de boicotar ou "falar com", mas não eram utilizadas. Em relação à clínica universitária, um médico podia dar um conselho se fosse superior hierárquico, mas relutava em ir mais longe, mesmo se o conselho não fosse se-

---

8 Para alguns comentários úteis sobre a condição de observação, ver MERTON, R. K. *Social Theory and Social Structure*. Nova York: The Free Press of Glencoe, 1957, p.336-357. E ver COSER, R. L. "Insulation from Observability and Types of Social Conformity". In: *American Sociological Review*, XXVI, 1961, p.28-39.

guido. Na verdade, os limites estruturais do controle impostos pela forma de observação e a dependência de acordo com o local de trabalho não foram suficientes para explicar nem prever os controles que realmente existiram. Em outras palavras, eles não parecem explicar por que existem variações no nível *absoluto* do desempenho. Acredito, entretanto, que o modelo de regulação dos procedimentos que foram descritos sugere fortemente a natureza das variáveis que podem explicar estas variações. Estas variáveis não são estruturais e têm um caráter normativo. Elas surgem durante um processo de trabalho aplicado ou de consulta, como a prática médica. No próximo capítulo, vou discuti-las e, ao fazê-lo, tentarei explicar outros problemas relacionados à auto-regulação profissional.

# CAPÍTULO 8
## A MENTALIDADE CLÍNICA

No capítulo anterior, sugeri que na organização do trabalho médico – sobretudo quando se trata de médicos com alto prestígio e cargos acadêmicos – a regulação do desempenho da atividade de um colega pode parecer mais importante do que de fato é. Afirmei que quando desempenhos profissionais irregulares eram observados, não chamavam necessariamente a atenção, nem sempre eram comunicados a outros colegas e raramente eram sujeitos à regulamentação. Estas descobertas apontam as limitações de uma análise "pura" e formal sobre o tema, seja ela organizacional ou estrutural: ela exige que eu passe a dar atenção às normas e aos valores dos indivíduos que estão trabalhando nesses ambientes, para verificar se tais locais de trabalho permitem que a regulação do comportamento ocorra sempre que possível. Admito que os valores dos participantes desencorajem a auto-regulação. O problema, então, é verificar essas normas médicas que parecem estar diretamente ligadas aos comportamentos que descrevi.

Como já mencionei no Capítulo 4, convencionalmente, a profissão distingue-se das demais ocupações por sua orientação para o serviço. Isto quer dizer que as profissões são supostamente diferenciadas por sua dedicação ao bem-estar da sociedade. Nas palavras de Parsons, o papel da profissão é supostamente "orientado para a coletividade" mais do que "auto-orientado". Parsons também observou outras normas, como as seguintes:

> Como papel ocupacional, o conteúdo técnico é institucionalizado, o que influencia de longe outros elementos que determinam seu status. Torna-se, então, inevitável que tanto a incumbência do papel seja concluída com êxito quanto os

critérios de desempenho, por meio de padrões técnicos de competência, sejam proeminentes. O recrutamento e o contexto no qual se exerce a profissão estão muito separados do status e das solidariedades pessoais. Ela está em consonância com a maior parte dos modelos de ocupações predominantes na nossa sociedade e, além de seus valores *empreendedores*, pode ser qualificada como *universalista, funcionalmente específica e afetivamente neutra.* (PARSONS, 1951:434)

Para dizer as coisas de forma mais simples, é esperado que os médicos sejam recrutados e exerçam a profissão em virtude de suas habilidades e não em função das características atribuídas, que eles confiem mais nos padrões gerais da ciência do que nas particularidades, que seu trabalho se restrinja aos limites de sua competência técnica, que trabalhem objetivamente, sem envolvimento emocional, e, finalmente, coloquem os interesses dos pacientes antes dos seus.

Entretanto, como o próprio Parsons observou, esses atributos não são peculiares aos médicos: são aplicados a todos os assim chamados profissionais, incluindo os que não oferecem seus serviços a uma clientela leiga, como é o caso dos cientistas. Além disso, como Parsons (ibidem:435) observou, muitas destas características não são restritas apenas às profissões. Pode-se argumentar convincentemente que elas são válidas, a princípio, para todas as ocupações que ofereçam um serviço que implique em uma qualificação técnica. Os bombeiros hidráulicos supostamente também são selecionados com base em suas realizações, empregam padrões universais, se mostram funcionais e atuam com neutralidade. E já que se espera que o bombeiro tire proveito de seus serviços (da mesma forma que os médicos podem ser capazes de receber razoável rendimento), o bombeiro, sem ser desonesto, supostamente faz um bom trabalho dentro de limites financeiros que lhe são impostos. Embora não se espere que o bombeiro seja dedicado à humanidade, também não se espera que seja dedicado somente a si próprio.

Ao trazer precisamente o caso dos bombeiros hidráulicos para a discussão é que nos colocamos face a face com as categorias de Parsons, pois os defensores da profissão dirão: "Sim, mas os bombeiros não manifestam *realmente* tais normas, como os profissionais o fazem". A resposta a esta afirmação pode estar na distinção entre a expectativa e o desempenho efetivamente realizado. Parsons não especifica de forma alguma o desempenho real, apenas o esperado. Além disso, tais expectativas são parte de uma categoria muito ampla das normas institucionais, vinculadas às profissões como ocupações organizadas oficialmente. Na organização formal das profissões, elas são, de fato, o segmento normativo que se expressa sob a forma de códigos de ética, declarações públicas de porta-vozes da profissão etc. Elas são distintas, analítica e empiricamente, das normas atuais que regulamentam a atividade profissional dos indivíduos. Tão abstratas como a ética judaico-cristã, elas são pretensões formais e expectativas oficialmente sustentadas, talvez ideais, mas não necessariamente normas operacionais de desempenho. Mesmo que possam explicar adequadamente o desempenho de uma atividade, referindo-se à efetividade na qual o profissional foi "socializado", elas não podem explicar a que tipo especial de comportamento desviante o trabalhador "não socializado" talvez tenha sido submetido. Finalmente, deve ser destacado que as normas ou valores são, em si, tão amplos e gerais (como a ética judaico-cristã) que é bem difícil relacioná-los com o processo de autoregulação. A análise do trabalho médico exige normas mais concretas.

Neste capítulo tentarei verificar quais são as normas que desempenham um papel importante no trabalho dos médicos, particularmente as relacionadas com a reação ao comportamento médico irregular. De acordo com o interesse de minha análise, estarei preocupado com os médicos que dão consulta, ou seja, os médicos clínicos, e não com o pesquisador. Devo, além disso, estar preocupado sobretudo com os médicos clínicos cuja primeira experiência está vinculada a uma prática comunitária de tempo integral. Exclui explicitamente de minhas preocupações aquele tipo de médico e de trabalho que pode ser encontrado em prestigiosas instituições de ensino e pesquisa de Medicina. Em vez disso, concentrei minha análise na ampla maioria de médicos que trabalham em tempo integral na obscuridade da prática cotidiana. Os primeiros são porta-vozes oficiais, líderes e algumas vezes os modelos da profissão. Os outros *são* a profissão. Vou me concentrar neste segundo grupo, nas demandas que o trabalho lhes faz e nas perspectivas específicas que emanam destas demandas. Meu foco será entender como esta perspectiva influencia a maneira com que os processos de controle são exercidos sobre o trabalho médico.

## Responsabilidade profissional

O estudo de Carr-Saunders e Wilson nos oferece um ponto de partida para esta análise. Os autores afirmam que a essência da profissão decorre da aquisição de uma técnica especializada, em resultado de um prolongado período de treinamento; "é isso que permite desenvolver certas atitudes e atividades" (CARR-SAUNDERS & WILSON, 1936:286). A atitude mais importante se manifesta no sentimento de responsabilidade em relação à integridade desta técnica, particularmente na medida em que a prática implica "uma relação direta e pessoal com os clientes" (ibidem:285). A mais importante atividade vinculada a este sentimento de responsabilidade manifesta-se com a institucionalização dos métodos "de obediência aos padrões de conduta" (ibidem:284). Assim, os autores dão grande importância a um sentido especial da responsabilidade relacionado com a integridade da prática e suas conseqüências para o paciente. Pode-se supor que este senso de responsabilidade tenha alguma relação com a orientação do serviço para a coletividade. Mas como tal relação se manifesta?

Carr-Saunders e Wilson destacam que, no caso da Medicina britânica, os poderes disciplinares formais são usados somente para encorajar os médicos a obedecer mais as normas éticas do que os padrões técnicos e que, em todo caso, a expulsão de um dos membros da profissão é rara (ibidem:396-398). Parsons observa que, na Medicina da América do Norte, a disciplina oficial também exerce papel insignificante (PARSONS, op. cit.:472). De maneira mais autorizada, um relatório recente do Conselho Jurídico da Associação Médica Americana (AMA) declarou "que muito raramente um médico diplomado é chamado a dar explicações aos conselhos, às sociedades ou aos colegas" (JUDICIAL COUNCIL OF THE AMA, 1964:1077-1078). O suposto valor de todas as profissões – "senso de responsabilidade" – se exprime plenamente nos padrões de formação e seleção aos exames, sem nenhum mecanismo oficial efetivo que garanta que os padrões sejam mantidos na prática. À primeira vista, este aspecto não parece manifestar um senso de responsabilidade para o conjunto da prática. Entretanto, esses mesmos autores sugerem que, na verdade, a disciplina é realizada em bases mais informais, por meio do boicote de um colega (CARR-SAUNDERS & WILSON, op. cit.:403-404) ou da perda de sua reputação profissional entre os demais colegas (PARSONS, op. cit.: 472). Este controle informal, como analisei no capítulo anterior, não impede que o infrator trabalhe; por outro lado, os médicos que não apóiam sua conduta simplesmente afastam seus pacientes dos infratores e, portanto, não protegem a integridade da prática. Na verdade, devemos elaborar mais detalhadamente o caráter peculiar deste "senso de responsabilidade".

## A natureza do trabalho médico

Carr-Saunders e Wilson explicam tal afrouxamento do sistema de controle em uma profissão ostensivamente responsável pela natureza do trabalho envolvido. Observam que muitas atividades potencialmente perigosas (como a navegação marítima e aérea) exigem, para preservar a segurança pública, que a norma-padrão seja respeitada sem o menor vacilo. A Medicina, por outro lado, não tem uma rotina-padrão, ela exerce um julgamento complexo que exige algumas vezes, em vez de cautela, a coragem de correr riscos. Além disso, um julgamento como este não pode ser objetivo porque depende, pelo menos em parte, de uma opinião: não é razoável criar códigos formais ou regras que coloquem uma opinião, teoria ou escola sobre a outra (CARR-SAUNDERS & WILSON, op. cit.:339-400). Esta explicação parece essencialmente verdadeira, mas falta-lhe detalhamento. Entre todas as profissões estabelecidas, a Medicina baseia-se em um conhecimento científico razoavelmente preciso e detalhado e comporta menos incertezas que muitas outras ocupações técnicas. Existem alguns acertos e erros claros, como o sucesso da negligência ou a má prática sugerem: precauções simples contra infecções ou choque anabolizantes, por exemplo, testes rotineiros de laboratório para queixas específicas e regras básicas sobre a remoção de drenos, esponjas ou utensílios das cavidades do corpo antes de costurar uma incisão. Tais procedimentos de rotina não exigem realmente um julgamento e, por esta razão, não existe explicação possível pela falta de uma disciplina oficial na profissão com referência ao julgamento. Não poderemos negar que haja certa incerteza na prática médica, que ela exija julgamento ou que existam divergências legítimas de opinião; entretanto, a precisão de conhecimentos científicos médicos atuais e a rotina trivial de muitas práticas médicas cotidianas não permitem explicar a perda do caráter beneficente da auto-regulação na Medicina com base na incerteza objetiva e nos conflitos de opinião.

Parece mais plausível dizer, de preferência, que os médicos expressem um *sentimento subjetivo* de incerteza e vulnerabilidade, seja qual for sua base objetiva.[1] Na verdade, eu gostaria de sugerir que este *sentimento subjetivo* seja visto em função da natureza do trabalho prático da Medicina e que ele integre a perspectiva do médico, em vez de considerá-lo um reflexo de uma inadequação científica e tecnológica do conhecimento médico.

O que é o trabalho profissional? É a busca de soluções para os problemas concretos dos indivíduos. Como já mostrei, ele tem um caráter mais aplicado que teórico e é, então, muito diferente do trabalho do cientista. O médico clínico deve, na melhor das hipóteses, usar os princípios gerais para lidar com problemas concretos: o cientista, ao contrário, investiga fenômenos concretos com o objetivo de testar, elaborar ou criar princípios gerais. Na medida em que o médico faz uso da ciência, este uso obedece a uma orientação característica: ele se esforça em *aplicar* mais do que criar ou contribuir para a ciência. Na verdade, como a Medicina busca soluções práticas para problemas concretos, é obrigada a perseverar, mesmo quando lhe falta fundamentação científica para suas atividades. Ela está centrada na intervenção – que ocorre independentemente da existência de conhecimentos confiáveis. O médico fica mais tranqüilo quando faz algo prático, como disse Dowling (1963:233-236); o que ele teme é não fazer nada – e fica então inclinado a usar medicamentos e outros procedimentos além dos indicados pelos padrões acadêmicos (e científicos).[2]

Além disso, a prática médica está preocupada, sobretudo, com os problemas dos *indivíduos* e menos com os problemas dos grupos ou unidades estatísticas. Essas probabilidades servem apenas de guia para determinar se o paciente tem ou não uma doença. Assim, mesmo que exista conhecimento científico geral disponível, o simples fato de existir uma variação individual coloca constantemente um problema de estimativa que torna necessário o exame pessoal e direto de cada caso individual, dificultando que o médico se apóie exclusivamente em uma base científica abstrata e formal.

---

1 Davis observou que, em algumas circunstâncias, os médicos podem manifestar deliberadamente sua insegurança aos pacientes com o objetivo de minimizar os próprios problemas de "gestão". Ver DAVIS, F. "Uncertainty in Medical Prognosis, Clinical and Functional". In: *American Journal of Sociology*, LXVI, 1960, p.41-47.
2 Como um cirurgião russo colocou, "ninguém pode esperar até que a Medicina se torne exata e sem erros". AMOSOFF, N. *The Open Heart*. Nova York: Simon and Schuster, 1966, p.44.

Deve ser observado que estes comentários, pensados de uma forma um pouco diferente, retomam as idéias discutidas por Parsons e Carr-Saunders e Wilson sobre a importância dos riscos assumidos durante uma intervenção e sobre a necessidade de julgamento. Mas a quantidade de riscos e de julgamentos qualificados pode variar enormemente. Uma coisa nunca varia: o trabalho é aplicado e envolve a intervenção do médico, qualquer que seja o conhecimento correspondente disponível, e concentra-se na experiência direta do casos individuais, ainda que não variem muito. Estes fatores, que caracterizam o trabalho cotidiano do médico, são, no meu entender, responsáveis pelo desenvolvimento de normas e atitudes que encorajam um sentido de responsabilidade muito particular e especial. Em poucas palavras, eles encorajam o médico a enfatizar sua responsabilidade *pessoal* em detrimento de uma responsabilidade geral ou coletiva, que tem como conseqüência o pequeno esforço exercido para respeitar as normas profissionais de eficiência. Esta situação conduz, ao mesmo tempo, à valorização das experiências clínicas diretas em detrimento das leis científicas ou regras gerais, que têm como conseqüência a enorme aceitação de diferentes opiniões e que sustentam a resistência bem intencionada para deixar uma prática própria diante da reprovação de colegas. Estas duas ênfases ocupam lugar entre as possibilidades teóricas de regulamentação profissional e a forma de regulamentação existente na prática. Elas parecem estar na origem das normas que desencorajam um controle geral do conjunto da categoria sobre o comportamento individual dos médicos. Como acredito que tais valorizações estejam sustentadas e reforçadas, sobretudo, na experiência cotidiana do trabalho médico, existem algumas evidências de que os estudantes de Medicina são levados a ter contato com estes valores antes mesmo de começarem a prática profissional.

## Responsabilidade médica e experiência clínica dos estudantes

Becker e colaboradores (1961), em estudo sobre os estudantes da Escola de Medicina da Universidade de Kansas nos anos 50, descobriram que os esforços deles eram medidos e orientados por duas normas cruciais: a responsabilidade e a experiência. Durante os anos dedicados à formação universitária, os estudantes eram obrigados a seguir um detalhado e variado programa de disciplinas. E tinham um problema a resolver: deviam decidir o que era importante memorizar, praticar ou a que se dedicar; e o que devia ser ignorado. Becker e colaboradores argumentam persuasivamente que os estudantes resolviam este problema adaptando às próprias necessidades dois valores que a equipe de professores da escola de Medicina não cansava de enfatizar: a *responsabilidade médica* e a *experiência clínica*.

Basicamente, o termo "responsabilidade" refere-se à "característica-padrão da prática médica: o médico tem em suas mãos o destino de seu paciente. A vida e a morte do paciente dependem do médico. A responsabilidade médica é a responsabilidade pelo bem-estar do paciente. O exercício da responsabilidade médica é visto como a ação essencial e decisiva da prática médica. O médico é mais médico quando exerce esta responsabilidade" (ibidem:224). Esta responsabilidade é *pessoal* e *direta* na medida em que é feita pelo médico que está trabalhando diretamente com o paciente. Conseqüentemente, esta condição leva o médico a ser culpado pelos maus resultados. Os professores incutiam esta idéia em seus estudantes de diferentes maneiras, particularmente em aulas informais em que abordavam o tema "entrar em um problema" (colocando o bem-estar do paciente em risco) por deixar de tomar as precauções ou procedimentos necessários ou qualquer outra ação. Outro procedimento pedagógico utilizado pelos professores consistia em imaginar um caso de urgência para perguntar ao estudante como ele iria proceder. Além disso, este mesmo método também era evidente na organização do hospital universitário, onde a hierarquia entre estudantes calouros e veteranos, internos, residentes, professores jovens e seniores podia ser vista por meio das diferenças de responsabilidade. Os membros do nível mais baixo da hierarquia estavam restritos às responsabilidades de rotina, ao passo que os que estavam no nível mais elevado eram responsáveis pelos procedimentos mais complicados e perigosos. Na verdade, os estudantes dos primeiros dois anos (pré-clínicos) da escola de Medicina eram dificilmente autorizados a assumir até mesmo as responsabilidades rotineiras; esta era uma das razões por que eles não consideravam esse período relevante para a prática médica.

"Experiência clínica" se refere à "experiência real adquirida ao lidar com os pacientes e as doenças... [que] pode chegar a substituir um saber cientificamente verificado, pode ser usado para legitimar a escolha dos procedimentos de tratamento de pacientes e pode até mesmo eliminar outros procedimentos estabelecidos pela ciência" (ibidem:225). Em parte, esta idéia se fundamenta no fato de que mesmo a Medicina contemporânea ainda requer o uso direto de diversos sentidos dos médicos para a realização de um diagnóstico, o que, de acordo com a natureza do caso, só pode ser ensinado por meio da prática direta. A idéia parece também depender, em parte, da inadequação do "saber livresco" e do conhecimento científico diante das contingências práticas e da complexidade do caso individual. Seja qual for sua fonte, o estudante de Medicina da Universidade de Kansas é formado respeitando a primazia da experiência. A resposta de um aluno a uma pergunta feita por um professor com base no que ele leu em um livro ou em um artigo pode ser rejeitada pelo simples fato de seu professor nunca ter encontrado um caso como aquele ao longo da carreira. Na verdade, "o argumento baseado na experiência era comumente utilizado e considerado irrefutável... O único contra-argumento que pode prevalecer é... que alguém possa reivindicar maior experiência na área em questão" (ibidem:234). Além disso, a hierarquia na escola pode ser grosseiramente diferenciada com base na maior ou menor experiência prática de que o médico disponha, o que garante a regra da senioridade, tão importante para a Medicina.

Este estudo feito na Universidade de Kansas apresentou a idéia de que a experiência clínica organiza a escolha dos estudantes na medida em que eles dedicam o máximo de seus esforços ao acúmulo de experiências práticas, em detrimento dos conhecimentos abstratos. Assim, os estudantes não levam em conta a maioria dos trabalhos de base científica porque estes deixam de prover a experiência clínica que julgam indispensável para seu futuro prático. Os estágios que permitem adquirir tal experiência clínica, diretamente ou por meio dos instrutores, são muito procurados. Os instrutores não são avaliados apenas pelo fato de ensinarem, durante o atendimento ao paciente, algo suficientemente concreto para ser memorizado, mas também por deixarem escapar algumas informações práticas preciosas.

Cursos e tarefas foram também julgados a partir do critério da responsabilidade médica. A obtenção de certa responsabilidade por um estudante refletia a avaliação positiva de suas capacidades pelos superiores. Esta responsabilidade aumentava durante seus estudos na medida em que ele cuidava de pacientes e executava tarefas diagnósticas e terapêuticas menores. Mas o estudante ficava irritado e deprimido pela negação da responsabilidade. E como a idéia da responsabilidade é relativa pela própria natureza, o que foi recebido ontem com prazer, poderia ser rejeitado amanhã como sendo insignificante. Por exemplo, o cateterismo, a punção lombar e os exames pélvicos, quando divididos cuidadosamente, podiam parecer atraentes e inicialmente foram recebidos ansiosamente, mas, aos poucos, foram sendo vistos como meras atividades triviais. Depois de algum tempo, fazer o exame pélvico ou retal parecia tedioso e desagradável – uma maneira ruim de passar a tarde. Hoje em dia, os médicos evitam as tarefas que não envolvam nenhuma responsabilidade, como fazer contagem sangüínea e exame de urina. A faculdade, é claro, defende que o estudante do último ano ou mesmo da pós-graduação ainda não está pronto para assumir algumas responsabilidades. O estudante, no entanto, defende que irá adquirir melhor experiência sob a supervisão de um professor do que se o fizer por conta própria.

O estudo de Becker e colaboradores trata apenas de uma escola de Medicina. Além disso, a escola de Kansas, naquele tempo, não tinha nenhuma vocação pedagógica nem enfatizava as carreiras de pesquisa, como acontecia em outras escolas de Medicina.[3] Por esta razão não podemos considerar que os valores encontrados por estes autores sejam comuns em todas as escolas de Medicina dos Estados Unidos. Contudo, naquele tempo, esta escola de Medicina enfatizava a formação prática para atender às necessidades das áreas rurais; e muitos estudantes pensavam em ser médicos nestas regiões. Não temos muitas razões para acreditar na suposição de que os estudantes adotem os valores de seus professores, ou que possam cuidadosamente prever as demandas de trabalho depois da formatura. Mas é certo que os valores particulares percebidos entre os estudantes de Kansas se encaixam na natureza da prática cotidiana e, quando acompanhados de outras concepções de dignidade e independência profissionais, permitem avançar na explicação das normas que regulamentam o trabalho médico, particularmente as que

---

3 Para uma discussão sobre como as escolas de Medicina variam nos Estados Unidos, ver SANAZARO, P. J. "Research in Medical Education: Exploratory Analysis of a Blackbox". In: *Annals of the New York Academy of Sciences*, CXXVIII, 1965, p.519-531. Para estudos sobre as escolas médicas mais bem orientadas academicamente, ver MERTON, R. K. et al. (eds.). *The Student Physician*. Cambridge: Harvard University Press, 1957. Para uma revisão dos estudos sociológicos sobre a educação médica, ver BLOOM, S. W. "The Sociology of Medical Education, Some Comments on the State of a Field". In: *The Milbank Memorial Fund Quarterly*, XLIII, 1956, p.143-184.

governavam o processo de auto-regulação. Como mostrarei a seguir, nem todos os médicos atribuíam a mesma importância a essas normas, pois nem todos exerciam o mesmo trabalho com as mesmas demandas.

## A mentalidade clínica

De maneira geral, acho que se pode dizer que o médico clínico tem uma visão diferente do médico que é pesquisador em relação ao trabalho. Na verdade, ele tem uma maneira diferente de ver o mundo. Em primeiro lugar, seu objetivo não é o conhecimento, mas a *ação*. Ele prefere a ação que obtenha sucesso. Em todo o caso, prefere uma ação com pouca chance de sucesso do que não fazer nada. Existe a tendência de o médico clínico fazer da ação um fim em si só, partindo da concepção espúria de que é melhor fazer algo do que não fazer nada. Esta predileção pela ação, como já observei, parece sustentar o hábito de fazer prescrição dos médicos clínicos. Em segundo lugar, o médico clínico, em sua prática, tende a *acreditar no que está fazendo* – acredita que sua intervenção faz mais bem do que mal e que, assim, estabelece a diferença entre o sucesso e o fracasso. Ele mesmo reage como se estivesse diante de um placebo: desenvolvendo confiança em seus remédios para então modificar seu comportamento em relação ao paciente (SHAPIRO, 1964:73-88).[4] Na medida em que o trabalho resolve uma série de problemas concretos e individuais, tanto o sucesso quanto sua causa freqüentemente são ambíguos. Uma vez comprometido com a ação e a solução prática e diante da ambigüidade, o médico clínico tende a manifestar certa vontade de acreditar mais no valor de suas ações do que em manifestar indiferença cética em relação a elas. (Como um psiquiatra de hoje em dia poderia trabalhar se realmente acreditasse nos meticulosos estudos que enfatizam a desconfiança no diagnóstico e a impossibilidade de demonstrar o sucesso em psiquiatria? E como os médicos poderiam trabalhar há um, dois ou três séculos?) Em terceiro lugar, seja por sua orientação para a ação, seja devido à complexidade e à variedade da realidade concreta, o médico clínico é claramente um *pragmático* rude. Ele está mais propenso a confiar nos "resultados" aparentes do

---

4  Ver o Capítulo 12 deste livro.

que na teoria; e prefere fazer remendos experimentais quando não consegue obter os "resultados" pelos meios convencionais. Em quarto lugar, ele tende a confiar mais em sua *experiência pessoal direta*, acumulada ao longo dos anos, do que em princípios abstratos ou em "saberes livrescos", particularmente quando se trata dos aspectos do trabalho que não são rotineiros. Como observaram Sharaf e Levinson (1964:141), a formação dos psiquiatras enfatiza "os perigos de 'intelectualizar' e 'aprender com os livros'. O valor mais alto está colocado na experiência emocional, no alargamento do alcance das 'respostas instintivas' como uma maneira de entender o que está acontecendo consigo e com o paciente".[5] Isso representa certo subjetivismo em sua abordagem. E, finalmente, o clínico é muito inclinado a enfatizar a idéia de *indeterminação* e *incerteza*, afastando-se do que é regular, lícito ou compatível com o comportamento científico. Se esta idéia é responsável ou não por suas deficiências atuais em certos domínios do conhecimento ou da técnica, ela confere ao médico uma base psicológica a partir da qual justifica sua ênfase no pragmatismo e na experiência própria.

O médico clínico é bem diferente do cientista por seu compromisso com a ação, por sua convicção, pragmatismo, subjetivismo e ênfase na indeterminação. Aquele cujo trabalho requer a aplicação prática para casos concretos simplesmente não pode manter a mesma estrutura de pensamento que um professor acadêmico ou um cientista: ele não pode suspender a ação, mesmo com a ausência de provas irrefutáveis, ou ser cético consigo mesmo, com sua experiência e com seu trabalho e resultados. Nos casos de urgência, não pode esperar as descobertas do futuro. Ao lidar com casos individuais, o médico clínico não pode confiar apenas nas probabilidades ou nos princípios e conceitos gerais: ele deve confiar também em seu bom senso. Dada a natureza de seu trabalho, o médico clínico deve assumir responsabilidade por sua ação prática. Para agir desta forma, deve confiar em sua experiência clínica concreta. Contrariando Parsons, eu diria que o médico clínico é particularista e *não* universalista.

---

5 Ver também a discussão sobre a descoberta que os clínicos gerais estavam impacientes com os aspectos teóricos da Medicina em PETERSON, O. L. et al. "An Analytical Study of North Carolina General Practice, 1953-1954". In: *Journal of Medical Education*, XXXI, 1956, Parte II, p.89-90.

A responsabilidade assumida ao realizar ações práticas leva o médico clínico também a ter um grau de vulnerabilidade, pois, na medida em que pode receber a gratidão por causa de um trabalho milagroso, pode também ganhar a reprovação por ser um homem que não consegue fazer milagres. A responsabilidade que assume ao realizar ações virtuais e práticas força-o também a correr riscos e estar sempre vulnerável a uma reprovação legal ou de outro tipo. Parece natural que o médico clínico sinta certa honra e orgulho de assumir estas responsabilidades, se coloque na defensiva e sinta um pouco de paranóia diante do risco de reprovação. Esta mistura de superioridade e paranóia é muito próxima da reação dos políticos diante dos intelectuais "de gabinete" e de um homem de negócios "que nunca teve de se preocupar com uma folha de pagamento"; em pouca palavras, é a reação dos homens engajados com a prática. A autoridade profissional oscila como o poder econômico ou político entre a glória e a ruína; e se ela está propensa a reivindicar sua glória é devido mais ao risco que correu do que por sua realização.

A confiança dada à experiência clínica pessoal, obtida a partir dos casos individuais e concretos, tem um peso tão grande que o médico clínico acaba confiando essencialmente na autoridade de seus sentidos, independentemente da autoridade geral da tradição ou da ciência. Em último caso, ele atua baseando-se apenas na própria experiência; e se esta atividade parece obter resultados, ou se pelo menos não obtém resultados inconvenientes, ele dificilmente muda seus procedimentos com base em considerações estatísticas ou abstratas. Ele parece precisar ver ou sentir o caso em si. Como Coleman e colaboradores (1966:32) indicaram no estudo sobre prescrição de medicamentos, o médico clínico experimenta um novo medicamento em seu paciente sem levar em consideração a opinião de outras pessoas sobre ele. Todas estas razões, associadas ao afrouxamento do sistema de "disciplina", permitem que muitas práticas ineficazes e insidiosas continuem existindo entre os médicos clínicos.

Então, um particularismo perfeito, um tipo de individualismo ontológico e epistemológico caracteriza os médicos clínicos. Isso pode ser explicado em parte porque ele está tão absorvido e isolado em seu trabalho que é provável que passe a ver e avaliar o mundo mais em relação às próprias experiências do que em termos do que as autoridades lhe dizem. Como Marmor (1953:371) afirmou: sua "incapacidade de observar diretamente as técnicas dos colegas pode, com o tempo, levá-lo a superestimar as virtudes de sua maneira de proceder e suas habilidades particulares, desvalorizando as dos colegas". Na verdade, o médico clínico está tão impressionado com a perplexidade de seus clientes e com sua aparente capacidade de lidar com tais perplexidades que acaba por se considerar não apenas especialista em problemas, para os quais foi formado, mas em todos os problemas humanos. Como muitos grupos ocupacionais que lidam com o lado desagradável da vida – zeladores, policiais, prostitutas, motoristas de táxi, *barman* –, ele tende a acreditar que seu trabalho permite que perceba melhor a vida e a natureza humanas.[6] Mas, diferindo de muitos outros trabalhadores, a confiança que ele deposita neste tipo de sabedoria difusa é fortemente reforçada pela maneira respeitosa com que sua opinião é recebida pelo mundo leigo, que não discrimina o que é do que não é decorrente de sua formação profissional. Assim, contrariando mais uma vez a explicação de Parsons, existe uma tendência de o médico clínico estender sua autoridade para além do aspecto puramente funcional.

O particularismo e a subjetividade moral, característicos do trabalho clínico do médico, não devem significar que ele seja irracional. Boa parte das atividades médicas pode ser representada pelo processo do diagnóstico diferencial: uma série de diagnósticos, em forma de hipótese, é testada com os sinais e sintomas disponíveis. A racionalidade é um atributo importante para o médico de hoje como era no tempo hipocrático, na Grécia antiga. A racionalidade é particular e técnica. É um método de classificação de uma enorme massa de detalhes confrontados com um caso individual. A diferença entre a racionalidade clínica e a científica é que a primeira não é uma ferramenta para a exploração ou a descoberta de princípios gerais, como o é a segunda, mas apenas uma ferramenta para classificar interconexões entre os fatos e perceber as hipóteses. Os "princípios" são construídos ao longo da prática clínica, mas existem generalizações a partir das experiências clínicas. Generalizações estas que, cabe lembrar, partem sistematicamente de experiências pessoais tendenciosas. Como Oken (1961:1120-1128) afirmou: a "experiência clínica" é freqüentemente uma mitologia pessoal baseada em um ou dois incidentes, ou em histórias de colegas.

---

6 Encontra-se ocasionalmente desenvolvido o mito de que os médicos são mais bem preparados para serem escritores criativos de romance devido à sua "conhecida percepção do ser humano." Por exemplo, JONES, C. E. "Tobias Smollett (1721-1771) – The Doctor as Man of Letters". In: *Journal of the History of Medicine and Allied Sciences*, XII, 1957, p.337-348.

O resultado desta análise sobre mentalidade clínica é que o individualismo é o elemento dominante na atitude e no comportamento do médico clínico. Cada homem constrói o próprio universo de experiências clínicas e assume pessoalmente a responsabilidade pela maneira de lidar com seus casos naquele universo. A natureza deste mundo tende a ser autovalidada e autoconfirmada, graças apenas à indeterminação do papel do conhecimento científico (o que é geralmente admitido e compartilhado) e à diminuição da importância da opinião dos colegas. Isto não quer dizer que este conhecimento e opiniões não sejam usados, mas que pensar apenas em termos dos casos únicos e individuais enfatiza a prova mais a partir do aspecto particular do que do geral. Certo individualismo, entretanto, brota da natureza do trabalho clínico, que é reforçado por elementos sociais que têm pouco a ver com o trabalho em si.

## Valores e status profissional

"Clínico" e "prático" são palavras que se referem aos médicos de consulta cujo trabalho requer aplicação de um conhecimento válido para a solução de problemas concretos: são palavras neutras que enfatizam o que é tecnicamente especial sobre o trabalho. "Profissional", por outro lado, não é uma palavra neutra. Ela se refere a um tipo especial de trabalho complexo e também indica uma ocupação com alto prestígio. Então, como "clínico" e "prático" podem denotar um puro *situs* – uma posição técnica especial na divisão do trabalho, sem implicações hierárquicas –, "profissional" combina *situs* com status.[7] Parte do desempenho profissional e da ideologia que o envolvem são concretizações históricas do status de uma profissão e das origens sociais dos que a exercem. Predominantes da burguesia, o que a profissão enfatiza é sua independência, seu individualismo social e econômico, sua dignidade de classe e seu status.

Em todo o mundo ocidental, o médico parece ser recrutado predominantemente nas famílias de classe média. Isso não parece menos verdade em

---

7 *Situs* e *Status*. Freidson usou no original estas expressões em latim, mas não as colocou em itálico. (N.T.)

políticas econômicas como a da União Soviética,[8] ou em nações como a França (REYNAUD & TOURAINE, 1956:124-148) e os Estados Unidos (ADAMS, 1953:404-409).[9] Em um estudo feito em 1960 com mil estudantes de graduação das 25 escolas de Medicina dos Estados Unidos, selecionados ocasionalmente, descobriu-se que 56% eram filhos de profissionais liberais, dirigentes de empresa ou proprietários (SCHUMACHER, 1961:401).

Materiais dispersos em estudos realizados nos Estados Unidos sugerem alguns componentes ideológicos do status profissional do médico. Um estudo razoavelmente extensivo sobre a escolha ocupacional de estudantes no primeiro ano universitário mostrou que futuros médicos, como as futuras assistentes sociais, deram grande valor à "oportunidade de trabalhar com pessoas mais do que com coisas" e à "oportunidade de ajudar os outros". Entretanto, os futuros médicos eram mais parecidos com os futuros advogados e empresários, e menos parecidos com as assistentes sociais, ao enfatizar o desejo de ganhar muito dinheiro e obter status social e prestígio. Os futuros médicos, assim como os futuros empresários e outras profissões práticas clínicas como o serviço social e o direito, diferem dos futuros cientistas, pois não dão grande importância à oportunidade de ser criativo e original ou "de usar suas habilidades e atitudes especiais" (DAVIS, op. cit.).[10] Os futuros médicos também são relativamente céticos quanto à confiança que se deve ter com as pessoas (ROSENBERG, 1957:10-35). Existe, portanto, uma curiosa ambivalência ideológica no futuro médico: ele tende a assumir uma orientação para o serviço, desejando ajudar as pessoas, mas, ao mesmo tempo, também quer prestígio e dinheiro. O primeiro desejo é considerado característico do profissional, ao passo que o segundo é tido como típico do empresário. No entanto, ambos estão presentes nos atuais e futuros médicos. E, comparados às futuras assistentes sociais, a "orientação para o serviço" dos futuros médicos era mais fraca. Um estudo comparativo mais re-

---

8 Ver os comentários sobre as origens burguesas dos médicos soviéticos em FIELD, M. G. *Doctor and Patient in Soviet Russia*. Cambridge: Harvard University Press, 1957.

9 O argumento de Adams é que os grupos socioeconômicos menos favorecidos têm fornecido mais médicos ao mercado de trabalho que no passado, mas seus números mostram, entretanto, a predominância de pessoas da classe média. Cf. DAVIS, J. A. *Undergraduate Career Decisions*. Chicago: Aldine Publishing Co., 1965, p.12.

10 O autor também encontrou menor ênfase comparativa em "ser original e criativo".

cente entre um grupo de estudantes universitários do sexo masculino e calouros de Medicina mostrou que os últimos tinham maiores interesses teóricos e estéticos do que interesses econômicos, sociais, políticos e religiosos (HUTCHINS, 1964:265-277).[11] Sem entrar no mérito dos subgrupos que aspiram a posições específicas, é difícil tirar outras conclusões com os dados de que dispomos, mas eles parecem revelar que existe um interesse crescente dos estudantes que estão entrando na faculdade de Medicina para a área científica e que, de novo, há pouca evidência de que eles tenham forte orientação para o serviço, como pode ser observado naqueles que aspiram outras ocupações.

Além das comparações entre estudantes de diversas áreas, que são essenciais para conhecer adequadamente as características da Medicina em si, vários estudos sobre os estudantes de Medicina nos têm mostrado aspectos importantes sobre eles. O estudo de Cahalan e colaboradores (1957:558), por exemplo, baseou-se em uma amostra estratificada de forma ocasional de estudantes de Medicina do sexo masculino e descobriu que "ajudar os outros, estar a serviço, ser útil" e "trabalhar e lidar com pessoas" foram valores importantes, assim como foi valorizada a posição do médico clínico que trabalha lidando diretamente com o paciente em oposição ao trabalho "médico que não requer contato direto com o paciente". A "estimulação intelectual" foi pouco enfatizada como uma fonte importante de satisfação durante a carreira, entretanto, ela desempenha um papel mais importante na escolha que um especialista faz por seu trabalho do que na opção do clínico geral. E, finalmente, 30% dos estudantes interrogados afirmaram especificamente que "uma das coisas que eles mais esperam ao se tornar um médico é ter segurança econômica com retorno financeiro" (ibidem:560). Esta porcentagem parece significativa, pois a questão não se refere simplesmente ao dinheiro como um benefício marginal ou correlato de ser médico, mas, sobretudo, como uma das coisas que o médico mais almeja em sua carreira.

Os dados foram confirmados em estudos recentes. O de Phillips, que trabalhou com 2.674 estudantes em uma amostra de oito escolas de Medicina, mostra que 43% dos estudantes valorizam a relação direta com os pa-

---

11 Entretanto, Davis (op. cit.) descobriu que os estudantes que escolheram a graduação de Medicina enfatizaram mais a importância de "trabalhar com as pessoas" do que os que escolheram outras ocupações.

cientes, 27% enfatizam o ensino e 24%, a pesquisa; e os índices atingidos pelos outros valores foram ainda menores. Mas os futuros médicos clínicos e especialistas não têm os mesmos interesses: os clínicos valorizam, sobretudo, o contato direto com o paciente e o serviço oferecido às coletividades; os especialistas se preocupam mais com a atividade intelectual e com o retorno financeiro de seu trabalho (PHILLIPS, 1964:151-160). Schumacher mostrou mais ou menos as mesmas diferenças (apesar de não serem muito consistentes) entre as preferências dadas por uma e outra especialidade. Ele enfatizou, entretanto, as diferenças entre os médicos que planejam trabalhar em tempo integral, clínicos ou especialistas, e os que planejam trabalhar com pacientes apenas meio expediente e na outra parte do dia dedicam-se ao ensino e à pesquisa. Estes últimos valorizam a descoberta científica e interessam-se pelo bem-estar social; os primeiros valorizam o conhecimento obtido com a prática e as recompensas econômicas (SCHUMACHER, 1963:932-942; 1964:278-288). Os últimos são os que, obviamente, se dedicam integralmente ao trabalho clínico que discuti neste capítulo.

Deve ser observado que os estudos que utilizei anteriormente foram apenas sobre estudantes ou futuros estudantes de Medicina e não sobre médicos clínicos em atividade. Não podemos, portanto, confiar plenamente no potencial destes dados em prever as características dos médicos clínicos. Como já notei, deviam ser incluídos alguns traços como o "cinismo" e a qualidade do desempenho médico, que devem mudar muito quando o estudante está engajado e comprometido com o trabalho médico. Infelizmente, foram feitos poucos estudos sobre a prática dos médicos clínicos. Ainda mais infeliz foi um estudo recente sobre médicos clínicos feito nos arredores de Cleveland, Ohio, em que as descobertas foram apresentadas de maneira fatorial, o que torna difícil determinar a distribuição dos valores entre os médicos que participaram da pesquisa (FORD et al., 1967). Mas, para os valores que nos preocupam, entretanto, foram descobertos fatores que enfatizam mais a relação individual com o paciente do que "a relação com a humanidade" (ibidem:78), a responsabilidade pessoal e o "moderado individualismo" (ibidem:141-143). Em relação à valorização das vantagens financeiras, os autores, ao subestimar sua importância, observam que "o dinheiro, evidentemente, é significativo para o médico, pois é um símbolo de reconhecimento e status, e ele fica muito preocupado quando não o alcança!" (ibidem:110)[12] Podemos, então, suspeitar que o dinheiro é avaliado da mesma forma pelo médico como o é por qualquer outra pessoa.

Outro valor deve ser observado, que se relaciona com os anteriores, mas destaca especificamente a dimensão empresarial como um dos valores dos médicos. Cahalan (op. cit.:558) mostrou que sete entre oito estudantes preferem o sistema de pagamento em troca de serviço ou a prática voluntária não assalariada. Entre os que preferem a prática individual, com ou sem as facilidades da associação com outros médicos, 62% justificam sua opção pelo desejo que cada um tem "de ser seu próprio patrão".[13] Este desejo parece evidente nos Estados Unidos, onde a ênfase é colocada na independência e na autodeterminação. Este valor parece estender-se também à parte estável da classe trabalhadora, em que muitos membros aspiram deixar a condição assalariada para serem donos de seu pequeno negócio, onde serão os patrões (MORE & KOHN JUNIOR, 1960:48-53).[14] Parece quase impossível falar mais alguma coisa sobre a ênfase e as preferências econômicas dos médicos dos Estados Unidos por negócios pequenos e próprios, sem nos referirmos aos valores burgueses de independência que são muito diferentes, se não incompatíveis, com as exigências técnicas da prática médica. Esta valorização extrema da independência expressa, ao mesmo tempo, a ideologia do empreendedor e do profissional liberal, na qual se combinam de forma indiferenciada as noções de liberdade econômica e de autonomia técnica e intelectual.

Um estudo feito no Estado da Carolina do Norte, nos Estados Unidos, sobre a escolha da especialidade oferece algumas informações sobre as atitudes dos estudantes de Medicina em relação à "independência". Foi descoberto que 28% deles preferem uma carreira que ofereça muita independência e pouco dinheiro do que uma que ofereça muito dinheiro, mas pouca independência, 17% preferem o contrário e o restante adotou uma posição intermediária. Ao tabular as preferências por estes e outros valores, os autores (COKER JUNIOR et. al., 1966:170-175) encontraram cinco conjun-

---

12 O ponto de exclamação foi acrescentado por Freidson.
13 Deve-se notar que valorizar um trabalho "que me deixa relativamente livre da supervisão de outros" era uma das dimensões obtidas pelo estudo de Rosenberg, mas, infelizmente, o cruzamento de dados não foi publicado.
14 A "autonomia" foi muito enfatizada nas descobertas sobre odontologia.

tos de escolha, três dos quais a independência ocupou um papel destacado.[15] Neste estudo, em razão de seu objetivo e método, a independência e o dinheiro foram colocados como se fossem dois valores opostos: o entrevistado era obrigado a escolher um dos dois. Assim, uma exata inter-relação entre os dois valores não pôde ser obtida neste estudo. Isso também pode ser mencionado sobre o estudo dos médicos do Estado de Ohio, nos Estados Unidos: os valores da autonomia e independência figuraram nas respostas dos médicos de tal maneira que fica difícil avaliar (FORD, op. cit.:96-111). E o programa de estudos da Associação de Escolas de Medicina dos Estados Unidos indicou que, ao passo que os estudantes de escolas de Medicina academicamente bem orientadas colocam a independência no quinto lugar entre as melhores razões para ser médico, os de escolas que exercem uma atividade em tempo integral assim que se formam colocam a independência em segundo lugar, empatada com a ajuda a outras pessoas.[16] Finalmente, deve ser observado que Davis (op. cit.:222-224) menciona que o desejo de "trabalhar em liberdade sem ser supervisionado" se encontra associado a dois outros desejos, *ambos* com a mesma importância: "ter a oportunidade para ser criativo e original" e "ganhar muito dinheiro". O desejo pela independência e autonomia é, obviamente, um fenômeno complexo que requer uma análise consideravelmente mais detalhada do que as de que dispomos.

Para resumir estes dados sobre os valores dos médicos, podemos dizer em primeiro lugar que, se a orientação para o serviço da coletividade integra o conjunto de valores que orientam a prática médica, ela não parece ser o valor proeminente entre os demais. Além disso, este valor está voltado mais para o auxílio aos indivíduos do que para ajudar a sociedade ou humanidade. Em segundo lugar, os médicos, de alguma forma, investem intelectualmente em seu trabalho, mas os médicos clínicos, que trabalham em tempo integral, privilegiam mais o conhecimento prático e a ação. Em terceiro lu-

---

15 Infelizmente, nem todos os resultados encontrados foram publicados, de forma que a importância dada por todos ao valor da independência não aparece claramente. Nos três conjuntos em que a "independência" estava em primeiro lugar, ela foi escolhida mais do que a média dos casos. Mas como esta média não foi especificada, pode ser que o valor da "independência" tenha sido quantitativamente importante em todos os casos, mesmo naqueles em que foi escolhida *menos* freqüentemente que a média.

16 Comunicação pessoal com Paul J. Sanazaro em 21 de novembro de 1966.

gar, os médicos enfatizam o valor do dinheiro e do prestígio decorrentes de seu trabalho. Finalmente, os médicos de tempo integral, mais do que outros, enfatizam o valor da independência e da autonomia. Estes valores, eu acredito, estão relacionados mais com a origem social dos médicos do que com seu trabalho, ambos refletindo os valores de sua origem burguesa e o objetivo especial de sua escolha por tal carreira. O trabalho da Medicina é outra coisa. Ao ser aplicado, envolvendo a intervenção ativa em casos individuais, ele permite criar uma estrutura especial de pensamento orientada em direção à ação para o próprio bem, ação baseada em um pragmatismo radical. Este tipo de ação baseia-se na experiência direta e é sustentada ao mesmo tempo pela crença no valor de suas ações e pela certeza da inadequação do conhecimento geral para lidar com os casos individuais. Creio que estes dois conjuntos de valores, um vinculado à origem socioeconômica e à aspiração e outro às demandas do trabalho em si, juntos, permitem-nos compreender a resposta dos médicos clínicos ao olhar crítico dos outros em relação a seu desempenho no trabalho. A avaliação crítica de outros é, antes de qualquer coisa, o primeiro passo para a regulação do desempenho.

## A questão da crítica

As atitudes do médico são marcadas por uma profunda ambivalência. Por um lado, ele tem um senso de incerteza e vulnerabilidade maior que o normal; por outro, tem o senso de virtude e orgulho, se não de superioridade. Esta ambivalência é expressa pela suscetibilidade à crítica de outros. Na maioria dos casos, o médico está propenso a sentir que está acima de qualquer reprovação, que fez o melhor e que não pode ser responsabilizado por resultados desagradáveis. Os comentários feitos freqüentemente são: "Poderia ter acontecido com qualquer um!" ou "Como eu poderia saber?" Em alguns poucos casos, ele pessoalmente assume o erro; ele se autopune por isso, mas, mesmo assim, acha que seus erros são desculpáveis de alguma maneira – "não tive sorte" ou "apenas um daqueles momentos". A autocrítica é mais observável do que outras formas de crítica, pois é freqüentemente verbalizada para angariar a confiança dos colegas. Admitir um erro perante colegas que não vão criticá-lo leva o médico a ter o benefício catártico da confissão como penitência.

Se a autocrítica é aceitável, a crítica de outros não é. O médico tende a acreditar que a natureza do trabalho clínico possibilita os erros, de maneira que todos os profissionais estão sujeitos a errar. Esta crença serve ao mesmo tempo para o médico desculpar a si mesmo, para diminuir a crítica que ele possa fazer aos outros e para desencorajar a crítica que venha dos outros. Olhando para os erros aparentes dos colegas, o médico tende a dizer "que Deus me ajude" e "da próxima vez serei eu". E quando um médico "arranja um problema", ele espera que os colegas tenham com ele o mesmo sentimento de caridade. Ele considera que os não tão caridosos são dogmáticos fanáticos, devendo ser evitados e em quem não se deve confiar.

A suspensão da crítica é considerada necessária levando em consideração que os erros são inevitáveis e que o homem leigo não os considera dessa forma. Todo médico é vulnerável a receber críticas de seus clientes que não conseguem filosoficamente aceitar as contingências de uma ação prática quando são eles que as sofrem. Então, os médicos buscam ser solidários entre si, preservando sua unidade contra a crítica externa. Se um médico não puder deixar de criticar outro colega, ele deve fazê-lo pelo menos em um recinto fechado, diante do colega ou, na pior das hipóteses, em um círculo fechado de profissionais. Como o homem leigo não pode compreender muito bem o caráter do trabalho clínico, o médico não deixa ele ouvir um colega criticar o outro nem permite que a crítica do paciente seja apoiada por algum colega. Os perigos da má prática ajustam-se quase naturalmente a esta tendência de manter a crítica restrita à família profissional.

A crítica a um trabalho, entretanto, pressupõe que ele tenha uma visibilidade direta ou indireta. Como já havia sugerido, no trabalho clínico, que envolve um serviço confidencial e pessoal, a visibilidade do desempenho é em si problemática. Além disso, existe uma resistência de os profissionais observarem os outros ou serem observados. O médico clínico acha que seu trabalho é único e concreto, que não pode ser avaliado por nenhuma regra estável nem por ninguém que não desfrute da mesma experiência direta. Ele enfatiza a própria responsabilidade pessoal. Sobre estes dois campos (singularidade e responsabilidade) ele afirma sua autonomia. Ademais, talvez em reação ao longo período universitário em que sua prática esteve supervisionada, ele acentua sua maturidade. Ele está acostumado a dizer: "Agora eu não sou mais criança!" Ser supervisionado é sinônimo de ser estudante. Ser supervisionado implica que os colegas não confiam em sua responsabilidade. Na verdade, quando seu trabalho deixar de ser supervisionado, o médico passa a ter a confiança dos colegas, passa a ser autônomo; em poucas palavras, passa a ser profissional. O trabalho pode ser visível quando as condições exigem, ou quando o médico requer. Qualquer coisa além disso se torna desagradável e humilhante. O profissional não deve rebaixar-se para bisbilhotar os negócios dos colegas e deve esperar que estes respeitem a privacidade de seus negócios.

## Responsabilidade pessoal e coletiva

Eu tentei lidar com o que parece ser a visão que o próprio médico tem de seu trabalho, sem assumir se ela é verdadeira ou falsa. No entanto, tenho indicado que, se ela não é falsa, é pelo menos um pouco distorcida, pois em Medicina existe mais certeza e precisão do que usualmente é enfatizado pelo médico quando se defende de uma acusação de erro. Por mais que o erro e a incompetência sejam conceitos objetivos, eu diria que os médicos estão longe de reconhecer isso.

Verdade ou não, a prova do profissionalismo aparece quando o mau desempenho *é* reconhecido pelos médicos: o que eles fazem quando percebem um erro ou uma incompetência? Vejamos, em primeiro lugar, o caso muito raro e especial de um indiscutível comportamento errado. Eu me refiro a uma atitude ofensiva ultrajante e inquestionável – um cirurgião bêbado, por exemplo, que corta mais do que estava previsto, ou um médico dependente de droga que compra muitos narcóticos na farmácia do hospital. Mesmo quando é revelada uma inequívoca incompetência ou falta de ética, há uma considerável relutância em exercer o controle. Depois de certo tempo, entretanto, os que trabalham com ele sentem que devem excluí-lo do convívio. Isso é feito, na maior parte das vezes, permitindo que o infrator demita-se e não que seja expulso pura e simplesmente, evitando que sua partida possa chamar a atenção e que as notícias sobre as circunstâncias de sua renúncia circulem livremente.[17] Mas isso significa que, embora este médico

---

17 Como um médico soviético colocou para um infrator, "A menos que você renuncie, não terei alternativa a não ser pedir sua demissão por meio dos canais oficiais". AMOSOFF, op. cit., p.70.

dependente de droga possa ser expulso de um hospital por furtar drogas, sua partida não se tornará pública como uma demissão; nem mesmo o outro hospital em que ele tiver acesso será notificado. Os colegas terão de descobrir o que aconteceu com ele sozinhos. Assim, em linhas gerais, um homem pode ser expulso da companhia de seus atuais colegas, sem ser expulso de sua profissão. Os dados na Medicina são muito raros, mas parece plausível pensar que os médicos ajam como os juristas: a perda da autorização para exercer a profissão por causa de um comportamento extremamente incompetente ou antiético não é uma conseqüência da falta em si, mas decorre do caso ter se tornado público, forçando o grupo profissional a agir.[18]

A maneira como a profissão trata estes casos é marcada pela ambivalência e sofrimento.[19] Os colegas reconhecem que o infrator pode prejudicar os outros a menos que seja impedido. Mas, para fazer isso, sua autorização para exercer a profissão deve ser suspensa. Uma decisão que, para os médicos, arruína uma vida. Com tantos anos de estudo, ele já não é mais jovem quando começa a exercer a profissão. Nesta idade, quando é tão difícil recomeçar tudo, fica quase impensável forçá-lo a abandonar a profissão. Enquanto alguns colegas querem que ele saia do trabalho, outros não querem. Conseqüentemente, seus colegas decidem que a primeira obrigação é o individualismo – manter os próprios leitos limpos. O infrator é encorajado a renunciar à companhia deles, mas não é excluído da profissão. Eles protegem a si e a seus pacientes, que são vistos como primeira obrigação, mas sem destruir a vida dele.[20]

Suas ações indicam uma limitação característica do significado que os médicos atribuem à responsabilidade. Como disse, o médico clínico não assume apenas a responsabilidade por seu trabalho, mas também comemora

---

18 Ver a análise da exclusão em CARLIN, J. *Lawers' Ethics*. Nova York: Russel Sage Foundation, 1966.
19 "Todo mundo está inseguro e envergonhado. Dispensar um médico desta maneira! Mas o que se pode fazer neste caso? O homem errou. Ele quase matou o paciente. Esta não foi a primeira vez que ele cometeu este mesmo erro." AMOSOFF, op. cit., p.71.
20 "O orgulho ferido de Stepan não é nada comparado ao que ele fez. Ele irá sobreviver. Deixe-o trabalhar em outro lugar e assim ele não fará mal a *meus* pacientes. É assim que eu penso" AMOSOFF, op. cit., p.75. Observe que mesmo na União Soviética, onde a "sociedade" é supostamente mais importante que o indivíduo, Amasoff, que é um cirurgião humanista e conscienciso, não pensa que deixando o infrator – Stepan – trabalhar em outro lugar, fará *outros* pacientes sofrer com isso. Esta curiosa cegueira é, acredito, característica dos médicos em todas as partes.

isso. Entretanto, esta responsabilidade é mais pessoal que coletiva.[21] Existe uma diferença muito grande entre se sentir pessoalmente responsável por uma tarefa ou por um cliente específico e sentir uma responsabilidade coletiva por todas as tarefas ou clientes de todos os membros de uma profissão. As associações profissionais têm um sentido de responsabilidade coletiva, perceptível na imposição dos padrões mínimos de treinamento e prática, que se limita a isso. É com a finalidade de responsabilidade pessoal que se assenta a parte mais importante do comportamento médico cotidiano. O médico tende a ter responsabilidade pessoal por seu trabalho e não está preocupado com o dos colegas, *a menos que* este trabalho esteja relacionado com o seu. É por esta razão que ele sente que não precisa bisbilhotar o negócio dos outros.

O médico se sente pessoalmente responsável pelos cuidados que oferece a seus pacientes, como também pelos cuidados que seus pacientes recebem dos colegas para quem ele os encaminhou. Mas, por exemplo, quando ele se recusa a atender um paciente antipático e que não deseja encaminhar a nenhum colega conhecido, manda o paciente embora sabendo que receberá um cuidado adequado de alguém, ou que, de qualquer forma, como ele não será responsável por este paciente, aconteça o que acontecer com este, não será de sua conta. Apenas as demandas diretas de sua responsabilidade parecem ser capazes de contrabalançar as atitudes de repugnância de controlar ou ser controlado por outros. Mas, como ele se sente vulnerável, como foi mencionado anteriormente, e como tem a tendência de não fazer seu julgamento sem uma experiência direta concreta, suas razões de intervir são relativamente limitadas. E, é claro, a maior parte das circunstâncias do dia-a-dia tem grande ambigüidade e oferece poucas oportunidades para uma violação moral significativa.

## O boicote pessoal

Se um médico está insatisfeito com o trabalho de um colega e a conversa que tiver com seu colega não o levar a mudar de comportamento, é pouco

---

21 Para obter alguns comentários sensatos e sutis sobre o individualismo profissional e suas relações com o bem-estar público, ver MARSHALL, T. H. *Class, Citizenship and Social Development*. Garden City: Doubleday and Co., 1965, p.165-175.

provável que o primeiro arruíne a vida deste. Tudo que ele fará será defender a própria responsabilidade pessoal. Isto não é feito por nenhum esforço direto de controle, basta evitar ou, como Carr-Saunders e Wilson denominam em termos político e econômicos mais dramáticos, basta boicotar. Mas este boicote é feito por um indivíduo ou por um grupo especial de colegas, não é um boicote do conjunto da profissão. Não se trata de tentar mudar o desempenho do infrator, mas sim de evitar qualquer colaboração com ele, mantendo-o afastado de seus pacientes. Quando um médico deixa de cooperar e trocar pacientes com um colega do qual passou a ter uma má impressão, deixa de ter que assumir a responsabilidade pelas ações deste colega (ou pelo menos de ter que lidar com suas conseqüências), passando, ao mesmo tempo, a não ter que assumir as responsabilidades pela vida profissional dele.

O boicote pessoal é, no meu entender, o mecanismo analítico mais importante de controle encontrado entre os médicos e outros profissionais. Ele é importante porque permite compreender como um homem pode ser pessoalmente ético e consciencioso e outro não, apesar de ambos existirem na mesma profissão, sem que isso cause nenhuma grande tensão ou conflito entre eles. Ele expressa, ao mesmo tempo, o sucesso e o fracasso ético da profissão, representando o resultado singular da maneira profissional de olhar para seu trabalho, para si mesmo e sua responsabilidade.

## Variações em valores profissionais

O ponto mais importante que analisei neste capítulo gira em torno do estabelecimento da diferença entre duas profissões tecnológica e socialmente distintas: as profissões de consulta, que atendem diariamente clientes, e as profissões acadêmicas, que não têm esta preocupação. Meu argumento foi que tanto as condições do trabalho clínico quanto as características sociais das pessoas que exercem esta atividade determinam as diferenças de seus respectivos valores. O médico clínico tende a avaliar seu trabalho com as próprias normas, e é tipicamente conduzido por sua relação com o homem leigo para exercer um papel sacerdotal, que é funcionalmente difuso, excedendo muito sua formação e qualificação. Entretanto, ele não deixa de ter uma orientação para o serviço, mas os benefícios simbólicos e materiais vinculados a seu status como profissional são mais valorizados que as recompensas intrínsecas de seu conhecimento. Então, o conjunto de "valores profissionais" descritos por Parsons e discutidos no início deste capítulo manifesta-se de maneira mais plena entre o professor acadêmico e o pesquisador do que com o médico clínico.

A autonomia de seu status e o individualismo, encorajados pelas exigências de seu trabalho, fizeram que o médico clínico dificilmente se submetesse e participasse de um processo regulador que visasse a assegurar padrões éticos e científicos de desempenho ao *conjunto* dos profissionais. O que ele quer é controlar os termos e o conteúdo do próprio trabalho e não está disposto a aceitar uma tutela sistemática que o leve a perder tal controle. Os cientistas, ao contrário, que têm a obrigação e a necessidade de publicar os resultados de seus trabalhos, relacionados ao domínio público, se encontram expostos ao exame e ao julgamento de seus colegas. Mas, para o médico clínico, seu trabalho e os resultados costumam ser vistos como propriedade privada.

O resultado desta discussão é que na própria Medicina, que cobre um campo de atividades e de indivíduos extremamente diferentes, os valores ligados à regulamentação da prestação de serviços variam segundo a natureza destes serviços e também em função dos valores não profissionais dos prestadores. Devemos esperar, portanto, que o controle e a autonomia sejam mais bem observados no grupo que não está em contato com uma clientela de não-profissionais, cujo trabalho visa e se organiza buscando resultados tangíveis e que, de certa maneira, não sejam os mesmos que os do empreendedor. Tais variáveis, e as condições em que atividade é exercida, minimizam ou maximizam a capacidade de observação do trabalho, e parecem sugerir que existem diferentes níveis de desempenho em uma profissão. Juntas, elas nos permitem estabelecer uma relação entre a maneira pela qual se organiza a prestação individual de serviços e a maneira pela qual a profissão se constitui como uma organização oficial. Estes dois lados da organização profissional – informal e formal – podem nos ajudar a fazer uma análise mais ampla da natureza da profissão.

# CAPÍTULO 9
## A PROFISSÃO COMO ORGANIZAÇÃO – FORMAL E INFORMAL

Na primeira parte deste livro, lidei com as características formais da profissão médica. Tratando a profissão como um todo, sem me referir nem aos indivíduos nem aos meios de trabalho concretos, discuti os fundamentos legais e ocupacionais nos quais as profissões se baseiam. Tentei analisar o que distingue os médicos dos outros que participam da divisão do trabalho médico e o que é comum a todos que trabalham em diferentes condições políticas e econômicas. Tive a oportunidade de discutir a diferença entre o status profissional, que corresponde à posição de autoridade – técnica e legal – ocupada na divisão do trabalho, e o profissionalismo, que consiste em um conjunto de atitudes em relação ao trabalho; e entre o controle do conteúdo do trabalho e o controle dos métodos econômicos e sociais do desempenho do trabalho.

Sugeri que o controle final sobre o próprio trabalho é decisivo para o status da Medicina e outras profissões. Com este controle, o status das outras ocupações que participam da divisão do trabalho médico pode ser apenas subordinado, por mais que boa parte de sua face possa ser suavizada por códigos de ética, longos períodos de treinamento que incluem a instrução de um corpo teórico e uma reivindicação para servir a humanidade. Sugeri também que o controle sobre o trabalho não precisa ser total: o essencial é que ele exista sobre a determinação e a avaliação do conhecimento técnico utilizado no trabalho; aquele sobre as condições econômicas e sociais do trabalho é importante, embora secundário. Assim, um médico pode continuar sendo um profissional mesmo que esteja socialmente subordinado a alguém que não pertença à sua profissão, contanto que não esteja tecnicamente subordinado a outro. Eu distingui as profissões das ocupações paraprofissionais com base no lugar que cada uma ocupa na organização da divisão do trabalho: a profissão não é subordinada a nenhuma outra ocupação e a paraprofissão é tecnicamente subordinada a uma profissão.

A distinção entre profissão – como uma ocupação com posição especial na divisão do trabalho – e profissionalismo – como um conjunto de atitudes que os membros de uma profissão desenvolvem em relação ao trabalho – permite que sejam feitos maiores esclarecimentos. Sugeri que a análise das relações entre as ocupações na estrutura social revela se uma ocupação é ou não uma profissão. Se o profissionalismo existe ou não em uma ocupação é uma questão inteiramente diferente, que pode ser respondida por meio do estudo das atitudes de cada membro das ocupações. Não existe uma relação consistente ou necessária entre a posição de uma ocupação e as atitudes de seus membros. Propus que a posição de uma ocupação na divisão de trabalho é a maneira mais útil de definir se trata-se ou não de uma profissão. Ela é útil porque, definindo uma profissão estruturalmente, por meio de sua posição na divisão de trabalho, pode-se, sem embaraço ou apologia, lidar com as diferenças entre o que o grupo declara que seus membros são e o que eles são de verdade, e entre a crença geral sobre um grupo e o que ele realmente é. E pode-se distinguir na "profissionalização" o processo que foi e o que não foi concluído com sucesso.[1] O código de ética, por exemplo, é um importante truque para persuadir o público em geral a acreditar que os membros de uma ocupação são éticos, mas isso não garante tal crença pública. Ele não tem necessariamente uma relação direta com o atual comportamento dos membros de uma ocupação, pelo menos não mais do que um código jurídico – considerado independentemente das disposições repressivas e do peso da moralidade pública – tem com os indivíduos aos quais se aplica. Neste sentido, um código de ética pode ser visto com um dos muitos meios que uma ocupação pode usar para convencer o público da atitude ética de seus membros, sem *necessariamente* influenciar direta-

---

1 Este é o problema que Vollmer e Mills enfrentam. Eles evitam estabelecer uma definição para "profissão", colocando em seu lugar o processo de "profissionalização". Com a falta de definição da profissão, entretanto, não se consegue saber onde o processo se inicia, e não se consegue acessar o seu desenvolvimento por nenhum critério estável. Ver VOLLMER, H. M. e MILLS, D. L. (eds.). *Professionalization*. Englewood Cliffs: Prentice-Hall, Inc., 1966, p.1-2.

mente a atitude ética de um indivíduo. Da mesma maneira, o critério de um "corpo sistemático de conhecimentos teóricos" também pode ser tratado como parte do processo pelo qual uma ocupação procura sustentar ou criar a crença pública em si, sem que as condições reais de aprendizagem sejam *necessariamente* atendidas. Na verdade, as razões que levam as escolas de formação de ocupações ambiciosas a inventar cursos teóricos são muito claras, mas elas sabem que estes mesmos cursos têm um prestígio sabidamente baixo e que o atual trabalho dos profissionais é cada vez mais concreto e menos abstrato.

Então, o status formal de uma profissão reflete aquilo que Hughes (1958:78-80) denominou como sua licença e mandato para controlar o trabalho, garantidos pela sociedade. Este é o aspecto único e central para a definição da noção de profissão. A posição de uma profissão na sociedade não reflete necessariamente (embora pudesse) uma habilidade distinta e especialmente superior, um conhecimento teórico ou um comportamento ético de uma parte ou do conjunto dos membros da ocupação. Existem sempre ocupações com tais características que não têm o status profissional garantido, e outras que têm este status garantido apesar de lhes faltarem tais características. O status profissional reflete a *crença* que a sociedade tem de que a ocupação tem tais atributos e a crença na dignidade e na importância de seu trabalho. A conformidade entre as características reais de uma ocupação com todas estas crenças não está presumida em minha ênfase e é um problema de determinação empírica. A ênfase da definição está no status.

Quando definimos a profissão como uma atividade que tem um status especial na divisão de trabalho, apoiado em uma crença oficial e às vezes pública de que é digna de tal status, nos afastamos das confusões e das brigas que dominam as discussões sobre o tema. Pouco importa se em profissões indiscutivelmente reconhecidas, como a dos professores universitários ou dos homens da lei (excluindo a jurisprudência), seja difícil encontrar, nos primeiros, um código de ética e, nos outros, um corpo de conhecimentos abstratos: estas características tornaram-se supérfluas em nossa definição. E podemos agora compreender que, embora tais atributos institucionais tenham, na melhor das hipóteses, uma relação residual sobre a maneira com que os participantes se comportam, estes atributos não são sem sentido porque fazem parte do diálogo entre a ocupação e a sociedade e entre a realidade e o desejo. Então, nos perguntamos: O que persuade a sociedade a conceder o status profissional a algumas ocupações? Os códigos de ética podem em alguns casos, mas não em todos, persuadir. A existência do que parece ser o conhecimento teórico sistemático pode persuadir em alguns casos, mas não em outros. Certos atributos institucionais das ocupações, então, são analisados como dispositivos que mediam a relação entre a ocupação e a sociedade. Os atributos decisivos são os que estabelecem e fixam o status da ocupação na sociedade e na divisão do trabalho.

Além da ênfase dada à autonomia no estabelecimento da condição profissional na divisão de trabalho, devem ser acrescentados os traços que condicionam o caráter desta condição, a maneira pela qual a profissão obteve tal condição, assim como o caráter do trabalho desempenhado. Eu me refiro à diferença entre o trabalho orientado para a resolução de problemas colocados pelo homem comum e aqueles colocados pela comunidade de colegas. Trata-se, em poucas palavras, da diferença entre as profissões de consulta e as profissões acadêmicas ou científicas. Entendo que as profissões acadêmicas ou científicas podem conquistar e manter uma condição profissional relativamente estável, assegurando o apoio político, econômico e social da elite. Uma profissão de consulta, no entanto, como a Medicina, para conquistar sua condição profissional estável, deve tornar-se atrativa para o público leigo, que deve apoiar seus membros ao consultá-los. As contingências do público leigo foram determinantes para o desenvolvimento da Medicina como uma profissão. E de forma semelhante, como estava mostrando, a contingência do cliente leigo foi decisiva para o desempenho profissional dos médicos.

## Desempenho profissional e condições de trabalho

Depois de ter estudado o status formal da profissão na sociedade, sustentado por sua organização jurídica e política, examinei, na segunda parte deste livro, os diferentes locais de trabalho onde atuam os indivíduos que integram a profissão; e constatei que a organização de tal local pode encorajar ou não os médicos a desempenhar seu trabalho de certa maneira. De modo geral, passei da análise geral da profissão para uma reflexão sobre o cotidiano do trabalho. De acordo com a análise situacional que uso neste livro, enfatizo que o local de trabalho exerce uma influência maior sobre o desempenho do profissional do que os conhecimentos formais e a ética. Dada a autonomia profissional em geral, a questão que guiou minha análise foi a seguinte: Como esta autonomia é exercida? Mais especificamente: De que maneira o desempenho profissional varia de acordo com o local de trabalho onde ele é exercido? E, de que maneira, sob condições formais de autonomia, os colegas regulam o desempenho dos outros?

Em minha análise, essencialmente restrita aos Estados Unidos, tive a oportunidade de distinguir vários tipos de locais de trabalho que influenciam o desempenho da Medicina. No caso do consultório particular tradicional, sugeri que uma variável importante assenta-se no isolamento e na independência do médico em relação a seus colegas. Na prática "solo", a primeira fonte de pressão sobre o desempenho do médico vem de seus pacientes leigos, a quem deve satisfazer, afastando-se dos padrões admitidos por outros médicos. Isolado de seus colegas, existe uma pequena probabilidade de ele sofrer pressões direcionadas para os padrões profissionais. Logicamente distinta da "prática dependente do cliente" é a "prática dependente do colega", em que a interação com colegas e sua cooperação e aprovação são necessárias para o exercício da atividade. Neste caso, o desempenho de um profissional tende a conformar-se mais ao desempenho dos colegas do que às expectativas dos clientes. Propus que a prática "solo", exercida em troca de honorários, em uma situação competitiva, estava mais propensa a ser dependente dos clientes do que dos colegas, e que algumas especialidades tendiam a assumir as características do primeiro modelo de prática, ao passo que outras se aproximavam mais do segundo. Então, baseando-me nesta lógica e nos dados que disponho, mostrei que as pressões estruturadas de um local de trabalho permitem prever sistematicamente as variações na qualidade do desempenho dos membros da profissão. Estas variações têm pouca relação com as características formais da profissão e não são previstas por elas. São independentes da formação profissional recebida e obedecem às variações que afetam a clientela, como é o caso de todas as profissões de consulta.

Em seguida, deixei de examinar a prática em consultório e passei a analisar a prática hospitalar. Tentei ver como seu funcionamento pode, de certa forma, influenciar a atividade não apenas dos médicos como também de outros que atuam no processo de cuidados hospitalares. Diante do número de ocupações envolvidas na divisão do trabalho hospitalar, e diante da variedade de fontes financeiras e de controle no hospital, minha análise foi necessariamente mais complexa do que a realizada sobre a prática de consultório. Discuti como a competência médica, autônoma, mas autoritária, no contexto da prática médica nos Estados Unidos, permite que o médico exerça uma influência extraordinária sobre o funcionamento do hospital, uma influência que não estava baseada apenas em sua perícia. Depois, discuti como os modelos de desempenho da equipe médica variam, no hospital, segundo a natureza da tarefa, a filosofia do tratamento, a natureza dos pacientes e as características da equipe paraprofissional.

Ao esboçar os locais de trabalho mais comuns nos quais os membros da profissão são encontrados nos Estados Unidos, me voltei então para o que é, acredito, a mais importante questão sobre a profissão: diante do fato de que a sociedade concede autonomia à profissão, protegendo-a da regulamentação e da intervenção do homem leigo, como ela faz para se auto-regular? A partir das evidências disponíveis, concluo que a observação e a regulação funcionam melhor nos ambulatórios hospitalares, onde o trabalho está organizado em equipes, do que nos consultórios particulares, onde os tratamentos são individuais e "privados". Mesmo em um ambiente de trabalho bem organizado, que deveria favorecer e encorajar a observação e a regulação do desempenho médico, uma grande permissividade parece existir. O processo de regulação mais enérgico permite a exclusão do médico do meio em que trabalha e onde sua atuação é criticada, mas não o proíbe de continuar atuando de forma semelhante em outros ambientes e com outros pacientes.

Esta descoberta se contrapõe a uma idéia usual segundo a qual a prática dos médicos, como a de qualquer outro profissional, é ideal quando está imune a qualquer intervenção que pretenda controlá-lo. Além disso, a organização do ambiente de trabalho não parece explicar adequadamente os resultados observados, pois a organização analisada permitia um nível de controle do desempenho muito mais elevado que aquele que parece ter sido praticado. Como a análise situacional se mostrou insuficiente, passei a examinar de perto as normas do trabalho profissional, particularmente aquelas que explicam por que as oportunidades de regulação não foram utilizadas. Ao rejeitar o valor das normas gerais usualmente tidas como vinculadas ao profissionalismo, delineei os valores que parecem emergir das contingências da consulta, ou do trabalho clínico. Sendo a atividade clínica por natureza uma ação prática voltada para a clientela leiga, sugeri que esta condição leva o médico a ter um sentimento desmesurado de responsabilidade exclusivamente pessoal, acrescido da ênfase dada à própria experiência pessoal. Quando estas normas estão combinadas com valores de origem burguesa de dignidade de classe e independência, induzem a um individualismo que é tanto intelectual quanto social. Tal individualismo minimiza o peso do conhecimento científico básico e dos métodos pelos quais ele é estabelecido, e maximiza o valor da opinião pessoal baseada em uma experiência pessoal em um caso individual. O resultado desta mentalidade ideográfica é a relutância em criticar ou ser criticado por outro. Quando um profissional é confrontado com um trabalho de um colega que lhe parece impróprio, a solução é afastá-lo de seus pacientes, mas não de outros pacientes. Então, no contexto da liberdade de ação garantida pela autonomia profissional, o boicote pessoal é o único mecanismo de controle característico e que corresponde às normas da atividade clínica ou de consulta. Ele é implantado mais para regular o trabalho de um indivíduo do que o trabalho da profissão como um todo.

## Unindo desempenho à organização

Durante minha análise sobre as normas médicas e a regulação do desempenho profissional, na maioria das vezes comparei a realidade do trabalho profissional com as expectativas e reivindicações dos representantes oficiais da profissão. Analiticamente, estes dois elementos não estão conectados em um sistema coerente. No quadro que desenhei, não existe conexão entre as duas realidades: a da prática cotidiana e a da organização formal da profissão. Esta última oferece uma visão de cima, uma visão oficial da relação entre as associações locais e os praticantes individuais em diferentes comunidades. Mas esta visão, evidentemente, não permite compreender as variações do desempenho entre um praticante e outro: ela é claramente inadequada. Por outro lado, a visão de baixo, da perspectiva de quem exerce a atividade, tem oferecido um quadro sistemático destas variações, mas não uma imagem sobre como elas estão organizadas em diferentes modelos reguladores de associações humanas, nem sobre a natureza da relação que existe entre tais modelos.

Eu acredito que a ligação entre as partes está no boicote pessoal. O mecanismo do boicote pessoal, embora expresse normas profissionais, também tem conseqüências interativas e organizacionais específicas sobre a forma com que se ordenam as relações entre os indivíduos concretos e as instituições distribuídas nas comunidades locais – a realidade social diária sobre a qual a idéia geral e oficial de profissão é imposta. Isto sugere que algo que funcione fora de uma organização formal da profissão seja outra organização. Como não é nem publicamente codificada, nem oficialmente reconhecida pelas associações profissionais oficiais (o que não dizer que sua existência seja resultado de uma conspiração), ela deve ser denominada organização informal da profissão. O conhecimento das características das organizações informais pode explicar o que a organização formal não pode conceder ou explicar – a saber, como, em uma profissão ética e competente, composta por homens bem treinados dentro de padrões mínimos comuns, tantas práticas éticas e técnicas podem continuar existindo sem tensões. O conhecimento específico da organização formal da Medicina permite-nos compreender a *uniformidade estruturada* que existe no desempenho médico amplamente referenciada pelos padrões legais mínimos para o exercício autorizado. O conhecimento específico da organização informal da Medicina permite-nos compreender as fontes da *variação estruturada* do desempenho médico, que estão amplamente relacionadas com a interação dos praticantes entre si em condições de trabalho específicas. Para completar meu quadro sobre como se organiza efetivamente uma profissão, tentarei me esforçar para esboçar sua organização informal.

## A criação da organização informal

Em seu estudo extremamente meticuloso sobre médicos, Oswald Hall (1949:243-253) foi capaz de distinguir três tipos de carreira médica em função do tipo de relação que um jovem médico graduado estabelece com um profissional mais experiente: uma "carreira individualista" é aquela na qual um jovem luta pela própria clientela, independentemente de outras pessoas; uma "carreira com amigos" é aquela na qual ele é ajudado e ajuda alguns colegas que são amigos próximos; e uma "carreira de colegas" é aquela na qual o jovem trabalha sob as ordens de um patrão mais velho e de grande sucesso, que controla as consultas de um hospital e o acesso à maior parte da clientela desejada. Neste último tipo, Hall distingue um subtipo que ele chama de "fraternidade interna":[2] são os médicos de uma localidade que estão no auge do sucesso e que controlam seu acesso. Se um médico jovem parece promissor (por ter a religião e a origem social desejadas, por sua conduta pessoal e pela habilidade que percebem nele), lhe são oferecidas posições na base da hierarquia. Se ele se satisfaz em trabalhar duro pelo prestígio, pelo interesse intrínseco à posição e pela promessa de dias melhores, lhe oferecem gradativamente postos e pacientes melhores, em um movimento ascendente alimentado lenta e cuidadosamente por seus superiores. Sua posição se consolida se ele continuar a receber mais e mais recomendações, pacientes encaminhados por colegas, consultas e outros tipos de convite para interagir com o homem que está no topo. Se ele se tornar impaciente, é colocado para fora do sistema, deixando de ter tal interação (HALL, 1948:327-336).

Que mecanismo é dominante neste sistema? Para citar Hall (1946:32-33), "a fraternidade interna... tem um método dominante de funcionamento. Sua atividade básica funciona sob a base do 'apadrinhamento', o que quer dizer simplesmente que os membros estabelecidos da fraternidade interna intervêm ativamente na carreira dos recém-chegados à profissão. Agindo desta forma eles influenciam as carreiras dos selecionados. [...] O apadrinhamento tem um duplo propósito: ele facilita a carreira dos eleitos e coloca os que não foram escolhidos em posição onde eles concorrerão em termos desvantajosos". E o que é o apadrinhamento? É exatamente o oposto da marginalização e do boicote pessoal.

Enfatizando o lado positivo da marginalização, Hall permite que percebamos de que maneira grupos de colegas poderosos e estabelecidos são preservados e de que maneira novos indivíduos emergem destes grupos. Mas sua ênfase negligencia as conseqüências negativas do apadrinhamento. O que acontece com aqueles que *não* conseguem a aprovação da fraternidade interna, a quem o apadrinhamento não é oferecido ou de quem ele é retirado? A fraternidade interna controla apenas o acesso ao título de sucesso que ela outorga, não o trabalho em si ou outros tipos de sucesso. Além disso, é difícil imaginar na realidade a estrutura que Hall indica: de um lado, uma fraternidade interna única e, de outro, isolados e nômades, os praticantes individualistas. Com algumas exceções, é muito difícil exercer a profissão

---

2 Ver o Capítulo 5.

sem um referendo e o estabelecimento de relações de consulta entre colegas; e é muito difícil exercer a profissão sem vincular-se a um hospital. Como estes requisitos são comuns a todos os médicos, podemos admitir que existam grupos de colegas relativamente organizados e estáveis que não sejam incluídos na dita fraternidade interna. Em outras palavras, como minha discussão sobre tipos de prática médica indicou, podem existir numerosas "fraternidades" em uma simples localidade; e existem certamente numerosas "fraternidades" na profissão como um todo. Contudo, como minha discussão sobre tipos de prática médica *não* indicou, estes grupos de colegas são construídos por meio de mecanismos de apadrinhamento e boicote; e, como conseqüência destes mesmos mecanismos, eles podem justamente ser segregados uns dos outros.

## Características da organização informal

Vamos tentar visualizar de maneira lógica as conseqüências estruturais do mecanismo de boicote imaginando heuristicamente uma situação de mercado livre em que o médico tem liberdade para selecionar o trabalho que vai desenvolver e para escolher os colegas com quem vai dividi-lo. Neste nível, o controle dos padrões profissionais é exercido amplamente pela boa ou má vontade de trabalhar com um colega. No segundo caso, quando há má vontade, um evita o outro. Mas o ato de evitar um colega não significa que o excluído seja impedido de trabalhar. Na verdade, alguém pode assumir que o colega excluído de um círculo poderá, eventualmente, encontrar outro círculo de colegas cujos padrões são compatíveis com os seus e que irão cooperar com ele durante o exercício de seu trabalho. Supondo que estas fraternidades, círculos e redes sejam criados com base em padrões comuns, dentro de limites permissíveis, o profissional boicotado por comportamento desviante pode ser excluído de um grupo e aceito por outro. Pelo que parece, boa parte das diferenças de exigência *entre* as redes originam-se, em primeiro lugar, do processo de formação. E, diante do papel que o boicote desempenha na criação destas redes, não há como existir muita interação entre elas. E, como as redes precisam de instituições, como hospitais, para sua continuidade e, como existem, numa mesma comunidade, várias instituições assim, diferentes redes podem associar-se a diversas instituições.

Em uma estrutura com esta natureza, existem, comparativamente, poucas oportunidades para que os que estão em uma rede estejam a par do que se passa na outra rede. Mesmo quando existe alguma informação, uma rede pode influenciar muito pouco a outra porque elas têm fortes conexões e são independentes entre si. Como trata-se de um processo de segregação que orienta e mantém essas redes, o sistema de controle sanciona o comportamento individual e segrega, classifica e designa tais comportamentos para uma coletividade homogênea. Podemos compreender agora porque uma simples profissão, ainda que esteja praticamente livre da interferência leiga, pode dar lugar a variações desenvolvidas e duráveis de desempenho profissional.

O quadro que acabei de apresentar é muito abstrato e idealizado de maneira lógica, enfatizando o que provavelmente nunca aconteceu na realidade – um processo diligente de classificação de indivíduos. Muitos aspectos da realidade podem, seguramente, limitar este processo. Em primeiro lugar, como o ingresso na prática profissional é contínuo ao longo do tempo, sempre existem indivíduos para serem classificados. Isto reduz a possibilidade de existir homogeneidade em qualquer grupo de colegas em qualquer tempo. Em segundo lugar, a homogeneidade é, contudo, reforçada pelo fato de que alguns indivíduos conquistam seu lugar sem esperar que o boicote entre em operação: diante de suas modestas aspirações ou da falta de incentivo dos professores na faculdade de Medicina, alguns classificam a si tão cuidadosa ou humildemente que não correm o risco de serem excluídos por outros. Em terceiro lugar, a existência de instituições de prática estáveis impede que os grupos escolham e selecionem seus membros com toda a liberdade. Há, por exemplo, pessoas mais experientes que integram um grupo, apesar de seus serviços não serem mais prestados com a mesma qualidade. Os colegas, em vez de expulsá-los, podem simplesmente encarcerá-los, encapsulá-los e talvez neutralizá-los em um grupo ou organização. Estes homens violam a homogeneidade, mas continuam, no entanto, sendo membros destes grupos. Em quarto lugar, algumas circunstâncias permitem uma avaliação e classificação mais rápidas: um grupo de colegas formado em torno da divisão de trabalho, no qual cada homem pode ver e avaliar o trabalho do outro, tende a classificar-se mais rapidamente do que um grupo que mantém relações econômicas e sociais cooperativas. Na verdade, pode-se suspeitar que o primeiro tende a ser mais homogêneo em seus padrões *técnicos* do que o segundo, e que o segundo tende a ser mais homogêneo em seus padrões *so-*

*ciais*. Finalmente, é necessário lembrar que o boicote pessoal não é invocado indistintamente. Diante da resistência à crítica, que eu já discuti em detalhes, devemos esperar que o boicote seja lento e caprichoso. Entretanto, embora o processo seja frouxo e hesitante, acredito que boa parte dele foi enfatizada de maneira adequada pelo esboço feito da organização informal.

Não há dados adequados e disponíveis para comprovar a verdade de minhas sugestões, mas existem certamente alguns que confirmam a existência de uma estrutura informal na comunidade que classifica os médicos em redes específicas de consulta e cooperação (COLEMAN et al., 1966). Como alguns autores que criticam os estudos de estratificação das comunidades, Winick não entende que a integração entre colegas em redes esteja intimamente relacionada com a prescrição de medicamentos, como revela o estudo de Coleman, Katz e Menzel sobre a adoção de novas drogas. Winick sugeriu que nas cidades grandes, como uma que ele estudou, com cerca de 750 mil habitantes, a experiência profissional é mais individual e difusa, faltando-lhe uma organização integrada de grupos que pode ser encontrada em comunidades menores (WINICK, 1961:384-396). E ele provavelmente tem razão, até certo nível. O que seu estudo evidencia, entretanto, é que a estrutura de redes, que eu havia sugerido, existe em todo lugar. Então, tanto o estudo sobre adoção de medicamentos de Coleman, Katz e Menzel quanto o de Winick sugerem alguns processos de escolha como eu havia pensado: a estrutura fica mais evidente por meio do processo cotidiano de transferência de clientes e das diferenças de orientação e prática que distinguem, por exemplo, um professor universitário de um médico clínico (KENDALL, 1965:137-245), e determinam quem integra a elite profissional (CARLIN, 1966). O estudo de Solomon (1961:463-471) mostra, de maneira bastante convincente, que em cidades grandes como Chicago pode ser encontrado um sistema de estratificação dos membros da equipe em diversos hospitais da cidade, baseado nas diferenças pessoais, de formação e de prática. Ainda que muitas evidências devam ser acrescentadas a este estudo, parece plausível que a organização informal que descrevi seja característica na Medicina dos Estados Unidos.[3]

---

3 O método que utilizei – reconstruindo o modelo de relação com base no encaminhamento de pacientes, na comunicação de outra ordem, na troca de fontes e com base nos boicotes e outras limitações, tanto na comunicação quanto nas fontes – é relevante para determinar a organiza-

## O paradoxo do controle profissional

Qual é a implicação que esta organização informal tem sobre os controles profissionais? A conseqüência deste processo que "controla" comportamentos é que os que estão engajados no grupo mais simples tendem a se sentir socialmente motivados para preservar os padrões correntes, ao passo que os boicotados são colocados em uma posição em que nenhum destes controles motivacionais pode agir para manter os padrões do grupo do qual foram excluídos. Na verdade, eles são expelidos e segregados longe do olhar dos outros. Existem, provavelmente, elos sociais entre os grupos adjacentes, pois os indivíduos relacionam-se entre si, e mesmo em cidades pequenas é possível encontrar grupos que se ignorem completamente.[4] Nas grandes cidades, me parece, existem grupos de profissionais que desconhecem a existência e que não estão cientes dos padrões e práticas de outros grupos, exceto em um sentido bem abstrato. Além disso, em um sistema como este, mesmo se um membro de uma rede conhece e desaprova o desempenho da atividade de um membro de outra rede, a suspensão das relações cooperativas entre indivíduos de grupos separados impede que exerçam qualquer influência sobre o desempenho do outro.

O mecanismo do boicote pessoal funciona, portanto, de maneira paradoxal: coloca os infratores distantes dos controles aceitáveis, segrega a organização informal da rede intrinsecamente homogênea, coloca uns distantes dos outros, impedindo qualquer interação possível, e reforça as diferenças de padrões próprios a cada uma das redes. Excetuando-se a ação judicial, que é uma *fonte não profissional* de influência sobre a prática, os dispositivos nacionais impostos, como as exigências para o credenciamento hospitalar, que têm pequena influência no cuidado ambulatorial que constitui o grosso da prática médica, e a sociedade médica local, cuja influência é, sobretudo, política e econômica, o que resta aos líderes da profissão é a exortação e,

---

ção informal tanto das profissões de consulta quanto das científicas. Em relação ao Direito, ver a discussão sobre estratificação em CARLIN, op. cit. Em relação à pesquisa científica, ver, por exemplo, CRANE, D. "Social Structure in a Group of Scientists: A test of the 'Invisible College' Hypothesis". In: *American Sociological Review*, XXXIV, 1969, p.335-352. Aqui, como em outros momentos de minha análise, os conceitos relevantes ao estudo da Medicina são igualmente relevantes para os estudos da Educação, do Direito e da Ciência.

4 Ver os sociogramas em COLEMAN et al., op. cit.

felizmente, a instrução de praticantes anônimos por meio de artigos em periódicos médicos que podem não ser lidos.

Por mais que dê prestígio e chame a atenção dos membros da profissão, escrever em periódicos médicos pode influenciar alguns aspectos dos padrões técnicos e éticos da prática profissional, independentemente da rede que o autor integra. Mas muitas pesquisas sobre métodos de educação e de persuasão de pessoas concluem que tal influência tende a ser superficial, quando não está baseada no meio de trabalho cotidiano ou no contato pessoal (KLAPPER, 1960; ROGERS, 1962). Na verdade, o obstáculo mais sério para uma influência como esta parece estar vinculado ao fato de que estes "líderes" são proeminentes e visíveis para os colegas que têm menos prestígio na rede; e estes últimos não são visíveis nem interagem com os líderes. A tentativa de comunicação vinda do alto é, portanto, baseada em um entendimento inadequado do ponto de vista do trabalho e dos problemas cotidianos enfrentados pelos profissionais pouco conhecidos (KENDALL, op. cit.; CARLIN, op. cit.). Além do mais, os últimos sustentam a visão dos demais sobre o que deve ser feito para enfrentar os problemas. Talvez esta seja a razão por que o grande número de sermões médicos parece ter pouca influência na prática clínica cotidiana.

O que sugeri é que o processo de controle social que caracteriza a prática concreta e cotidiana dos médicos norte-americanos, porque opera de maneira disjuntiva, cria uma estrutura de pequenos círculos segregados de praticantes, e alguns deles estão tão isolados dos demais que não têm como modificar reciprocamente seu tipo de comportamento. Também argumentei que o mecanismo de controle, longe de ser um descuido ou uma aberração, é particularmente compatível com as experiências dos clínicos. A conseqüência é que uma "simples" profissão inclusiva pode conter em seu seio, e até encorajar bastante, práticas diferentes do ponto de vista ético e técnico, limitadas superficialmente por um núcleo comum de formação exigido para o credenciamento e pelos escritos dos líderes da profissão. Na medida em que o número de médicos locais constitui uma população relativamente vasta, as redes de segregação são, pelo menos em parte, ordenadas pelo prestígio e apenas os que ocupam os níveis mais altos estão ligados às (e contribuem para) associações nacionais e internacionais que representam vários aspectos formais da profissão. Mas como os indivíduos nestas fraternidades de alto prestígio foram segregados e segregam de seu convívio os que têm menos prestígio, sua concepção do trabalho médico real e apresentação pública das normas profissionais não deixam de ser construídas em torno de suas cidadelas muito especiais de prática e ensino (CARLIN, op. cit.).

Esta estrutura dividida e fragmentada localiza-se sob a fachada serena de "uma profissão como um todo". No meu entender, esta é uma característica comum a muitas outras ocupações, se não a todas, que denomino de profissões de consulta. Ela é própria da autonomia formal das profissões e da ideologia típica do trabalho de consulta ou clínico. O mecanismo característico de controle provém desta ideologia e é reconhecido como o primeiro mecanismo de proteção da autonomia profissional. O mecanismo de rejeição não é particular da Medicina, nem das profissões em geral. Ele é, antes de qualquer coisa, um dos mais comuns em nossa vida. É importante no contexto deste livro porque a profissão está tão livre do controle direto dos pacientes, dos empregados leigos e do Estado que tem uma pequena compulsão para utilizar outras formas de controle. Na profissão o uso de outras formas de controle é desencorajado por ser considerado algo destrutivo do trabalho profissional e da motivação para o trabalho. Diante de tais mecanismos, a *estrutura resultante* se auto-sustenta, pois é de sua natureza interceptar informações sobre o desempenho, pois se elas forem mais bem conhecidas pela elite da profissão devem motivá-la a utilizar outros tipos de controle. No estado atual das coisas, nem a elite nem a base tem a possibilidade de ter uma perspectiva diferente sobre o universo do trabalho médico.

## Profissão como organização

Nas duas primeiras partes deste livro analisei a profissão, em primeiro lugar, como uma organização de trabalhadores para, só então, analisá-la como um conjunto de idéias e conhecimentos. Neste caso, adoto mais a problemática proposta por Karl Mannheim que a de Max Weber, tomando a organização social como elemento central de análise. Ao enfatizar a posição de uma ocupação na política econômica e a natureza do ambiente onde ela desempenha sua atividade, argumentei que a ética, denominada profissionalismo, não distingue as profissões das demais ocupações e não é útil para explicar o papel central da atividade auto-reguladora. Além disso, para explicar aquela parte da auto-regulação na qual a estrutura organizacional não pode dar conta, me parece útil e até necessário que se recorra à ética. Não a ética no sentido geral, mas aquela derivada das "ações concretas" da prática de consulta em si e que levam em consideração a origem social de seus praticantes. A ética geral parece refletir, primeiro, as tarefas ocupacionais voltadas para persuadir a sociedade a consentir e sustentar seu status profissional.

A organização foi encontrada em muitos níveis, tanto abstratos quanto concretos. Eu tentei reconstruir seus vestígios quando me pareceu necessário para empreender uma análise elementar da profissão. Especifiquei, em primeiro lugar, a organização estabelecida por relações relativamente persistentes entre várias ocupações nas quais a profissão está assentada – a divisão de trabalho. Neste caso, a organização foi encontrada sob a forma de relações jurídicas e profissionais existentes entre as várias ocupações, ordenadas com base na interdependência técnica ou na superposição de trabalho e pela autoridade que uma tem em relação à outra. Este ponto de vista não é habitual, mas permite desenhar um organograma da divisão de tarefas na Medicina, quase comparável aos que foram estabelecidos para as empresas corporativas ou para as demais "organizações" óbvias. Em segundo lugar, existem as organizações que representam oficialmente a profissão e que, por meio de suas negociações com o Estado soberano, estão engajadas em estabelecer, manter, defender e expandir as vantagens jurídicas, senão a superioridade política da ocupação. Esta é a organização oficial da profissão, em que a ética profissional desempenha uma função importante ao persuadir o Estado e a opinião pública a apoiar a profissão. Em terceiro lugar, existe uma variedade de ambientes de trabalho nos quais os membros da profissão atuam. Em cada um deles, até no consultório particular de um médico empreendedor e solitário, desenvolvem-se relações padronizadas e estáveis em que pode ser encontrada uma organização social. Cada prática constitui uma organização, mesmo que não esteja formal ou juridicamente definida. E os médicos que trabalham individualmente ou os grupos de profissionais que trocam e encaminham pacientes representam igualmente sistemas de organização. Estes ambientes de trabalho, cujas vantagens políticas e jurídicas são mantidas pela organização formal da profissão, representam a realidade da Medicina. Suas experiências, ilustradas e testadas empiricamente, devem servir para mediar as abstrações sobre "a profissão", sobre a divisão do trabalho em seu interior e entre uma profissão e outras ocupações. Eu tenho insistido que estes ambientes de trabalho são a prova concreta para avaliar as declarações de moralidade e competência profissional. Finalmente, existe a organização que denominei de informal. Neste caso, as relações de cooperação que classifica colegas não é suficientemente consciente nem deliberada. Ela não é nem conhecida nem reconhecida como uma *organização* por seus participantes, e, diferindo das outras formas de organização que analisei, não tem uma condição jurídica. Na verdade, quando grupos se constituem, se auto-sustentam e se auto-segregam, sendo formados por homens com qualidades e padrões muito variados, cujo desempenho não corresponde ao do grupo, isso contradiz explicitamente a ficção oficial segundo a qual todos os licenciados são qualificados para o trabalho com a mesma competência e moral. A orientação para o trabalho que caracterizei como "clínica" vincula-se ao caráter consultivo do trabalho em si e desempenha uma função importante para justificar os mecanismos que criam a organização informal dos profissionais.

# PARTE III
# A CONSTRUÇÃO SOCIAL DA DOENÇA

"Devido à sua admissão ao círculo sedutor de colegas, os médicos clínicos gozam, não apenas individualmente, do direito de fazer as coisas que os outros não fazem, mas, coletivamente, eles se atrevem a dizer em público o que é certo para um indivíduo e para a sociedade em geral, em algum aspecto da vida. Na verdade, eles fixam os termos em relação aos quais podemos pensar este aspecto da vida."

Everett Cherrington Hughes

# CAPÍTULO 10
## DOENÇA COMO DESVIO SOCIAL

Dediquei as duas primeiras partes deste livro à análise da organização social da profissão médica e de seus membros, enfatizando as formas de organização que expressam o monopólio da prática e seu controle sobre o conteúdo do trabalho. Com esta estrutura estabelecida, parece apropriado agora passar a analisar o trabalho profissional em si: o diagnóstico e o tratamento das pessoas consideradas doentes. Para obter o monopólio sobre o trabalho, a Medicina também obtem exclusiva jurisdição sobre a determinação do que é doença e, conseqüentemente, o que as pessoas devem fazer para tratá-la. Quais são as implicações deste fato? Na medida em que a Medicina tem a autoridade para definir como doença a queixa de um, mas não a de outro, pode-se dizer que ela esteja comprometida com *a criação da doença como uma condição social que o ser humano deve assumir*. A criação da doença, desta maneira – que pode ser denominada iatrogenia social –, é própria da Medicina, ao passo que a indução simples de uma doença ou de uma desordem biológica por meio de métodos de tratamento errados – o que é comumente denominado iatrogenia (MOSER, 1964; SPAIN, 1963) – é uma falha técnica. Diferindo de Parsons (1951:428-447), eu não argumento apenas que a Medicina tem o poder para legitimar qualquer pessoa que se comporta como um doente, admitindo que ele esteja realmente doente. Meu argumento vai mais longe: minha tese, neste caso, é que por causa do fato de ter a autoridade de definir "verdadeiramente" o que é a doença, *a Medicina cria as possibilidades sociais para o desempenho do doente*. Neste sentido, o monopólio da Medicina inclui o direito de criar a doença como *papel social oficial*. É verdade que o homem leigo pode ter a própria visão "não científica" sobre a doença, diferente da médica. No mundo moderno, entretanto, é a visão da Medicina sobre a doença que sanciona oficialmente e, de maneira ocasional, se impõe administrativamente sobre o homem leigo. A própria noção de profissão implica que ela receba poder oficial para definir e até criar como devem ser os comportamentos sociais: o juiz determina o que é legal e quem é culpado, o padre define o que é santo e o que é profano, o médico define quem é normal e quem está doente.[1]

Pode-se dizer que a Medicina não deveria ser colocada na mesma categoria que o Direito e a religião porque o primeiro é uma invenção dos homens e que, por este motivo, varia de sociedade para sociedade; a segunda porque é fundamentada na revelação sobrenatural, que é incompatível com os métodos científicos de verificação, ao passo que a Medicina volta-se para a realidade biológica imutável, que depende tão pouco do homem como uma realidade da Física e da Química. As "leis" da Medicina são, portanto, invariáveis, o que não é o caso do Direito; e elas são verificáveis empiricamente, o que não é o caso da religião. Uma perna quebrada é sempre uma perna quebrada. Dificilmente ela pode ser "criada" pela Medicina da mesma maneira que as leis são criadas por advogados e legisladores. Tal explicação, no entanto, não diferencia a realidade física da realidade social. Eu insisto que, da mesma forma que o Direito e a religião, a profissão médica usa critérios normativos para escolher o que é de seu interesse. Seu trabalho constitui uma realidade social distinta (e, em alguns casos, praticamente independente) da realidade física.

Seguindo a tradição da sociologia do conhecimento, recentemente exposta por Berger e Luckmann (1966; HOLZNER, op. cit.), pretendo dedicar os próximos capítulos analisando a doença, sobretudo como estado social e menos como estado biológico. Verificarei quanto esta condição social difere de outras e, neste caso, estabelecerei quantos tipos de "doença como estado social" existem. Além disso, farei algumas perguntas como: Que papel a profissão tem tido na definição da doença? Em que medida o profissional e suas instituições são responsáveis pelas concepções contemporâneas de doença? E, finalmente, como as instituições profissionais, em interação

---

1 Nas palavras de Holzner as profissões são "comunidades epistêmicas". HOLZNER, B. *Reality Construction in Society*. Cambridge: Schenkman Publishing Co., 1968, p.68.

com as instituições leigas, organizam o processo de adoecimento e a aceitação do tratamento médico? Discutirei, portanto, como a Medicina criou um papel social para a doença.

Ao longo desta discussão, é necessário ter em mente que não pretendo lidar com as "causas" mensuráveis e verificáveis empiricamente que os médicos, algumas vezes, chamam de doença – esta é uma questão essencialmente médica. Em vez disso, pretendo lidar com as "causas" que levam a rotular alguns atributos de doença e outros não e as "causas" que levam as pessoas a se comportar de uma forma particular depois de terem sido diagnosticadas de uma maneira especial – esta é uma questão sociológica geral. O comportamento do "doente" varia de uma cultura para a outra, independentemente da doença, constituindo em si só uma realidade. Da mesma forma, o comportamento do curandeiro varia de uma cultura para outra. É esta análise que Mechanic (1968:115-157) denomina "comportamento da doença" do paciente, além do "comportamento do diagnóstico" e "comportamento do tratamento" do médico, e não a análise dos sinais físicos, que pretendo apresentar. Mas quais são suas relações com os sinais físicos?

## Desvio biológico e social

Muito foi escrito sobre o problema de definir o que "é" uma doença.[2] Mas, independentemente de sua definição, a doença é um tipo de desvio (*deviance*)[3] de um conjunto de normas que representam a saúde ou a normalidade.[4] Debates consideráveis têm sido desenvolvidos para determinar

---

2 Para uma discussão geral sobre as concepções de doença, ver RIESE, W. *The Conception of Disease: Its History, Its Versions and Its Nature*. Nova York: Philosophical Library, 1953.
3 *Deviance* é um conceito sociológico que descreve e analisa as ações ou comportamentos que violam normas culturais. Ele inclui desde desvios formais – criminais – até alterações de comportamento. Os estudos que analisam a *deviance* verificam como estas normas são criadas, aceitas e se transformam ao longo do tempo e em diferentes circunstâncias históricas. Existem pelo menos três vertentes desta análise: uma de matriz Funcionalista Estruturalista, outra do Interacionismo Simbólico, e outra da Teoria do Conflito. Freidson encontra-se inserido na segunda escola de pensamento sociológico. (N.T.)
4 Ver OFFER, D. & SABSHIN, M. *Normality, Theoretical and Clinical Concepts of Mental Health*. Nova York: Basic Book, 1966; JAHODA, M. *Current Concepts of Positive Mental Health*. Nova York: Basic Books, 1958; REDLICH, F. C. "The Concept of Health in Psychiatry". In: LEIGHTON, A. et al. (eds.). *Explorations in Social Psychiatry*. Nova York:

quais são as normas das quais a doença desvia – se, por exemplo, a doença é um desvio da média da população, estatisticamente falando, ou se é um desvio em relação às normas positivas e ativas de saúde ideal. Em todos os casos, entretanto, a idéia de desvio de determinado padrão está presente. *A avaliação humana, e portanto social, sobre o que é normal, conveniente e desejável é inerente à noção de doença assim como é em relação à noção de moralidade.* Diferindo dos conceitos neutros de "vírus" e "molécula", o conceito de doença é essencialmente avaliativo. A Medicina é um empreendimento moral, como o Direito e a religião, que procura descobrir e controlar coisas consideradas indesejáveis.

Mas, com já observei, a Medicina tem um lugar à parte, diferindo da religião e do Direito. Acredita-se que ela, diferindo das demais, esteja assentada sobre uma base científica objetiva que evita uma avaliação moral. A doença é pensada como algo que envolve vírus e moléculas e que, portanto, tem uma realidade física, independente do tempo, do espaço e da mutável avaliação moral. Assim, a partir dos ossos dos homens mortos há muito tempo, que falavam línguas esquecidas e praticavam costumes obscuros para nós atualmente, podemos, independentemente da nossa cultura, deduzir provas das fraturas, artrites, raquitismos e ocorrências semelhantes (KERLEY & BASS, 1967:638-344). Isso porque se acredita que ela seja independente da cultura humana (embora tal cultura possa influenciar sua prevalência e tratamento). Tem-se a impressão de que a doença é diferente: mais "objetiva" e estável do que outras formas sociais de comportamento desviante, como o crime. Deste ponto de vista, a doença é mais biológica do que um comportamento social desviante, sujeita às mesmas leis biofísicas humanas como as de um rato, coelho ou macaco. Independentemente de nossa avaliação, ela estará sempre "lá". No mesmo sentido, ela é independente da Medicina e dificilmente criada por ela.

Entretanto, a visão da doença como um desvio biológico é essencialmente abstrata e programática. Embora possamos concordar com esta idéia, como uma questão de fé, não podemos considerá-la nossa única referência para a análise, ignorando completamente o caráter interpretativo da realidade so-

---

Basic Book, 1957, p.138-158. Ver também a discussão em MECHANIC, D. *Medical Sociology.* Nova York: The Free Press, 1968, p.33-44.

cial. Apenas entre animais humanos existe a linguagem e seu significado. Na sociedade humana, nomear algo de doença tem conseqüências, *independentemente* da condição biológica do organismo. Por exemplo, consideremos dois homens de duas sociedades diferentes, ambos debilitados pela mesma infecção: em um caso, o homem é considerado doente, colocado na cama, e cuidado por outros; no outro caso, o homem é considerado preguiçoso e insultado por outros. Nos dois casos, biologicamente a evolução e o resultado da doença podem ser os mesmos, mas a interação social entre o doente e os outros é significativamente diferente. Consideremos as conseqüências sociais do diagnóstico comportamental: um pode levar à "cura", o outro, à morte. A doença pode estar "lá", é isso que nós, como seres humanos, pensamos e fazemos sobre o que determina o curso de nossas vidas. Como Berger e Luckmann (op. cit.:48) disseram,

> Por um lado, o homem *é* um corpo, como pode ser mencionado para qualquer outro organismo animal. Por outro lado, o homem *tem* um corpo. Quer dizer que o homem percebe suas experiências como uma entidade que não é idêntica ao seu corpo, que, ao contrário, tem este corpo à sua disposição. Em outras palavras, as experiências que um homem tem de si sempre hesitam entre ser e ter um corpo, uma balança que deve ser compensada constantemente.

O diagnóstico e o tratamento não são atos biológicos comuns aos ratos, macacos e homens, mas atos sociais particulares aos homens. A doença em si pode ter uma origem biológica, mas a idéia de doença não, nem a maneira com que os seres humanos reagem a ela. Então, a doença é definida socialmente e é cercada de atos sociais que a condicionam.

Contudo, embora a idéia de doença e os atos do diagnóstico e tratamento sejam sociais, eles partem do conhecimento humano. O conhecimento médico é considerado "científico", o que quer dizer ser mais seguro, "objetivo" e menos variável do que outras formas de conhecimento ou crença. Por este motivo, parece razoável utilizar a concepção médica de doença como uma definição relativamente estável e autorizada sobre o que está "realmente" ou "basicamente" errado com uma pessoa, passando a investigar – como muitos sociólogos e antropólogos têm feito – de que maneira os hábitos sociais, as necessidades psicológicas, a ignorância e outros fatores semelhantes interferem no curso da doença e seu tratamento. O sociólogo, por este motivo, estudaria as circunstâncias sociais que estão em torno do diagnóstico médico de uma doença. Ele seleciona as questões para pesquisa e classifica seus casos, baseando-se em doenças definidas de maneira estável pela Medicina e pela ciência. No meu entender, esta é uma forma importante e válida de abordar as coisas, mas não é a única nem, necessariamente, a mais útil.

Existem várias razões que compelem os sociólogos a não adotar apenas as concepções médicas de doença e seu tratamento. Em primeiro lugar, não seria prudente do ponto de vista histórico. Na verdade, basta recorrer à leitura mais superficial sobre a história da Medicina para saber que muitas das concepções atuais sobre doença da Medicina moderna não são as mesmas que as da Medicina "moderna" de ontem; e que pelo menos algumas concepções da Medicina "moderna" de amanhã irão contradizer a Medicina de hoje. A Medicina moderna não é absoluta: ela é uma instituição social dominante em nosso tempo e lugar, mas não em outros. Uma análise superficial sobre a arrogância desprezível da "ciência" no passado deveria nos encorajar a ser um tanto relutantes em aprovar apressadamente a arrogância dos dias de hoje, que um dia serão passado. Nem todas as pressuposições desconhecidas e instáveis de hoje sobreviverão. Então, se a Medicina moderna é o melhor conhecimento científico que temos, ela não é definitiva.

Em segundo lugar, deve ser lembrado que, se julgarmos segundo os critérios científicos de comprovação e segurança, o conjunto da Medicina moderna compõe-se de uma coleção extremamente heterogênea de doenças, que vão desde sinais e problemas permanentes vinculados a um microrganismo infeccioso até coisas muito vagas, como a "doença mental" (MACMAHON & PUGH, 1967:11-18). Na verdade, a Medicina parece estar em um estado confuso de transição, em que as antigas variáveis "duras" são cada vez mais insatisfatórias e em que os fatores subjetivos criados pela vida social parecem, eles mesmos, como "causas". Os médicos mais sofisticados que fazem pesquisa científica hoje em dia têm sido levados a formular teorias sobre o estresse e as doenças psicossomáticas para explicar as respostas, que variam de maneira curiosa do ser humano ao mundo ostensivamente objetivo dos estímulos físicos e químicos. Como veremos no Capítulo 12, o acúmulo constante de descobertas ao longo das últimas décadas, feitas em circunstâncias plenamente controladas, revestiram de dúvida os fundamentos científicos dos usos médicos que, embora eficazes, talvez não sejam pelas razões assumidas até agora. Em poucas palavras, o indiscutível estatuto científico de uma fratura complexa não é encontrado em muitos ou nem mesmo na maior parte dos atributos característicos de que a Medicina se ocupa e denomina de doença: ao passo que um médico pode estar seguro das concepções médicas da fratura analisada, outro pode estar em um campo instável, trabalhando com outras concepções médicas de "doença".

Em terceiro lugar, e o mais importante, não há uma necessidade *substantiva* para que a sociologia da Medicina adote a ontologia da Medicina, a menos que ela deseje exercer a mesma tarefa que o médico clínico ou o investigador – testar e refinar as concepções médicas de doença e seu tratamento. Se existe algo único na Sociologia, é sua preocupação com a realidade social da vida humana que, ainda que não esteja completamente independente de outros níveis de realidade, pode ser tratada com sucesso como uma realidade em si. A magia negra pode não ser uma explicação apropriada dos sinais físicos expressos pelo paciente para um médico que procure a "verdadeira" causa da doença "atual" e seja capaz de tratá-la efetivamente. Ela é, no entanto, uma explicação perfeitamente apropriada do comportamento social de um indivíduo que acredite em magia negra. Na verdade, já que o médico pode utilizar a ciência biofísica para explicar os *sinais* que ele denomina como uma doença, ele mesmo não pode explicar o comportamento de quem sofre baseando-se nesta ciência. Quando se trata de explicar a "doença do comportamento" de quem sofre e quando se trata de explicar o "diagnóstico do comportamento" do homem que trata o doente, a "Medicina científica" é simplesmente irrelevante. O fato de a doença diagnosticada pelo médico "realmente" existir ou não, que etiologia biofísica pode ter e qual a maneira apropriada de tratá-la são questões que têm muito pouca relevância para um sociólogo interessado na explicação do comportamento social. Elas se tornam relevantes para o sociólogo apenas quando ele decide se unir ao médico, investigando e tratando uma doença definida pela Medicina.

Assim, dois tipos de desvio são imputados à noção de doença: o desvio biológico e o desvio social. Na medida em que a idéia de desvio em si implica em distinguir algo que é ruim e indesejável, ela é geralmente moral e, logo, social. Mas, na medida em que a designação moral de desvio é aceita, a doença pode ser analisada como um desvio, ao mesmo tempo, biológico e social. No caso da análise do desvio biológico, o arsenal da Medicina é usado apropriadamente (apesar de nem sempre ser eficaz). Na análise do desvio social, a

Sociologia é apropriada. No caso da doença como desvio biológico, a suposição é que os sinais de desvio que o médico observa sejam independentes das variações de cultura e possam ser tratados em todos os lugares com sucesso pelas mesmas técnicas científicas médicas. A doença assume uma aparência de sólida objetividade e universalidade. A tarefa da Medicina é explicar suas causas e descobrir o tratamento adequado. A designação de doença em si não é problemática.

Do ponto de vista sociológico, entretanto, as tarefas são de alguma forma diferentes. O problema é lidar com a idéia de doença em si – em primeiro lugar, como os sinais ou sintomas podem ser designados ou diagnosticados como uma doença, como um indivíduo pode ser designado doente e como o comportamento social é moldado pelo processo de diagnóstico e tratamento. A validade da imputação acompanha esta questão, pois a doença, que interessa ao sociólogo, pode ou não ter fundamento na realidade biológica, mas *sempre* tem fundamento na realidade social que é reconhecida e designada pelas pessoas, seja qual for sua competência científica; e é levada em consideração em seu comportamento. Adotar a visão da doença como um desvio biológico do que é normal ou desejável é, no entanto, inapropriado para o sociólogo. Em seu lugar, parece adequado ao sociólogo da Medicina analisar a doença como uma forma de desvio social que é *pensada* como tendo uma causa biológica e requisite um tratamento biofísico. Talvez, de maneira mais precisa e inclusiva, devamos definir a doença como uma forma de desvio social do tratamento que é um domínio oficial da profissão médica. O que compete ao sociólogo é o estudo científico do comportamento decorrente daquilo que é denominado doença – a dimensão social de estar e tornar-se doente e sobre diagnosticar a doença. Em qualquer caso empírico, as "doenças" podem ou não ser biologicamente "reais", mas o papel da doença é sempre socialmente "real". Por esse motivo, ainda que seja razoável para o médico utilizar a noção de que a doença é um desvio biológico, não é menos razoável para o sociólogo utilizar a noção de doença como desvio social.

## Abordagem sociológica do desvio

Mesmo que seja tão óbvio, a ponto de ser evidente por si só, a denominação de doença é um ato social que escolhe alguns atributos humanos, os avalia como indesejáveis e esforça-se para controlá-los ou erradicá-los; não existe teoria sociológica sobre o desvio que reserve um lugar claro e seguro para a doença. Na teoria do desvio de Talcott Parsons (op. cit.:249-325) – que é talvez a mais sofisticada e bem desenvolvida existente –, são enfatizadas apenas as doenças que o indivíduo é motivado a adotar. Em geral, nas obras gerais sobre desvio,[5] o crime atrai o maior interesse, com algumas referências a coisas como dependência de drogas, alcoolismo e doenças mentais. Existem, entretanto, pouquíssimas referências à doença cardíaca, pneumonia e câncer. Isso é, de fato, muito surpreendente. Se é tão evidente que a doença seja uma forma de desvio social, por que os sociólogos que se interessam por este tema não lidaram com a doença?

A resposta, creio, é ao mesmo tempo interessante e instrutiva. Até recentemente, os sociólogos que estudam o desvio reconheceram apenas uma das duas tarefas para a análise que discutimos anteriormente. Eles seguiam o modelo da Medicina, estabelecendo como sua tarefa a determinação de algumas qualidades objetivas e estáveis da condição de desvio (por exemplo, o comportamento criminal), procurando assim definir sua etiologia. Eles não conseguiram reconhecer que existem outras tarefas, como estudar de que maneira as concepções de desvio se desenvolvem e quais são as conseqüências de sua aplicação nos afazeres humanos.[6] Em outras palavras, eles não conseguiram reconhecer que a própria posição "científica" era em si uma posição inscrita no tempo e no espaço e, como tal, era uma problemática objetiva de estudo. Eles, além disso, não conseguiram reconhecer que o comportamento humano origina-se dos significados que os atores dão a suas experiências, não ao significado atribuído por um observador "objetivo". Da mesma forma que ratificam a "profissão" também ratificam o "desvio".

Diante desta posição de caráter médico, é compreensível que as abordagens sociológicas sobre o desvio tenham excluído de seu escopo de análise as doenças incontestavelmente médicas. Na medida em que se trata de deter-

---

5 Ver, por exemplo, COHEN, A. K. *Deviance and Control*. Englewood Cliffs: Prentice-Hall, Inc., 1966.
6 WHEELER, S. "Deviant Behavior". In: SMELSER, N. J. (ed.). *Sociology: An Introduction*. Nova York: John Wiley & Sons, 1967, p.607, faz uma distinção semelhante entre a abordagem objetiva, que pode detectar e definir uma violação das normas, sem levar em consideração o ponto de vista dos participantes, e aquela que estuda a violação produzida pelos participantes de uma sociedade e não como alguma coisa absoluta.

minar cientificamente, com objetividade, qual é a natureza essencial do desvio, e na medida em que a disciplina envolvida reivindica para si apenas estas áreas onde ela é competente para lidar, a Sociologia iria naturalmente excluir de seu domínio qualquer forma de desvio cuja "causa" não fosse considerada social. Assim, a doença ordinária, que é vista como tendo causas biofísicas, é excluída, mas a doença mental, entre outras, é incluída porque a motivação e a influência social são consideradas alguns dos principais elementos de sua etiologia. Na verdade, na maioria das teorias sociológicas convencionais sobre desvio, as análises concentram-se, sobretudo, em explicar como um indivíduo ou um grupo é *motivado* a desempenhar um ato desviante ou a assumir uma característica desviante. A explicação central da etiologia médica tradicional é que se trata de um evento físico, como a exposição à ação de um microrganismo. A explicação central das ciências sociais e psicológicas é que há algum tipo de motivação. O câncer é excluído, não apenas porque lhe é atribuído uma causa física, mas também porque, diferindo da doença mental, a motivação social parece desempenhar um papel de pouca importância em sua etiologia. Certamente alguns elementos da vida social favorecem o câncer, como o costume que encoraja as pessoas a inalarem fumaça de tabaco, mas que não são causados pelas qualidades simbólicas da vida em sociedade como tal. O que não se leva em conta é que a maneira com que as pessoas reagem à doença *é* causada pelas qualidades simbólicas da vida social.

Além disso, tenho a impressão de que a exclusão da Medicina e da doença das teorias convencionais de desvio esteja relacionada à crença de que a abordagem da Medicina sobre a doença é tão autoritária que não exista outra forma de fazê-lo. Mesmo um crítico tão sofisticado quanto Becker (1963:5), que nos oferece os fundamentos sobre diferentes aspectos do desvio, subentende que as concepções biológicas da doença têm um caráter particular, um tanto sagrado, que coloca a doença fora do domínio da sociologia. Mas este caráter sagrado não é necessariamente dado pelas qualidades cientificamente "duras" do conhecimento e tratamento médicos. Ele representa, sobretudo, um acordo humano ou um consenso. A doença é colocada em uma categoria especial pelos sociólogos porque falta consenso social para fatos independentes de consenso; ainda que o fato seja estabelecido como tal apenas pelo consenso humano. O consenso entre seres humanos sobre o que os sintomas e sinais indesejáveis (e, portanto, desviantes) significam é maior em boa parte dos casos denominados "doença" – eles não parecem ser muito arbitrários. Mas isso não quer dizer que haja construção social. No caso das doenças físicas, o consenso é tão extensivo que é aceito como verdadeiro. Somos inclinados a atribuir-lhe uma realidade independente de nosso consentimento. Na verdade, como irei assinalar no Capítulo 12, foi este conjunto de inquestionáveis consensos que facilitaram a expansão contínua da jurisdição da Medicina, introduzindo um número crescente de tipos de desvio social dentro da categoria "doença", quase que independentemente da demonstração cuidadosa das concepções etiológicas ou dos efetivos métodos de tratamento.

Quaisquer que sejam as razões para que os sociólogos não tratem a doença como uma forma de comportamento desviante, parece claro que existem duas tarefas distintas para uma análise sociológica como esta. Uma tarefa é modelada sobre a Medicina: determinar a causa (e felizmente a cura) de alguns sinais, sintomas, comportamentos ou atributos que são designados, com autoridade, como desvio. A denominação em si – de doença, crime, pecado ou qualquer outro – é aceita como verdadeira, muito embora, como os valores, crenças e o conhecimento mudam, os sinais, comportamentos e atributos denominados como desviantes também irão mudar, assim como a própria denominação em si. É evidente que tal abordagem está profundamente vinculada a determinado tempo e lugar, servindo ou representando o controle dominante das instituições de ambos. No caso do que é denominado doença, a instituição dominante de nosso tempo é a Medicina. Se o sociólogo desejar se dedicar à tarefa de determinar a etiologia e o tratamento em um caso de doença, ele deve, obviamente, se basear nas concepções médicas da doença, construindo sobre elas as próprias descobertas com as contribuições das variáveis sociais para a etiologia e o tratamento da doença. Em outras áreas de comportamento desviante, como na criminologia, o sociólogo pode criar, com base em leis concretas, suas concepções sobre o crime e pode, ele mesmo, criar teorias sobre sua etiologia e seu tratamento.

A outra tarefa é essencialmente definida pela Sociologia do conhecimento. Ela é criada a partir do reconhecimento de que o comportamento desviante não é uma condição em si, mas, sobretudo, uma avaliação do significado de uma condição. O problema para análise, então, não é de etiologia de uma condição, mas a etiologia do *significado* desta condição. Então, são colocadas perguntas assim: Como uma condição pode ser considerada desviante? Como um comportamento desviante pode ser considerado de uma forma e não de outra? Existe um modelo segundo o qual um comportamento tende a ser designado como desviante? Qual é o efeito da imputação de uma forma particular de desvio sobre a organização da interação entre as partes envolvidas? Já que a primeira abordagem concentra-se nos comportamentos, qualidades ou sinais físicos em si, a segunda, pelo contrário, concentra-se nas origens e conseqüências do significado vinculado aos comportamentos. Ela não procura tanto explicar a causa do comportamento, mas exige, sobretudo, explicação sobre a causa do significado vinculado ao comportamento. Ela, por este motivo, exige que se estude tanto os que imputam a um comportamento a denominação de desviante quanto os desviantes (que podem imputar a si a condição de desviante). Como os sociólogos do conhecimento, ela tenta colocar-se fora da sociedade que estuda.[7] No caso presente, o da doença, ela exige que o sociólogo fique do lado de fora da Medicina e de suas concepções. Esta é a abordagem que vou adotar aqui.

## Teoria situacional do comportamento desviante

A origem de tal perspectiva sistemática do comportamento desviante é oferecida pela denominada teoria situacional do comportamento desviante (*situational theory of deviance*), em consonância com a maneira que tratei o desempenho profissional. Esta abordagem caracteriza-se por não dedicar muita atenção à motivação ou à etiologia do comportamento considerado desviante. Ela implica que o comportamento das pessoas possa ser estudado de maneira útil como uma resposta direta ao meio imediato ou à situação social na qual elas se encontram, sem considerar seus motivos ou valores anteriores.[8] Ela se concentra na etiologia e nos efeitos do comportamento *declarado* desviante e na maneira com que sua condição de ser desviante é organizada pelas pressões da vida social imediata na qual o indivíduo se en-

---

7 Gibbs, quando critica as tarefas dos "fora da ordem" (*outsiders*), não reconhece que existe uma relação problemática entre duas tarefas. Ver GIBBS, J. P. "Conceptions of Deviant Behavior: The Old and the New". In: *Pacific Sociological Review*, IX, 1966, p.9-14.
8 Ver a discussão sobre o "ajustamento situacional" (*situational adjustment*) em BECKER, H. S. "Personal Changes in Adult Life". In: *Sociometry*, XXVII, 1964, p.40-53.

contra. De modo geral, não existe ainda uma "teoria" situacional sobre o comportamento desviante que seja verdadeiramente bem elaborada ou autoconsciente, mas nas últimas décadas foram publicados textos suficientes que permitem que eu os resuma aqui.

A afirmação mais clara pode ser encontrada no trabalho de Howard S. Becker ("Outsiders", op. cit.). Ele ressalta que o que pode ser denominado comportamento desviante na sociedade humana é algo que quebra alguma regra ou norma social. Este ato ou atributo pode existir independentemente das normas ou regras sociais – o ato de quebrar uma janela existe independentemente das regras e quebrar uma perna existe independentemente da Medicina –, mas são as regras e normas sociais que dão a este ato ou atributo o *significado* de *comportamento social desviante*. Neste sentido, o comportamento desviante é criado por regras sociais e não pode existir fora da vida social. "Se um ato é desviante ou não depende, então, da reação das pessoas a ele" (ibidem:11). Conseqüentemente, a *percepção e designação* de desviante são pelo menos tão importantes quanto o ato ou comportamento real em determinar se o papel social será ou não assumido como desviante. Na verdade, estas acusações de comportamento desviante podem ocorrer mesmo quando o ato ou comportamento não ocorreu realmente – como uma calúnia. Desta forma, pode ser mencionado que o papel social do comportamento desviante pode existir na *ausência* de qualquer ato ou atributo "objetivo" e que, por esta razão, não é criado por tais atos ou atributos. O problema não é explicar atos ou atributos dados, mas explicar sua imputação de desviante. A etiologia do comportamento desviante, como papel social, reside menos no comportamento "desviante" individual e mais no processo social que cria regras para fazer que certos atos ou atributos sejam considerados desviantes, designando as pessoas que atuem desta maneira de desviantes ou infratores, e encarregando-se dos que são denominados desta maneira. Ao distinguir o ato ou atributo físico do significado social que lhe é atribuído, enfatizar que a forma de um comportamento social desviante é criada, sobretudo, pelos que fazem as leis e as fazem cumprir em vez de por um ato ou atributo físico que possa estar envolvido, e deixar aberta a questão sobre a "real" etiologia do ato ou atributo citado como desviante, Becker oferece um amplo quadro no qual a doença pode ser facilmente inserida. Nos escritos de Edwin Lemert nós encontramos idéias difusas e assistemáticas, mas que, pelo menos, podem ser úteis para desenvolver este quadro.

O trabalho de Lemert enfatiza as diferenças entre duas formas de comportamento desviante que são (1) formas de comportamento desviante baseadas em características meramente idiossincráticas de uma pessoa, que a distinguem das outras (algumas vezes individualmente), mas que podem ser lidadas como meras partes da maneira com que ela desempenha um papel "normal" socialmente aceitável; e (2) são as formas de comportamento desviante que se tornam elas mesmas papéis e elementos de uma estrutura social. Muitas das coisas com as quais os médicos e psiquiatras lidam são da primeira forma. Um homem de negócios pode exercer seu papel de uma forma especialmente odiosa, mas mesmo que não seja popular, continuará sendo, apesar de tudo, um homem de negócios. Se ele ficar gripado e for trabalhar, seu desempenho como homem de negócios poderá ser afetado, mas as características da gripe não estão organizadas no novo papel. Lemert (1964:82) chama isso de "comportamento desviante primário" (*primary deviance*) e defende que este comportamento tem pouca importância para o indivíduo, seja do ponto de vista psicológico ou sociológico, porque ele não envolve a "reorganização simbólica no nível das atitudes em relação a si e aos papéis sociais". O comportamento desviante primário é puramente sintomático: ele é, podemos dizer, mais uma simples diferença do que um desvio. Ser diferente "não é significativo até que [as diferenças] estejam organizadas subjetivamente e transformadas em papéis ativos, para tornarem-se critérios sociais de designar status. Os indivíduos com comportamento desviante devem reagir simbolicamente às próprias aberrações de comportamento, fixando-as em suas estruturas sociais e psicológicas. Os comportamentos desviantes continuam sendo comportamentos desviantes primários [...] até que eles sejam racionalizados ou então tratados como funções de um papel social aceitável" (LEMERT, 1951:75).

O comportamento desviante significativo é *secundário* – quer dizer, ele se torna socialmente organizado como desviante e não como mero comportamento diferente. Ele se organiza em um papel desviante específico que ajuda o indivíduo a defender-se, a atacar ou se adaptar aos problemas colocados pelas reações dos outros a seu comportamento desviante primário. Ao adotar efetivamente este papel, o indivíduo deve reorganizar a visão que tem de si mesmo, dos outros e de sua relação com eles, e freqüentemente encontra uma específica subcultura e uma organização social desviante que podem ajudar sua adaptação.

Em seu livro sobre a patologia social, Lemert sugeriu que se desenvolve um processo de "interação", ao longo do qual se cria um comportamento desviante secundário que se parece muito com o que Parsons (op. cit.:252-256) imaginou ser a fonte da motivação do desvio. Alguns comportamentos desviantes são considerados indesejáveis por outros, então o desviante é penalizado. Isso aumenta mais o número de comportamentos desviantes e as penalidades tornam-se cada vez maiores. Durante este processo, o homem em questão ressente-se dos que o penalizam. O desviante é estigmatizado, a distância social entre ele e os outros se fortalece e ele volta a adotar um comportamento desviante. Lemert destaca ainda que quando o papel desviante é adotado, pode começar a funcionar um processo de integração e outros papéis podem ser separados ou subordinados a este. As tentativas feitas para reduzir as tensões, o perigo de ser reconhecido e as sanções em geral criam novas exigências e lealdades. Mas o papel desviante não ocupa necessariamente o centro da cena e pode estar praticamente escondido, separado das regras normais. Os mais graves problemas ocorrem quando não existe nenhum papel tradicional ou bem definido para o comportamento desviante, nenhuma organização social ou cultura particular desviante, nenhum talento ou técnica particular. Onde eles existem, entretanto, o desviante aceita seu novo papel, o status que envolve e os benefícios decorrentes: ele se torna essencialmente um desviante "profissional".

O ponto mais importante de distinção entre o desvio primário e o secundário é que o comportamento desviante significativo ocorre em função das respostas dos outros às características de um indivíduo ou a uma resposta individual a si próprio. As características em si têm *menor* importância para produzir e formar o comportamento desviante do que as respostas sociais a ele; a imputação que lhes dá significado. Neste sentido, o "controle social [em si] deve ser tomado como uma variável independente e não como uma constante ou uma simples reação recíproca da sociedade ao comportamento desviante. Concebido desta forma, o controle social torna-se uma "causa" mais do que um efeito da magnitude e das variadas formas de comportamento desviante [primário]" (LEMERT, "Social Structure", op. cit.:83). Uma vez entendido isso, deveria estar claro que um *desvio secundário pode ser produzido quando um indivíduo não está, ele mesmo, motivado a adotá-lo, e quando não existe, em primeiro lugar, um desvio primário "objetivo" e "real"*. O que é importante é a *imputação* de comportamento desviante que um indivíduo recebe de outras pessoas (incluindo ele próprio) e o processo pelo qual um comportamento desviante é criado para ou por ele. Se ele é ou não "realmente" desviante ou tem qualidades pessoais que o motivem a ser desviante, esta é uma questão quase secundária. O importante é o caráter do sistema de controle social – sua denominação de desviante, seu poder de organizar isso em papéis estáveis – e o caráter de sistema de regras e grupos desviantes disponíveis. É isso que motiva alguém a se considerar desviante.

A "reação social", então, parece causar diferentes tipos de comportamento desviante e as simples diferenças individuais na maneira de desempenhar um papel não são significativas. Se quisermos concentrar nossa atenção sobre as reações sociais, deveremos analisar cuidadosamente as inter-relações entre grupos e associações na vida social atual. A reação social é particularmente importante quando lembramos que poucas formas na sociedade atual podem ser consideradas compartilhadas por todos os seus membros. A sociedade atual pode ser vista como um número de grupos e agrupamentos, muitos deles com normas diferentes dos outros. Lemert defende um "pluralismo de valores" que é, sem dúvida, restrito à sociedade atual. Este pluralismo é significativo porque oferece a base do comportamento desviante contingente. Por exemplo, "quando os valores culturais dominantes de um grupo específico ampliam-se e a ponto de tornarem-se a base da regulação normativa de... populações que têm valores divergentes... por definição ou decreto, certas práticas culturais dos grupos culturais minoritários tornam-se crimes, sujeitos a sanções e penalidades impostas pelo grupo dominante ou de elite" (ibidem:64-65).

Além do "pluralismo étnico", existe também o "pluralismo neotécnico" no qual "o indivíduo deixa a arena dos grupos primários para entrar em numerosas associações e situações não estruturadas com... membros representando valores díspares" (ibidem:67). Nestas associações, "os valores que emergem como dominantes neste caso podem variar enormemente em comparação com os valores dos indivíduos considerados um a um. Quando a associação se alinha a outras associações, seus valores tornam-se dominantes na sociedade, removendo os valores dos indivíduos que fazem parte de várias associações constitutivas. Pela mesma razão, as normas estabelecidas ou oficializadas para assegurar o domínio destes valores remotos podem ser muito diferentes ou entrar em conflito direto com aqueles tidos como apropriados pelos indivíduos" (ibidem:68). Estas associações "obtêm sucesso ao ter seus valores especiais promovidos, protegidos ou consolidados por normas legais. [...] Em muitos casos, as normas legais não representam valores dos indivíduos ou dos grupos, mas são, sobretudo, o resultado de compromissos obtidos pela interação de grupos em organismos legislativos" (ibidem:69).

É assim que muitas normas de nossa sociedade são construídas por grupos particulares e, se elas são reconhecidas pela lei, são, pelo menos parcialmente, as normas dos grupos que possuem privilégios políticos (como os grupos profissionais), se não de grupos que têm poder (por exemplo, o trabalho e o capital). Elas não podem ser consideradas, de forma alguma, normas de indivíduos ou de grupos primários de toda a sociedade: as normas são, essencialmente, exteriores aos indivíduos e aos grupos primários e, desta forma, os grupos e os indivíduos têm a oportunidade de entrar em conflito com as normas, o que pode torná-los desviantes. Neste sentido, muitas destas normas são *impostas* sobre as pessoas, sem que suas crenças sejam levadas em consideração.

Mas porque estas normas tendem, por sua natureza, a ser artificiais e não representarem efetivamente as normas de nenhum grupo existente, elas são dificilmente aplicadas mecanicamente por todo mundo. Em vez disso, os agentes que regulam devem, de alguma forma, estar constantemente interpretando o sentido das normas e o significado dos possíveis comportamentos ofensivos: o processo de controle em si apresenta uma série de decisões arbitrárias, apoiando-se, muitas vezes, se não em grande parte, nas circunstâncias em que o agente do controle social se encontra e, no caráter do agente em si, bem como no comportamento atual do suposto infrator. Neste sentido, *as normas em si e os agentes que lidam com elas são tão problemáticos quanto os indivíduos desviantes.* A análise deve concentrar-se menos "nas definições essenciais como doença mental e alcoolismo do que no processo através do qual as organizações reconhecem ou não tais comportamentos como imperfeição moral ou doença, fazem dele um motivo para desculpar outros atos desviantes, ou escolhem oferecer ou não benefícios aos que os desvios estão vinculados. [...] *A avaliação* [da parte dos agentes de controle] *torna-se uma noção capital para explicar o comportamento desviante*" (ibidem:96). Então, as agências públicas e privadas que estão organizadas para lidar com o desviante servem para *criar* o papel social do desviante, e, ao estudar a "cultura do controle societário" (LEMERT, *Social Pathology*, op. cit.:68-71), aprenderemos por que algumas pessoas, e outras não, são designadas de desviantes. Estudando os preconceitos sociais que se manifestam na maneira pela qual os casos são identificados e as normas são aplicadas, entenderemos por que o universo do desvio, tal como é conhecido e imaginado, é o que é. Estudando os processos de controle social aplicados ao desviante, quando são discriminados, podemos aprender por que seu desvio desaparece ou persiste e como é organizado em um desvio secundário. Esta é essencialmente a visão sugerida por Becker quando ele define o comportamento desviante como aquilo que as pessoas denominam como tal, e quando insiste sobre a necessidade maior de explicar o reforço do que o comportamento considerado desviante.

## Implicações da orientação situacional

Quais são as implicações destas considerações para a teoria do desvio? Em primeiro lugar, elas nos incitam a evitar que sejam determinadas características individuais estáveis aos desviantes, porque seu desvio é definido socialmente e a atribuição que uma pessoa recebe não depende necessariamente da coisa que lhe é realmente associada. O desvio social é, então, finalmente *imputado* e simplesmente não está "nele". Então, se quisermos desenhar uma imagem útil do desvio, será mais prudente não usar as características imputadas ao desviante, pois assim corremos o risco de acreditar que esta característica exista de verdade nele. Em segundo lugar, o que é definido como comportamento desviante pode escapar do controle ou dos desejos do indivíduo envolvido e este não precisa, então, estar necessariamente motivado. A motivação individual pode, entretanto, aparecer na maneira com que o desvio imputado está organizado, quer dizer, na maneira na qual o indivíduo responde à imputação de desvio que lhe é feita. Por isso, para se ter uma visão útil e completa do desvio, não utilizaremos a noção de motivação, apesar de obviamente lidarmos com este problema. Em terceiro lugar, como a questão decisiva é saber se o desvio se organiza ou não socialmente, e como este parece se organizar em função da maneira com que os outros respondem, se ocupam ou tratam dele, uma imagem estratégica deve ser levada em consideração. Devemos considerar as diferentes maneiras com que o desviante se ocupa ou reage à imputação de desvio.

Tais considerações enfatizam isso porque, assim como a beleza, o desvio está no olho de quem olha (mesmo se reconhecermos que o olho percebe alguma coisa que pode ser atribuída à realidade). Estudar quem define ou constata o comportamento desviante é tão importante quanto analisar o desviante. Conseqüentemente, na medida do possível, eu assumo que o desvio é construído socialmente e me pergunto: Que tipos de concepções e hipóteses de controle estes agentes usam para formular as características do desviante? Que critérios eles utilizam para reunir evidências que apóiem estas características? Quais são seus pontos de partida característicos? Como seu modo de proceder na verdade modela estas características.

## O lugar da doença

Utilizando a teoria situacional do comportamento desviante para analisar a doença, deve-se obrigatoriamente distinguir a doença como um estado puramente biológico e como um estado humano e social. No primeiro caso, a doença envolve mudanças nos ossos, tecidos, fluidos vitais ou em organismos vivos, humanos ou não. No segundo caso, a doença implica na mudança de comportamento que ocorre apenas entre seres humanos e que varia de cultura para cultura e outras fontes organizadas de significação simbólica. Já que a doença, como estado biofísico, existe independentemente do conhecimento e da avaliação humanos, a doença como estado social é *criada* e *formatada* pelo conhecimento e avaliação dos seres humanos. Assim, quando um veterinário diagnostica uma doença em uma vaca, seu diagnóstico não modifica o comportamento da vaca: para o animal, estar doente é um estado biofísico, e mais nada. Mas, quando um médico detecta uma doença em um homem, o comportamento deste é modificado por tal diagnóstico: um estado social se soma ao estado biofísico, atribuindo outro significado à doença. Neste sentido, o médico cria a doença, assim como o legislador cria o crime; e a doença é uma forma de comportamento social desviante distinto, analítica e empiricamente, de uma mera enfermidade. Como um tipo de desvio social, a etiologia da doença não é biológica, mas social, originando-se nas concepções sociais correntes sobre o que é a doença, limitada talvez por alguns poucos fatos biológicos que são universalmente reconhecidos, ordenada e regulamentada pelas organizações e ocupações que se dedicam a definir, descobrir e lidar com a doença. Pode-se esperar que a doença, como desvio social, varie em seu conteúdo e organização de maneira um tanto independente da realidade biofísica. Ela pode ser um desvio primário, caracterizando a maneira com que são desempenhadas suas tarefas cotidianas, ou um desvio secundário, constituindo um papel organizado em si só, que substitui outros. Finalmente, pode-se esperar que ela seja diferenciada de outros tipos de desvio social pelo significado que lhe é imputado. A seguir, me dedicarei à tarefa de classificar estas significações com o objetivo de discernir os tipos sociológicos de doença.

# CAPÍTULO 11
## Tipos sociológicos de doença

No capítulo anterior, estabeleci a diferença entre a doença biofísica e a doença social. Afirmei que, do ponto de vista da análise sobre a doença, o social é independente do biofísico. Em sua forma social, a doença tem um significado atribuído ao comportamento do ator ou daqueles que o rodeiam, e é este significado que define o comportamento da doença. Parte do significado atribuído à doença como tal decorre do desvio. Mas, como muitas coisas são consideradas desviantes, não podemos entender o caráter social da doença se não formos capazes de distinguir o significado da doença de outras formas de desvio. Para fazer tal distinção, é necessário estabelecer uma taxonomia que diferencie sistematicamente os tipos lógicos e empíricos de desvio e, no interior da categoria geral de doença, diferenciar os tipos de doença. Neste capítulo pretendo criar esta taxonomia.

### Critério para a taxionomia do comportamento desviante

A classificação de tipos de desvio tem aqui um propósito prático e teórico. Eu tenho a intenção de utilizá-la nos capítulos seguintes para, ao mesmo tempo, esclarecer as relações existentes entre as três profissões estabelecidas e prever o comportamento dos que forem classificados. Os critérios que irão guiar minha classificação, além daqueles ordinários de exclusão lógica, serão os seguintes. Em primeiro lugar, como me interesso pela natureza social do desvio, a classificação não será baseada nas características biofísicas dos indivíduos ou nos atos aos quais um significado é atribuído. Então, ela não será baseada nem nos sinais físicos que permitem que os médicos diagnostiquem uma doença, nem nos delitos comprovados, por meio dos quais o juiz ou o júri determinam que houve um crime. Em vez disso, a classificação será baseada no significado atribuído pelas pessoas às características físicas ou aos atos concretos, independentemente do fato de esta imputação ser ou não "correta" do ponto de vista profissional médico ou jurídico. Por meio desta tática, nos liberamos da Medicina e do Direito imperfeitos de nosso tempo ou de outros tempos, sem que isso nos impeça de utilizar a maneira deles de perceber as coisas.

Em segundo lugar, o sistema apropriado de classificação não será baseado em idéias atuais ou antigas sobre a etiologia, nem na causa dos atributos ou dos atos que são imputados como desvio, a menos que estas idéias sejam tratadas mais como significados do que como fatos, por isso adotei a abordagem da sociologia do conhecimento sobre o desvio. Esta especificação também se aplica à noção de motivação, que será utilizada, sobretudo, como uma imputação e não como verdade. De fato, a motivação está estreitamente vinculada ao conceito de desvio. Como observou Brim (1966:42), "nossa sociedade é mais propensa a tolerar (ou seja, sancionar pouco ou nada) o desvio proveniente da ignorância ou da falta de habilidade se a pessoa em questão tem boa vontade, tem um bom coração e boas intenções". Neste sentido, o tipo ou a qualidade da motivação imputada a uma pessoa que é denominada desviante tem grande influência sobre a maneira com que um médico, padre, juiz, cônjuge, bruxa ou curandeiro comportam-se em relação a ela. O que conta não é tanto a causa "real" do comportamento ou a motivação "real" da pessoa, mas, sobretudo, o fato de que se acredita que elas sejam corretas: as queixas de uma pessoa com uma doença "real", mas não diagnosticada ou não identificada, leva seus examinadores a tratar esta pessoa como simulada ou hipocondríaca, e não como doente. Poderíamos, então, classificar o desvio com base em sua etiologia, como propôs Brim (ibidem:40-41), mas tendo o cuidado de considerar a etiologia como imputação e não como um fato.

Em terceiro lugar, como o que está sendo classificado são significados, e como estes variam de acordo com o tempo, lugar e ponto de vista, independentemente dos inúmeros atributos e comportamentos do ser humano, o resultado é que um sistema de classificação sério deve especificar o tempo, lugar e ponto de vista a partir do qual o significado é imputado, antes de poder estabelecer as relações entre o significado e o comportamento. Por exemplo, podem ser atribuídos diferentes significados (e motivações) ao ato de alguém falar muito e em voz alta na rua cheia de gente, em determinado tempo e lugar: este comportamento pode ser visto como uma possessão divina, um ato de loucura ou um gesto de hostilidade em relação ao Estado. Para compreender como as pessoas respondem a um ato como este, deve ser especificado seu tempo, lugar e ponto de vista: o ato em si não permite que sejam previstas suas respostas. Finalmente, parece muito útil desenvolver um esquema de classificação dos tipos de comportamento social desviante de maneira que permita prever como as pessoas irão se comportar em relação à alguém que foi denominado como desviante. Isso quer dizer que parece desejável selecionar significados que nos permitam determinar maneiras de lidar com e responder aos indivíduos envolvidos. Quanto mais estratégico for o significado usado para a taxonomia, mais importantes serão as respostas aos significados da interação humana.

## Significados sociais da doença

Com o estabelecimento das exigências para a classificação, o problema passa a ser captar os significados estratégicos utilizados durante o processo de imputação de desvio. Comecemos pelo significado da doença. Como Parsons[1] mostrou, atualmente, o termo "doença", quando utilizado para dar significado a um desvio, implica que o que é denominado como desviante não se origina de uma escolha deliberada e conhecida do ator, ou seja, que o desvio está essencialmente fora do controle do ator – quer dizer que não é motivado. Além disso, isso implica que o que está errado com ele seja determinado pelo conhecimento racional e reconhecido e tratado por uma categoria especial de profissionais que detenham tal conhecimento. Não se deve "julgar" uma pessoa doente, se ela não for capaz de responder por si. De preferência, esta pessoa deve colocar-se, ou ser colocada, nas mãos de inúmeros especialistas que têm o conhecimento e a habilidade para ajudá-la a retornar ao estado mais normal possível. A ajuda de tais especialistas nor-

---

1 As discussões que se seguem foram baseadas em PARSONS, T. *The Social System*. Nova York: The Free Press of Glencoe, 1951, p.428-447.

malmente assume a forma de educação e treinamento ou de tratamento e manipulação: as punições econômicas ou físicas não são consideradas métodos efetivos e morais de tratamento.

Parsons, em sua discussão sobre o significado social da doença, chega a delinear o "papel do doente". Ele define quatro aspectos específicos: (1) a incapacidade do indivíduo é pensada como algo que está fora do exercício de sua escolha, de forma que ele *não é visto como alguém responsável* por ela. Para seu restabelecimento é necessário algum processo curativo, além da própria motivação. (2) Sua incapacidade é uma razão determinante para que ele seja *isento de obrigações morais*. (3) Estar doente é, portanto, ser capaz de ter *legitimamente um comportamento desviante*. Esta legitimação, entretanto, é condicional ao reconhecimento de que ele está doente e que tem a obrigação de superar esta situação indesejada. (4) A partir do momento que a pessoa que sofre não consegue voltar a se sentir bem por si só, espera-se que ela *procure ajuda competente* e que *coopere* com as tentativas feitas para fazê-la voltar a se sentir bem.

Pode-se ver que o papel do doente, definido por Parsons, exige que ele procure uma ajuda competente, ou seja, que adote o papel de *paciente*. As funções do papel de doente colocam o desviante nas mãos do médico. Elas são compostas por uma série de condições que colocam o doente sob os cuidados do médico, permitindo que este exerça sua competência sobre o primeiro. O papel do médico, por sua vez, leva o paciente a aceitar que o profissional faça coisas para exercer sua função.

Analiticamente, o papel do doente é significativo porque constitui uma forma de desvio que integra o processo de controle social que separa, de uma só vez, o desviante dos não-desviantes e impede que se torne um alienado permanente. Este processo isola a pessoa doente da que passa bem, privando a primeira de seus direitos incondicionais e reforçando a motivação da última a *não* ficar doente; ao mesmo tempo ela empurra a primeira para dentro de instituições profissionais, onde elas tornam-se dependentes das pessoas que não estão doentes. "O papel do doente é... um mecanismo que... canaliza o desvio de tal maneira que duas possibilidades mais perigosas são descartadas, especialmente a formação de um grupo de desviantes e o reconhecimento à sua pretensão de legitimidade. O doente não está ligado a outros desviantes para formar uma "subcultura" de doentes, mas cada um está ligado a um grupo de não-doentes, ao círculo de amigos e, sobretudo, aos médicos. É assim que o doente torna-se uma categoria que tem um estatuto "estatístico", mas que se encontra impossibilitado de formar uma coletividade solidária. Além disso, estar doente é por definição estar em um estado indesejável, por isso simplesmente não tem "sentido algum" afirmar que a maneira de regulamentar os aspectos frustrantes do sistema social é 'todo mundo ficar doente'" (ibidem:477).

## Imputando responsabilidade e seriedade

As idéias de Parsons sobre o papel do doente estimularam inúmeros pesquisadores da área.[2] E com boas razões, elas constituem, de um ponto de vista propriamente sociológico, uma análise penetrante e bem adaptada à doença. Entretanto, a partir da formulação de Parsons surgiram inúmeros problemas que devem ser resolvidos se for estabelecida alguma relação útil entre a noção do papel do doente e a realidade social. Deixe-me tratar um problema de cada vez.

Em primeiro lugar, deve-se observar que a discussão de Parsons sobre os papéis do médico e do paciente é relevante, sobretudo, na sociedade industrial atual, e não em todas as sociedades. Neste sentido, muito do que ele diz sobre tais papéis não tem, necessariamente, relação com a caracterização que fez sobre o papel do doente, como tal, exceto no contexto das sociedades ocidentais (PARSONS, op. cit.:475-476). Entretanto, podemos encontrar atributos do papel do doente mesmo onde a moderna Medicina científica não existe. O que é *genericamente* importante para o papel do doente é uma série de imputações e expectativas sociais, *uma reação específica da sociedade*, e não as relações com a Medicina como tal. Não existe razão lógica para que a absolvição de uma falta tenha necessariamente uma origem médica. Ela pode ser também de ordem sobrenatural ou originar-se na sorte ou azar. O importante é que existe absolvição da falta, independentemente da explicação racional oferecida. E onde esta absolvição exista, o desviante é tratado de forma mais permissiva do que punitiva. A primeira característica do pa-

---

2 Ver, por exemplo, GORDON, G. *Role Theory and Illness.* New Haven, Connecticut: College and University Press, 1966.

pel do doente – não o considerando responsável[3] pelo desvio –, portanto, atribui significado ao desvio que tem implicações para a forma com que os outros reagem ao desviante, independentemente de o fato das premissas da Medicina da sociedade ocidental serem ou não adotadas.

O segundo aspecto do papel do doente não pode ser tomado ao pé da letra: ser dispensado das obrigações normais. Na verdade, a dispensa varia em grau e qualidade, se a pessoa que sofre será ou não encorajada a procurar tratamento ou se a dispensa será ou não condicional. O grau de dispensa leva a pessoa que sofre a adotar ou a recusar o papel específico de doente. Quando se trata de uma doença com menor gravidade, a dispensa afeta apenas algumas obrigações ligadas ao cotidiano, permitindo ao doente exercê-las de uma forma diferente "devido" à indisposição. Para uma doença tida como grave, o paciente é dispensado totalmente de suas obrigações cotidianas e autorizado a adotar, em seu lugar, um papel, uma atitude específica de doente.[4] Existem casos extremos como o do "terror mágico", no qual uma pessoa, que acredita que uma força negra foi enviada em sua direção, obriga o mágico a morrer (CANNON, 1942:169-181; GILLIN, 1948: 387-400; WARNER, 1936:240-243), e como o caso da resposta autoconfirmadora de Siriono à incapacidade individual de comer assumindo que é um caso sem esperança, sendo abandonado na rua, onde morrerá de fome e será comido (HOLMBERG, 1950:86-87). Nestes casos, a "dispensa" das obrigações ordinárias vai tão longe que o paciente tem a morte como conseqüência. Ressaltar e explicar o grau de dispensa representa, portanto, uma imputação sobre o nível de gravidade do desvio. A dispensa é uma *conseqüência* da gravidade atribuída ao desvio. Da mesma forma, a legitimação condicional dada ao comportamento de uma pessoa que é tida como doente assim como a exigência de que ela procure ajuda competente para tirá-la desta incapaci-

---

3 A idéia da responsabilidade pessoal é uma base importante da sociedade ocidental, se não de todas as sociedades. Sua importância não pode ser enfatizada demais, mesmo porque eu não tenho condições de desenvolver extensivamente este tema aqui. Para algumas importantes distinções sobre tipos de responsabilidade na atividade médica, ver SZASZ, T. S. *Law, Liberty and Psychiatry*. Nova York: The Macmillian Co., 1963, p.124-125. Para um estudo empírico sobre sua importância, ver FLETCHER, C. R. "Attributing Responsibility to the Deviant: A Factor in Psychiatric Referrals by the General Public". In: *Journal of Health and Social Behavior*, VIII, 1967, p.185-196.

4 Para uma exploração empírica, ver TWADDLE, A. C. "Health Decisions and Sick Role Variations: An Exploration". In: *Journal of Health and Social Behavior*, X, 1969, p.105-115.

dade são conseqüências dos significados centrais da doença. Como a pessoa tida como desviante não é considerada responsável, seu comportamento torna-se aceitável para os outros, que a "tratam" e "controlam", tirando-lhe suas obrigações ordinárias, mas exigindo que ela coopere com o tratamento.

Eu acredito que é possível utilizar as variáveis estabelecidas ou indicadas na análise de Parsons sobre o papel do doente como base para um sistema de classificação não apenas da doença, mas também de outras formas de desvio. As duas principais variáveis sugeridas por minha discussão são (1) a imputação de responsabilidade à pessoa considerada doente (com tudo que esta responsabilidade implica na sua motivação) e (2) o nível de gravidade imputado à sua ofensa (com tudo que implica a adoção de novas regras). Podemos tratá-las como variáveis independentes que provocam modificações sobre o que se pode esperar do desviante, sobre como as pessoas irão se comportar em relação a ele, e sobre como ele mesmo irá agir. Quando um homem é considerado responsável por sua má conduta, ele será provavelmente punido e lhe será feita uma condenação moral.[5] Quando não é considerado responsável, mesmo se seu comportamento não corresponder ao esperado e exija, então, algum tipo de controle, é provável que nos ocupemos dele para educá-lo, tratá-lo ou, no máximo, lhe impor uma limitação muito permissiva.

Esta imputação de responsabilidade como uma "base" do comportamento (GARFINKEL, 1956:420-424) é importante precisamente porque ela nos permite prever de que maneiras os desviantes irão reagir – o conteúdo da reação da sociedade. A imputação de gravidade permite prever a quantidade e a qualidade do tratamento. Por exemplo, a distinção que a Medicina faz entre uma ligeira infecção das vias respiratórias superiores e um ataque cardíaco que coloca a vida em perigo e a distinção que o Direito faz entre quem atravessa a rua sem obedecer ao sinal e um assassinato marcam as diferenças de intensidade que refletem as diferenças na qualidade da resposta. Até certo ponto, a intensidade da reação da sociedade em si só faz que o desvio primário torne-se secundário. Mesmo se a reação da sociedade não contiver em si estas prescrições para uma cerimônia degradante que poderia, formalmen-

---

5 Ver a extensa e sofisticada discussão de AUBERT, V. & MESSINGER, S. "The Criminal and the Sick". In: *Inquiry*, I, 1958, p.137-160.

te, instaurar um desvio secundário (ibidem), deveríamos esperar que o indivíduo organizasse, ele mesmo, um papel especificamente defensivo ou ofensivo. Então, não é o grau ou a quantidade de respostas de si ou sobre si que importa aqui. O que é mais importante analiticamente é a idéia de que, até certo ponto, a força da imputação de desvio leva o escolhido por si só ou por outras pessoas a encontrar um papel desviante para o indivíduo. É a força da reação da sociedade, medida pela seriedade da imputação de desvio, que deve ser utilizada para prever se resultará em um desvio primário ou secundário.

## Uma tentativa de classificação do desvio

Vamos utilizar estas duas dimensões para tentar criar uma classificação do desvio para que percebamos melhor como ela poderia funcionar e o que poderia faltar. O Quadro 1 representa esta tentativa que, como ilustra cada coluna, classifica a reação social da classe média contemporânea. Como já observei diversas vezes, o uso de tais denominações (e os atributos e comportamentos aos quais elas estão associadas) varia segundo a época, o lugar e o ponto de vista, de maneira que nós só poderemos imputar determinada denominação a um caso específico adotando um ponto de vista histórico, cultural, profissional ou social. O que, por hipótese, apresento como estável e independente da época, lugar e ponto de vista não é a denominação, mas a maneira com que os desviantes são tratados quando é nomeada a responsabilidade ou falta de responsabilidade de alguém – e as obrigações e privilégios que o desviante passa a ter a partir deste momento. Qualquer que seja o ponto atingido pelo comportamento desviante, nos dois casos em que o desvio é considerado grave, produz-se um desvio secundário. O desviante organiza seu comportamento para exercer um novo papel, modificando bruscamente as obrigações e os privilégios.

A primeira coisa a se observar sobre a representação no quadro das reações sociais que distinguem responsabilidade individual da falta de responsabilidade é que ela reflete duas das mais importantes instituições sociais de controle da sociedade nosso tempo: o Direito e a Medicina. Ela não reflete, diretamente, o ponto de vista profissional destas instituições – o que eu devo desenvolver em relação à Medicina no próximo capítulo – mas reflete, sobretudo, a maneira seletiva com que tais instituições são incorporadas às reações sobre o desvio da classe média norte-americana. Falando de maneira superficial, e apenas de uma forma muito genérica, os "crimes" são atos ou atributos desviantes pelos quais as pessoas são responsáveis ou responsabilizadas, e a "doença" é um ato pelo qual o doente não é responsável ou responsabilizado. Conseqüentemente, a reação imputada ao primeiro é a punição, seja pela multa ou o aprisionamento; a reação imputada ao segundo é o tratamento condicional permissivo.

Quadro 1:
Tipos de desvio, classificados segundo a quantidade e a qualidade da reação social
(Reação da classe média norte-americana contemporânea)

| Gravidade imputada | Responsabilidade imputada | |
| --- | --- | --- |
| | Indivíduo é tido como responsável | Indivíduo não é tido como responsável |
| **Desvio menor** | "Estacionamento em lugar proibido" Ligeiro aumento das obrigações normais; suspensão menor de alguns poucos privilégios. | "Um resfriado" Suspensão parcial de algumas obrigações; ligeiro reforço dos privilégios ordinários. Obrigação de melhorar. |
| **Desvio grave** | "Assassinato" As obrigações normais são substituídas por outras; perda dos privilégios comuns. | "Ataque cardíaco" Suspensão da maioria das obrigações; aumento dos privilégios comuns. Obrigação de procurar ajuda e de cooperar com o tratamento. |

O outro eixo de classificação – gravidade imputada – distingue a magnitude da reação da sociedade, cujas conseqüências são deixar o culpado assumir seu papel "normal", um pouco modificado e limitado pelos atributos não desviantes (que é o desvio primário, segundo Lemert), ou de empurrar o culpado para um novo papel, especificamente desviante (isto é, o desvio secundário). Quer dizer que as pessoas não se tornam criminosas por um delito insignificante, da mesma forma que as pessoas não são levadas apressadamente para um hospital, sendo colocadas em um serviço de emergência, se forem consideradas resfriadas.

No caso das doenças, o quadro faz uma primeira distinção entre as doenças ou prejuízos que não estão organizados em um papel particular e os que estão. No primeiro caso, exemplificado por "um resfriado", um grande número de doenças e enfermidades, temporárias ou permanentes, agudas ou crônicas, podem ser incluídas em seus atributos. Neste caso, o indivíduo pode ser acompanhado enquanto desempenha suas tarefas diárias. Nenhuma simples "causa" ou "sistema" biológico os interliga, pois entre eles um médico poderá diagnosticar uma infecção viral ou bacteriana, traumatismo e malformações, que têm aparentemente origens diversas, relacionadas a diferentes órgãos, membros e sistemas. Além disso, serão encontradas neste primeiro caso doenças consideradas pelos médicos muito sérias ou mesmo fatais: elas entrarão nesta categoria antes de serem diagnosticadas como tal, e podem permanecer lá indefinidamente, enquanto não for necessário impor severo limite material ao desempenho do doente. De modo geral, é a reação da sociedade que define a homogeneidade dos elementos que se inscrevem em uma categoria, nada mais. Isso, é claro, também se aplica ao segundo caso, quando a doença se organiza com um papel especial, exemplificada pelo "ataque cardíaco": o que as coloca juntas é que são definidas como sérias ou severas e que são acompanhadas pela interrupção das atividades ordinárias do desviante. Esta identificação coloca a pessoa em um novo papel. Qualidades biológicas da doença são esperadas, ainda que marginalmente, no contexto de uma situação social específica que envolve determinado conjunto de agentes com um perfil de diagnóstico dado.

Ademais, devo chamar a atenção para o fato de que o que *a Medicina* denomina de doença se inscreve em uma situação em que o indivíduo é tido como responsável pelo desvio que lhe é imputado – ou seja, ele se torna parecido com os criminosos. Na sociedade atual, por exemplo, as reações de leigos e profissionais em relação às doenças venéreas tendem a refletir preocupações sobre a maneira como a doença foi contraída – maneira pela qual o doente é tido como responsável.[6] Estas preocupações não estão presentes no caso das infecções contraídas mais inocentemente (como no

---

6 Ver, por exemplo, a descrição de BECKER, H. S. et al. *Boys in White*. Chicago: University of Chicago Press, 1961, p.323-327.

legendário caso do vaso sanitário). Em outro contexto, observamos que o pessoal médico não respeitava e até recusava-se a tratar das pessoas que tinham tentado suicídio, ou que haviam se machucado em uma briga ou em um acidente causado por seu estado alcoólico ou por negligência (GLASER & STRAUSS, 1965:83). Embora estas reações não possam ser proeminentes no mundo atual da classe média, elas são provavelmente mais comuns do que pensamos, particularmente quando quem padece já foi advertido e se espera, portanto, maior precaução de sua parte. De qualquer forma, deve ser ressaltado que o que deveria ser uma doença para a Medicina algumas vezes em nossa cultura, e freqüentemente em outras, *pode* cair na coluna da esquerda de meu quadro, como um "crime", e ser tratada de acordo com a imputação de responsabilidade individual que receber. Esta taxonomia *social* independe de uma taxonomia *biofísica*, embora ela possa acomodar-se a seu conteúdo.

## Legitimidade, estigma e permanência

O esquema delineado parece distinguir algumas importantes reações sociais, obedecendo à tipologia de desvio que contém ao mesmo tempo, em si, um importante significado social que envolve a imputação e os resultados desta imputação sob a forma de obrigações exigidas e privilégios tolerados do desviante. Contudo, não é tão simples assim criar um esquema que diferencie empiricamente as variações significativas de comportamento em relação a uma doença. Ele deve ser amplo o suficiente para abarcar estas variações, mas não a ponto de perder as virtudes e a estética da simplicidade.

Para poder discernir algumas das impropriedades do esquema delineado anteriormente, vamos considerar, mais uma vez, o terceiro aspecto do papel do doente segundo Parsons: a legitimidade condicional atribuída ao desvio.[7] Como Parsons indica, quando o restabelecimento é possível, a dispensa da pessoa doente é tida como temporária e sua condição é legitimada se

---

7 Para uma exploração empírica, ver PETRONI, F. A. "The Influence of Age, Sex and Chronicity in Perceived Legitimacy to the Sick Role". In: *Sociology and Social Research*, LIII, 1969, p.180-193.

ela tentar se comportar adequadamente. Mas esta condição de dispensa temporária é apropriada apenas para os casos considerados agudos. Ela é totalmente inadequada para as demais enfermidades, incluindo as denominadas doenças crônicas e as que geram incapacidade física ou invalidez.[8] Nestes casos, a legitimidade não está condicionada ao fato de o paciente tentar ficar bem, mas ao fato de se acreditar que isso é impossível. A legitimidade da dispensa é, de fato, absoluta e invariável se a enfermidade for imputada como "incurável". É verdade que a *aceitação* dos outros está relacionada com a manutenção de relações adequadas socialmente e tranqüilas com eles (GOFFMAN, 1963) e que, em nossa sociedade, a legitimidade está condicionada ao fato de alguém melhorar seu estado de saúde mesmo se for um caso agudo ou incurável em um sentido absoluto. Uma pessoa com uma doença crônica ou definitivamente inválida que "espera demais" ou que "exige demais" tem chances de ser rejeitada por outras. Neste caso, a legitimidade não está condicionada aos esforços de busca de ajuda, como é o caso de uma doença considerada aguda ou curável. A legitimidade, de preferência, está condicionada à limitação das demandas por privilégios que outras pessoas consideram apropriados (pelo que estas outras pessoas acreditam que alguém não pode ser responsável).[9] Em um caso como este, então, a legitimidade do comportamento desviante é *incondicional*, o que varia são os limites e os tipos de comportamento desviante. Tenho a impressão de que, atualmente, tendemos a considerar como legítimo, mesmo que condicionalmente, uma maior quantidade e variedade de comportamentos desviantes para que uma pessoa seja considerada portadora de uma doença aguda e curável ou de uma crônica, "incurável".

Outra situação especial, na qual o conceito de legitimidade parece estar envolvido, é aquela que se produz quando é atribuído um estigma a um atri-

---

[8] Para uma revisão de um grande material sobre doenças que causam incapacidade física ou invalidez, ver BARKER, R. et al. "Adjustment to Physical Handicap and Illness: A Survey of the Social Psychology of Physique and Disability". In: *Social Science Research Council Bulletin*, 55 (revisado em 1953); e WRIGHT, B. A. *Physical Disability, a Psychological Approach*. Nova York: Harper and Row, 1960. Para uma tentativa de fazer que, sociologicamente, estes problemas tenham sentido, ver FREIDSON, E. "Disability as Social Deviance". In: SUSSMAN, M. B. (ed.). *Sociology and Rehabilitation*. Washington, D.C.: American Sociological Association, 1966, p.71-99.

[9] Ver a discussão em THOMAS, E. J. "Problems of Disability from the Perspective of Role Theory". In: *Journal of Health and Human Behavior*, VII, 1966, p.2-13.

buto ou ato. Se seguirmos a discussão de Goffman sobre estigma, o veremos como uma reação societária que "estraga" a identidade normal. É uma reação que, se não exigir que a pessoa exerça seu papel normal, pelo menos exige que o papel normal seja exercido de maneira incompleta, ou até mesmo deformada, e que a interação diária seja, de alguma forma, tensa. Do ponto de vista da análise, a denominação de estigma tem um aspecto peculiar: embora uma pessoa estigmatizada não seja necessariamente responsável por aquilo que lhe é imputado, os privilégios da vida social lhes são recusados, como ocorre com aquela que é responsável. A reação societária, como o termo em si implica, apesar de ambígua, atribui deficiência moral para o estigmatizado. Além disso, diferindo de outras qualidades imputadas, o estigma é, por definição, indestrutível e irreversível: ele tem uma relação tão estreita com a identidade que, mesmo depois que a causa da imputação do estigma tenha desaparecido e que a reação societária tenha sido ostensivamente reorientada, a identidade permanece, formada pelo fato de *ter* assumido um papel estigmatizado. O doente mental curado não será outra pessoa, mas sim um ex-doente mental; o criminoso reabilitado continuará sendo um antigo condenado. Sua identidade estará sempre deteriorada. Nós não denominamos da mesma forma ex-infratores de sinal ou ex-asmáticos: casos em que o estigma não está associado ao desvio.[10]

Essencialmente, pode-se dizer que, embora muitos estigmatizados por outros não sejam considerados responsáveis por seu comportamento desviante, a designação de estigma essencialmente retira a legitimidade dos privilégios que eles procuram ter e impõe obrigações particulares. Neste caso o estigma se parece mais com o crime do que com a doença. Como já observei, referindo-me à análise de Goffman, a *identidade* da pessoa estigmatizada, se não sua saúde, é alterada de maneira irrecuperável. O fato de ter sido uma pessoa desviante continua fazendo parte de sua identidade, mesmo se o estigma visível, institucional ou físico, tiver sido removido. Um estigma, além disso, interfere nas interações normais, pelas quais as pessoas não precisam fazer que o desviante seja responsável por seu estigma. Ele, entretanto, os embaraça, contraria ou até os revolta. Espera-se que

---

10 Ver a discussão de SCHEFF, T. J. *Being Mentally Ill: A Sociological Theory*. Chicago: Aldine Publishing Co., 1966, p.55-101.

o "bom" estigmatizado desviante faça certo esforço para organizar seu comportamento e sua vida, de forma a evitar que os outros se sintam constrangidos. Para a doença "normal", muitas obrigações normais são suspensas; apenas a obrigação de procurar cuidado é mantida. Mas, no caso do estigmatizado, são mantidas diversas novas e complexas obrigações. Já que, no primeiro caso, a carga de adaptação (graças à sua permissividade e suporte) apóia-se nas pessoas "normais" que estão em torno do doente, no segundo, a carga apóia-se na pessoa estigmatizada quando ela está em torno das "normais".

Por fim, e obviamente, a partir do que já foi citado, devo destacar que o quarto componente do papel do doente para Parsons – a obrigação de procurar uma ajuda competente e de cooperar com o tratamento – é relevante para as doenças agudas e curáveis, mas varia muito no caso das demais doenças. Alguns atributos definidos como doença, invalidez ou deficiência permanecem simplesmente o que são: uma idiossincrasia da pessoa, à qual as outras se adaptam sem nenhuma dificuldade especial ou sem esperar que ela procure tratamento. As pessoas com dificuldade de audição, a mulher "pálida" e aqueles com "febre rosa" e "lumbago" estabelecem a legitimidade de seus pontos fracos, sem que, entretanto, sejam obrigadas a buscar ajuda. Isto se explica, talvez, porque sua demanda por privilégios seja modesta. Mesmo que suas "doenças" sejam "curáveis" ou "tratáveis", e contanto que sejam a base para reivindicações menores, as outras não parecem lhes forçar a procura por tratamento. No outro extremo estão as pessoas que foram especificamente definidas como portadoras de doenças crônicas, sem esperança ou incuráveis. Estas duas não mantêm sua legitimidade pela procura da ajuda competente para o cuidado: elas conquistam legitimidade por terem sido definidas como doenças crônicas.

## Uma classificação ampliada de doença

Examinando de perto os quatro elementos do papel do doente postulados por Parsons, somos inevitavelmente levados a reconhecer que não podemos nos contentar com a classificação provisória que apenas distingue o "crime" da "doença", e o crime ou doença de menor significado dos crimes ou doenças organizadas com base no papel desempenhado pelo criminoso ou doente. Sem falar do "crime", que não é nosso interesse aqui, é evidente que a "doença" como uma forma de desvio deve ser classificada de uma maneira mais complexa para mostrar as implicações de expressões como "crônica" ou "estigma". Esta é a tarefa que empreenderei agora.

A chave para ordenar as reações societárias provocadas por denominações como "aguda", "crônica" e "estigma" é, creio, a noção de legitimidade. Na análise de Parsons, deve-se lembrar que a noção de legitimidade é importante para fazer a distinção entre o criminoso e o doente. Mas, no caso particular do papel do doente, entretanto, existe um tipo especial de legitimidade que é operante: uma legitimidade condicional e temporária. Para Parsons, é precisamente o caráter condicional da legitimidade que motiva o doente a procurar o cuidado e/ou retornar ao normal. Mas onde a doença imputada é considerada incurável ou crônica, sua legitimidade não pode ser condicional; neste caso, a legitimidade de ser considerada desviante é, na verdade, incondicional. E quando uma doença estigmatizada é imputada, alguém pode dizer que a doença é, na realidade, ilegítima; que não é uma espécie de desvio aceitável, mesmo se alguém pensar que é uma doença. Em suma, podem-se distinguir três espécies de legitimidade: (1) *legitimidade condicional*, em que o desviante está temporariamente excluído de suas obrigações normais e ganha privilégios especiais se procurar a ajuda necessária para tirar-lhe do desvio; (2) *legitimidade incondicional*, em que o desviante está permanentemente excluído de suas obrigações normais e ganha privilégios especiais graças ao caráter desesperançado de seu desvio; e (3) *falta de legitimidade*, em que o desviante está excluído de algumas obrigações normais por causa do desvio pelo qual ele não é considerado tecnicamente responsável; ele obtém pouquíssimos privilégios, ou nenhum, e deve assumir algumas obrigações especiais particularmente desvantajosas.

O Quadro 2 apresenta a terceira dimensão da classificação, com exemplos de "doenças" suscetíveis a serem assim classificadas em cada uma de suas categorias pela classe média atual. Avaliando os exemplos, deve-se lembrar que outros grupos sociais ou culturais, agora ou em outro tempo ou lugar, classificariam de maneira diferente o desvio e utilizariam denominações diferentes. O mais importante é lembrar que a ideologia dos profissionais de saúde contemporâneos (se não o comportamento efetivo) assegura que para os profissionais todas as doenças são legítimas e que não existe doença ilegítima. Pode haver diferentes caminhos ilegítimos de *simular* a doença, mas não de *estar* doente. Se quiséssemos criar um quadro da reação da profissão que seja um reflexo de sua ideologia, teríamos de deixar a coluna da "ilegitimidade" vazia. Teríamos, entretanto, de pensar cuidadosamente sobre a natureza social destas denominações médicas como "hipocondria" e "simulação de doença" (SZASZ, 1956:438-440).

Quadro 2
Tipos de desvio pelos quais o indivíduo não é responsável, classificados segundo a legitimidade e a gravidade que lhes são imputados.
(Reação da classe média norte-americana contemporânea)

| Gravidade imputada | Sem legitimidade (Estigmatizada) | Legitimidade condicional | Legitimidade incondicional |
|---|---|---|---|
| Desvio menor | Caso 1: "Gagueira" Suspensão parcial de algumas obrigações ordinárias; pouco ou nenhum privilégio novo; adoção de poucas obrigações novas. | Caso 2: "Um resfriado" Suspensão temporária de algumas obrigações ordinárias; reforço temporário dos privilégios ordinários; obrigação de ficar bom. | Caso 3: "Marcas de varíola" Nenhuma modificação especial das obrigações ordinárias nem dos privilégios. |
| Desvio sério | Caso 4: "Epilepsia" Suspensão de algumas obrigações ordinárias; pouco ou nenhum privilégio novo; adoção de obrigações novas. | Caso 5: "Pneumonia" Liberação temporária das obrigações ordinárias; aumento dos privilégios ordinários; obrigação em cooperar e procurar ajuda para o tratamento. | Caso 6: "Câncer" Suspensão permanente de muitas obrigações ordinárias; aumento significativo dos privilégios. |

A primeira distinção a ser observada no quadro é aquela entre as colunas "menor" e "sério". Estas diferenças na maneira de reagir ao desvio e de imputá-lo são significativas porque reconhecem o fato empírico da intensidade da resposta a um atributo. Elas são importantes também porque implicam uma diferença analítica entre desvio, que pode continuar sendo um atributo individual (um modo idiossincrático de desempenhar os papéis diários) ou se torna organizado em um papel especial (diferente de outros papéis centrais que a pessoa em questão exerce ocasionalmente para sua identidade, dominando todos os outros papéis). É apenas no último caso, da segunda coluna, que podemos dizer que existem papéis desviantes especiais. No Caso 1, o estigma prejudica de alguma forma a identidade habitual, mas não a substitui. Nos casos 2 e 3, os termos "doença" ou "incapacidade física" qualificam, mas não substituem seus papéis regulares – esta qualificação é temporária no Caso 2 e permanente no Caso 3. O *papel do doente,* tal como Parsons o define, só pode ser encontrado no Caso 5 do quadro. Papéis que geram *estigma* podem ser encontrados no Caso 4 e, na medida em que os especialistas não podem fazer mais nada por eles, os papéis dos doentes *crônicos* e *terminais* são colocados no Caso 6 (LIPMAN & STERNE, 1969:194-203).

Graças à classificação feita, identifiquei seis variedades analíticas distintas de desvio que, ordinariamente, têm sido todas denominadas de "doença". Cada uma delas tem, na prática, diferentes conseqüências para o indivíduo e para o sistema social no qual ele se encontra – para a identidade pessoal, por um lado, e para a formação de estratos desviantes na sociedade, por outro. Cada caso é gerenciado ou tratado de maneira diferente por quem está em torno do desviante. Este deve, por sua vez, se comportar de maneira diferente.

## A doença como processo

As categorias analíticas encontradas no Quadro 2 são, naturalmente, estáticas e fixas devido à natureza do método taxionômico. Entretanto, nem a visão do médico sobre a doença nem a visão sociológica sobre o desvio podem dar-se ao luxo de confundir as categorias taxionômicas estáticas com a realidade. Do ponto de vista orgânico, as doenças têm início, clímax e resultados que, durante certo período, passam por estágios identificáveis, são marcados por configurações estáveis de sinais e sintomas. Este movimento também pode ser observado nos esforços humanos em buscar significado em suas experiências. Na Medicina, o comportamento do diagnóstico do médico (ou a denominação) também pode ser visto como tendo uma trajetória, que vai de um diagnóstico (ou imputação de desvio) a outro no processo de tentar identificar um modo de tratamento eficaz: alguns diagnósticos são imputados apenas depois que todos os outros apresentaram resultados negativos. É assim com a reação da classe média leiga do nosso tempo – a primeira resposta a uma doença percebida poderá ser encontrada no Caso 2 e permanecerá aí. Se, entretanto, a percepção do desvio persistir e suas respostas se intensificarem, as respostas poderão se deslocar para qualquer um dos casos, embora majoritariamente tendam a movimentar-se primeiro para o Caso 5 – o papel do doente – e só então mudar para outras possibilidades.[11]

Quadro 3:
Sintomas e seqüelas da poliomielite segundo o tipo de desvio
(Classe média-baixa norte-americana, 1955)*

| Gravidadde imputada | Sem legitimidade | Legitimada condicionalmente | Legitimada incondicionalmente |
|---|---|---|---|
| Menor | "Mancar" Caso 1 | "Resfriado" Caso 2 | "Fraqueza" Caso 3 |
| | ↑ | ↓ | |
| | | "Vítima da pólio" | |
| Séria | "Aleijado" Caso 4 | ← Caso 5 → | "Pulmão de aço" Caso 6 |

* Cf. DAVIS, F. *Passage Through Crisis, Polio Victims and Their Families*. Indianapolis: The Bobbs-Merril Co., 1963.

Para observar a seqüência destas relações poderíamos pegar, por exemplo, um conjunto de possibilidades vinculadas comumente à poliomielite nos Estados Unidos, na década de 1960, colocando-as de acordo com minha classificação.[12] Isto foi ensaiado no Quadro 3. A primeira coisa que podemos perceber é, sobretudo, um resfriado (Caso 2), mas o indivíduo é levado a assumir um papel de doente e a poliomielite é diagnosticada (Caso 5). Se

---

11 Não devemos esquecer que as pessoas também antecipam a ocorrência do desvio. Alguns doentes previnem-se por meio de precauções especiais. Outros, como os que descendem do casal infeliz de Long Island, do qual a tarefa de Huntington é traçada, podem apenas morrer jovens. Eu estou agradecido a Paul J. Sanazaro por esta lembrança.
12 Aqui baseei-me em DAVIS, F. *Passage Through Crisis, Polio Victims and Their Families*. Indianapolis: Bobb-Merril Co., 1963.

não forem produzidos efeitos indesejados, considera-se que houve a cura e a pessoa volta ao normal, pois o papel do doente é, por sua natureza, temporário.[13] Mas uma série de coisas pode acontecer e isso em decorrência da doença. Ela pode evoluir de tal forma que a cura ou mesmo a sobrevivência pode se tornar impossível, o que conduz a uma situação de doente crônico ou terminal (Caso 6). Ou, então, a infecção pode levar a uma paralisia tão severa que faça que o indivíduo precise de braços e suportes para poder movimentar-se e acostume-se a ser estigmatizado como um aleijado (Caso 4). Ou ele pode restabelecer-se suficientemente a ponto de deixá-lo ligeira, mas, visivelmente claudicante, o que o leva a ser minimamente estigmatizado de seus papéis normais (Caso 1). Ou, finalmente, ele terá uma diminuição mínima de suas capacidades musculares, facilmente dissimuladas, que apenas marquem a maneira pessoal de desempenhar suas atividades diárias – denominado acadêmico ou não atlético, sem estigmatizá-lo (Caso 3). Em geral, tenho a impressão de que a maioria dos movimentos para estas categorias são irreversíveis em qualquer tipo de doença, embora restabelecimentos milagrosos tenham ocorrido, assim como existem descuidos.

A trajetória deste movimento por meio das diferentes categorias de desvio é usual. Mais exatamente, ela é normal. Todos os dias alguém supõe que está gripado e que esta gripe irá embora por si só, antes de assumir que tem pneumonia; de supor um mau jeito antes de assumir uma fratura; de supor vista cansada antes de assumir o glaucoma; de supor um nervosismo antes de assumir a psicose. É também óbvio que procurar ajuda e cooperar com o tratamento nem sempre resolve o problema: estas atitudes podem conduzir a uma forma estigmatizada de desvio, ou podem deixar seqüelas sob a forma de invalidez. Como esta progressão ou esta nova atribuição é muito freqüente, e como os pontos de passagem podem ser identificados, e então convencionados, e como eles têm o mesmo significado para todos os que estão engajados neste movimento, é apropriado denominar o movimento de carreira – uma seqüência-padrão de acontecimentos sociais pelos quais as pessoas passam. E, então, podemos formalizar a mudança, utilizando o conceito de carreira

---

13 O caráter cíclico do movimento do normal ao doentio e outra vez de volta ao normal é realçado por GOLDSTEIN, B. & DOMMERMUTH, P. "The Sick Role Cycle: An Approach to Medical Sociology". In: *Sociology and Social Research*, XLVII, 1961, p.1-12.

para indicar os processos sociais organizados vividos pelo desviante.[14] Podemos definir os pontos da seqüência pelos papéis ou imputações que o indivíduo encontra no curso de seu movimento por meio das diversas agências de controle social, médico ou outras.

O conceito de carreira oferece algo além de apenas arranjar os vários tipos de desvio como pérolas no fio do tempo. Ele oferece também um mecanismo conceitual que liga os indivíduos e suas experiências na comunidade, leiga e profissional, com seu movimento que parte de uma posição a outra, pois o indivíduo típico tem experiências com diferentes agentes e agências de controle social (CUMMING, 1968). No nível mais ordinário do desvio primário, ele está amplamente em contato com as pessoas que lhe são mais próximas, seus familiares e afins. Mas, segundo a definição de Parsons, quando assume o papel de doente, nos Estados Unidos, ele é obrigado a passar a ser supervisionado por um profissional, na maioria das vezes um médico. Da mesma forma, quando passa de um papel para outro vinculado à doença e à incapacidade, ele está propenso a mudar de um agente para outro – um especialista médico, na maioria dos casos. Então, sua carreira de doente pode ser construída a partir da seqüência de agentes e agências por onde ele passa, e não pela seqüência de cargos que um homem e seus empregadores ocupam durante sua vida de trabalho.

De maneira geral, argumentaríamos que é mais útil analiticamente construir a carreira do desviante, partindo dos agentes e organismos no meio dos quais ele se movimenta (ou seja, os segmentos da estrutura social), do que construí-la diretamente a partir das modificações do desvio que lhe são imputadas ou com base nas próprias mudanças interiores. A estrutura social é mais concreta e muito mais objetiva e fácil de identificar. Podemos, de maneira razoável (mas não totalmente), prever as modificações, ao mesmo tempo, do desvio e da identidade, a partir da posição do indivíduo na estrutura social. Além disso, se concentrarmos mais nossa atenção sobre os agentes e organismos do que sobre os sujeitos, teremos a virtude de nos lembrar constantemente que o processo de "tratamento" é um processo de controle que se situa *sempre* sobre a reação societária – *sempre* sobre a imputação ou o

---

14 Ver os comentários sobre o uso da idéia de carreira para a compreensão da etiologia do desvio social em BECKER, H. S. *Outsiders, Studies in the Sociology of Deviance*. Nova York: The Free Press of Glencoe, 1963, p.19-39.

diagnóstico do desvio e apenas algumas vezes sobre um desvio "verdadeiro". Para definir uma carreira com a ajuda destes agentes, temos de examinar os pontos de partida característicos da imputação de tais agentes, para compreender por que o indivíduo que os enfrenta varia menos que os atributos dos indivíduos em si. Na realidade, o caráter do sistema de conceitos e serviços profissionais constitui um fator analítico determinante para o estudo sociológico da doença e de outras formas de desvio social. Como já tratei da organização desses serviços profissionais nos capítulos anteriores, ainda não abordei o caráter dos conceitos médicos de desvio que permeiam a organização. Esta será minha tarefa no próximo capítulo.

# CAPÍTULO 12
## A CONSTRUÇÃO PROFISSIONAL DOS CONCEITOS DE DOENÇA

Nos dois últimos capítulos, procurei esboçar genericamente o conceito sociológico de desvio e apresentar uma classificação das doenças como um desvio particular – um conceito baseado nos significados sociais atribuídos ao comportamento e não nas suas propriedades físicas. Devido à natureza do caso, o esboço teve de ser bastante abstrato, pois a variação de tempo, lugar e perspectiva envolve diferenças nos comportamentos aos quais é atribuído significado social, assim como modificações em seu próprio significado social. Desse modo, enquanto hoje em dia as pessoas normalmente não são consideradas responsáveis por exibir sintomas de "gripe", em outra época suas reclamações poderiam ter sido julgadas sintomas de punição sobrenatural por suas transgressões morais. De fato, a proeminência de tal significado social particular de uma doença em uma determinada época é um importante reflexo da qualidade da experiência humana naquele período. Além disso, ela é o alicerce mais relevante sobre o qual se apóia a força de uma profissão. Um alicerce que estabelece e sustenta a reivindicação da profissão por honra, renda e poder. No qual doença é o termo imputado para o desvio em uma determinada época, quem domina é a profissão que é a guardiã deste termo.

Neste capítulo, eu gostaria de examinar, em primeiro lugar, as fontes sociais da força dos termos médicos nos Estados Unidos para então analisar as conseqüências de nossa ênfase para os significados sociais que estão vinculados ao comportamento desviante na saúde nos dias atuais. Depois eu gostaria de discutir o caráter do papel da medicina na definição de doença – na criação de doença como um significado social. Finalmente, eu gostaria de discutir os diferentes fatores que influenciam a maneira com que o médico percebe e define o comportamento que ele denomina como doença. Portanto, neste capítulo, eu gostaria de lidar com *a medicina como um tipo de reação da sociedade ao desvio* e sugerir alguns dos determinantes presentes no conteúdo e na organização daquela reação societária.

## A ênfase norte-americana na saúde

Talcott Parsons, em um de seus artigos, argumenta que as noções de saúde e doença são especialmente enfatizadas pelos valores norte-americanos (1964:258-291) Essa não é uma observação original, já que diversos analistas já mencionaram tal ênfase, mas ela permitiu a elaboração de um debate organizado de forma útil. Parsons mostra que os diferentes tipos de desvio podem variar de intensidade de acordo com a sociedade em que eles se desenvolvem. No passado, a tendência mais comum era caracterizar o desvio em termos religiosos, mas aos poucos com o passar do tempo outras caracterizações surgiram e tornaram-se diferenciadas. Onde foram atribuídos diferentes significados ao desvio houve, todavia, a tendência de enfatizar um significado mais que outro. Na Índia, por exemplo, Parsons alega que, no passado recente, foi dada uma maior ênfase aos requisitos voltados para a pureza ritual. Diz-se que na União Soviética a ênfase principal é dada ao comprometimento do cidadão que faz bem o seu trabalho em benefício do Estado. Diz-se que na Inglaterra a ênfase principal está no comprometimento do cidadão com as leis. Nos Estados Unidos o valor da saúde é enfatizado mais do que valores como a pureza ritual ou as leis. De acordo com Parsons, o sistema de valores norte-americano enfatiza o ativismo, o mundanismo e o instrumentalismo. O ativismo refere-se a uma conduta voltada mais para o domínio do meio ambiente que para sua adaptação a ele; o mundanismo refere-se à valorização de ocupações práticas seculares em vez da gratificação estética ou mítica; o instrumentalismo refere-se à ausência de um objetivo ideal definido para o sistema. Para o indivíduo, esse modelo com seus valores estão concentrados na realização de um julgamento aceito universalmente. A saúde se torna muito valorizada porque é uma condição essencial para tal realização. Ela inclui a capacidade atribuída para que determinadas tarefas e papéis sejam desempenhados adequadamente.

Parsons prossegue mencionando que nos Estados Unidos um desvio de comportamento de um indivíduo é mais provável que seja visto como um distúrbio de capacidade – isto é, uma doença – do que em outras sociedades. Além disso, de acordo com a sua ênfase na atividade e na realização, o aspecto da doença a ser mais provavelmente encorajado, sobretudo nos Estados Unidos, é "a obrigação de cooperar plenamente com a agência terapêutica, isto é, *trabalhar* para alcançar a sua própria recuperação" (Ibidem:284). A demonstração da motivação para cooperar com o tratamento (e, por conseguinte, voltar ao normal) é, portanto, um elemento primordial no desempenho autêntico do papel de doente. Na União Soviética, por outro lado, onde a realização de um objetivo coletivo é enfatizada mais do que a capacidade individual para uma realização pessoal, o problema da responsabilidade pelo desvio, afirma Parsons, é mais premente do que o problema da cooperação com o tratamento; isto é, existe suspeita de que o indivíduo esteja se fingindo de doente. No momento em que se estabelece que o indivíduo está "realmente doente" e que não tem culpa disso, o tratamento soviético fornece consideravelmente mais apoio ao paciente do que o oferecido nos Estados Unidos, e está muito menos preocupado em fazer com que o paciente se empenhe para melhorar ou voltar ao normal o mais rápido possível.[1] De fato, Parsons argumenta que enquanto a doença é o principal tipo de desvio de comportamento nos Estados Unidos, o mesmo não ocorre na União Soviética, onde, ele sustenta, a conformidade ritual e, por conseguinte, improdutiva aos objetivos do regime é essencial.

---

1 Existem, de fato, algumas evidências de que o cuidado hospitalar na União Soviética é mais tolerante e cauteloso do que nos Estados Unidos, embora isso possa ser conseqüência da maior proporção de funcionários por paciente do que o existente nos Estados Unidos. Por outro lado, deve-se observar que na União Soviética parece haver uma tendência de rotular os dissidentes políticos de "doentes mentais", usando, deste modo, definições médicas para objetivos políticos como aconteceu nos Estados Unidos com o poeta Ezra Pound e o general James Walker.

## A divisão institucional do trabalho para o desvio

Nos Estados Unidos, o desvio, então, tem maior probabilidade de ser considerado um problema de saúde do que um problema relacionado com as leis, a pureza ritual ou o comprometimento político. Isso não quer dizer, obviamente, que outros significados sociais não serão vinculados a algumas formas de desvio, mas que a doença receberá esta denominação mais freqüentemente que as outras. Isso também significa que a profissão que for oficialmente designada como competente para diagnosticar e tratar doenças terá sob sua jurisdição um número maior de comportamentos desviantes que terá que lidar do que outras profissões preocupadas com o controle social. O que está em questão é a divisão de trabalho entre as profissões – uma questão institucional bem como uma questão de normas sociais. De fato, é possível representar a classificação de tipos de desvio apresentada no capítulo anterior como uma classificação de jurisdição profissional. Podemos dizer, com relativa segurança, que existem leis que lidam com atos de desvio imputado no qual o ator é considerado responsável e tem que obedecer, enquanto na medicina ao ator que não é considerado responsável pelo desvio imputado é "tratado" em vez de ser "punido". Paralelamente à Tabela 1 do capítulo anterior, a Tabela 4 representa a divisão profissional de trabalho na definição e no lidar com o desvio.

Tabela 4
Domínios do Direito e da Medicina por meio da imputação de gravidade e gestão.

| Gravidade imputada | Denominação no Direito, responsabilidade imputada | Denominação na Medicina, responsabilidade imputada |
|---|---|---|
| Menor (Gestão) | "Ofensa insignificante" (Multa, suspensão condicional de pena) | "Doença secundária" (Cuidado ambulatorial) |
| Grave (Gestão) | "Delito grave" (Aprisionamento) | "Doença com risco de morte" (Hospitalização) |

Esta representação das principais instituições de controle está obviamente incompleta, pois está faltando uma outra instituição primordial: a religião.

Entretanto, a ausência da religião na representação das instituições *oficiais* de controle da sociedade norte-americana está correta na medida em que a separação constitucional entre Igreja e Estado impede a adoção oficial pelo estado de imputações religiosas ao desvio. Ele deve usar apenas denominações legais e médicas. É claro que definições de desvio, que têm uma origem especificamente religiosa, de vez em quando se refletem nas leis como é o caso da crítica ao divórcio, do não cumprimento do dia de descanso, ou da interrupção deliberada da gravidez. Entretanto, as instituições religiosas podem apenas contribuir para a formação e manutenção de instituições oficiais de controle nos Estados Unidos, mas elas em si não são oficiais. Diferindo do Direito e da Medicina, a religião deixa sua marca nas instituições oficiais apenas através da sua influência na opinião pública que molda a política pública.

Entretanto, bem à parte da especial posição legal que a religião ocupa nos Estados Unidos, eu gostaria de insistir que durante o último século ela sofreu um declínio significativo em quase todos os países industriais como fonte para definição viável sobre o desvio. O mesmo ocorreu, embora de forma menos intensa, com as leis e o direito. Como Rieff, eu acredito que "o hospital está tomando o lugar da igreja e do parlamento como a instituição arquetípica da Cultura Ocidental" (RIEFF, 1961:390). O hospital está se tornando uma instituição tão arquetípica devido, em grande parte, a um processo pelo qual o comportamento humano está sendo reinterpretado. O comportamento reprovado está, cada vez mais, associado ao significado da doença que exige tratamento em vez do crime que exige punição, do vitimado que exige compensação, ou do pecado que exige paciência e perdão.

Até o século XIX, a medicina era uma instituição relativamente sem importância, humilde diante da majestade da religião e do direito. Mas, com o desenvolvimento da ciência médica, o comportamento humano passou a estar cada vez mais relacionado a "causas" específicas sobre as quais a oração, a escolha humana, e a força de vontade tinham pouquíssimo controle. E as descobertas médicas permitiram o tratamento bem-sucedido desses problemas. A partir do cerne dessas descobertas científicas surgiu uma certa auréola de autoridade que estimulava a expansão indiscriminada das definições médicas de desvio para áreas de comportamento controladas anteriormente pela religião e pelo direito. Como afirmou Szasz (1964:44-45):

Começando com coisas como a sífilis, a tuberculose, a febre tifóide e os carcinomas e as fraturas nós criamos a categoria "doenças". No início, essa categoria se compunha de apenas uns poucos itens que tinham como característica comum a referência a um estado desordenado da estrutura ou função do corpo humano como uma máquina físico-química. Com o passar do tempo, itens adicionais foram acrescentados a essa categoria. Entretanto, eles não foram acrescentados porque foram descobertos novos distúrbios corporais. A atenção do médico desviou-se dessa característica e concentrou-se, cada vez mais, na incapacidade e no sofrimento como novos critérios para a seleção. Assim, no início lentamente, coisas como a histeria, a hipocondria, a neurose obsessivo-compulsiva e a depressão foram acrescentadas à categoria de doença. Então, com entusiasmo crescente, os médicos e especialmente os psiquiatras começaram a chamar de "doença"... qualquer coisa e todas as coisas nas quais eles pudessem detectar algum sinal de mau funcionamento, baseados em qualquer tipo de regras. Assim, a agorafobia é uma doença porque não se deve ter medo espaços abertos. A homossexualidade é uma doença porque a heterossexualidade é a norma social. O divórcio é uma doença porque sinaliza o fracasso do casamento.

A ênfase crescente na denominação "doença", então, tem ocorrido à custa das designações "crime" e "pecado" e vem restringindo os limites e até mesmo enfraquecendo a jurisdição do controle das tradicionais instituições de religião e direito. De fato, eu mesmo suspeito que a jurisdição de outras instituições enfraqueceu totalmente já que o ímpeto da expansão da aplicação das denominações médicas tem sido para endereçar (e controlar) as formas *sérias* de desvio, deixando para as outras instituições um resíduo das transgressões essencialmente triviais ou limitadas tecnicamente.

A maneira com que a medicina reagiu ao desvio está, portanto, sendo empregada cada vez mais aos comportamentos em nossa sociedade, muitos dos quais vinham recebendo reações em formas bem diferentes no passado. Hoje em dia, o que já foi chamado de crime, insanidade, degenerescência, pecado, e até mesmo pobreza no passado tem sido chamado agora de doença, e as políticas sociais vêm se deslocando para adotar uma perspectiva apropriada à imputação de doença. Correntes vêm sendo removidas e em todo o lugar o profissionalismo da saúde vem sendo promovido para legitimar a alegação de que o gerenciamento adequado do desvio é o "tratamento" nas mãos de uma profissão responsável e qualificada. Com as denominações de "pecado" e "crime" removidas, o que é feito para o desviante passou a ser considerado para o seu próprio bem, ou seja, o intuito não é puni-lo, mas, sim, ajudá-lo, mesmo que o tratamento em si constitua uma privação de suas circunstâncias ordinárias. Suas opiniões sobre seu tratamento não são levadas em consideração porque ele é visto como um leigo que carece do conhecimento especial e do distanciamento que o qualificaria para ser ouvido.

Esse movimento para reinterpretar o desvio humano como doença tem suas raízes no humanitarismo. Como observou Wootton (1959:206):

> Assim, sem dúvida, a atitude contemporânea em relação ao comportamento anti-social, tem colocado a psiquiatria e o humanitarismo marchando de mãos dadas. O tratamento médico aos desviantes sociais está muito associado à atmosfera mental de uma época inclinada para a ciência. Por esta razão ele tem sido muito poderoso, talvez o mais poderoso reforço dos impulsos humanitários; pois hoje em dia o prestígio das propostas humanitárias aumenta bastante se for expresso na linguagem da ciência médica.

A conseqüência desse movimento pode ser observada, entretanto, com o fortalecimento de uma instituição profissionalizada de controle que, em nome do bem do indivíduo e da perícia técnica, consegue tirar dos leigos o direito de avaliar seu próprio comportamento e o comportamento de seus semelhantes – um direito fundamental que é comprovado em uma luta arduamente vencida para que pudéssemos interpretar as Sagradas Escrituras nós mesmos, sem a interferência de uma autoridade dogmática, como na religião e, o direito de sermos julgados por nossos pares, como no direito.[2] O trabalho de Thomas S. Szasz pode ser citado como um importante esforço para dissecar o caráter deste novo e emergente problema de relacionamento entre a perícia institucionalizada e o direito individual de equidade e autodeterminação (SZASZ, 1963).

Ao avaliar o caráter desses desenvolvimentos é muito importante separar a conquista científica demonstrável do status da ocupação envolvida e o sucesso que teve em estabelecer sua jurisdição. A jurisdição que a medicina estabeleceu estende-se bem além da sua capacidade demonstrável para "curar". Contudo, o sucesso em obter a aceitação geral do uso de "doença" para

---

2 "Portanto, a medicalização do desvio leva à castração política do desviante." PITTS J. R. Social Control: The Concept. *International Encyclopedia of the Social Sciences*. Nova York: The Macmillan Company e The Free Press,. v.XIV, 1968, p.391.

denominar uma forma de comportamento não aprovada traz consigo a pretensão de que apenas os médicos conseguem lidar apropriadamente com o comportamento. Da mesma maneira, o fato de os médicos estarem dispostos a tratar ou a lidar com uma forma problemática de comportamento leva à conclusão ilógica de que o comportamento tem de ser uma doença. Por exemplo, o "beberrão" recebe a nova denominação de "alcoólatra", e o "alcoolismo" torna-se uma doença que deve ser tratada por um médico e não pelos tribunais ou pela igreja. Essa jurisdição é estabelecida ainda que o conhecimento da etiologia e um método previsivelmente bem-sucedido de tratamento estejam ausentes tanto na medicina quanto na religião ou no direito.[3] Assim, a profissão médica é a primeira a reivindicar a jurisdição sobre a denominação de doença e qualquer coisa a qual ela possa estar vinculada, independentemente da sua capacidade de lidar com essa doença de maneira eficaz. Dessa forma, podemos ver que a ascensão à proeminência social de um valor social como a saúde é inseparável da ascensão de um veículo para imputar este valor – um corpo organizado de profissionais que reivindicam jurisdição sobre este valor. Quando a jurisdição é conquistada, a profissão está, então, propensa a criar as suas próprias noções especializadas sobre aquilo que deve ser chamado de doença. Enquanto a medicina dificilmente encontra-se independente da sociedade na qual se insere, ao tornar-se um veículo para os valores da sociedade passa a desempenhar um papel importante na formação e moldagem dos significados sociais impregnados com esse valor. Qual é a força que impulsiona esse papel?

---

3 O desejo de pôr fim ao tratamento punitivo dos alcoólatras levou até mesmo um estudante tão sofisticado como Jellinek à curiosa tática de observar que, embora ninguém tenha esclarecido os fatos o bastante para saber a causa ou cura do "alcoolismo" (se ele é um ente isolado em vez de vários separados, cada qual com uma "causa" diferente), ele é uma doença. E o que é uma doença? *"Uma doença é o que a profissão médica reconhece como tal."* Isso é, nós não conhecemos as causas, mas pelo fato de os médicos a chamarem de doença, ela tem de ser uma doença. Por essa razão, ela é causada por forças naturais sobre as quais o desviante não tem controle! Ver JELLINEK E.M. *The disease concept of alcoholism.* New Haven: Hillhouse Press, 1960, p. 12. E ver SZASZ, T. "Alcoholism: A Socio-Ethical Perspective," *Washburn Law Journal*, VI, 1967, p. 255-268.

## O médico como um empreendedor moral

Claramente, nem a medicina nem o médico podem ser caracterizados como passivos. Sendo mais uma profissão de consulta do que uma profissão acadêmica ou científica, a medicina está empenhada em tratar, e não meramente definir e estudar as enfermidades do homem. Ela tem a missão de intervir de maneira ativa e orientada, em qualquer tempo ou lugar em que a doença existir, ou ela acredite que exista. Além disso, ela está ativa na busca de doenças. A profissão trata das doenças que o leigo leva até ela, mas ela também procura descobrir doenças que os leigos podem desconhecer. Uma das maiores ambições do médico é descobrir e descrever uma "nova" doença ou síndrome e ser imortalizado ao ter seu nome usado para identificar a doença. A medicina, então, é orientada para procurar e encontrar doenças. Isso quer dizer que ela busca criar um significado social para a doença onde este significado ou interpretação não existia até então. E na medida em que a doença é definida como uma coisa ruim – a ser erradicada ou contida – a medicina desempenha o papel que Becker denominou "empreendedor moral" (1963:147-163). A atividade médica leva à criação de novas regras para definir o desvio. O exercício da profissão médica busca impingir essas regras atraindo e tratando os doentes desviantes recém definidos.

A princípio, no entanto, pode parecer estranho denominar o médico da mesma forma que os puritanos, reformadores, e outros que são, mais obviamente, empreendedores morais. Geralmente, o trabalho do médico não é considerado moral; supõe-se que ele trate as doenças sem exercer qualquer julgamento de valor. Existe, no entanto, um irredutível julgamento moral ao designar a doença como tal. Um julgamento cujo caráter é freqüentemente ignorado por causa do virtual consenso universal que existe sobre a indesejável denominação de doença. O câncer é tão obviamente indesejado a todos que o seu status como doença parece ser mais objetivo e evidente em vez do que ele é – uma apreciação social sobre a qual a maioria das pessoas concorda. Entretanto, mesmo reconhecendo isso, é preciso dizer que freqüentemente a palavra "doença" é usada explicitamente com o propósito de evitar a reprovação moral. Os humanitários se empenham para que essa palavra seja adotada para que as pessoas não fiquem inclinadas a punir um desviante. Ao denominar algo como o alcoolismo de "doença" e ao designar de doente alguém como um sem-teto extremamente sujo, a intenção é evitar a censura moral.

Contudo, enquanto a denominação de "doença" parece funcionar para desencorajar reações punitivas, ele não desencoraja reações condenatórias. A "doença" é condenada em vez da pessoa, mas ela é condenada de qualquer jeito. A pessoa é tratada com compaixão em vez de receber uma punição. Espera-se, entretanto, que a pessoa se livre do atributo ou do comportamento condenado. Dessa forma, enquanto que (idealmente) o indivíduo pode não ser julgado, a sua "doença" certamente o é e a sua "doença" é parte dele. A neutralidade moral existe apenas quando a pessoa é *autorizada* a ser ou a fazer o que quiser, sem comentários ou debate. A aprovação moral positiva, é claro, existe quando a pessoa é *persuadida* a ser o que ela pode não querer ser. Obviamente, o médico nem aprova a doença nem é neutro a seu respeito. Quando ele declara que o alcoolismo é uma doença, ele torna-se um empreendedor moral da mesma forma que um fundamentalista quando declara que o alcoolismo é um pecado. A sua missão é atribuir um significado social e, por conseguinte, moral aos sinais físicos e a outros sinais que são, exceto por esses significados, comparáveis às lambidas e mordidas com que os animais se tratam.

Todavia, existe uma divisão de trabalho nesse empreendimento moral na medicina. A tarefa diária do médico é atribuir uma denominação médica aos sintomas que os leigos já consideram indesejáveis. Claramente, de vez em quando o médico é um verdadeiro empreendedor quando ele descobre uma doença que o leigo não tinha conhecimento. Entretanto, basicamente, sua tarefa é modesta e despretensiosa. Os maiores empreendedores morais na medicina são aqueles que buscam influenciar a opinião pública e as políticas públicas. Nesse caso parecem existir três tipos. Em primeiro lugar existe o porta-voz público da profissão organizada e de suas especialidades. Ele busca alertar o público quanto aos perigos importantes de uma dada doença ou às virtudes de um determinado tipo de saúde – dental, mental ou alguma outra. Sua atividade tende a ser um apelo razoavelmente sóbrio e técnico para o que o público se engaje em práticas preventivas de saúde, incluindo a visita a seus médicos. Em segundo lugar, existem os empreendedores morais da medicina propriamente ditos. Alguns deles podem ser profissionais avulsos cujo passatempo é empenhar-se em uma cruzada em assuntos na área de saúde. Mas a maioria deles não exerce a prática clínica em tempo integral. Em vez disso, vincula-se a instituições organizadas de saúde comunitária como hospitais, clínicas, escolas médicas e departamentos de saúde. Esses são os consultores técnicos mais comumente entrevistados pela imprensa leiga sobre questões de política de saúde e que são chamados para depor diante do legislativo. A confiança de sua atividade está voltada em direção ao poder político para implementar medidas destinadas a melhorar o que eles entendem ser a saúde pública. Associados aos representantes dos interesses médicos organizados, e apoiados por associações leigas organizadas, eles também têm sido responsáveis pela maior parte da legislação que tenta, em nome do humanitarismo, remover doenças como alcoolismo, dependência química, doença mental, e deficiência mental da jurisdição dos tribunais e colocá-las sob a jurisdição dos profissionais da saúde.

Finalmente, devem ser mencionados os grupos leigos com interesses especiais que, muitas vezes, são liderados por médicos, mas sempre incluem pelo menos um médico proeminente. Cada um desses grupos luta contra a ameaça de doença, incapacidade ou agente que supostamente induz a doença, especialmente escolhida por eles.[4] Aqui, livres dos entraves da dignidade profissional, estão os mais extravagantes empreendedores morais na área de saúde. Cada grupo está ocupado em estimular o público a lhe dar a atenção e os recursos que só podem ser conseguidos à custa do outro. Cada qual tenta criar na mente do público um sentimento de profunda pena e horror ao defeito humano especialmente escolhido por esse grupo. Alguns grupos estão engajados em estabelecer a aplicação da denominação "doença" a condições que não eram antes consideradas como tal (como no caso do alcoolismo). Outros estão preocupados em remover o estigma de algumas doenças (como a lepra), mudando a sua denominação (para hanseníase, por exemplo). Outros se preocupam em redefinir uma doença (como a epilepsia) de forma que ela deixe de ser vista pela população como algo crônico, sério ou incurável, e passe a ser algo leve ou pelo menos curável ou controlável.

Com a possível exceção do médico comum, que passa a maior parte do seu tempo trabalhando com doenças rotineiras e leves e que tem a oportunidade de livrar seus pacientes da preocupação (e livrar-se de pacientes preocupando-o) depreciando seus sintomas e realçando sua saúde, a maioria das

---

4 Ver a estimulante discussão em GUSFIELD, J. R. *Symbolic crusade, status politics and the american temperance movement*. Urbana: University of Illinois Press, 1966. E ver GUSFIELD, J. R. "Moral passage: the symbolic process in public designations of deviance." *Social problems*. XV, 1967, p.175-188.

atividades dos empreendedores morais da saúde em atividade está permeada pela tendência em ver mais as doenças do que o paciente e em ver o meio ambiente como mais perigoso para a saúde do que o leigo.[5] Sem paciência com as estatísticas disponíveis baseadas no número de casos de fato diagnosticados e relatados por médicos do dia-a-dia, eles estão propensos a enfatizar a seriedade do problema de saúde que os preocupa, estimando os casos atualmente não diagnosticados e, por isso, não tratados. Suas estimativas, ademais, estão provavelmente baseadas em uma definição mais ampla em relação à que o público usa de doença ou incapacidade – denominando "cegueira" aquilo que o leigo chama de "visão muito ruim",[6] "doença mental" o que o leigo chama de "nervosismo" ou "problemas", e de "alcoolismo" aquilo que o leigo chama de "beber muito". Em resumo, o empreendedor moral em assuntos médicos provavelmente nomeia como doença ou apenas uma variação individual dentro dos amplos limites do normal aquilo que o leigo não chama de doença. E o médico provavelmente verá um problema sério onde o leigo enxerga um problema menor. Eles estão inclinados em direção à doença como tal e a criar um desvio secundário – papéis de doentes – onde antes havia apenas um desvio primário.

## A tendência em direção à doença no trabalho rotineiro

Essa tendência em direção à doença não é apenas manifestada pelo empreendedor moral da saúde ativo, mas também pelo médico do dia-a-dia. De fato, Scheff a chama de regra de decisão médica (*medical decision-rule*) (SCHEFF, 1966:105-127). Scheff revela que como o profissional de saúde acredita que o trabalho que realiza é todo voltado para o bem do cliente. Ele assume que é melhor imputar a doença do que negá-la e arriscar-se a não lhe dar a devida atenção ou não detectá-la. Essa postura vai contra o setor legal,

---

5 É à luz desses comentários que pode ser vantajoso avaliar a descoberta de que "subnotificar os sintomas [por parte dos leigos] é um problema mais predominante do que sobrenotificar", em KASL S.V.; COBB, S. "Health Behavior, illness behavior and sick role behavior," *Archives of Environmental Health*, XII, 1966, p. 256.

6 Para uma análise esclarecedora sobre a cegueira, ver SCOTT, R.A. *The making of blind men*. Nova York: Russell Sage Foundation, 1969.

no qual se assume que é melhor deixar o culpado sair livre do que condenar um inocente erroneamente. Em resumo, a regra de decisão que orienta a atividade médica profissional visa não correr riscos. Por essa razão, prefere diagnosticar uma doença a enaltecer a saúde.

Existem algumas provas interessantes apoiando a visão de Scheff sobre a "regra de decisão" característica da medicina. Em um estudo sobre raio X para a tuberculose mencionado por Scheff, por exemplo, de 14.867 filmes, 1.216 foram interpretados como oferecendo indicação positiva de tuberculose. Eles foram posteriormente interpretados como negativos (que foram definidos como um "falso-positivo"). Apenas 24 dos que haviam sido interpretados como negativos foram, mais tarde, declarados positivos (definidos como "falso-negativos") (GARLAND, 1959:25-38 in: SCHEFF, op. cit.:112). A tendência foi, claramente, imputar doença em vez de saúde. Tem-se escrito muito a respeito das variações no diagnóstico de patologias a partir de provas tão ambíguas como radiografias do tórax e eletrocardiogramas, onde apenas alguns indicam uma proporção maior de diagnósticos de doença do que os de saúde.[7] O problema de avaliar essas provas está na falta de provas diretas sobre a precisão do diagnóstico, independentemente da opinião. Como Peterson e outros autores apontaram, diante da ambigüidade de evidências, na falta de achados *postmortem* definitivos, nunca podemos ter certeza se uma tendência para diagnosticar uma patologia é causada por sinais objetivos perceptíveis a um observador, mas não a outro (PETERSON, 1966:797-803) pois, como sugere Scheff, o uso de uma regra de decisão quando há uma dúvida é mais prudente para diagnosticar a doença.

Evidências ainda melhores que apóiam a idéia de Scheff estão na sua menção de uma pesquisa de 1934 feita pela *American Child Health Association* sobre a imputação dada pelos médicos a retirada da amídala para 1.000 crianças em idade escolar. Ela foi descrita por Bakwin (1945:691-697) da seguin-

---

7 Ver os seguintes exemplos: COCHRANE, A.L. et al. "Observer's errors in taking medical histories," *Lancet*, CCLX, 1951, p. 1007-1009; COCHRANE, A. L. e GARLAND, L. H. "Observer error in the interpretation of chest film: an international comparison." *Lancet*, CCLXIII,1952, p. 505-509; DAVIES, L. G. "Observer variation in reports on electrocardiograms." *British heart journal*, XVIII, 1965, p. 568; KILPATRICK, G. S. "Observer error in medicine," *Journal of medical education*, XXXVIII, 1963, p. 38-43; SANDERS, B. S. "Completeness and reliability of diagnoses in therapeutic practice." *Journal of health and human behavior.* V, 1964, p. 84-94.

te forma: Das 1.000 crianças, 611 [já] haviam tido suas amídalas removidas. Os 389 remanescentes foram então examinadas por outros médicos, e 174 foram escolhidos para a retirada da amídala. Isso deixava 215 cujas amídalas estavam aparentemente normais. Um outro grupo de médicos foi posto para trabalhar examinando essas 215 crianças. Noventa e nove delas foram declaradas como precisando retirar a amídala. Empregou-se, então, outro grupo de médicos para examinar as crianças restantes, e quase metade recebeu a recomendação da operação. Já que é muito improvável que cada grupo de médicos pudesse deixar de ver a seriedade dos sinais em um total de um quarto dos casos que viu, parece mais plausível concluir que cada um usou uma escala variável de seriedade em vez de um critério absoluto. Como um professor que dá certa proporção de notas de reprovação, não importando a qualidade global de sua turma, os médicos estudados demonstraram uma tendência a remover certa quantidade de amídalas não importando a variação dos sinais observados. Alguma proporção de desvios primários (gargantas inflamadas ou glândulas inchadas) tem que ser definidos como desvios secundários.

A partir do exemplo de Bakwin deveria estar claro que a noção de regra de decisão médica se refere aos procedimentos como também aos diagnósticos – que ela aponta para o que, às vezes, é chamado de "cirurgia desnecessária" e "prescrição exagerada" como conseqüência natural da regra de decisão médica, e não, como dizem os críticos dentro da profissão, como uma conseqüência do descuido ou da ignorância.[8] Entretanto, outros elementos, além da regra de decisão médica em si, parecem estar implicados em tais práticas. Primeiro, deve ser mencionado que embora Bakwin alegue que o motivo de ganho financeiro não possa estar envolvido no estudo da retirada de amídalas porque quase todas as crianças já haviam tido suas amídalas removidas em clínicas gratuitas, é difícil negar que os motivos financeiros, ocasionalmente, incentivem o diagnóstico e o tratamento de uma determinada forma. Além disso, os desejos dos pacientes não podem ser ignorados. Como apontou Fry (1957:124-129), a retirada de amídalas estava no auge de sua popularidade no começo da década de 1930. Uma popularidade com-

---

8 Para uma coletânea de muitas críticas assim, embora carecendo de um senso de proporção, ver GROSS, M. L. *The doctors*. Nova York: Dell Publishing Co., 1968.

partilhada pelos pais das crianças e pelos médicos. Finalmente, devo mencionar a confiança em direção à intervenção ativa que é inerente na prática clínica como tal.[9] Como o trabalho do médico envolve a tomada de decisões, inclusive a decisão de não fazer nada, parece indiscutível que o profissional médico do dia-a-dia se sinta impelido a fazer algo, mesmo que seja apenas para satisfazer seus pacientes que imploram que ele faça algo quando estão angustiados. Nesse contexto, deve ser mencionado o relatório de Peterson, Barsamian e Eden (PETERSON, op. cit.) de quando se diagnostica a síndrome de Stein-Leventhal *quase sempre isso é feito erroneamente*. Tal diagnóstico equivocado é tão popular porque a síndrome do ovário policístico se refere ao único tipo de infertilidade que pode ser beneficiada pela cirurgia. Ao fazer esse diagnóstico, o médico pode fazer algo e encorajar a paciente a sentir que ele está fazendo de tudo para ajudá-la.

Portanto, pareceria plausível predizer que o "diagnóstico exagerado" e a "prescrição exagerada" são mais prováveis de serem encontrados em condições (a) onde o médico mais provavelmente terá algum benefício com isso, (b) onde o paciente está angustiado, mas os sinais e sintomas são ambíguos e (c) onde um diagnóstico e um tratamento convencional e popular estão disponíveis e os sinais e sintomas existentes não os contradizem totalmente. Todas as três condições não precisam necessariamente existir juntas para que tal conduta seja adotada, já que encontramos a tendência de "diagnosticar exageradamente" a apendicite aguda (MURPHY, 1966:153-162) até mesmo sob a esfera do *English National Health Service* onde o ganho financeiro aparentemente não está seriamente em questão (CAMPBELL; MCPHAIL, 1958:852-855). Da mesma forma, nos Estados Unidos, onde o médico não hesita em lucrar, a corrupção não consegue explicar adequadamente as razões que levam estes profissionais a prescrever medicamentos de maneira abusiva (BARBER, 1967:128; CLUFF et al., 1964:976-983). Além disso, é evidente que a regra de decisão médica nem sempre é operante.

---

9 Ver o relatório de uma pesquisa que descobriu que o motivo principal pelo qual médicos prescrevem é o medo declarado de não fazer nada, em DOWLING, H. F. "How do practicing physicians use new drugs?" *Journal of the American Medical Association*, CLXXX, 1963, p. 233-236. A "propensão em direção à intervenção" apoiada por um otimismo acerca do resultado é discutida sensatamente em PARSONS, T.*The Social System*. Nova York: The Free Press, 1951, p. 466-469. Esses dois aspectos da mentalidade clínica certamente apóiam a regra de decisão médica.

Na verdade, às vezes, ela é invertida para criar um "diagnóstico insuficiente." Sob as condições de prática durante a era Stalinista durante o pós-guerra na União Soviética (FIELD, 1957), como sob as condições da prática da psiquiatria (se não da medicina em geral) na área militar (LITTLE, 1956:22-24), a pressão sistemática da situação era para desencorajar o diagnóstico de pelo menos algumas doenças, tanto mentais quanto de outras naturezas. Da mesma forma, entre os médicos clínicos e outros médicos de consultório da linha de frente que não têm condições de alienar seus clientes, poderíamos esperar um diagnóstico insuficiente de uma doença tão estigmatizada como a "psicose". Essas exceções à regra de decisão médica não deveriam ser criticadas – mesmo porque elas podem ser usadas para ilustrar novamente como o trabalho invalida os princípios gerais de orientação e as regras de decisão. Elas são, entretanto, exceções à regra geral, que provavelmente serão mais deploradas pelos líderes da profissão do que o diagnóstico exagerado.

Ao longo da discussão sobre as provas que apóiam a noção de que há, por parte da profissão médica, uma tendência a imputar (ou diagnosticar) a doença em vez da saúde, eu sugeri alguns dos fatores que podem estar por trás daquilo que a própria profissão chama de diagnóstico e tratamento exagerado. Esses fatores podem ser vistos como variáveis que encorajam ou condicionam a regra de decisão da profissão. A pergunta permanece: E então? Quais são as conseqüências?

## Conseqüências da tendência em direção à doença

A tendência do diagnóstico médico flui, sem dúvida, em direção à sua missão especial de descobrir e tratar uma forma de desvio cuja objetividade não é questionada. Já que o status biofísico dos sinais médicos é confundido com o status moral e social do significado de doença, nenhuma questão séria é levantada sobre a medicina, como tem sido freqüentemente levantada sobre o tribunal de justiça a respeito do perigo social e moral de se denominar (ou diagnosticar) equivocadamente. A medicina preocupa-se em grande parte (embora existam algumas exceções) com as conseqüências *biofísicas* do diagnóstico e do tratamento – se eles são precisos e eficazes. Ela não está preocupada com as conseqüências sociais. Além disso, a medicina preocupa-se um pouco com o custo financeiro que o paciente ou seu agente terá. As conseqüências sociais sobre a *identidade* que sofre a pessoa que foi denominada de doente raramente são levadas em consideração pela medicina. Entretanto, essas conseqüências podem ser importantes.

Em uma análise séria, Meador discute a noção de "não-doença." Trata-se do caso em que uma pessoa é diagnosticada como doente, mas, após uma investigação mais minuciosa, é declarada como não sendo portadora de tal doença (MEADOR, 1965:92-95). Por exemplo, um homem com alta pigmentação e com pressão sangüínea baixa (que são em si desvios primários) poderia ser suspeito de ter a doença de Addison (um desvio secundário). Contudo, ao descobrir que a cor de sua pele é proveniente de um avô *Cherokee*,[10] que a sua função adrenal se encontra dentro dos limites normais, o seu médico pode declarar que, assim como ocorre com diversas pessoas com limites baixos de pressão sangüínea normal, esse paciente não tem a doença de Addison – ele tem a não-doença de Addison. Ele é saudável especificamente em relação à doença de Addison, pois trata-se de algo específico que ele certamente não apresenta. Todos os falsos positivos investigados e subseqüentemente considerados falsos, conseqüentemente, tornam-se não-doenças. Várias síndromes tornam-se comumente falsos positivos e permitem a criação de não-doenças.

Aparentemente, ter uma não-doença é menos sério do que o custo, a preocupação temporária e o aborrecimento que o paciente foi exposto no espaço de tempo entre o diagnóstico inicial (falso positivo) e o resultado final. Convencionalmente, a medicina argumenta que é mais sério não perceber uma doença por descuido, ignorância ou acidente, do que diagnosticá-la temporariamente. O que se esquece, todavia, é que doença tem um significado social, em que nem tudo é suprido ou controlado pelo médico. Algumas doenças talvez não possam ser desfeitas e talvez não possam se tornar não-doenças no mundo do paciente. No caso de doença mental, por exemplo, o fato de ter estado apenas doente mental macula o status normal do ex-paciente. Se alguém é diagnosticado como portador de uma doença *estigmatizada*, não é possível ser inocentado dela: ter sido simplesmente suspeito dela é algo estigmatizante. Essa conseqüência deve certamente causar hesitação

---

10 *Cherokee* é uma das nações de povos nativos e residentes na América do Norte. (N.T.)

no emprego da costumeira regra de decisão da medicina, por mais humanitária que a motivação para o seu uso possa ser.

## Variação médica na denominação e no gerenciamento da doença

Mostrei que a tarefa – na verdade, a missão – do profissional médico é encontrar doenças. Isso equivale a dizer que a tarefa é denominar, com autoridade, a doença que o reclamante suspeita ser doença, e também denominar como doença o que ainda não foi assim denominado anteriormente ou o que foi denominado de alguma outra forma sob a jurisdição de alguma outra instituição. Se for verdade que parte da tarefa médica é minimizar a reação da sociedade a algumas formas de desvio – desaprovando a seriedade da reação leiga a algumas formas e minimizando a ferocidade das reações a outras – em geral parece mais correto afirmar que a principal conseqüência da atividade médica é aumentar o número total de doenças pelas quais os desvios podem ser caracterizados, e, simultaneamente, a atividade médica tenta aumentar a intensidade da reação social a essas doenças, enfatizando a sua seriedade para a saúde individual ou pública. Ela está, portanto, engajada em criar e em estimular a proliferação de situações que gerem papéis de doenças desviantes.

A fim de avaliar essa importante conseqüência social da atividade médica, é necessário entender o fundamento do conhecimento e da prática sobre a qual ela está assentada. Antes de tudo, deve ser observado o fato perfeitamente óbvio de que para uma grande maioria dos casos, o consenso em denominar (diagnosticar) e gerenciar não existe em todas as profissões da área da saúde. Existem diversas escolas e opiniões na medicina de forma que a denominação (diagnóstico) de doente aplicada a um indivíduo com problemas e os métodos usados para o seu gerenciamento ou o gerenciamento de sua queixa irão, até um certo ponto, variar independentemente das suas reclamações e do seu comportamento. A medicina não é uma instituição completamente homogênea. Para os prejuízos decorrentes do diagnóstico e da terapia a medicina está organizada em "escolas" vagas que atravessam o setor saúde. Outra forma de apontar este aspecto pode ser observada por meio do reconhecimento de "opiniões" médicas variadas a respeito da interpretação e do gerenciamento de sinais e sintomas, todos mais ou menos legítimos.

Nos campos da alergia e da dermatologia existem escolas de pensamento bioquímicas e psicanalíticas, cujas diferenças são semelhantes à cisma orgânico-funcional na psiquiatria. Na cirurgia geral, como nas especialidades cirúrgicas, existem escolas "conservadoras" que evitam remover o tecido sempre que possível ou que esperam por muito tempo antes de decidir fazê-lo, e existem escolas "radicais" que "botam a mão na massa" tão logo possam ou que busquem novas técnicas para remover o que nunca fora removido com segurança antes. Na medicina interna, como nas especialidades médicas, existe a escola quimioterápica, próxima dos heróicos terapeutas do século XIX, que usam drogas livremente, e existe a escola "conservadora", próxima da tradição hipocrática, que reluta em utilizar drogas exceto quando é absolutamente necessário. As divisões mais marcantes e complexas podem ser encontradas atualmente na área da saúde mental. Como Strauss e seus colegas mostraram,[11] embora a dicotomia geral entre o somático e o psicológico possa grosseiramente organizar a área da saúde mental, existe uma diferenciação significante em várias "ideologias." Essas opiniões estão organizadas em escolas vagas em virtude do compreensível desejo de um homem tratar e encaminhar seus clientes a outros que compartilham as opiniões dele sobre a doença e seu gerenciamento. Portanto, eles tendem a se organizar em redes de profissionais com a mesma opinião, localizados possivelmente de forma diferente na divisão do trabalho entre os especialistas, mas unidos pelo hábito de encaminhar.

Uma das conseqüências destas escolas, em mais casos que se pensa a princípio, é que o diagnóstico ou tratamento de uma determinada forma depende, em parte, do que está "de fato" errado e, em parte, da tendência escolhida pelo profissional e deriva do sistema de referências em que ele está inserido. Digo isso de uma forma bem comum e rotineira – na remoção ou não remoção de amídalas, do apêndice ou de um pulmão; na prescrição de aspirina ou de doses massivas de antibióticos; no uso de psicologia verbal

---

11 Ver a declaração pragmática de SCHATZMAN, L.; STRAUSS, A. "A sociology of psychiatry: a perspective and some organizing foci." *Social problems*, XIV, 1966, p. 3-16; e ver STRAUSS, A. et al., *Psychiatric ideologies and institutions*. Nova York: The Free Press of Glencoe, 1964.

ou terapia eletro-convulsiva; no uso de radiação em vez de cirurgia; no uso de anestésicos durante o parto. Evidentemente, se um paciente deliberadamente não escolhe uma "escola" (como fazem alguns dos mais instruídos) e se, uma vez entre os defensores de uma escola, ele não adota uma posição nem ativa nem agressiva em seu tratamento, as opiniões dos profissionais médicos em cujas mãos ele caiu determinam grande parte do que irá lhe acontecer.

Enquanto a existência de opiniões tão divergentes é um fato óbvio para qualquer um que conheça bastante a medicina, ele não é um fato insignificante. É importante, pois indica as fontes sistematicamente organizadas e auto-suficientes que diferenciam a denominação e o gerenciamento de desvio na medicina que, por sua simples existência, lançam dúvidas sobre a estabilidade e objetividade do acervo de conhecimento médico. Essas diferenças não são achadas apenas nas margens da medicina, mas também, às vezes, no seu núcleo estabelecido e rotineiro. A tendência em imputar a doença é compartilhada por todos os profissionais médicos: eles dividem-se em relação à doença a ser imputada ou, se não for por isso, dividem-se em relação à abordagem a ser adotada quanto à doença. Excluindo da nossa atenção o número crescente de doenças em que há unanimidade no diagnóstico e no tratamento e que, em virtude desse consenso, eles podem ser considerados objetivos e científicos para a nossa época, existe ainda o problema de compreender as evidências que fundamentam a denominação e os modos de gerenciamento de doenças onde não existe consenso geral. Como o profissional pode desenvolver dado um diagnóstico e um método de gerenciamento para os quais não há evidência comprobatória suficiente para forçar uma ampla unanimidade na profissão? Como variam os diversos conceitos de doença (e denominações) para a mesma queixa? Como as diversas filosofias de tratamento são justificadas? Como os diferentes papéis do doente são estabelecidos e mantidos? As respostas a essas perguntas, creio, estão no caráter subjetivo da experiência clínica pessoal do profissional médico.

## A interpretação da experiência clínica pessoal

A principal característica da situação que encontramos quando um paciente, ao buscar ajuda, interage com um médico tentando oferecer ajuda é a esperança mútua. O paciente provavelmente não iria buscar ajuda se não acreditasse que um médico o poderia ajudar, e o médico não iria se incumbir em ajudá-lo se não sentisse que poderia fazer algo eficaz. Cada um espera a melhora ou a cura, e cada um interpreta a sua experiência pessoal baseando-se nesta expectativa. E, mais freqüentemente, cada um se auto-motiva a acreditar, baseando-se na experiência pessoal mediada pela interpretação, que algo eficaz tem sido feito. Conseqüentemente, o paciente se sente melhor e o médico sente que seus procedimentos são responsáveis pela sua melhora. Essa façanha ocorre muito mais independentemente dos agentes químicos e físicos utilizados no tratamento do que o paciente e o médico acreditam. A filosofia de tratamento do médico é, portanto, sustentada na evidência de que seu sentimento, guiado pelo anseio, lhe diz que seu paciente melhorou. E outra filosofia médica de tratamento bem diferente é igualmente sustentada pela percepção da melhora do paciente. Os pacientes que ficam são gratos em ambos os casos ao sentir e relatar a melhora. Acredita-se que os outros vão embora sem "dar uma chance ao tratamento".

A aparente melhora, independente do agente "objetivo" utilizado no tratamento, pode ser explicada por várias razões. Primeiro como já mencionei anteriormente, a experiência humana caracteriza-se por seu aspecto interpretativo. Ela não é uma função passiva de agentes físicos "naturais". Percebe-se que, cada vez mais, essa é uma suposição sem a qual não se pode entender o resultado de muitos estudos experimentais controlados sobre o valor terapêutico das drogas. Nas conclusões da sua pesquisa, agora clássica, sobre um século de trabalho experimental sobre a dor, por exemplo, Beecher enfatiza que a sensação e a percepção são inseparáveis, ressaltando a importância do que ele chama de "o componente da reação" (*the reaction component*). De fato, no caso dos agentes analgésicos (que reduzem a dor), ele conclui que o seu efeito principal não é tanto "atenuar" a sensação original, mas, sim, a reação à essa sensação (BEECHER, 1959:188-189).

A implicação óbvia do trabalho de Beecher é que o *paciente* tem uma reação falível, subjetiva e introspectiva. Contudo, por causa do trabalho de homens como Beecher, tem-se dado cada vez mais atenção a duas questões menos óbvias da profissão, a saber: até que ponto o *médico* ou aquele que realiza experimentos contribui para a reação do paciente? Até que ponto o *médico* ou aquele que realiza experimentos registra os resultados de maneira objetiva ou neutra, e não subjetiva ou parcial? Até bem recentemente, a avaliação da prática de cura era conduzida pelo que Neil Friedman (1967:142) chamou de dogma da percepção imaculada, ou seja, a crença de que não é uma pessoa que obtém a informação, evitando a psicologia social da (...) pesquisa (...) tudo parte integrante daquela ideologia governante, aquela inatingível imagem de limpeza. No entanto, o reconhecimento crescente do poderoso papel das reações subjetivas no tratamento médico levou ao desenvolvimento dos estudos duplo-cegos[12] que tentam controlar não somente (1) o "componente de reação" subjetivo do paciente, mas também o que não é tão normalmente reconhecido, (2) a contribuição clínica à interpretação do paciente sobre a sua experiência e (3) o componente subjetivo da reação do próprio clínico na avaliação dos resultados do seu tratamento.

Todas as três variáveis, sugiro, devem figurar uma explicação adequada sobre como a profissão consegue manter, com sucesso, "escolas" de diagnóstico e de comportamento terapêutico que contrariem uma a outra e mantenham práticas que um dia serão identificadas como inúteis. Isso é especialmente aparente quando examinamos o passado em relação ao qual, diferentemente do presente, podemos manter, com mais facilidade, um afastamento tolerante. Tomemos como exemplo um médico egípcio de 1.500 a.C., usando remédios registrados no papiro Ebers.[13] Por que razão ele iria prescrever excremento de crocodilo se não acreditasse em seu valor? E por que razão seus olhos não conseguem registrar a sua falta de valor? A resposta é simples. É provável que o médico tenha fé no seu remédio. Sua fé será transmitida ao seu paciente. Por esta razão ele se tornará prestativo e, depois de receber esse remédio, irá interpretar seus sintomas com esperança. Essas diferentes reações do paciente respondendo a fé do médico em seu remédio tem funcionado com a clorpromazina, o LSD e muitas outras drogas modernas atuais (SHAPIRO,1960:109-135). Não temos motivo para acreditar que os pacientes eram menos sujeitos a essa influência no passado do que são atualmente. Portanto, o próprio clínico influencia o paciente a

---

12 Sobre os métodos de experiências clínicas, ver WITTS L. J. (ed.). *Medical surveys and clinical trials*. Londres: Oxford University Press, 1959.
13 O Papiro Ebers é um dos tratados médicos mais antigos e importantes que se conhece. Foi escrito no Antigo Egito e é datado de aproximadamente 1550 a.C. Ele foi adquirido no Egito em 1873 pelo egiptólogo alemão Georg Ebers. Contém mais de 700 substâncias medicinais e uma descrição do sistema circulatório. (N.T.)

interpretar seus sintomas com ou sem esperança, dependendo da visão do próprio médico. Além disso, é provável que as *observações* do médico sejam parciais devido a suas próprias atitudes. Sua fé em seus próprios remédios pode levá-lo a "observar" melhoras ou cura: por que então ele iria continuar a prescrever excremento de crocodilo? O tratamento médico e a sua avaliação clínica diária (pessoal e sem intermediários) é uma questão de cumplicidade entre médico e paciente. E, embora a perspectiva do médico seja inevitavelmente diferente da do paciente, ainda assim ele tende, como o paciente, a interpretar a sua experiência de forma auto-sustentável.[14]

A noção de placebo é, sem dúvida, central para essas observações. Essa palavra é normalmente utilizada para se referir apenas à circunstância em que o médico usa um método de tratamento, não porque acredite em seu valor terapêutico, mas porque ele crê que este é um método inofensivo de fazer a vontade de um paciente exigente. Essa definição assume que o médico é um cientista imparcial que conhece aquilo que "realmente" tem valor terapêutico e que, às vezes, usa outras coisas apenas para agradar seus pacientes. Contudo, é praticamente impossível imaginar que o médico de ontem não acreditasse na maioria de seus remédios, inclusive aqueles que hoje consideramos sem valor. E é igualmente impossível acreditar que o médico de hoje creia apenas em remédios claramente eficazes. Mesmo hoje em dia devemos assumir que os médicos usam inadvertidamente muitas drogas e procedimentos inúteis e que eles os usam porque sua própria experiência pessoal lhes diz erroneamente que eles estão obtendo resultados". Ao considerar essas circunstâncias, a definição de placebo de Shapiro pode parecer mais útil que a tradicional: "qualquer terapia (ou componente de qualquer terapia) que é deliberadamente utilizada em um paciente, sintoma ou doença devido a seu suposto efeito, mas que é desconhecida pelo paciente e pelo terapeuta, não possui nenhum elemento específico para lidar com a condição em que está sendo tratada (SHAPIRO, 1966:21-23).

Como propôs Shapiro (1964:713),

---

14 Ver os comentários da função apostólica do médico em BALINT, M. *The doctor, his patient and the illness*. Londres: Pitman Medical Publishing Co., 1960. E ver a discussão da abordagem clínica em MECHANIC, D. *Medical sociology*. Nova York: The Free Press, 1968, p. 196-208.

uma característica saliente da medicina sempre foi a presença e o profundo investimento intelectual e emocional do médico na teoria e prática. Os tratamentos foram freqüentemente elaborados, detalhados, custosos, demorados, elegantes, esotéricos e, às vezes, perigosos. Mais tarde a maioria desses tratamentos foi considerada ineficiente. Quanto maior o interesse do médico pela teoria de uma terapia, especialmente se é sua a inovação ou se é uma descoberta recente, mais eficaz aquela terapia parecerá ser (...) Um grande investimento intelectual e emocional é inerente a um médico que usa uma nova droga ou tratamento. Isso pode explicar, em parte, os relatórios quase universais da eficácia que acompanha a introdução das novas terapias.

Como Shapiro mencionou em outro trabalho, provido de documentação,

a eficácia de uma droga pode aumentar 30% ou de 0 a 100% quando contaram ao *médico* que o agente é ativo e não é um placebo. A efetividade do placebo pode diminuir de 70% a 25% quando as atitudes (dos funcionários) em relação ao tratamento deixam de ser positivas passam a ser negativas. (SHAPIRO, 1964:78. Grifo acrescentado).

Tal variação não ocorre apenas quando drogas são usadas. Beecher (1961:1.102-1.107), por exemplo, estima que o efeito do placebo nos procedimentos cirúrgicos é de cerca de 35%. De fato, a revisão da bibliografia até a década de 1960, feita por Shapiro, deixa poucas dúvidas sobre a importância das variáveis sociais e psicológicas na criação e interpretação da experiência clínica – médica ou cirúrgica – do profissional (SHAPIRO, op. cit.).

É digno de menção, neste ponto, que a literatura médica tem uma abordagem curiosamente limitada sobre erro de diagnóstico e reação ao placebo que reflete a mentalidade peculiar da profissão. A suposição básica da maioria das pesquisas médicas parece ser que enquanto o médico pode errar por ignorância ou imperícia (as quais poderiam ser remediadas por meio de um processo seletivo melhor, de uma educação melhor e de uma supervisão melhor) ou pelo caráter não científico de um conceito ou procedimento diagnóstico (que poderia ser remediado por meio de mais pesquisa), ele dificilmente sofreria uma tendência na abordagem ou uma tendência subjetiva. Mas transcorridas várias décadas de pesquisa extra-médica sobre percepção e julgamento humanos,[15] parece evidente que nenhum ser humano consiga evitar uma tendência como essa. A questão primordial apresentada pela pesquisa médica – se existe ou não essa tendência – é, portanto, muito ingênua ou muito arrogante. Sendo humanos, os médicos costumam manifestar uma tendência subjetiva. O assunto proposto pela pesquisa não deveria ser meramente quanto a determinar a existência ou não dessa tendência, mas, sobretudo, mensurá-la e, ao mesmo tempo, explicar suas origens, coletando informações a respeito do médico e do cenário social em que ele trabalha. Essa questão pode ser abordada em vários níveis. Um recente estudo sobre as sentenças dadas a criminosos condenados, por exemplo, questiona como a sentença dada em um caso influencia a sentença dada em casos supervenientes (GREEN, 1968:125-137). Analogias entre o julgamento legal e o médico não são afetadas a ponto de impedir uma exploração dos mesmos mecanismos na medicina. Em outro nível de análise certamente deve ser perguntado como as características sociais do próprio médico – como histórico religioso, etnicidade, sexo e nível social – se relacionam com as tendências que ele provavelmente terá a favor de certos diagnósticos e modos de gerenciamento. E em outro nível, pode ser perguntado como as características do ambiente no qual ele trabalha – o tipo de pacientes que ele atende com maior freqüência, a carga de pacientes, o seu contato com colegas de profissão e assim por diante – influenciam o conteúdo e o sentido das escolhas que ele faz e das reações que ele tem. Questões do ponto de vista do médico e de seu trabalho têm sido raramente abordadas, e menos ainda exploradas sistematicamente.

## Fontes da construção clínica da doença

Deveria ser óbvio, tendo em vista material analisado, que pelo menos uma das variáveis, não importa qual, contribui para a preservação de práticas diagnósticas e terapêuticas variadas na medicina contemporânea, a saber, a dependência das práticas clínicas à influência pessoal – otimista, pes-

---

15 Boa parte dessa literatura é analisada por SHERIF, M.; HOVLAND, C. V. *Social Judgment*. New Haven: Yale University Press, 1961.

simista ou outra – do profissional na sua abordagem com seu paciente, e na sua interpretação dos sinais e sintomas apresentados a ele. O médico tende a acreditar na terapia que utiliza. Com essa crença, ele influencia o paciente a reagir favoravelmente e influencia a si mesmo a ver melhora no tratamento, se não a cura da doença. Para facilitar essa tendência, a profissão médica seleciona casos considerados "apropriados" entre um número total de casos disponíveis. Essa seletividade tem se manifestado através da história. É claro que, pelo menos desde os hipocráticos, casos "sem esperança" têm sido recusados. No caso da terapia do "toque real" (*royal touch*), por meio da qual um membro da realeza curava ao tocar o paciente atormentado com uma doença denominada Mal do Rei (*King's Evil*),[16] sabemos que, freqüentemente, havia uma triagem cuidadosa de pacientes, "e era permitido apenas um tratamento por pessoa (diminuindo assim a possibilidade de fracasso)" (SHAPIRO, op. cit.:111). Mesmo hoje em dia, a seletividade da prática psiquiátrica (HOLLINGSHEAD; REDLICH, 1958) e agências de apoio e aconselhamento familiar (CLOWARD; EPSTEIN, 1965:623-644) têm sido notórias. Recentemente, a atenção voltou-se para a tendência de outras agências de tratamento ao selecionar casos em grupos bem mais precisos – como podem ser identificados nas observações de Krause sobre as práticas de um centro de reabilitação (KRAUSE, 1966:197-206) e no trabalho de Scott sobre a seleção de casos em agências para cegos (SCOTT, 1967:248-257; SCOTT, op. cit).

Esses exemplos de seletividade não são apenas exemplos de injustiça social. Para os objetivos deste nosso trabalho, eles são vistos, na verdade, como exemplos de como as práticas de consulta podem criar, por si mesmas, condições que influenciam sistematicamente a experiência com seus casos. Dessa forma sua *concepção de doença* não é aplicável ao mundo externo à sua prática. Essa influência pode originar-se da seletividade deliberada do profissional, ou da forma que os casos selecionam a si mesmos – isto é, de acordo com o tipo de pessoas que têm tendência a perceber um sintoma como sério e a buscar consulta médica (MECHANIC, 1966:11-20; ZOLA, 1966:615-630).

---

16 *King's evil*, era o nome dado a *scrofula:* uma doença epidérmica que afeta os lifonodos da garganta. Durante a Idade Média acreditava-se que o "toque real" (*royal touch*) do soberano inglês ou francês poderia curar esta doença, porque eles descendiam de Eduardo – o Confessor que, de acordo com a crença da época, recebeu esse poder de cura de São Remigius. (N.T.)

Em ambos os casos, o resultado é o mesmo: a criação de uma doença (ou conceito diagnóstico), cuja intenção é ser universal, mas que, na melhor das hipóteses, se aplica a um segmento especial da população.

Categorias de diagnósticos, prognósticos e modos de tratamento, enquanto são desenvolvidas empiricamente, são todas construídas sobre a base de experiência clínica com casos que se apresentam (ou são apresentados) dentro do campo de ação de um setor profissional. A tendência do profissional é assumir que o que ele percebe pessoalmente nos casos com as pessoas com quem lida, também existe nas pessoas do mundo normal, fora de seu campo de ação. (Na verdade, ele *impõe* esse ponto de vista no mundo lá fora.) O médico está propenso a ignorar o fato de que o processo social organiza e apresenta certos casos a ele. Em vez disso, é provável, como observou Mechanic, que o médico assuma o fato de os casos que observa não serem diferentes daqueles que não observa (MECHANIC, 1963:244-247). E assim ele desenvolve conceitos de doença que podem ter uma relação imprecisa e artificial com o mundo.

Vários exemplos podem ser citados. Schmideberg (1961:322) menciona que durante muito tempo pensava-se que a doença de Buerger era predominante entre os homens judeus do Leste Europeu, principalmente porque os contatos de Buerger com os pacientes eram restritos na maior parte ao Hospital Monte Sinai, na cidade de Nova York, que atendia predominantemente pacientes judeus. No caso de "pressão arterial alta", descobriu-se, com alguma surpresa, que uma proporção razoável da população em geral, fora do consultório, manifesta os sinais sem qualquer reclamação ou efeitos prejudiciais aparentes (SCHEFF, op. cit.:115; ZOLA, op. cit.). O grande médico Sydentham achou que a escarlatina era uma doença leve, sem complicações sérias – uma impressão aparentemente originada do contato dele com pacientes abastados em vez de pobres (ROSEN, 1967:9-10; STEVENSON, 1965:1-21). Até o final da década de 1940 "pensava-se que a histoplasmose era uma doença tropical rara, com um resultado uniforme fatal. Recentemente, no entanto, descobriu-se que ela é amplamente prevalente, e com um resultado fatal ou incapacidade extremamente raros" (SCHWARTZ; BAUM, 1957:253-258 in: SCHEFF, op. cit.:117). Do mesmo modo, a experiência limitada e tendenciosa do consultório tem sido projetada sobre a população em geral no caso da doença do coração, apenas para ser detida abruptamente pelo descobrimento dos assim chamados cardíacos ocultos, vivendo aparentemente como pessoas normais apesar da presença dos sinais da doença. Na verdade, suspeito que a imagem da "inaptidão" geral, tanto física como psicológica, que surgiu com os exames médicos em massa na Segunda Guerra Mundial e com a continuação do serviço militar compulsório, estava relacionada com o conceito de doença e inaptidão construído pela organização dos sintomas transformados em imputações originadas em um consultório particular que depois foram aplicadas em outros lugares. Esse procedimento não leva em conta que nem todos que se consultaram com determinados sintomas reagem necessariamente da mesma forma que aqueles que têm os mesmos sintomas, mas não se consultaram. Pode ser inapropriado rotular como "doença" ou "condições graves" os sinais e sintomas que incapacitam ou preocupam apenas aqueles que buscam ajuda médica e não outros.

Comparar o ato de relatar uma doença ao ato de um crime[17] pode ajudar de maneira instrutiva a exploração dos fatores que, ao justificar o ato de procurar ajuda profissional, moldam o caráter dos casos que o clínico irá ver e, conseqüentemente, a imagem que a doença irá obter. À primeira vista, poderia parecer que a experiência do caso médico apresentaria problemas diferentes para serem analisados se fosse comparado com a experiência do caso policial. Isso porque, é mais provável que as pessoas "se entreguem" quando acreditam que estão doentes do que quando acreditam terem cometido um crime. Mas essa é uma comparação imprecisa. Diretamente análogo ao doente está a vítima, e não o criminoso. A analogia é especialmente interessante pelo fato de que a vítima, como o doente, nem sempre informa o crime à polícia – nem sempre pede reparação. O caso mais comum é o do pequeno furto. Assim como ocorre com as vítimas de tais crimes, é improvável que aqueles que sofrem do que consideram pequenas dificuldades busquem ajuda profissional. White e colaboradores estimaram que duas a cada três pessoas que se sentem mal não procuram cuidados médicos e que em qualquer mês do ano apenas 1% daqueles que relatam doença em uma pesquisa domiciliar serão hospitalizados (WHITE in: CLARK; MACMAHON, 1967:854). Zola analisa estimativas semelhantes e até mais impressionantes

---

17 Ver a discussão em KITSUSE J. I.; CICOUREL A. V., "A note on the uses of official statistics." *Social problems*, XI, 1963, p. 131-139. E, a respeito de suicídio, ver DOUGLAS J. D. *The social meaning of suicide* Princeton: Princeton University Press, 1967.

e também analisa materiais de outras culturas. Ele mostra que as pessoas não costumam buscar ajuda para "aberrações" que eles consideram comuns. Como exemplos ele menciona aberrações comuns em outras culturas como diarréia, transpiração, doenças da pele, tosse, tracoma, dor lombar, fadiga, alucinações e dismenorréia (ZOLA, op. cit.). Obviamente essa lista poderia ser ampliada para incluir exemplos que já mencionei em outros lugares, como os sintomas "mais leves" de histoplasmose. Parece claro, entretanto, que as instituições de prática médica careçam de um contato mais sistemático com o conhecimento dos sintomas (e sinais relacionados) que as pessoas consideram comuns e menores.

A subnotificação[18] de crimes pelas vítimas também inclui outra variável importante, como pode ser exemplificado por meio do crime de estupro. O estupro, teoricamente, não é culpa da vítima, mas causa estigma. Por essa razão, a vítima muitas vezes não vai até a polícia dar parte desse crime. Da mesma forma, é pouco provável que uma pessoa dê parte a polícia de um crime de agressão ou extorsão se ela estiver envolvida em uma atividade ilegal ou estigmatizada – como o comportamento homossexual, por exemplo. Existem semelhanças óbvias para o caso de doenças, como pode ser exemplificado pelas doenças venéreas. Ela é menos freqüentemente levada ao médico pelo paciente do que as doenças não estigmatizantes. Além disso, muitas vezes ela não é notificada pelos próprios médicos, como descobriu recentemente um estudo de Gelman em Nova York (GELMAN et al., 1963:1912). Da mesma forma, a prática comum de atos ilegais, estigmatizados ou "vergonhosos" freqüentemente considerados pelos psiquiatras como sintomáticos de uma doença – por exemplo, atos homossexuais, atos heterossexuais imaginativos, atos onanistas, abortos ilegais ou o uso ilegal de drogas como a maconha (SCHUR, 1965) – raramente são levados até os médicos, a menos que o paciente acredite que esses atos estejam relacionados com uma doença que ele precise de ajuda. Mesmo na prática psiquiátrica essas são atividades que os pacientes tendem a esconder ou mentir.[19]

---

18. Subnotificação é uma expressão corrente na área da saúde coletiva. Ela revela que o sistema de saúde, através de suas diversas instituições e atores, conhece apenas parte dos dados de uma determinada realidade, mas não a sua totalidade. (N.T.)
19. Ver a discussão em SZASZ, op. cit., p. 272. Eu suspeitaria que os médicos, inclusive os psiquiatras, subestimam conscientemente a quantidade de mentiras e dissimulações de seus pa-

Sugeri duas variáveis que conduzem à subnotificação da doença por doentes e às conseqüentes restrições sobre a acuidade da informação que o médico e o conjunto da profissão terão sobre os sinais e sintomas envolvidos. A profissão deve definir uma doença a partir de sintomas e sinais que a população em geral considera trivial, sem importância, vergonhoso ou estigmatizante? O conceito profissional é que a doença tende a ser distorcida e imparcial, permanecendo sobre um conhecimento muito limitado e em experiências com atributos, estatísticas de incidência, prevalência e significado inadequados. Nesses casos, o profissional é menos informado e qualificado para avaliar a "doença" do que aqueles capazes de entrar na comunidade e estudar os comportamentos relevantes e as respostas que acontecem atualmente. A experiência clínica limitada *certamente* levará às concepções inexatas (normalmente sub-representadas) de sua prevalência. Também é provável que leve a um conceito de doença por si só pouco objetivo ou evidente.

A partir da minha discussão acho que se torna possível sugerir as circunstâncias sob as quais os conceitos profissionais da doença em si, e sua incidência, são provavelmente tão exatos quanto apropriados. Claramente, em circunstâncias nas quais o conceito leigo de doença corresponde àquele da profissão – se a doença for considerada aguda e grave, exigindo imediata atenção profissional, não implicando em estigma moral ou ilegalidade, e, finalmente, sem nenhuma barreira significante que impeça a utilização dos serviços – os membros da profissão verão muitos exemplos de morbidez e terão um conceito razoavelmente preciso da faixa de variação de sinais e sintomas e um quadro comparativamente verdadeiro de sua incidência. Sob essas circunstâncias, não podem ser levantadas questões sérias sobre o uso da denominação "doença" e o uso dos significados que lhes são atribuídos. A mesma precisão pode ser obtida sem a satisfação de nenhuma das exigências especificadas, sejam elas exames e testes padronizados e obrigatórios – como acontece no caso de recém-nascidos em hospitais norte-americanos, e em alguns ambientes educacionais, industriais e militares. Assim, enquan-

---

cientes. Isso pode ser feito com sucesso apesar do extenso questionamento feito por psiquiatras, psicanalistas e sociólogos, durante muitos meses, mesmo diante de suspeitas, como as demonstradas no caso de Agnes. Ver GARFINKEL H., *Studies in ethnomethodology*. Englewood Cliffs, Nova Jersey: Prentice-Hall, 1967, p.116-185, 285-288.

to os próprios leigos não reconhecerem uma "doença", o conceito profissional permanecerá problemático.

Finalmente, devo mencionar o que deveria, com a finalidade simétrica se não lógica, ser chamado de "sobrenotificação" de doença – a criação de um quadro em que a profissão imputa uma prevalência a uma doença na comunidade maior do que de fato é. Ao considerar essa questão, devemos lembrar, em primeiro lugar, que existe uma tendência de a profissão imputar mais a doença do que a saúde, levando a doença mais a sério do que o leigo. Essas tendências, por si só, podem levar a esperar que, pelo menos, os empreendedores morais da profissão fiquem mais alarmados com o que eles entram em contato do que a sua seletiva busca ativa real sugeriria. Portanto, a experiência pouco representativa de casos tende a ser enfatizada exageradamente pela profissão: da mesma forma que os representantes da lei e outros empreendedores morais tendem a relatar "ondas de crime" com base em estatísticas pouco representativas ou tendenciosas, os médicos tendem a relatar "epidemias." Esse comportamento costuma acontecer especialmente quando alguma prática ou comportamento dramático desperta a moralidade pública. Como mostrou Becker, quando a maconha chamou a atenção pública pela primeira vez na década de 1920 e no começo da década seguinte, os médicos começaram a descrever psicoses associadas ao seu uso. Esses relatórios desapareceram na década de 1940, mas, parecem ter voltado no final da década de 1960 quando a maconha se tornou proeminente aos olhos do público (BECKER, 1967:163-176). A análise de Becker enfatiza o paciente como fonte para a elaboração desses relatórios. Entretanto, é perfeitamente possível que o médico tenha estimulado esse interesse moral.[20] Da mesma forma, o peso quantitativo da opinião médica (desenvolvida apesar do fato de o médico estar em uma posição muito difícil para entrar em contato com uma variedade razoável de usuários) parece, diante das provas disponíveis, fazer todo o possível para ser conservador e superestimar os perigos potenciais do uso.

---

20 Para uma discussão das profundas e diferentes concepções normativas subjacentes às diferentes interpretações sobre as provas que envolvem as conseqüências do uso da maconha ver GOODE, E. "Marijuana and the politics of reality." *Journal of health and social behavior*, X, 1969, p. 83-94.

A intenção destes comentários é realmente mostrar e não combater o problema da natureza das provas disponíveis ao profissional que, por sua vez, é responsável por moldar os seus conceitos de doença. Além disso, nossos comentários têm-se limitado quase inteiramente à experiência profissional do médico clínico comum, que, acredito, tem sido e ainda é a primordial fonte de informações sobre a doença disponível na medicina. Progressos recentes têm levado ao uso gradativo de técnicas de avaliação criadas para controlar as ilusões do próprio profissional na avaliação da precisão do seu diagnóstico e da eficácia de sua terapia (BORGATTA, 1966:182-201; DONABEDIAN, 1966:166-206). Entretanto, levará bastante tempo antes que os experimentos duplo-cegos e as demonstrações cuidadosamente controladas tenham peneirado completamente a maioria das práticas estabelecidas da medicina contemporânea.

Outros progressos têm provocado a emergência de tentativas ambiciosas para determinar os sinais e os sintomas prevalentes em comunidades inteiras, independentemente do caso encontrado (e pouco relatado) por parte dos médicos.[21] Contudo, o problema que percebo não será resolvido por estudos de campo sobre a verdadeira incidência de uma doença em uma dada população. Todos esses estudos coletarão informações precisas sobre a distribuição de sinais e sintomas *que já foram denominados* doença com base na experiência do consultório e da avaliação profissional. O problema consiste no fato de ser ou não oportuno e adequado denominar esses sinais e sintomas de doença em primeiro lugar e de doenças graves em segundo. Tal problema pode ser colocado (ou pelo menos debatido inteligentemente) determinando-se *como as pessoas funcionam* na comunidade embora manifestem esses sinais e sintomas que antes foram denominados doença. Como a propensão da profissão é imputar a doença e incitar a busca de tratamento profissional, e como os pacientes que buscam ajuda são a fonte especialmente estruturada de sua experiência, *seus conceitos são em si problemáticos*. No caso da psiquiatria, Szasz afirma que as situações de contato entre o psiquiatra e o leigo variam tanto em conteúdo quanto varia o sistema de "nosologia psiquiátrica". A imputação é baseada na prática em consultório que não é tão significativa

---

21 Para as fontes atuais de dados ver LINDER F. E., "Sources of data on health in the United States." in: CLARK; MACMAHON, op. cit., p.55-66.

nem tão útil quanto outras situações de prática profissional como a exercida em um hospital psiquiátrico ou na área militar (SZASZ, op. cit.:24-36). A sua alegação não é respondida por estudos que tentam determinar a proporção de pessoas na comunidade que podem ser chamadas de doentes mentais com base nos critérios desenvolvidos em um consultório psiquiátrico que entra em contato apenas um percentual mínimo da população.

## A sociologia do conhecimento e procedimento médicos

Neste capítulo, fiz o melhor que pude para introduzir algumas idéias que são de tal magnitude que nenhum homem sozinho poderia completar com seus próprios esforços – uma análise sociológica das concepções médicas de desvio. Foi mencionado como o uso da denominação doença, identificado e oficialmente controlado pela profissão médica, desenvolveu-se em detrimento das imputações legais, mas mais particularmente religiosas. O crescimento desse uso é, em última análise, sustentado no valor que a saúde tem na nossa sociedade contemporânea. Como a profissão médica tem um mandato oficial para definir e tratar as doenças, é necessário analisar as características da profissão que contribuem, de forma precisa, para construir tal significado para a doença.

A profissão está, antes de tudo, propensa a ver a doença e a necessidade de tratamento mais do que ver a saúde ou a normalidade. Entretanto, no interior da profissão variações na orientação em relação à doença e ao tratamento estão organizadas em escolas. Essas diferentes abordagens são mantidas pela auto-certificação e auto-sustentação da seletividade nos casos aceitos, como também pela tendência de o médico e o paciente demonstrar reações ao placebo. Considerando que o paciente tem liberdade para decidir se irá ou não ao médico, os conceitos de doença do paciente estabelecem limites sobre o número e o tipo de casos que o médico irá ver. Esse aspecto influencia o conceito que tem sobre os componentes da doença, sua seriedade e prevalência e se a doença, de fato, "existe" ou não.

Na minha discussão, não me referi às magníficas descobertas clínicas que dão tamanha grandeza à história da medicina. Também não me referi à crescente sofisticação da investigação e dos procedimentos da medicina, que começam a remover parte da subjetividade prática das frágeis mãos humanas dos médicos. Essas realizações têm sido descritas e justamente aplaudidas em muitos livros disponíveis. Minha intenção não é negá-las ou depreciá-las. Longe disso. Meu objetivo neste capítulo foi demonstrar apenas, às vezes com segurança e outras de maneira especulativa, como os conceitos médicos de doença e o seu gerenciamento são, pelo menos em parte, moldados pelas instituições sociais nas quais eles aparecem e pela relação dessas instituições com a sociedade da qual são parte. Em outras palavras, tentei mostrar como o conhecimento e os procedimentos médicos são, por si só, tanto uma função do caráter social da medicina quanto um empreendimento profissional organizado, politicamente mantido e praticado de uma determinada forma, com determinadas auto-ilusões e experiências limitadas institucionalmente. O conteúdo deste empreendimento é, ao mesmo tempo, extraído da experiência do leigo da sociedade onde o profissional trabalha e imposto sobre ele. No próximo capítulo, proponho-me a abordar a reação social leiga a seu próprio desvio (que ele percebe), e mostrar como ele é levado a usar os serviços médicos.

# CAPÍTULO 13
## A CONSTRUÇÃO LEIGA DE DOENÇA

O ponto da minha discussão no último capítulo foi apenas uma variação do ponto central que estou tentando mostrar a respeito da noção de doença – isto é, que ela é uma criação social, e que os valores e limites presentes na experiência dos seus criadores profissionais influenciam a maneira e o momento em que ela será criada, bem como parte de seu conteúdo. Para que essas noções de doença sejam postas em prática, entretanto, é imperativo que o leigo[1] tenha ciência de que está doente e, por isso, ponha-se nas mãos do profissional consultado. Esse é um problema difícil, pois embora o indivíduo possa estar ciente de que tem alguma dificuldade, ele pode não acreditar que se trate de uma doença. Se acreditar que é uma doença, pode pensar que não seja uma coisa séria o bastante para buscar ajuda de um profissional ou que a doença seja tão passível de ajuda profissional que julgue não precisar buscar ajuda. Em uma sociedade simples, o curandeiro não tem esse problema, pois os praticantes populares se especializam apenas no que todo mundo sabe: não existe uma diferença significativa nos conceitos de doença e tratamento que os separe de seus pacientes. Eles provavelmente tratarão todos a quem julgarem ser necessário tratamento. Mas a dificuldade em alcançar o paciente é intrínseca à medicina moderna, pois onde há uma profissão, há, por definição, uma população leiga que ignora pelo me-

---

1 O sentido da palavra *leigo*, empregada pelo autor, aproxima-se daquele definido por Sérgio Buarque de Holanda como "o que é estranho ou alheio a um assunto; desconhecedor". *Leigo*, neste caso, opõe-se a profissional, e não a religioso, que se opõe a secular ou laico. (N.T.)

nos parte do corpo esotérico do conhecimento e da prática profissionais. O leigo e o profissional, portanto, estão sempre, de alguma forma, reagindo de formas diferentes às doenças.

A questão com a qual nos confrontamos neste momento refere-se a compreender e analisar melhor como o sistema médico se relaciona com o leigo, até que ponto esse sistema molda o significado da doença do leigo e em que medida esse sistema é, por sua vez, moldado pelas reações do leigo. Como já mencionei, a definição que a medicina faz da doença é, em parte, decorrente da maneira com que se desenvolve a experiência médica no consultório com pacientes leigos: os leigos que entram no consultório, entretanto, não são uma amostra representativa da população total. A entrada em um consultório segue um processo social organizado altamente seletivo. Os fundamentos para a seleção não são os conceitos profissionais de doença. A organização do processo desenvolve-se de forma importante, independentemente da organização da profissão. Na verdade, as variáveis críticas são encontradas nos conceitos leigos de desvio da "saúde", dos quais apenas alguns podem ser de origem profissional, e na estrutura da vida social leiga, da qual somente parte pode estar em contato com instituições profissionais. Neste capítulo, eu gostaria de dedicar-me à análise da forma com que essas variáveis se inserem no processo pelo qual o leigo é levado a crer que pode estar doente e a procurar um médico.

## Os significados sociais da dor

Claramente, o primeiro passo no processo de decisão de que alguém está doente repousa na experiência do sofrimento, da dificuldade, ou algum outro afastamento das expectativas. Talvez a experiência mais rudimentar e universal ligada ao que se chama doença seja sentir uma forma de sofrimento denominado "dor". Certamente, o fundamento para a experiência é biológico – um fundamento que os homens compartilham com outros animais. Contudo, até mesmo essa experiência claramente biológica não recebe reações meramente biológicas. Como mencionei durante a discussão das obras de Beecher (1959), as reações à dor tendem a variar mais do que a variação provocada pelo estímulo objetivo que se supõe estar criando a dor. Os indivíduos, é claro, diferem entre si na forma com que respondem à dor, como

Petrie (1967) e outros têm demonstrado. Como sociólogo, entretanto, estou mais interessado nos depoimentos que provam que as reações à dor são previsíveis a partir da filiação daquele que sofre a um grupo e que os significados sociais atribuídos à dor são compartilhados por membros de um mesmo grupo.

Em seu estudo, agora clássico, Zborowski (in: JACO, 1958:256-268) e sua equipe entrevistaram 87 pacientes do sexo masculino. A maioria deles sofria de doenças neurológicas como hérnia de disco ou lesões na coluna e era de origem italiana, judaica ou "norte-americana antiga" (*Old American*). Partindo do princípio de que todos sofriam distúrbios semelhantes, a dor física real que eles sentiam variava dentro de limites razoavelmente estreitos. Por essa razão, o problema da investigação passou a se determinar como as reações à dor variavam. Os próprios funcionários do hospital pareciam sentir que havia diferenças étnicas nessas reações. A equipe acreditava que judeus e italianos reagiam à dor de maneira semelhante, e eram mais propensos a "exagerar" a experiência da dor do que os "norte-americanos antigos" e as pessoas do Norte da Europa. Os investigadores exploraram essas diferenças.

Eles descobriram que judeus e italianos eram bem parecidos, pois, ao reagir à dor no hospital, expressavam livremente suas emoções e não queriam ficar sozinhos enquanto sofriam. Contudo, o contexto social no qual cada um expressava a sua dor era diferente. O marido italiano tendia a ser mais estóico em casa, onde ele desempenhava um papel masculino e autoritário que determinava sua austeridade e rigidez moral. No hospital, entretanto, tinha maior propensão a ser mais emocional sobre a sua dor. Em contraste, o marido judeu tendia a ser bastante emocional em casa. A cultura judaica parece não incluir o estoicismo entre os atributos necessários a um patriarca – um fato confirmado se lembrarmos dos lamentos de Jó quando estava coberto de chagas. Assim, o marido judeu costumava ser bastante emocional tanto em casa quanto no hospital. No entanto, ele tendia a usar a sua expressão de sofrimento como um instrumento para manipular outras pessoas, inclusive os funcionários do hospital. Quando estava no hospital e se sentia satisfeito com os cuidados recebidos, suas reações à dor ficavam, finalmente, mais controladas.

Os "norte-americanos antigos", em comparação com os judeus e italianos, pareciam tentar se ajustar à noção médica de paciente ideal, buscando cooperar com os funcionários do hospital e evitando ser um estorvo. Eles tentavam evitar expressar em público qualquer reação emocional à sua dor. Ao serem examinados pelo médico pareciam estar tentando "assumir o papel neutro de um observador impassível que fornece a descrição mais eficiente do seu estado para um diagnóstico e um tratamento correto" (Ibidem, 264). Entretanto, eles admitiam que sentiam dores. Quando não conseguiam reprimir os gemidos e sons similares, tendiam a se retirar a fim de expressar essa dor de forma privada.

Os pacientes também diferiam em suas *atitudes* em relação à dor. Os italianos pareciam estar mais preocupados com o desconforto da dor em si, enquanto os judeus estavam mais preocupados com a importância da dor para o seu estado de saúde. Os primeiros reclamam, os outros ficam preocupados. Seguindo essa mesma lógica comparativa, observou-se que os italianos buscavam consumir drogas para o alívio da dor e paravam de reclamar quando a deixavam de sentir. Os judeus, no entanto, relutavam em consumir os medicamentos, preocupados não apenas com os perigos de se tornarem viciados, mas também com o fato de que a droga apenas disfarçava a dor e não trata a causa. Mesmo depois de a dor ter sido mascarada pelas drogas, os judeus continuavam preocupados. Os italianos desenvolveram grande confiança nos médicos que conseguiam aliviar sua dor, mas os judeus mantinham certo ceticismo, pois os médicos não os haviam curado de verdade. Os "norte-americanos antigos" assemelhavam-se aos judeus porque se preocupavam, sobretudo, com o que a dor significava em relação a seu estado de saúde. Eles diferiam dos judeus pelo fato de serem otimistas a respeito dos poderes da medicina e de seus resultados.

Vários estudos subseqüentes parecem confirmar a precisão das observações de Zborowski (in: TWADDLE, 1969:108). Um estudo de laboratório realizado por Sternbach e Tursky administrou choques elétricos em donas de casa e, nas palavras de Mechanic (1965:241-246), descobriu que

> as mulheres italianas mostraram uma tolerância significativamente mais baixa ao choque, e poucas delas aceitavam a série completa de estímulos de choque usada no experimento. Os investigadores acreditam que essa reação é coerente com a tendência italiana de concentrar-se na imediação da própria dor, quando comparada com a orientação judaica que se preocupa com o futuro. Da mesma forma, os pesquisadores acreditam que o tipo de adaptação – rápida e completa –

que as donas de casa *Yankee*[2] têm em relação ao potencial bifásico assemelha-se a sua orientação em relação à doença. Como mencionam: "Isso é ilustrado pela maneira com que nosso sujeito *Yankee*" lida com o trauma e como ele verbaliza isso durante as entrevistas: "Você aceita as coisas como elas acontecem". Nenhuma frase de ação orientada foi utilizada por membros dos outros grupos. Uma amostra igualmente pouco representativa com mulheres irlandesas afirma que podem *agüentar firme*, mas *temem o pior* – um estímulo maligno que é um fardo que se tolera e do qual se padece em silêncio.

O trabalho de Zola, contrastando o comportamento dos italianos com o dos irlandeses, mencionou que os italianos eram comparativamente mais preocupados com a dor e incomodados com ela, e com os "efeitos sociais e físicos difusos de se estar doente" (STOECKLE; ZOLA; DAVIDSON, 1963:987). Além disso, os italianos apresentaram uma média maior de sintomas ligados à doença, enfatizando a difusão da reação deles à doença.[3] Talvez esse "exagero" nas reações à doença tenha levado os membros da equipe a denominar mais os italianos do que os irlandeses ou *Yankees* como portadores de "problemas psiquiátricos", apesar de as provas disponíveis não demonstrarem isso e, no caso de um grupo de mulheres, não existirem sem evidências orgânicas para tais sintomas (ZOLA, 1963:829-830).

## Os sintomas e a definição leiga de doença

Gostaríamos de deixar claro que a dor não é uma variável que possa ser tratada como uma constante biológica no processo que conduz à definição da doença. Ela não é também uma variável que possa ser explicada unica-

---

2 O termo *Yankee* refere-se originalmente aos residentes da região de New England, que inclui os atuais estados de Maine, New Hampshire, Vermont, Massachusetts, Rhode Island e Connecticut. Este é o local onde ocorreram os primeiros assentamentos de peregrinos ingleses no Novo Mundo. No século XIX, desempenhou papel proeminente na campanha pela abolição da escravatura. É uma das regiões daquele país onde o Partido Democrata tem vencido sucessivas eleições nos últimos anos. Mechanic não utilizou a expressão *Yankee* com o significado pejorativo que muitas vezes nos referimos ao cidadão norte-americano. (N.T.)

3 O estudo de Croog sobre os convocados para o exército também deve ser examinado. Nele, o autor mostra que os entrevistados italianos e judeus relataram um maior número de sintomas de doença. CROOG, S. H. "Ethnic origins and responses to health questionnaires." *Human organization*, XX, 1961, p. 65-69.

mente por meio de diferenças psicológicas individuais. As reações à dor também variam de acordo com o grupo cultural ou étnico em que o indivíduo está inserido. Esse grupo atribui significados a essa experiência e encoraja o indivíduo nesse sentido. Além disso, a dor em si não é a variável crucial, e, sim, seu *significado*. Por essa razão, para compreendermos como uma pessoa passa a se considerar doente quando sente dor, precisamos isolar alguns dos significados cruciais que circundam a percepção da dor. Contudo, a dor não é a única experiência que as pessoas consideram como um sintoma possível de doença. Mesmo se nos restringirmos à nossa cultura norte-americana que é muito orientada para a medicina, precisaríamos reconhecer que uma ampla variedade de atributos ou experiências nas quais a dor não aparece podem ser considerados sintomas de doença. Algumas pessoas podem sentir-se cansadas ou irritáveis. Outras podem achar que não enxergam ou escutam bem. Há ainda quem possa preocupar-se com a presença de atributos indolores que não incapacitam como uma lesão de pele, um inchaço, uma secreção ou uma tosse. A dor não está incluída em todas as coisas que percebemos como sintomas, nem mesmo na maioria delas. Muitas coisas que acreditamos ser sintomas não incapacitam a "vítima" de nenhuma forma significante. O único elemento comum a todos os exemplos é a imputação de desvio daquilo que é considerado desejável ou normal.

Na medida em que especificamos alguns dos critérios importantes pelos quais a pessoas determinam se o desvio existe ou não, parece útil revisar alguns estudos que buscaram explorar a forma com que as pessoas distinguem a saúde da doença. Entre um grupo de leigos estudado por Apple (1960:219-225), a crença de um atributo representava um sintoma de doença parecia depender de dois critérios: (1) a recentidade ou novidade da experiência, comportamento ou atributo; e (2) a intensidade com que esse atributo interfere nas atividades habituais. Ambos os critérios estão clara e intimamente relacionados, pois o que se considera uma "atividade habitual" é algo que se tornou rotineiro com o passar do tempo. Por isso, um comportamento, um atributo ou uma experiência "que começou recentemente" por definição constitui uma interferência, interrupção ou mudança nas atividades rotineiras e nas expectativas ligadas a elas. Outros estudos também descobriram que o leigo enfatiza o significado de "sintomas" que interferem com as atividades habituais. Por exemplo, Baumann descobriu que os leigos distinguem três critérios: saúde como (1) uma sensação de bem-estar, (2) uma ausência de sintomas e (3) um estado de ser capaz de desempenhar as atividades que uma pessoa em boa saúde deveria ser capaz de desempenhar (BAUMANN, 1961:39-46). Em um estudo sobre o significado da saúde e da doença para um grupo de franceses, Herzlich (1964:1-14) também identificou certa ênfase ao significado da saúde enquanto a capacidade de realizar tarefas diárias em vez de ser uma "realidade orgânica que por si é ambígua".

Na verdade uma pessoa tende a começar a admitir para si mesma que está doente quando percebe que é incapaz de realizar suas atividades diárias habituais em virtude de alguma nova dificuldade. Assim, o que ela percebe como um sintoma de doença depende do que são as suas capacidades e experiências rotineiras à luz das suas atividades diárias rotineiras. Se, por exemplo, alguém teve poliomielite quando criança, com paralisia leve de uma das pernas, o que foi, desde então, compensado pelo desenvolvimento muscular maior da outra perna, as suas atividades diárias terão se adaptado à sua capacidade. Portanto, a capacidade e a experiência rotineira terão sido estabelecidas. Uma vez que a rotina é estabelecida, o leve mancar não iria, então, constituir um sintoma de doença. O claudicar é, nas palavras de Lemert, um desvio primário ao qual a pessoa se acomoda ao desenvolver uma rotina. Entretanto, quando alguém *não* é claudicante, e de repente descobre que não consegue andar da maneira com que estava acostumado, essa pessoa discernirá um sintoma do que pode ser uma "doença", especialmente se o sintoma é inesperado para a experiência diária. Por conseguinte, se a vida de alguém se compõe rotineiramente de experiências como a tosse, ou se alguém muito lentamente ou "rotineiramente" no transcorrer dos anos desenvolveu e deixou crescer uma tosse, dificilmente escolherá tosse como um sintoma que requeira ajuda ou que precise comunicar em um exame médico (ROTH, 1963).

Parece, então, que as pessoas que vivem em uma sociedade onde a doença e a invalidez, definidas medicamente, são extraordinariamente comuns irão, por estarem acostumadas a elas, relatar muito menos sintomas de doença do que faria um examinador médico. Além disso, eles tendem a acreditar que têm menos doenças do que faria o examinador. Na verdade, como os médicos que avaliaram a necessidade da retirada da amídala (discutida no capítulo anterior), acredito que os leigos em toda a parte tendem a relatar espontaneamente o mesmo número de sintomas, independentemente do número de doenças discerníveis pelo profissional médico. É quase como se o ser humano fosse capaz de definir apenas uma proporção fixa de sua experiência como miserável. Assim, o camponês oriental repleto de doenças não pode reconhecer e relatar mais sintomas que o burguês norte-americano mais saudável. Inversamente, é quase como se o ser humano devesse ficar insatisfeito com uma parte de sua vida e experiência, pois até se o norte-americano tem muito menos sintomas e doenças que o oriental, ele pode encontrar o mesmo número de sintomas para relatar.

Desse modo, o reconhecimento leigo de um sintoma ou de uma doença se dá em função de um desvio do padrão histórico e cultural de normalidade estabelecido pela experiência diária. Entretanto, como mencionei no capítulo anterior, nem todo o desvio é descoberto e tratado. Nas palavras de Lemert, muita coisa permanece em caráter primário, desorganizado e sem um papel especial ou identidade. A imputação de seriedade é crucial na distinção entre aqueles que são meramente observados e aqueles que são organizados em uma profissão da doença. Obviamente, essa imputação está envolvida no processo de relatar e cuidar dos sintomas que, por definição, é uma variável social e não um fato biológico constante.

Alguém poderia suspeitar que a existência de uma tendência geral, que indicasse que os leigos relatam menos os sintomas e as doenças que os médicos (KASL; COBB, 1966:256), seria uma conseqüência da atenção oferecida por eles e do conhecimento e da percepção que os profissionais possuem: o leigo pode estar atento aos sinais e sintomas que um médico denominaria como um sintoma de uma doença, mas ele não pode atribuir a estes sinais a mesma importância. É assim que na Grécia, na área rural, os camponeses percebiam algumas doenças infantis como o sarampo, a caxumba, a catapora e a coqueluche. Essa constatação não os inquietava, nem mais nem menos, do que as doenças "rotineiras" como a meningite, a escrófula, o tracoma, a malária, a salmonela ou a amebíase (BLUM; BLUM, 1965:53). Eles não comunicam todas as "doenças", apesar de terem consciência da existência delas, porque o conceito que têm de doença séria difere do existente no mundo médico. Da mesma forma, em seu estudo sobre a área rural dos Estados Unidos, Koos (1954:32-33) descobriu que quanto mais baixa a classe social, menor a tendência em considerar uma relação de sintomas importante o suficiente para indicar a atenção médica. Em um estudo recente, constatou-se que a maioria dos moradores de Nova York reconheceu a maior parte da lista com 22 descrições de comportamento envolvendo "problemas mentais" ou "emocionais", em que apenas duas das 22 descrições indicavam um tratamento psiquiátrico (ELINSON et al.:1967:24).

## A cultura e o uso de serviços médicos

As definições leigas dos sintomas e das doenças são importantes para a nossa compreensão sobre o fato de o leigo acreditar ou não que está doente. Elas também são importantes para a nossa compreensão do próximo passo da nossa análise: se o leigo, depois de começar a acreditar que está doente, procura um médico. Acreditar que se está doente não leva, por si só, ao uso dos serviços médicos. Algumas pessoas se automedicam em vez de procurar um médico. Outras não buscam consultar-se com um médico por vários motivos. Se o leigo acredita que tem uma doença que os médicos não acreditam – por exemplo, entre os latino-americanos, o *"mal ojo"* ou mau olhado – ele tem um bom motivo para se tratar ou buscar um praticante que não seja da área médica, mas que saiba como lidar com o problema. Da mesma forma, ele irá procurar um quiroprático em vez de um médico se considerar que sua doença será mais bem tratada pela manipulação física.

A participação em uma determinada cultura ou sistema de conhecimento e significado está implícita em um conceito de doença. As culturas de grupos humanos variam enormemente em conteúdo, mas para os propósitos de minha análise, a característica essencial de qualquer dessas culturas humanas variadas é a sua compatibilidade com a cultura da medicina moderna. Naturalmente, as culturas leigas das sociedades industriais ocidentais modernas estão mais propensas a incluir idéias de doença e tratamento semelhantes às da medicina moderna do que a aderir às culturas de sociedades mais simples ou não-ocidentais. Ademais, *dentro* das sociedades ocidentais modernas, os membros da população que mais se parecem com os membros da profissão médica em atitude e conhecimento, manifestam uma cultura ou subcultura mais propensa a demonstrar concepções sobre doença aprovadas pela medicina do que aqueles que não se parecem tanto. Dentro das sociedades modernas, as variáveis empíricas do status socioeconômico – especialmente a educação formal – parecem ser os indicadores mais úteis dessa compatibilidade.

Utilizando os estudos de comunidades de pessoas como Koos (op. cit.) e os resultados das pesquisas nacionais de opinião apresentados por pessoas como Gurin et al. (1960) e Feldman (1966), parece conveniente neste momento esboçar algumas das diferenças importantes de orientação em direção à doença e ao cuidado médico que são encontradas entre as classes média e baixa ou trabalhadora nos Estados Unidos.[4] Primeiro, existe a questão do "conhecimento" – o qual é aprovado pela "ciência" e pela medicina. Os indivíduos da classe baixa são relativamente ignorantes sobre a natureza da dimensão e do caráter das funções do corpo. Eles tendem a julgar e a descrever suas experiências com doença com noções que agora são consideradas ultrapassadas, embora sejam ainda exploradas pelos anúncios de remédios – noções sobre a qualidade do sangue, a necessidade de "purificar o sistema", a importância do estado do fígado e dos rins para a saúde e coisas semelhantes. Consoante com essas noções médicas que agora são consideradas ultrapassadas, o indivíduo da classe baixa tende mais a usar, se não remédios populares, então pelo menos remédios tradicionais para muitas de suas indisposições. Resulta disso o fato de ser menos provável que a classe baixa utilize serviços médicos do que a classe média.

Além de suas noções ultrapassadas sobre as funções do corpo, uma pessoa da classe trabalhadora também tem uma abordagem muito concreta e literal da sua saúde, que se baseia em como ele está se sentindo. Essa abordagem é bem diferente da objetividade desprendida e abstrata que a pessoa instruída tende a usar quando olha para si. No caso da classe trabalhadora, a definição de sintomas e de uma possível doença tende a surgir a partir das sensações de dor, desconforto ou incapacidade. Em contraste, a pessoa da classe média, com mais freqüência, define os sintomas significativos independentemente do desconforto e até mesmo da incapacidade. Ela tende a usar critérios intelectuais de "sinais de perigo" que envolvem, na melhor das hipóteses, o pressentimento do desconforto. Além disso, o indivíduo da classe média tenderá mais a adotar medidas preventivas.

De modo geral, essas diferenças culturais sobre as percepções dos sintomas ou das doenças serão levadas, muito provavelmente, até a entrada do consultório médico. Uma pessoa da classe baixa não está, assim como alguém da classe média, comprometida profundamente com o conhecimento médico. Na verdade, ela demonstra uma certa hostilidade em relação à medicina

---

4 Ver o material descritivo gráfico em DUFF, R. S.; HOLLINGSHEAD, A. B. *Sickness and society*. Nova York: Harper and Row, 1968.

(GAMSON; SCHUMAN, 1963:463-470; BLAU, 1964:596-608). Quase todas as pessoas se automedicam de vez em quando, mas uma pessoa da classe baixa não parece estar tão disposta a buscar aconselhamento médico como uma pessoa da classe média. Diante de seus conceitos básicos de saúde e doença, e diante de sua inclinação compreensível em aceitar suas próprias conclusões sobre o que está de errado com ele, é bem menos provável que uma pessoa de classe baixa entre no consultório médico do que alguém da classe média.

## A organização da entrada para o cuidado/tratamento

A pessoa que sofre, quando procura imputar significado à sua experiência, não inventa, ela mesma, seus significados, mas, em vez disso, utiliza os significados e as interpretações que a sua vida social lhe proporcionou. Assim, pode-se predizer o comportamento de um grupo de indivíduos sem se referir às características individuais de cada um deles. A vida social, no entanto, não consiste apenas de um conteúdo. Ela também consiste de uma estrutura – uma organização das relações das pessoas umas com as outras. É a organização da vida social que sustenta, compele e reforça conformidade ao conteúdo cultural da vida social. Podemos ver isso claramente quando examinamos, mais uma vez, o processo de percepção de sintomas, de suspeita de doença e da tentativa de comportar-se como doente. Pode ser que a própria pessoa se torne ciente que algo pode estar errado consigo. Contudo, no passo seguinte do processo, ela não pode agir como um indivíduo: quando uma pessoa, de fato, tenta agir como se estivesse doente, buscando privilégios e dispensa das obrigações rotineiras, ela exige a concordância e a aprovação daqueles que estão a seu redor de que as suas queixas representam "realmente" uma doença. Se aqueles que estão ao redor da pessoa que sofre não concordam com sua interpretação sobre a dificuldade que vive, eles exigem que ela cumpra suas obrigações. É provável que ela obtenha concordância e ajuda deles apenas se mostrar evidências dos sintomas que os outros crêem ser doença e se interpretá-los da forma que os outros achem plausível.[5] A organização de pessoas em famílias e outros grupos afins, vizinhos, grupos

---

5 Ver a discussão sobre isso em LORBER, J. "Deviance as performance: the case of illness." *Social problems*, XIV, 1967, p.302-310.

de trabalho, panelinhas e coisas semelhantes, desse modo, opera para impor pontos de vista particulares sobre a doença e seu tratamento, independentemente das opiniões de indivíduos isolados dentro do grupo. Na verdade, a estrutura social pode forçar indivíduos a agir como se estivessem doentes mesmo se eles não acreditarem que estão. No entanto, normalmente, o indivíduo já internalizou os pontos de vista dos outros membros e tende a se comportar "espontaneamente" da forma que se espera que ele faça.

Uma grande parte da importância da estrutura social repousa sobre o seu papel de encorajar ou desencorajar o movimento do indivíduo em direção ao consultório médico. Isso pode ser visto quando nos lembramos que o indivíduo depende dos outros para lhe conceder os privilégios de doença que ele busca: eles podem insistir na legitimação da condição dele por um médico e assim encorajá-lo a consultar-se. Ou talvez seja mais comum que o indivíduo que sinta o desconforto e creia na possibilidade de estar doente, tenda a buscar o conselho daqueles ao seu redor para determinar se está doente ou não e o que deveria fazer a respeito. As pessoas com freqüência solicitam o conselho dos outros sobre o que fazer e a quem procurar. De fato, elas até oferecem esse conselho voluntariamente, dessa maneira: "Você não está com uma cara boa, está doente? Não devia ver um médico?" ou, ao contrário, "Não é nada – para que você quer ir ao médico?" É, evidentemente, bastante óbvio que algumas decisões em relação à doença podem ser tomadas particularmente pelo indivíduo, mas existe uma grande quantidade de dados em relação a temas como a vacinação contra pólio, a escolha de um médico, a procura de psicoterapia que confirmam a importância do processo social de busca de conselhos antes, durante e até mesmo depois que alguém estiver enfrentando um problema de saúde.[6]

Esses conselhos contêm um diagnóstico implícito do problema. Se o problema for importante, o conselho tende a constituir uma indicação de algum agente ou alguma agência considerada competente para lidar com o problema, levando, assim, o queixoso em direção ao cuidado médico. Mesmo se o conselho for apenas um diagnóstico em conteúdo, um diagnóstico carrega em si uma prescrição de que o indivíduo procure ajuda com aquela classe de pessoas que lidam com o problema especificado pelo diagnóstico. Nesse sen-

---

6 Para uma revisão dessa literatura, ver ROGERS, E. *Diffusion of innovations*. Nova York: The Free Press of Glencoe, 1962.

tido, podemos considerar a busca e o oferecimento de conselhos nos assuntos de saúde entre leigos como fatores importantes *para organizar a direção do comportamento por indicação* a um ou outro médico. Assim, podemos falar de um sistema leigo de indicação (*lay referral system*) que é definido (1) pela cultura ou conhecimento particular que as pessoas têm sobre a saúde e os agentes de saúde e (2) pelas inter-relações dos leigos de quem se procura conselho e indicação. Existe, portanto, um conteúdo cultural no sistema, seja de origem étnica ou socioeconômica, e uma rede ou estrutura.

Obviamente, as diferenças nas relações dos leigos com os médicos contribuem nas diferenças das indicações dos profissionais e, por conseguinte, nas diferenças na sua utilização. Usei em outro livro as denominações "provinciano" e "cosmopolita" (FREIDSON, 1961:150-151) para indicar as diferenças de contato e experiência entre leigos e profissionais. O sistema de classe baixa nos Estados Unidos pode ser chamado de provinciano devido tanto às limitações da sua cultura quanto à limitação das suas ligações organizadas com instituições médicas. Nem os pacientes da classe baixa nem os seus praticantes leigos conhecem o conjunto de serviços médicos disponíveis. Muito freqüentemente o paciente não tem tido contato regular com um médico individual, e qualquer que tenha sido o contato que ele tenha tido com alguma fonte de cuidados médicos, foi limitado. O médico da vizinhança, em clínicas públicas e quase públicas, sendo o que são nos Estados Unidos, provavelmente são a única fonte de cuidados médicos que o indivíduo sente que pode usar livremente. Ele e seus consultores leigos carecem tanto do conhecimento quanto da agressividade necessária para a utilização de outras alternativas (ROSENBLATT; SUCHMAN, 1966:146-153). Além disso, a influência do sistema de indicação da classe baixa é intensificado por sua natureza coesiva e por seu caráter firmemente localizado: parentes e amigos vivendo juntos em uma mesma área com pouca experiência fora desse local e com uma grande interação de encorajamento recíprocos. O queixoso de classe baixa, dependente do aconselhamento de um grupo circunscrito geograficamente e razoavelmente coeso, dificilmente será encorajado ou auxiliado a procurar cuidados profissionais desconhecidos daquele grupo.[7] Com esse

---

7 Não se deve, no entanto, subestimar a capacidade para avaliar o desempenho de um médico pelo paciente de classe baixa. Ver KISCH, A. I.; REEDER, L. G. "Client Evaluation of physician performance." *Journal of health and social behavior*, X, 1969, p.51-58.

problema em mente, os programas de saúde sindicais contemporâneos e os programas progressistas de saúde para os pobres nos Estados Unidos parecem estar desenvolvendo agentes que tem tempo para escutar as reclamações em detalhes e tem conhecimento para fazer as orientações especializadas.

Em contraste com a classe baixa, o paciente da classe média participa do que eu denomino de sistema cosmopolita (*cosmopolitan system*). Antes de mais nada, ele precisa de menos ajuda dos outros. Ele é, marcadamente, mais propenso a tomar decisões sobre cuidados médicos sem a ajuda de consultores leigos fora de sua casa. Ele está mais familiarizado com os critérios abstratos de qualificação profissional, mais inteirado sobre o número de consultórios médicos, ainda que somente a partir de sua mobilidade residencial, e mais conhecedor das doenças. O paciente da classe média tende a se sentir mais seguro para estabelecer seu próprio diagnóstico e de julgar as virtudes dos cuidados que recebe. Contudo, se ele pedir ajuda a seus potenciais consultores leigos, já que eles têm tanto conhecimento quanto ele próprio, e como eles tiveram experiência em várias localidades, eles provavelmente expandiriam imensamente seus contatos oferecendo-lhe fontes alternativas de diagnóstico e tratamento que consideram sofisticadas.[8]

## Tipos de sistemas leigos de indicação

É necessário esclarecer que no decorrer da minha discussão eu condensei um conjunto inteiro de elementos culturais envolvidos com as reações à doença – por exemplo, a visão do corpo, a interpretação da dor e dos vários sintomas, o conhecimento da doença e as atitudes em relação à medicina moderna – em um ato superficial, simples e isolado de utilizar serviços médicos. Essa utilização é vista como a culminação profissional e oficialmente desejada de um processo social pelo qual alguém é posto em contato com instituições médicas depois que passou a crer que estava doente. Na verdade, na minha análise, tento adotar a utilização de serviços médicos como a variável dependente chave do processo social de ficar doente. Ademais, já que as minhas variáveis independentes são compostas pelo conteúdo e pela estru-

---

8 Sobre o problema especial de procurar ajuda, ver LEE, N. H. *The search for an abortionist*. Chicago: University of Chicago Press, 1969.

tura da vida social leiga que envolvem a percepção inicial dos sintomas, e não as características dos indivíduos que mostram tais sintomas, a variável dependente é composta pelos *índices de utilização que são encontrados em populações específicas*. Na medida em que a minha análise leva à predição, então, ela não se refere a indivíduos, mas a populações.

É preciso também esclarecer que, de uma forma ou outra, tenho sugerido que certos elementos da experiência leiga são determinantes cruciais de utilização. Primeiro porque eu sustento que a variação cultural das noções profissionalmente aprovadas de doença e tratamento reduzirá a utilização de serviços médicos – uma afirmação quase ridiculamente óbvia que precisa de uma elaboração muito mais sistemática e detalhada antes que mereça uma maior atenção. Mas também tenho argumentado algo que precisa ser mais especificado neste ponto e que é bem menos óbvio que o argumento sobre a cultura. Especificamente, sustento que a estrutura ou organização da comunidade leiga também é um fator que influencia a utilização dos serviços médicos, já que organiza o processo de ficar doente ao forçar o queixoso para dentro ou para longe do consultório médico. A organização das indicações leigas pode encorajar uma orientação particular em direção à doença, ou pode ser tão vaga a ponto de deixar o indivíduo razoavelmente livre da influência dos outros para tomar decisões contrárias àquelas de seus iguais, sem ter que sofrer humilhação ou desprezo por parte deles. Em resumo, gostaria de sugerir que essas duas variáveis de utilização dos serviços médicos – o conteúdo e a estrutura do sistema – podem ser usadas para criar uma tipologia puramente lógica de sistemas de indicações leigas que podem predizer os índices de utilização de serviços profissionais.[9]

Primeiro, há um sistema em que os potenciais clientes participam primariamente de uma cultura leiga indígena que é muito diferente da cultura dos profissionais em que existe uma estrutura coesa bem extensa de indicação leiga. Nesse extenso sistema indígena, pode-se esperar que a clientela revele um alto grau de resistência ao uso dos serviços de saúde. Se, por exemplo, os pacientes potenciais tendem a acreditar que os dons hereditários como o "toque" são pré-requisitos para a competência diagnóstica de um curan-

---

[9] Grande parte do que se segue foi um pouco revisado e tem origem em Freidson, op. cit. p. 192-207.

deiro, é improvável que a autoridade profissional seja reconhecida e que a doença que se desenvolva seja aquela que os médicos imputaram. A força dessa diferença cultural intensifica-se com a estrutura coesa e extensa de indicações. Qualquer indivíduo que pense em experimentar um profissional médico e incapaz de fazê-lo secretamente deve primeiro enfrentar um corredor polonês de conselhos antiprofissionais. Obviamente, nessa situação, o praticante popular ou indígena será utilizado pela maioria das pessoas, e os profissionais médicos serão utilizados por poucas – talvez apenas por um caso isolado de desvio social ou um homem desesperado se agarrando a qualquer coisa depois que todos os recursos convencionais falharam.

O segundo tipo de sistema de indicações leigas inscreve-se na mesma cultura indígena mencionada a pouco. Ela, no entanto, difere da primeira, pois possui uma estrutura truncada de indicações que permite ao indivíduo agir inteiramente por sua conta ou no máximo consultando um familiar bem próximo. Se a cultura do sistema desencoraja o indivíduo a procurar um médico, ela não é reforçada por uma extensa rede de influências interpessoais, que o deixa mais vulnerável à influência por parte de estranhos ao sistema médico. No mais, os dois sistemas são muito parecidos. Com isso, pode-se esperar que o indivíduo não demore a procurar os serviços profissionais de um médico, em circunstâncias menos desesperadas do que uma pessoa inscrita no tipo anterior.

O terceiro tipo é o oposto ao extenso sistema indígena de indicações leigas apresentado anteriormente. Ele é encontrado quando as culturas leiga e profissional são muito semelhantes e quando a estrutura de indicações leigas está truncada. O cliente potencial atua, praticamente, por sua conta, guiado mais ou menos pela sua própria compreensão e experiência, com poucos consultores leigos para apoiar ou desencorajar a sua busca por ajuda. Como seu conhecimento e entendimento são bem parecidos com os do médico, ele pode gastar bastante tempo tentando lidar com os distúrbios que se considera competente para tratar, mas, apesar disso, assim que cuidar de si próprio irá dirigir-se imediatamente a um médico. É improvável que ele utilize um consultor não profissional, a não ser que o fracasso do sistema médico o deixe desesperado.

No quarto tipo de sistema de indicações leigas, é menos provável ainda que o paciente potencial utilize os serviços de um curandeiro. Ele envolve uma estrutura extensa e coesa de indicações e uma cultura semelhante àquela do profissional. Há menos possibilidade de a aceitação da cultura profissional ser encorajada do que no caso de uma pessoa orientada profissionalmente que participa de uma estrutura truncada, e a utilização de serviços profissionais tende, dessa forma, a atingir o nível mais alto.

Ao examinar o Quadro 5, podemos notar que a "congruência" define o *conteúdo* da reação social leiga ao desvio, enquanto a "coesão" define o grau com que o indivíduo consegue reagir ao que é determinado por seu grupo. A idéia de coesão supõe uma vasta interação de um grupo relativamente homogêneo: estudos de psicologia social consideram que esses grupos têm grande influência sobre o indivíduo. Quando se tenta prever a utilização de serviços médicos, deve-se, entre outros fatores, levar em consideração a doença, pois ela é obviamente uma variável significativa: é muito pouco provável que uma pessoa consulte outra antes de tentar cuidar de si própria quando se trata de uma doença claramente perigosa, em circunstâncias em que o acesso ao médico é facilitado.[10] Mas acredito que essa tipologia explica de maneira simples e proveitosa, concentrando-se nas duas variáveis geralmente mais proeminentes envolvidas no processo de busca por ajuda médica. De fato, sua lógica parece ter sido confirmada, em geral, por vários estudos que se basearam nela.

Quadro 5.
Taxas previstas de utilização de serviços profissionais segundo a variação no sistema de indicação leiga

| Sistema de indicação leiga | Cultura leiga | |
| --- | --- | --- |
| | Congruente com a profissional | Incongruente com a profissional |
| Solto e truncado | Média a alta utilização | Média a baixa utilização |
| Coeso e extensivo | Mais alta utilização | Mais baixa utilização |

---

10 Ver a revisão de ROSENSTOCK, I. M. "Why people use health services." *Milbank Memorial Fund Quarterly*, XLIV, 1966, p.94-124.

O estudo de Suchman (1964:319-331), que foi originalmente idealizado e formulado utilizando a noção de variações em sistemas de indicação leiga, procurou determinar como essas variações estavam relacionadas a padrões étnicos de busca por ajuda médica na cidade de Nova York. Descobriu-se, por exemplo, que os porto-riquenhos tinham a atitude menos positiva em relação à medicina moderna, enquanto os judeus e os protestantes, a mais positiva. Ademais, descobriu-se que os porto-riquenhos participavam de uma organização paroquial de relações interpessoais homogêneas e estreitamente entrelaçadas. Este aspecto também foi associado a um conhecimento escasso sobre doenças e a um ceticismo em relação à ajuda médica e a uma alta dependência na doença. Essencialmente, as descobertas descrevem as características empíricas de alguns sistemas reais de indicação leiga na cidade de Nova York, incluindo tanto a cultura como a estrutura, mas sem esclarecer as relações lógicas e resultantes existentes entre elas.

O estudo de Raphael (1964:340-358) usou como variável dependente a utilização de uma clínica gratuita de aconselhamento infantil em Chicago. As variáveis independentes essenciais foram a congruência da cultura da comunidade com as noções profissionais de doença mental e seu tratamento (que foi grosseiramente mensurada pelo nível de escolaridade formal da comunidade) e o grau de coesão social na comunidade (que foi grosseiramente mensurado pela proporção de migrantes no interior da cidade e vindos do exterior). Analisando o fato de que a concepção profissional de doença mental é inovadora – isto é, não é encontrada normalmente na comunidade leiga – Raphael tentou prognosticar a difusão e aceitação dessa concepção (mensurada pela utilização da clínica) por meio de variações no nível de educação da comunidade e o grau de mobilidade de seus residentes.

Classificando suas comunidades por meio da tipologia de sistemas de indicação leiga mencionada a pouco, Raphael descobriu que as taxas de utilização eram mais baixas nas áreas das comunidades com residentes que tinham comparativamente pouca educação e mais tempo de residência e as mais altas em comunidades com pessoas instruídas e que se moviam. Taxas nos outros dois tipos de comunidade (mistas) ficavam no meio. O eixo estrutural (medido pela migração) pareceu ter sido responsável pela maior variação nas taxas do que eixo cultural (medido pela educação), já que se descobriu que quanto mais estável for a estrutura, com menor migração, menor será numero de casos examinados. Ademais, Raphael descobriu que, apesar da variação no número de casos examinados das diversas áreas da comunidade, não havia uma diferença estatisticamente significante entre eles em relação à seriedade do distúrbio psiquiátrico. Isso ocorreu embora houvesse uma tendência para que as áreas com a utilização mais alta tivessem encaminhado uma maior proporção de crianças que não tinham distúrbios graves, e para que aquelas com a utilização mais baixa tivessem encaminhado uma maior proporção de crianças com distúrbios graves.

Finalmente, cabe uma menção a um aspecto particularmente interessante: a ligação entre o sistema leigo e o profissional (que devo voltar a tratar no próximo capítulo). Raphael examinou quem tinha indicado a criança à clínica de aconselhamento, isto é, quem definiu a dificuldade que a criança vivia como distúrbio mental. Os definidores, ou agentes de indicação (*agents of referral*), variavam de acordo com a comunidade. A maior proporção de "indicações voluntárias" a consulta – isto é, auto-indicações pelos pais – vieram de áreas com a alta educação e de áreas com a alta migração. As crianças indicadas pela escola e pelas agências sociais, todavia, tendiam a vir de áreas com culturas "incompatíveis". No último caso, então, a criança tinha de se envolver, de alguma forma, com as agências da comunidade antes de receber a indicação. Esse envolvimento podia abranger decisões oficiais independentes das inclinações da criança ou dos pais: é mais provável que o sistema profissional tenha sido imposto ao sistema leigo quando este se diverge daquele.

As descobertas de Raphael levantam várias questões importantes sobre a hipótese que estamos apresentando, segundo a qual a taxa de utilização dos serviços médicos pode ser explicada a partir do tipo de sistema de indicação leiga característico de uma determinada comunidade. Primeiro, precisamos considerar que as descobertas não confirmam o que prevíamos: as comunidades classificadas como "firmemente compatíveis" (congruentes-coesas na tabela) não mostraram a utilização mais alta do serviço médico. Foi a comunidade vagamente organizada que revelou a utilização mais alta. Isso sugere que as circunstâncias nas quais as pessoas estão livres da influência de outras são as que mais encorajam a utilização dos serviços médicos. Contudo, o estudo de Kadushin (1966:786-802; 1968) sobre a contratação de serviços de psicoterapia sugere o contrário – que um círculo de amigos com opiniões semelhantes facilita a decisão de procurar ajuda profissional. E o mesmo ocorre com a maioria das pesquisas sobre a influência pessoal (ROGERS, op. cit). Conseqüentemente, acho razoável supor que as medidas usadas no estudo de Raphael não são suficientemente precisas – o nível de educação não é um indicador adequado de "cultura", compatível com as normas profissionais de saúde mental.

O homem comum tende, geralmente, a estigmatizar o uso dos serviços de saúde mental (PHILLIPS, 1963:963-972). Este aspecto também foi observado nas comunidades de Chicago estudadas. Lá, os mais instruídos podem estigmatizar menos, mas de qualquer forma tendem a fazê-lo até certo ponto. Esse estigma não é coerente com as normas do corpo de profissionais nos serviços de saúde mental. Onde esse estigma existe e onde não se pode fazer contato com um círculo social especial, como aquele descrito por Kadushin (op. cit.), é possível que as decisões de procurar ou não um médico tenham, em grande parte, um caráter individual. É bem provável que essa decisão seja tomada quando a pessoa está livre para agir como um indivíduo – quer dizer, em situações em que a estrutura de indicação é frouxa e truncada. Em situações em que um indivíduo não está livre para agir sozinho por causa da participação em uma estrutura extensa e coesa, e em que seus companheiros estigmatizam o uso da psicoterapia, o setor profissional intervém para preservar os poucos casos que pode conseguir. Essas são as situações que as descobertas de Raphael parecem representar.

## Os tipos de doença que levam ao consultório

Obviamente, é necessário ser mais específico sobre a doença envolvida na utilização e na reação leiga que ela provoca. A doença médica envolvida no estudo de Raphael era, para os leigos, estigmatizada – mais estigmatizada para os menos instruídos do que para os mais instruídos, mas estigmatizada por todos. Como já mencionei, as doenças estigmatizadas são mantidas em segredo das pessoas quando isso é possível e são sub-relatadas aos profissionais médicos. As pessoas que procurarem tratamento tendem a fazer isso de maneira particular e individual, sem o conhecimento público, já que, ao menos no caso de doenças mentais, o próprio uso do serviço de tratamento é estigmatizado. Portanto, provavelmente haverá um atraso considerável na obtenção de consulta quando ação individual e particular é difícil. Da mesma forma, se uma doença é considerada crônica ou incurável pelo leigo, devemos esperar que a utilização de serviços profissionais ocorrerá com menos freqüência do que quando a doença é considerada curável. De qualquer modo haverá atraso (BLACKWELL, 1963: 3-31). Ou seja, é provável que entrem no consultório médico casos tardios de doenças em vez de casos iniciais. A doença, contudo, não será dissimulada como uma doença estigmatizada. A entrada no consultório, então, deve ser vista no contexto dos tipos sociológicos de doença que o leigo define em contraste com o que é definido pelo mundo médico. A noção da congruência da cultura leiga com as definições profissionais deve, portanto, incluir não apenas o fato de os leigos perceberem ou não a dor e os sintomas, mas também o modo como eles definem a doença sociologicamente. A legitimidade da doença não é, todavia, a única dimensão que define os tipos sociológicos de doença. A outra dimensão consiste no grau de seriedade atribuído à doença. A este respeito como também a respeito do tipo de legitimidade atribuída ao desvio, os leigos diferem dos profissionais, alguns, é claro, diferem mais do que os outros. Os tipos de legitimidade e o grau de seriedade podem ter conseqüências sobre a entrada no consultório.

O tipo de legitimidade imputada à doença parece ter o efeito mais direto sobre o índice de utilização dos serviços médicos: de fato, as variedades de doenças *legitimadas condicionalmente* exigem freqüentemente (mas não sempre) a legitimação de um profissional autorizado. Do conjunto de doenças *legitimadas condicionalmente*, devemos esperar que o ingresso no consultório em uma ampla quantidade de caso. Para as doenças *não legitimadas condicionalmente*, entretanto, devemos esperar que uma menor proporção chegue até o consultório, devido à sua legitimidade *a priori* e a seu caráter desesperado. Quando houver alguma utilização dos serviços médicos, existirá uma pequena preocupação em obter a legitimação profissional. Por outro lado, haverá o desenvolvimento, o abrandamento, o paliativo ou a esperança de que a doença seja definida como curável pelo médico. É no conjunto das doenças *ilegítimas* que devemos esperar o menor índice de visitas aos médicos, devido à vergonha e ao segredo que está vinculado a ela e ao estigma de que não é erradicável. Algumas pessoas podem procurar um médico porque têm a esperança de que consultando um profissional que se recusa a estigmatizar uma doença, qualquer que seja, elas poderão recuperar uma nova dignidade, senão uma redefinição de sua doença e uma nova identidade. Outras foram simplesmente conduzidas à custódia profissional pela rejeição daqueles ao seu redor.

A utilização deve também variar de acordo com o grau de seriedade imputado à doença. É bem menos provável que as doenças sejam levadas ao consultório quando são definidas como leves do que quando são definidas como graves. Dos três tipos de legitimidade, no entanto, aquelas doenças *leves* definidas como *condicionalmente legítimas* chegarão mais provavelmente ao consultório, pois, como já mencionei, a consulta é, às vezes, necessária para a legitimação da doença mesmo quando ela é leve. Uma proporção menor de casos leves de *doenças incondicionalmente legítimas* e *ilegítimas* provavelmente entrará no consultório, exceto naqueles casos em que exista alguma esperança de que as definições leigas estejam erradas – que a condição seja curável ou improvável, ou que um estigma ou atributo estigmatizado possa ser erradicado pela redefinição profissional ou por procedimentos técnicos específicos.

## A entrada na esfera profissional

Neste capítulo, minha análise percorreu todo o caminho social da doença que se encontra inteiramente na esfera leiga, desde a experiência ostensivamente rudimentar do desconforto, por meio da busca pelo significado do desconforto e de métodos para lidar com ele, até a entrada no consultório. É claro que, em cada ponto, as pessoas desistem e não seguem adiante: alguns podem resolver que o desconforto "não é nada" e o assunto será abandonado; outras podem resolver que é uma questão de aturar o desconforto e não seguem adiante. E alguns podem ir ao encontro de um curandeiro, em vez de entrar em um consultório médico. Mas é o médico que dá consultas que me interessa aqui. Por isso, minha análise buscou especificar as condições sob as quais ele será visto.

No decorrer de minha análise sobre as condições que conduzem à utilização dos serviços médicos, enfatizei, por dois motivos, o conceito de sistema leigo de indicação (*lay referral system*). Primeiro, esse conceito, ou outro semelhante, parece mais útil e apropriado para prever os níveis de utilização dos serviços médicos por uma comunidade ou uma coletividade natural semelhante, do que o modelo de tomada de decisão individual, como foi desenvolvido por Rosenstock (op. cit.) ou que um inventário de variáveis pessoais e sociais como o listado por Mechanic (op. cit., 128-157). Segundo, e mais importante, enfatizei o conceito de sistema leigo de indicação porque ele contém implicitamente a idéia de uma reação social organizada em relação à doença, uma reação que é seletiva porque se vincula mais a um atributo que a outro, que ela declara grave em vez de leve, e que ela exerce grande pressão sobre o indivíduo para que se comporte adequadamente. Em síntese, esse sistema leigo de indicação mobiliza a percepção do leigo sobre o desconforto ao conduzi-lo a resultados específicos. Em alguns casos, o desconforto do leigo continua sendo um desvio primário. Em outros, entretanto, ele é conduzido ou empurrado em direção a um gerenciamento especializado e organiza-se em um papel social.[11]

Quando a reação da sociedade manda o leigo ao consultório médico, ela faz com que ele entre em um domínio diferente – o domínio da profissão. Parte da força da reação social deve ficar na porta desse consultório. Na entrada do consultório, os conceitos leigos de doença não estão mais sozinhos. Eles entram em interação direta e explícita com os do médico. Além disso, na entrada do consultório, o leigo move-se e ocupa uma nova posição: ele começa a interagir, como um cliente, com profissionais que, pela natureza de seu status, buscam controlar os termos e o conteúdo do seu trabalho. Na verdade, como profissionais, eles já tiveram um sucesso razoável na obtenção desse controle. Como o leigo é apenas um dos objetos de seu trabalho, eles consideram que sua interação com ele é um problema de gerenciamento, um problema tanto de controle quanto de cura. É a essa interação entre os sistemas leigo e profissional, a essa luta pelo controle e pelos seus resultados, que me dedicarei no próximo capítulo.

---

11 Esse modo de raciocínio também parece aplicável ao estudo de como as pessoas chegam a utilizar serviços legais, embora ainda não tenha sido usado nos poucos estudos até agora. Para um relatório recente que reflete o estado da área, ver MAYHEW, L.; REISS Jr., A. J. "The social organization of legal contacts." *American sociological review*, XXXIV, 1969, p.309-318.

# CAPÍTULO 14
## A ORGANIZAÇÃO SOCIAL DA DOENÇA

No último capítulo discuti as variáveis que parecem ser importantes para prever se os membros de uma dada população adentrarão ou não um consultório médico. Algumas dessas variáveis são semelhantes àquelas que servem para prever se os membros de uma dada população comprarão ou não um produto novo ou se adotarão uma inovação.[1] Apesar dessa semelhança, existem, no entanto, diferenças fundamentais entre o uso de um serviço ou produto controlado profissionalmente e o uso de um produto comercial – diferenças que se originam no *status* da profissão. Esse *status* tanto permite que a profissão defina como deve ser o reconhecimento oficial da necessidade do serviço quanto o modo como deve ser organizada a procura pelo serviço que ela controla. Nesse sentido, a organização social de tratamento criou as condições para a organização da experiência de se estar doente, que incluem suas relações interpessoais e sua vida cotidiana. É nessas condições e nessas conseqüências que eu gostaria de focar neste capítulo. Eu gostaria de mostrar como, uma vez que alguém entra na esfera profissional, essa esfera impõe uma determinada organização à experiência e à manifestação de doença.

---

[1] Para um resumo de grande parte desse material, ver ROGERS, 1962.

## A medicina como instituição oficial

O que é claro a respeito de uma civilização complexa como a nossa, comparada com uma sociedade simples, é a existência de classes especiais de homens envolvidos integralmente em criar o conhecimento, formular leis, princípios morais, e procedimentos, e em aplicar o conhecimento dos princípios morais a casos concretos. Esses homens formulam e administram um corpo especial de significados sociais diferentes em relação aos significados sociais atribuídos pelos cidadãos comuns.[2] O que esses homens fazem contribui para a ordem *social* oficial e, embora o conteúdo de uma ordem oficial viável raramente esteja totalmente divorciado daquele do cidadão comum, ele é diferente. A ordem social oficial é dominante do ponto de vista cultural e político, refletindo os valores e o conhecimento das classes dominantes da sociedade. Ela não é necessariamente hostil aos valores da vida diária, mas é, todavia, imposta na vida cotidiana, com o apoio das forças políticas, econômicas e normativas organizadas.

Na sociedade pós-industrial moderna, as profissões como a advocacia e a medicina compõem parte da ordem oficial e, como mostrou Parson (1949:275-309), são agentes de controle social. Apoiados pelo poder do Estado, esses agentes têm mandato oficial para aplicar seu conhecimento e valores ao mundo ao seu redor. O seu mandato é definir se um problema existe ou não, qual é o caráter "verdadeiro" do problema e como ele deveria ser gerenciado. Dado o fato de que eles têm conhecimento e valores *especiais*, certamente suas concepções serão diferentes daquelas do homem comum: onde existem especialistas, existem leigos por definição. E quando os especialistas constituem uma profissão, seu conhecimento e seus valores tornam-se parte da ordem oficial que, por mais culta, liberal e benevolente que seja, é, contudo, imposta sobre a vida cotidiana do leigo.[3]

Diz-se que os profissionais são treinados em alguma habilidade que faz parte da civilização. O seu trabalho é exercer essas habilidades. Eles exercerão tais habilidades graças às relações com o poder político organizado na comunidade e graças a seu prestígio entre os leigos. Eles não são meramente

---

2 Ver o contraste entre a "grande tradição" e a "pequena tradição" em REDFIELD, 1956.
3 Utilizamos a expressão leigo nos referindo a alguém que desconhece determinado assunto, e não àquele que não é clérigo. (N.T.)

especialistas, mas, sim, titulares de posições oficiais (FREIDSON, 1970). Na medida em que o Estado assume mais responsabilidade pelo bem-estar do leigo, o profissional torna-se membro da classe de provedores de assistência, e aumentam as possibilidades de diferenças entre sua perspectiva e a dos leigos. Dado o *status* oficial da profissão, o que acontece ao leigo – isto é, se ele será ou não reconhecido como "realmente" doente, qual será o nome da sua doença, que tratamento ele receberá, como deverá se comportar enquanto doente, e o que irá acontecer a ele depois do tratamento – passa a ser uma decisão do profissional, e não do leigo. Como funcionários que, em virtude de suas qualificações profissionais, têm concedida permissão para tomar decisões cotidianas relacionadas ao bem-estar de sua clientela, eles atestam licenças de saúde, assinam indenizações por acidente de trabalho e formulários de seguro, de internamento por doença mental e de aptidão de vários tipos. Além disso, eles servem diariamente como guardiões de recursos especiais (os mais óbvios como os leitos hospitalares e as drogas "vendidas com receita") que não podem ser obtidos sem sua permissão. Assim, o comportamento do médico e de outros na área da saúde constitui a objetivação, a personificação empírica, de certos valores dominantes em uma sociedade.

É importante entender quais são as conseqüências do *status* oficial da medicina para a liberdade do paciente seguir suas próprias noções de doença e seu comportamento do doente. Quando o leigo exerce sua liberdade de escolha procurando um cuidado profissional, sua escolha é consideravelmente menos livre do que no mercado não profissional. A liberdade de escolha é limitada aos titulares de diploma. Dada essa variedade limitada, a escolha tende a ser mais entre instituições do que entre produtos e serviços. Para citar a caracterização de um economista sobre o mercado médico

> é o médico, e não o paciente, quem combina os componentes da assistência para formar um tratamento. Em outros mercados é o consumidor, com níveis variados de conhecimento, que escolhe os bens e serviços que deseja, a partir das alternativas disponíveis. Na assistência médica, contudo, o paciente normalmente não faz sua escolha diretamente. ... Ele escolhe um médico que, então, faz... as escolhas por ele. (FELDSTEIN, 1966:138)

É como se a dona de casa pudesse escolher a loja da qual desejasse ser cliente, mas não os artigos que pudesse comprar nesta loja. O gerente da loja escolhe por ela, segundo a concepção que ele tem do que ela "realmente" precisa, o que pode ser nenhum artigo, artigos que ela não quer, ou, se tiver sorte, exatamente artigos que ela queira.

## Os tipos de prática e o mercado

Existe, todavia, maior margem de manobra disponível ao consumidor no estágio inicial da doença do que acabo de sugerir. Essa margem de manobra está disponível graças ao fato de existirem vários tipos de lojas no mercado médico, algumas com um estoque diferente, outras com um relacionamento diferente com o consumidor. Algumas são análogas às pequenas mercearias da vizinhança, que contém uma variedade de artigos e ficam abertas o tempo todo para fazer o máximo de negócios, favorecendo os fregueses; outras são análogas às lojas com uma franquia exclusiva sobre bens escassos e desejáveis. Algumas estão inseridas nos costumes locais e no circuito freqüentado pela vizinhança; outras estão cultural e fisicamente separadas da vizinhança. Quando um paciente potencial entra nas primeiras ele tem uma relativa liberdade para escolher os serviços que pretende obter. Quando ele escolhe as últimas, é provável que precise se contentar com o que lhe oferecem.

Vamos nos lembrar onde estava nossa análise. Aqueles que resolveram não utilizar um médico e os que escolheram um profissional que não é médico não são mais da minha conta. Nós nos dedicamos àqueles que acreditam possuir uma doença que necessita de consulta médica. Agora, nós podemos perguntar o seguinte: Que tipo de médico eles escolhem? Quais as conseqüências dessa escolha para a definição social da sua doença e para a organização do seu comportamento de doente? Em geral, dada a tendência dos leigos e dos médicos em identificar primeiro as doenças comuns e leves, antes de identificar as doenças incomuns e graves, é provável que a escolha inicial dos leigos seja por um profissional geral – o médico que lida com doenças comuns e leves da vida diária. Em nações onde a prática médica ainda ocorre em consultórios individuais de bairro, o médico a ser escolhido primeiro será, provavelmente, o clínico geral, o especialista em doenças internas ou o pediatra.[4]

---

[4] Boa parte das idéias que se seguem origina-se de FREIDSON, 1961, p.192-207.

Esses médicos do dia-a-dia têm uma prática que depende de sua clientela. Como havia sugerido no Capítulo 5, ela é encaminhada ao médico por meio de sistemas profanos de referência, que são inevitavelmente baseados na maneira com que o público compreende a doença e o tratamento. Assim, a sobrevivência deste tipo de prática depende da compatibilidade do diagnóstico e do tratamento usados pelo profissional com aqueles utilizados pelo leigo. O profissional ocasionalmente precisa ceder aos preconceitos de seus pacientes para que eles voltem e encaminhem outros pacientes a ele. Assim, os profissionais nesses consultórios provavelmente respeitarão os pedidos leigos por remédios populares como injeções de vitamina B-12, o uso abundante de antibióticos e a prescrição de tranqüilizantes, sedativos e estimulantes. O conteúdo de suas práticas de diagnóstico e tratamento, como o estoque nas prateleiras da mercearia da vizinhança, reflete a sua posição entre os dois mundos no ponto onde o sistema leigo se conecta ao profissional.[5]

O profissional que depende do cliente é aquele que, por definição, depende dos leigos para conseguir indicações e escolhas que tornem seu "negócio" possível. Nisso, ele se parece com o lojista da vizinhança. Contudo, da mesma forma que o lojista da vizinhança, o médico sempre mantém algumas relações com o mundo além da vizinhança – com empresas farmacêuticas, sociedades médicas, hospitais e especialistas. Já que o médico é um profissional, e ele requisita a ajuda de colegas e instituições médicas para realizar o seu trabalho, ele participa de um "sistema de indicação profissional" (*professional referral system*) que se estende para além do círculo local leigo do qual depende o seu consultório. O sistema profissional é composto de especialistas, clínicas, super especialistas, hospitais universitários e outras instituições situadas além da vizinhança do médico indicado. O primeiro médico em "uma prática que depende de sua clientela" encaminha os casos dos quais não pode tratar com eficácia a outros consultórios no "sistema de indicação profissional". Esses outros consultórios têm características estruturais muito diferentes do dele.

Ao contrário do médico generalista, o profissional que recebe pacientes encaminhados por outros profissionais não depende da escolha do cliente

---

5 Ver os comentários sobre a forma com que os profissionais, devido ao medo de perder *status* e receita, atenderam exageradamente às demandas de seus pacientes por hospitalização e diagnósticos e terapias em DUFF e HOLLINGSHEAD, 1968, p.382.

para a sua sobrevivência. Em vez disso, ele depende dos encaminhamentos que colegas fazem, tendo, portanto, uma *prática dependente dos colegas*. Por isso, ele deve ser mais sensível às necessidades e aos preconceitos dos profissionais do que aos dos leigos. Por isso, espera-se que ele empregue procedimentos aprovados pelos médicos em vez de procedimentos com os quais o paciente tem familiaridade e afinidade. Entretanto, enquanto o paciente pode escolher os primeiros cuidados que receberá da pessoa do médico generalista, uma vez que o médico que ele escolheu confessa seu fracasso ou incapacidade de curar e o encaminha para dentro do sistema profissional, o paciente com freqüência não consegue fazer mais do que decidir aceitar o que lhe é oferecido ou abandonar o sistema inteiramente, contrariando o peso da orientação médica. Em uma "prática dependente dos colegas", o paciente, precisa aceitar os serviços selecionados para ele, pois conserva uma influência muito pequena se comparada à influência que ele tem em "uma prática que depende de sua clientela". Somente neste segundo tipo o modelo do mercado profissional dos economistas torna-se possível. No outro caso, o indivíduo aceita o que outra pessoa diz que ele precisa.

Esses dois tipos de prática promovem duas grandes variações na forma da interação que ocorre durante a consulta. No consultório que depende do cliente, o paciente tende a estar em uma posição igualitária, ou pelo menos ele participa ativamente do processo de diagnóstico e tratamento. Quando ele está num estágio relativamente inicial da doença e ainda não foi dominado pela dor ou pelo medo, sempre tem diante de si (como o médico bem sabe) a perspectiva de sair do consultório e, em vez de voltar, procurar em outro lugar, um médico que use noções mais familiares de doença e tratamento. Mas no consultório que depende de um colega, o paciente tende a estar em uma posição mais desesperada em que os próprios remédios e médicos convencionais o decepcionaram, sendo oferecidas poucas opções disponíveis para ele. Na primeira situação, é bem mais provável que o processo de tratamento seja mais uma questão de negociação e compromisso do que no último, onde o peso da opinião profissional é maior que a do leigo. Da mesma forma, na primeira posição é provável que a escolha de doença e de seu tratamento seja mais variável e flexível que na última.

## A tarefa profissional na consulta

Já falei sobre "pressão", "negociação" e "controle" no consultório, palavras que parecem mais compatíveis com o mercado econômico e a arena política do que com uma consulta profissional. Esse uso, no entanto, é intencional, pois o objetivo deste livro é secularizar um fenômeno que tem sido muito obscurecido por uma tendência de tratá-lo como algo misteriosamente separado dos assuntos humanos normais, com o mistério que outros assuntos não possuem. Eu tenho enfatizado o caráter social, e, portanto, variável, do problema em questão, a ambigüidade e a arbitrariedade, se não do conhecimento, então ao menos dos conceitos aos quais o conhecimento está ligado, e, particularmente neste capítulo, até que ponto o trabalho envolve um problema de controle social.

Enquanto a palavra "controle" pode parecer estranha no ambiente médico onde o eufemismo "gerenciamento" é mais comum, deve ficar claro que a palavra é precisa. Obviamente, a tarefa do médico é igual à tarefa de qualquer outro profissional – fazer o seu trabalho da maneira que o seu conhecimento o leve a acreditar que esteja certo. E, como ocorre em algumas outras ocupações, seu trabalho consiste em oferecer um serviço a outras pessoas. O problema é: como esse serviço é definido e quem o define? Como profissão, a medicina faz valer sua autonomia ao definir o que é um serviço "apropriado", "eficaz" ou "bom". Como profissão, ela insiste que sua missão é prover seus clientes de bons serviços. Não é como se o profissional, como um lojista prestativo, possa afirmar o seu valor ao satisfazer o cliente dando-lhe exatamente o que ele quer. Em vez disso, a profissão declara o que o cliente "realmente" quer em função de seu conhecimento especial e, como uma profissão "ética", tenta fornecer serviços apropriados aos desejos que ela define. Mas para exercer seu mandato a profissão precisa, ocasionalmente, suprir seus clientes de serviços que eles não desejam. Ao fazê-lo, ela precisa de alguma forma, manipular ou exercer controle sobre o paciente. E enquanto exerce esse controle, a profissão pode não estar motivada pela desonestidade cínica do lendário vendedor que vende geladeiras a esquimós, enciclopédias a analfabetos, e ternos gigantescos a homens miúdos. Ao menos algumas das técnicas de controle que a profissão utiliza são provavelmente compartilhadas com todas as outras profissões que oferecem serviços e bens a outras pessoas. A ética não é problema; é a demanda de trabalho que é crucial.

Vamos examinar o consultório mais de perto. O paciente entra no consultório com a uma definição própria e provisória do que o aflige. Resumidamente, a tarefa do médico é (1) determinar o que está "realmente" errado com o paciente e (2) fazer com que o paciente siga sua recomendação, incluindo a de que não existe "realmente" nada de errado com ele. Normalmente, referimo-nos a essas duas tarefas problemáticas como as tarefas de diagnóstico e de tratamento. Em ambos os casos, o que está em questão é o desempenho profissional de uma determinada maneira – isto é, o diagnóstico de doenças aprovadas pela medicina com base em informações consideradas fidedignas pela medicina, e a administração do tratamento devidamente "científico" para a doença (DAVIS, 1968:274-288).

No caso do *diagnóstico*, o médico precisa obter informações relevantes para a medicina e não para as culturas leigas. Evidentemente, dada a variação na cultura leiga, as tarefas de "registrar o histórico" – coletar com o paciente as informações sobre doenças e sintomas anteriores que possam estar relacionados à sua queixa atual – pode ser, às vezes, bem difícil. O paciente pode indicar uma dor difusa em vez de localizada, por exemplo, ou pode expressar seus sentimentos subjetivos em vez de analisar seus sintomas do ponto de vista do médico, ou talvez não conseguir se lembrar de nada a respeito dos eventos ou experiências que levaram às suas queixas, ou não ter lembrança de no passado ter apresentado alguma doença identificável, reações adversas a drogas etc. No caso do *tratamento*, o médico pode confrontar-se com outros problemas. O paciente pode discordar de suas recomendações ou pode não estar acostumado a organizar sua vida de forma que possa seguir as instruções sobre a adoção de um modo de viver sistemático e consciente – mesmo hábitos tão comuns como tomar remédio regularmente, depois de cada refeição (se ele realiza três refeições por dia) ou a cada quatro horas (se ele tem um relógio). Como o médico pode lidar com esses problemas?

## A Organização da doença durante os cuidados ambulatoriais

Para exercer sua tarefa, realizando o diagnóstico e o tratamento, o médico pode adotar uma variedade de táticas. Primeiro, ao restringir-se a uma clientela instruída, ele assegura que seus pacientes irão compartilhar a maior parte de sua orientação científica e assim irão seguir suas recomendações. Segundo, ele pode se dedicar à "educação" e à socialização prazo de sua clientela em longo, tentando ensiná-los em relação a seus conceitos de doença e tratamento para que compartilhem a sua orientação. Terceiro, quando ele não pode contar com a obediência da clientela fora do consultório (seja por falta de capacidade ou motivação), ele pode tentar expandir as suas consultas para dentro da casa dos pacientes fazendo visitas domiciliares ou mandando enfermeiras ou outros paramédicos para a casa dos pacientes. Ou ele pode tentar ajustar o seu trabalho no consultório aos hábitos dos pacientes, trabalhando depois da hora, inclusive à noite e aos finais de semana, e estabelecendo seu consultório perto da casa dos pacientes. Quarto, ele pode tentar solucionar as dificuldades do paciente sempre que puder: em vez de esforçar-se para conseguir o histórico do paciente, o médico pode fazer um exame detalhado e, então, pedir muitos exames de laboratório; em vez de fazer preleções a respeito da necessidade de administração regular de medicação durante o dia, ele pode administrar injeções ou comprimidos de liberação progressiva e pedir ao paciente para voltar regularmente para essas administrações. Finalmente, devo mencionar a tática de atrair os parentes ou outros leigos próximos ao paciente para servirem de agentes do médico. Dessa forma, o ambiente social do paciente torna-se uma empresa terapêutica conduzida por conceitos profissionais de doença e tratamento.

Todas essas táticas deixam o paciente em sua comunidade, e a maioria delas é baseada em um padrão ambulatorial de tratamento. O paciente visita simplesmente um ambiente médico de maneira periódica e rápida, vindo da sua família, amigos e parentes e voltando para eles. Numa situação assim, o médico não consegue exercer um controle preciso e amplo. Por causa disso, o tratamento ambulatorial, quando inclui uma tentativa de estender as práticas médicas às instituições leigas da comunidade, tem sido empregado principalmente para doenças que não são consideradas graves pela medicina e para aquelas que são, ao mesmo tempo, crônicas e estáveis o bastante para não exigir supervisão profissional freqüente. Em ambos os casos, o comportamento da doença torna-se organizado fundamentalmente pela vida da comunidade leiga.

O comportamento social na maioria dos casos de doenças tratadas de forma ambulatorial não é organizado de maneira muito definida. Mais freqüentemente, como no caso do resfriado comum e das pequenas "diminuições de capacidade" nos nossos dias, não se adota um papel de doente de forma alguma. A doença simplesmente reduz o desempenho dos papéis normais. Com menor freqüência, mas, mesmo assim freqüentemente, o paciente atravessa o simples e breve "ciclo do papel de doente" (GOLDSTEIN; DOMMERMUTH, 1961:1-12), envolvendo a consulta, uma dispensa temporária de algumas obrigações e uma volta ao "normal." A vida diária e a identidade social daquele que sofre são apenas tocadas por esses incidentes. De fato, nessas circunstâncias, quase não existe mudança suficiente na vida daquele que sofre para permitir que alguém faça referência útil à noção do papel do doente.

O comportamento da pessoa doente assume um padrão mais definitivo quando se pensa que ele tem uma doença crônica precisando de um contato constante e por longo período com um médico. Esse padrão organizado de comportamento surge quando o comportamento que se exige do paciente é razoavelmente complexo e programado, e quando, em virtude de sua crença no tratamento ou em virtude da compulsão, podemos confiar que ele se sujeitará às exigências profissionais mesmo se forem ambulatoriais. Pessoas como o paciente comprometido com a sua psicanálise diária, ou o adolescente sob *sursis*, obrigado pelo tribunal a dirigir-se diariamente para a consulta em vez de ser internado, desenvolvem uma nova organização em suas vidas, uma organização que flui a partir de necessidades de tratamento definidas profissionalmente. Uma mulher nos últimos estágios de gravidez, um paciente com diabetes instável ou variável, outro com um estado de saúde cardíaca deteriorado e muitos outros podem ser vistos desenvolvendo um estágio de vida contido pelas suas próprias concepções sobre a sua doença e organizado pelas exigências da observação e do tratamento profissional regular sobre sua dificuldade. É importante levar em consideração que esse estágio de vida *não* é organizado pela doença e pela incapacidade biológica que ela pode produzir, mas pelos conceitos profissionais de doença e pelo que é necessário para tratá-la: a doença torna-se uma doença profissionalmente organizada.

Contudo, enquanto o paciente é ambulatorial, a organização de suas atividades em torno das exigências do tratamento profissional nunca está completa. Ele pode mostrar-se relapso, perder uma hora marcada ou atrasar-se; o médico pode ser chamado para uma emergência na hora da sua consulta; ou pode estar de férias, de modo que o programa é interrompido. Na internação, o *staff* está sempre presente para seguir um programa de tratamento, mesmo quando o médico está ausente, e o paciente está sempre presente para ser tratado. Neste caso, o gerenciamento médico e a organização da doença tornam-se totalmente previsíveis. E já que a internação separa o paciente das atividades do dia-a-dia que ele realizava na comunidade, o seu comportamento deve se tornar organizado apenas pela rotina imposta pela instituição e pelo tratamento do paciente. Essa organização é muito fortalecida pelo fato de a internação limitar a reação social eficaz à doença apenas aos membros do quadro de *staff*, que por sua vez se empenham em organizar a experiência da doença e a reação a ela por meio da forma com que eles vêem a doença e da sua visão sobre a maneira adequada de lidar com ela.

## A organização institucional de reações à doença

Cabe lembrar que, para o sociólogo, o tratamento médico constitui um tipo de reação social a um certo. O fator essencial está ligado à organização da doença em instituições é que o *staff*, ao contrário do próprio paciente e seus companheiros leigos, desempenha o trabalho. Para que o trabalho seja levado a cabo, é preciso que haja alguma rotina administrativa e a redução de pacientes individuais para categorias administrativas e de tratamento. Todos devem ser gerenciados por boa parte do mesmo conjunto de rotinas. Se a realização do trabalho deve satisfazer o *staff*, são necessários procedimentos que minimizem a interferência na sua rotina e maximizem a sua conveniência.

Conseqüentemente, acredito que existem percursos administrativos padronizados por meio dos quais um paciente tende a se mover, apesar de existirem variações entre a sua condição e a dos outros na mesma categoria de tratamento. Rosengren e DeVault (1963:266-292) observaram que em uma maternidade o *staff* procurava manter uma organização espacial e temporal definida de seu trabalho independentemente das variações individuais do estado de saúde. Assim, a paciente recebida pelo tradicional escritório de admissão é levada para a sala de preparação, depois para a sala de parto, para a sala de recuperação e, finalmente, para a sala de repouso. Nenhuma etapa foi pulada mesmo quando a paciente já não precisava mais. Nesse caso, a paciente passava mais rapidamente por uma determinada etapa. Da mesma forma, o *staff* tolerava a expressão de dor da paciente apenas na sala de parto, onde essa expressão era considerada apropriada à "doença" e onde ela podia ser gerenciada com anestésicos; em outros lugares, a paciente que empresasse dor sofria desaprovação e zombaria. Para manter o ritmo "rotineiro" do fluxo de trabalho estabelecido pelo *staff*, as mulheres mais lentas recebiam ajuda (com fórceps e outras técnicas) para que dessem à luz no horário. Um outro exemplo da maneira com que o *staff* impõe uma organização padronizada no curso do tratamento (e, conseqüentemente, no curso social da doença) pode ser encontrado nas observações de Roth sobre o fato de o *staff* em hospitais de tuberculosos ter um conceito do tempo que "deveria" levar para a cura. Esse tempo é imposto no decurso clínico da doença de um indivíduo, organizando as etapas progressivas de gerenciamento da doença baseado em um programa normativo, e não nos resultados dos exames de laboratório que podem ser vistos como reflexo da condição biológica da doença "por si mesma" (ROTH, 1963).

Finalmente, não posso deixar de mencionar a análise mordaz de Roth quanto às circunstâncias nas quais a tuberculose era e não era tratada como doença infecciosa (ROTH, 1957:310-314).

No processo pelo qual a instituição de tratamento pode impor sua própria organização sobre o comportamento social relacionado à doença, duas características importantes facilitam o controle realizado pelo *staff*. Primeira, o paciente pode estar isolado da comunidade leiga e das pessoas preocupadas com o seu bem-estar. O contato com o mundo leigo é racionalizado cuidadosamente sempre que possível. Por vezes, pode haver motivos médicos para esse isolamento. No entanto, ele é praticado, com freqüência, por uma questão de conveniência administrativa, minimizando mais o "incômodo" para o *staff* do que protegendo o paciente de aborrecimentos. As conseqüências sociais consistem em isolar o paciente das fontes de influência social que o apoiaram enquanto estava sob tratamento ambulatorial e que poderiam apoiar a sua resistência à rotina terapêutica da instituição. A segunda e mais importante característica diz respeito à tendência de o *staff* de todas as instituições evitar, cuidadosamente, oferecer ao paciente ou aos seus companheiros leigos muita informação sobre a doença e o que supostamente deve ser feito com ela. Praticamente todos os estudos de pacientes em hospitais mostram que o paciente e seus parentes ignoram o estado de saúde, o prognóstico e o tratamento prescrito pelo médico, e que o *staff* resiste em fornecer essas informações.[6] Nas palavras de Davis (1963:64), descrevendo o comportamento do *staff* em relação aos pais de crianças vítimas de poliomielite, as perguntas dos pais eram "respondidas com ambigüidade e subterfúgios ou redirecionadas ou ainda deixadas sem resposta".[7]

Como Davis mencionou em sua análise, a resistência do *staff* em dar informações é justificada, freqüentemente, como uma maneira de evitar uma cena emotiva com os pais. Às vezes, como mencionam Glaser e Strauss (1965:29) no caso do paciente agonizante, o *staff* retém informações baseando-se na crença da "experiência clínica", de que isso irá proteger o paciente e sua família do choque e da aflição excessivos. Às vezes, essa relutância em dar informações é explicada por uma incerteza genuína: não há nenhuma informação confiável disponível. Contudo, como Davis (1960:41-47) menciona em detalhes, "em muitas doenças... "incerteza" é até certo ponto simulada pelo médico com o propósito de, gradualmente, conseguir que o paciente, enfim, aceite ou tolere uma condição que, inicialmente, era intolerável para ele." Qualquer que seja o motivo, entretanto, a finalidade evidente da retenção de informações é minimizar a possibilidade de que o paciente possa exercer muito controle sobre a forma com que é tratado. Se ele não souber que deve tomar uma pílula amarela a cada quatro horas, ele não poderá fazer qualquer comentário sobre o fato de a equipe, às vezes, esquecer de lhe dar esse medicamento e insistir em recebê-lo regularmente. Se ele não souber que a sua condição reage normalmente a um dado tratamento no prazo de uma semana, ele não poderá insistir em se consultar depois de passarem várias semanas sem que tenha ocorrido qualquer mudança na sua condição ou no tratamento (SKIPPER Jr. in SKIPPER Jr.; LEONARD, 1965:75-77).

Muito mais pode ser dito sobre como as instituições formatam uma doença, especialmente para comprovar a questão que estou tentando mostrar aqui. Nem todas as instituições de tratamento, pacientes ou *staff* são iguais. Por exemplo, a instituição de reabilitação estudada por Roth e Eddy (1967) tinha uma influência particularmente forte sobre o curso do comportamento da doença porque seus pacientes eram, em grande parte, mantidos por fundos públicos e careciam de advogados ativos na comunidade exterior. Por-

---

6 Ver a análise detalhada em DUFF e HOLLINGSHEAD, op. cit., Capítulo 13.
7 Para outras observações sobre até que ponto os pais são mantidos na ignorância, ver SHILOH, A. "Equalitarian and Hierarchal Patients," *Medical Care*, III, 1965, p.87-95.

tanto, eles raramente "se recuperavam o suficiente" para sair da instituição. Essa impotência é, às vezes, minimizada pelo fato de, em instituições de reabilitação, tuberculose e outras, muitos pacientes sofrerem de doenças semelhantes e serem capazes de entrar, se conhecer e se organizar. Nestas condições, os pacientes conseguem desenvolver uma visão comum sobre a maneira que deveriam ser tratados, gerando uma pressão para impor alguns pontos de sua visão ao *staff*.[8] Além disso, as instituições podem ser dominadas por uma ideologia que permite a participação do paciente em seu próprio tratamento. De fato, existem vários padrões de interação que refletem o nível de influência e atividade permitidas ao paciente no decurso de seu tratamento e que expressam o significado da doença para ele e para aqueles que tratam dele.

## Padrões de interação no tratamento

Como sugeri anteriormente na prática em consultório que depende de sua clientela, a interação entre médico e paciente é razoavelmente livre, sendo que o paciente inicia e controla parte dela. Por outro lado, quando o tratamento é realizado em um consultório dependente de colegas, a interação tende a ser menor e menos livre, com o médico iniciando e controlando grande parte dela. Quando o paciente chega a um consultório dependente de colegas, o que envolve freqüentemente o processo de internação hospitalar, ele já se tornou relativamente incapaz e dependente. Como sugere Goffman (1961:125-161), talvez o paciente esteja desmoralizado por uma sensação de ter sido despojado de parte de sua identidade normal.[9] Em outros casos, ele se sentiu incapaz, pois não conseguiu tratar de si sozinho ou porque sua doença física o incapacitou.

Um segundo elemento que parece ser capaz de predizer parte da qualidade da interação entre médico e paciente repousa no que os médicos consideram ser as exigências de tratamento adequado para uma determinada doen-

---

[8] Para uma discussão muito útil sobre as implicações de tais características, ver WHEELER In BRIM Jr.; WHEELER, 1966, p.53-116.

[9] No contexto da discussão que se segue sobre interação, também é apropriado citar, no mesmo livro, as p.321-386, "The medical model and mental hospitalization".

ça. Em outras palavras, o que os médicos fazem nem sempre é a mesma coisa e não exige o mesmo tipo de interação. Respeitando a tipologia de Szasz e Hollander (1956:585-592) sobre as relações médico-paciente mas, mudando a direção da análise, podemos dizer que sob algumas circunstâncias – como na cirurgia e terapia eletroconvulsiva – o paciente deve estar completamente imobilizado e passivo, ou seja, inteiramente submisso à atividade do médico. O trabalho em si exige uma interação mínima: atendentes, correias, anestésicos e outras formas de controle são empregadas para impor a submissão. Esse modelo de interação Szasz e Hollander chamam de "atividade-passividade" (*activity-passivity*). Nele, o paciente é a parte passiva.

A segunda situação de tratamento, discutida pela maioria dos escritores como a relação médico-paciente, é aquela em que o consentimento do paciente para aceitar a orientação médica é necessário. Aqui, o paciente "está consciente e tem seus próprios sentimentos e aspirações. Já que é ele quem sofre... ele busca ajuda e está pronto e disposto a "cooperar". Quando ele se volta para o médico, o paciente coloca-se... em uma posição de poder. Quanto mais poderoso... mais falará sobre orientação ou liderança e esperará a cooperação do outro" (ibidem:586-587). Espera-se que a interação siga o modelo de "orientação-cooperação" (*guidance-cooperation*). Com ela, o médico inicia a interação mais vezes que o paciente. Espera-se que o paciente faça o que lhe dizem. Ele assume um papel menos passivo do que quando estava anestesiado. Mas, de qualquer forma, seu papel é passivo, submisso às exigências médicas.

Finalmente, existe o modelo de "participação mútua" (*mutual participation*), encontrado onde os pacientes conseguem ou precisam cuidar de si mesmos – como no caso do gerenciamento de algumas doenças crônicas como o diabetes. Nesses casos, portanto, a iniciação da interação quase se iguala entre as duas partes. Aqui, "o médico não declara saber exatamente o que é melhor para o paciente. A busca por isso torna-se a essência da interação terapêutica" (ibidem:589). Obviamente, algumas formas de psicoterapia incluem-se aqui.

O esquema de Szasz e Hollander, no entanto, tem falhas lógicas e empíricas, pois os seus modelos representam um continuum de nível até o qual o *paciente* assume um papel *ativo* na interação do tratamento, sem observar o ponto lógico em que o *médico* assume um papel *passivo*. Esse defeito reflete a atitude caracteristicamente normativa do pensamento médico: existem situações em que o médico faz mais ou menos o que o paciente lhe pede para fazer, não podemos negar. Essas situações são rejeitadas rapidamente por serem consideradas intoleráveis, não profissionais, não terapêuticas e indignas de serem concedidas pela lógica e dignificadas pelo reconhecimento de inclusão.[10] A lógica e os fatos, entretanto, exigem reconhecimento e sugerem dois outros padrões de interação – um no qual o paciente conduz e o médico coopera e outro em que o paciente é ativo e o médico é passivo. É difícil imaginar uma instância empírica envolvendo essa última possibilidade, a qual requer que o médico deixe de ser um consultor. Por essa razão, poderemos classificá-la "meramente" como um esboço lógico. Para a primeira instância, contudo, conseguimos encontrar exemplos empíricos em um número razoável de interações nos consultórios que dependem de clientes, especialmente onde o consultório é economicamente instável e a clientela tem uma condição econômica, política e social alta (FREIDSON, op. cit.:171-191).

Como já mencionei, o que distingue os modelos de Szasz e Hollander daqueles que acrescentei é o fato de eles representarem padrões de relações com pacientes que os médicos *gostariam* de estabelecer e manter em várias ocasiões para várias doenças e pacientes. Assumindo que um tipo de padrão de interação é necessário para que o trabalho do terapeuta prossiga com êxito, coloca-se a seguinte questão: Que circunstâncias sociais são necessárias para a sua existência e como elas são estabelecidas? Quando o modelo atividade-passividade não é realizado automaticamente em virtude de um coma ou coisa semelhante, o médico tem que se dedicar a confortar o paciente a fim de conseguir que ele se submeta às correias, injeções, respiradores etc. O pré-requisito básico, no entanto, é *poder* em si – sustentado por uma incapacidade *a priori* do paciente, ou fazendo com que ele não se mova. Esse poder é criado pelo fato de o indivíduo estar, digamos, inconsciente ou em coma. Em outros casos, o exercício do poder para vencer a resistência quan-

---

10 Essa falta de preocupação de ser logicamente consistente e sistemático é característica de praticamente todos os trabalhos a respeito da relação médico-paciente escritos por médicos. Uma outra análise interessante da relação médico-paciente explora outras facetas encontradas na natureza, mas se restringe ao "patológico." Ver HANLEY e GRUNBERG (1962, p.1.022-1.024), em que nove "síndromes" são delineadas a partir de três estereótipos de pacientes e de médicos. Enquanto os escritores médicos continuarem a mutilar a sua lógica com considerações normativas, eles não poderão esperar uma consideração intelectual séria.

do o paciente não está em coma é legitimado por uma identidade social atribuída ao paciente: ele é apenas uma criança, um retardado, um psicótico ou de alguma outra forma não totalmente humana e responsável. Por esta razão ela não pode exercer sua própria opção de abandonar o tratamento. Excluindo as circunstâncias em que a identidade do paciente legitima o exercício de força, esse padrão de interação será mais provavelmente encontrado onde as culturas divergem muito. Nesse caso, poucos pacientes buscam aconselhamento médico voluntariamente: a participação deles pode ser exigida pelo poder político ou pode ser facilitada pela força incapacitante da própria doença.

O segundo padrão de interação, orientação-cooperação, é essencialmente aquele em que a maioria das pessoas tem em mente quando falam da relação médico-paciente. Obviamente, a sua existência depende de um processo que fará com que pessoas interajam com o terapeuta em primeiro lugar: o processo de busca de cuidado que conduz à escolha por utilizar um serviço em vez de outro. Nesse caso, o paciente precisa fazer sua própria opção. A utilização dos serviços médicos não é apenas algo que facilita o estabelecimento da relação: ela constitui metade da batalha na interação. Escolher e utilizar o serviço médico exige, em primeiro lugar, que a pessoa, até um certo ponto, aceite antecipadamente o seu valor e a sua autoridade (CAPLOW, 1954:114) e que essa pessoa, até um certo ponto, compartilha a visão do médico sobre a doença e seu tratamento. O problema da interação no tratamento reside nos detalhes dessa aceitação, em áreas concretas nas quais as culturas leiga e profissional convergem. O instrumento do médico para conquistar a aceitação é a sua "autoridade", que não se mantém apenas no interior de sua posição legal formal como especialista (FREIDSON, op. cit.). Na medida em que a cultura do paciente está congruente com a do médico, a autoridade do profissional reconhecida será provavelmente de maneira antecipada e fortalecida no tratamento. Assim, o que o médico diagnosticar e prescrever corresponderá ao que o paciente espera. A comunicação entre os dois será relativamente fácil. Dentro desse ambiente de confiança, o profissional poderá exigir algo novo e inesperado do paciente. Nessa situação, o que é problemático, acima de tudo, é a autoridade do médico em si: ela tem de ser reconhecida antes que o tratamento possa começar e se o tratamento tiver de prosseguir. É o motriz para a cooperação. Menos problemática, porém problemática de qualquer forma, é a capacidade que o médico tem de tornar o seu desejo de informações e cooperação conhecidos e a capacidade do paciente de entender o médico com eficácia para fazer o que ele deseja. Basicamente, então, a fé e a confiança por parte do paciente e a autoridade por parte do médico são os elementos cruciais.

Finalmente, existe o padrão de *participação mútua*. Claramente, a interação especificada por este modelo exige características por parte do paciente que facilitem a comunicação. A comunicação é essencial para que se determine o que deverá ser feito durante a terapia. A congruência cultural é, portanto obviamente uma condição necessária para essa interação. Segundo Szasz e Hollander, a relação "exige uma organização social e psicológica mais complexa por parte dos dois participantes. Conseqüentemente, ela é raramente apropriada para crianças ou para aquelas pessoas mentalmente incapacitadas, que possuem pouquíssima instrução, ou que são profundamente imaturas. Por outro lado, quanto maior a semelhança intelectual, educacional e de experiência geral entre o médico e o paciente, mais apropriado e necessário torna-se esse modelo" (SZASZ; HOLLANDER, op. cit.:387). Contudo, tal semelhança educacional e de experiência não é suficiente. É necessário também o status colaborativo. Neste caso o paciente não tem apenas que aceitar a autoridade médica. Um precisa aceitar o outro igualmente na busca por uma solução para o problema. Se o paciente ou o médico testemunha uma deferência de um em relação ao outro, ela provavelmente destruirá essa participação mútua. Assim, a congruência de *status* é necessária para que a relação possa ser relativamente igual, e a influência do médico sobre o paciente não dependerá essencialmente de seu poder físico ou de sua autoridade profissional, mas de sua capacidade de *persuadir* o paciente sobre o valor de sua opinião.[11]

A caracterização de diferentes padrões de interação médico-paciente pode ser utilizada para distinguir (1) as necessidades de diferentes tipos de trabalho médico, (2) a maneira com que são tratados os diferentes tipos de doença e (3) os problemas que surgem para o exercício da medicina segundo o caráter da comunidade leiga e particularmente segundo seu sistema de indicação profissional. (1) A medicina veterinária, a pediatria e a cirurgia estão entre aquelas atividades mais propensas a exigir o modelo atividade-passividade,

---

11 Nesse sentido, é indicada a influência do especialista em vez da autoridade do profissional.

embora as famílias de bichos de estimação e pacientes pediátricos tendam a interferir mais do que o modelo prevê. A clínica médica está entre aquelas com maior tendência a exigir o modelo de orientação-cooperação. E a psicoterapia verbal como também a reabilitação e o tratamento de doenças crônicas tendem a seguir o modelo de participação mútua. (2) Doenças estigmatizadas que arruínam a identidade dos que delas padecem, tendem a ser gerenciadas por meio do padrão atividade-passividade, como também aquelas com trauma grave, coma e psicose, e com pacientes que variam extremamente em termos de cultura e capacidade: essas características impedem que o paciente *ou* o médico seja socialmente co-responsável pelo tratamento. Em qualquer comunidade, a maior parte das doenças "normais" – isto é, legitimadas condicionalmente – tendem a ser gerenciadas por meio do padrão de orientação-cooperação. Nos casos em que não são claramente legitimados pela cultura leiga (e dessa forma sonegam a autoridade do médico), o padrão de participação mútua tende a ser comum e o padrão em que o paciente conduz e o médico coopera é possível. (3) Deve ser mencionado que o padrão de interação atividade-passividade no tratamento será encontrado, muito provavelmente, onde a cultura leiga divergir muito da cultura profissional e onde o status do leigo for muito baixo se comparado com o do profissional. Onde essas divergências são menores é provável encontrar o padrão de orientação-cooperação, enquanto onde tanto a cultura leiga quanto o *status* do paciente forem bem semelhantes ao do profissional é provável encontrar o padrão de participação mútua.

## O conflito por trás da interação

Ao discutir a interação no tratamento entre médico e paciente, adotei aqui, como em outras partes, uma abordagem situacional: tentei discernir se existem algumas regularidades em situações que, ao serem especificadas, podem prever os tipos de pessoas que poderão estar inseridas nela e que tipos de doença e de interação podem, provavelmente, ocorrer. Essa abordagem parece ser extremamente útil. No entanto, não devemos perder de vista o fato de esta ser, meramente, uma abordagem que especifica regularidades de uma série de indivíduos – regularidades estatísticas. Ademais, essas regularidades são definidas como *relativas* e não absolutas. Mesmo assim, não é prudente assumir demasiada regularidade na interação existente durante o tratamento. Se o paciente pode ser, mais ou menos, excluído deixando de assumir um papel ativo na interação, ele raramente pode ser integralmente excluído. Ele pode pelo menos, como fazem os pacientes de status inferior ou pouca instrução em toda a parte, praticar técnicas evasivas ou se fazer de bobo, evitando fazer parte do que se espera dele. E mesmo que o paciente esteja envolvido em um modelo de participação mútua em virtude de sua semelhança com o terapeuta, ele nunca será totalmente cooperativo. Dados os pontos de vista de dois mundos em interação – o leigo e o profissional – eles nunca serão inteiramente coincidentes. E estarão, mesmo que apenas latentemente, em conflito. O que eu gostaria de sugerir é que a perspectiva mais fidedigna de interação no tratamento é aquela que reflete esse conflito, e não aquela que supõe uma identidade de propósito que apareceria se os pacientes tivessem recebido uma instrução melhor ou se sua disposição em cooperar fosse, às vezes, ocultada pelos equívocos ou fracassos em cooperar.[12]

Por isso, a interação no tratamento deveria ser vista como um tipo de negociação e também como um tipo de conflito. Esse ponto é sugerido, no sentido psiquiátrico, por Balint (1957), que propõe que o paciente utilize seus sintomas para estabelecer um relacionamento com o médico, mas mais no sentido da negociação das condições isoladas ou das perspectivas e interpretações isoladas. É provável que o paciente queira mais informação do que o médico esteja disposto a lhe oferecer – prognósticos mais precisos, por exemplo, ou instruções mais detalhadas. Como mostrou o estudo de Roth, da mesma forma que o médico luta para encontrar formas de sonegar alguns tipos de informação, o paciente luta para achar formas de ganhar acesso a essa informação ou de inferi-la (ROTH, op. cit; ROTH, in FREIDSON, op. cit.:293-318). Assim como o médico não tem outra alternativa além de lidar com os seus casos de maneira convencional (em outras palavras, sensatamente), o paciente luta para determinar se ele é ou não uma exceção à regra. Finalmente, como a cura profissional é uma atividade organizada, o terapeuta lutará para adaptar ou acomodar cada caso isolado à sua prática do consultório (e aos outros pacientes), enquanto o paciente lutará para seguir

---

[12] Para uma análise mais ampla do conflito ver FREIDSON, op. cit., p.171-191. E ver o debate em GERSUNY, 1968, p.14-20.

um método de tratamento mais adequado a ele como indivíduo, independentemente das exigências do sistema como um todo. Esses conflitos de perspectiva e interesse penetram na interação, e é provável que estejam presentes, até certo ponto, em todas as situações. Tais conflitos estão no centro da interação. Eles refletem as características estruturais gerais da doença e de seu tratamento profissional, consideradas em função das relações entre dois mundos distintos, ordenados por normas profissionais.

## A organização institucional do estar doente

Deve-se compreender que nenhuma estrutura social organiza o comportamento humano. Ela, em vez disso, orienta e impõe-lhe limites. As conseqüências que ela pode ter são enfraquecidas pela indeterminação que introduz o conflito inerente às perspectivas e à luta pela dominação. Mesmo assim podemos fazer generalizações úteis e válidas sobre comportamento e suas experiências a partir, apenas, da estrutura social. No caso de doença, é necessário lembrar que a estrutura social exerce sua influência de duas formas. Primeiro, a estrutura social leiga organiza o contato inicial entre a pessoa doente e o terapeuta: na medida em que a remissão espontânea da doença não foi resolvida, o desenvolvimento biofísico da própria doença depende diretamente da competência do terapeuta com quem o doente entra em contato. Segundo, e mais importante para mim neste livro, tanto a estrutura social leiga quanto a profissional organizam o estado social de se estar doente: se alguém está ou não "realmente" doente e se pode ou deve adotar o papel de doente; se alguém deve ou não assumir o status de um objeto no qual os outros trabalharão; e se alguém poderá ou não alguma vez voltar a assumir uma identidade e um status normal em seu meio cotidiano. É sobre esse segundo sentido que me refiro quando escrevo a respeito da organização social da doença.

A organização de instituições profissionais modela tanto o status da doença quanto a organização do processo de assumir esse status. Como já mencionei várias vezes, para a maioria das pessoas estar doente é uma experiência isolada, limitada no tempo e em significação social. Todavia, atualmente, doenças passam a ser, cada vez mais, de longa duração. A denominação "desvio-como-doença" foi estendida pelos profissionais de saúde a várias novas áreas do comportamento social sem que ela fosse acompanhada por métodos eficazes de cura que possam dissolver o status de doença de forma rápida e permanente. Além disso, a eliminação virtual de doenças contagiosas graves em nossa sociedade fez com que muitas pessoas passassem a viver o suficiente para padecer das doenças crônicas tradicionais, que também não são fáceis de curar. Ademais, como essas doenças são uma criação dos profissionais no primeiro caso, e são uma parte tradicional de seu domínio profissional no último caso, elas passaram a estar organizadas em uma rede de instituições profissionais dedicadas em identificá-las, denominá-las e tratá-las. Estar doente torna-se uma experiência de longo prazo, que freqüentemente apresenta alguma ambigüidade terapêutica, e quase sempre um status social cada vez mais definido por meio de agências profissionais. A sua forma e o seu conteúdo tendem a tornar-se uma função da organização dos serviços profissionais que a pessoa que sofre passa. Essa organização, de modo crescente, tem penetrado na comunidade leiga e, na medida em que é uma organização formal, passa a impor cada vez mais uma ordem definida no processo de estar doente.

Há algum tempo, as instituições essenciais de cura podiam ser representadas pelos consultórios médicos ou pelo hospital para onde eram encaminhados os pacientes graves. Naquela época, a maioria das doenças era, na melhor das hipóteses, apenas vagamente organizada pelas práticas dispersas de médicos individuais. Esse não é mais o caso em sociedades como a nossa. Como já mencionei no Capítulo 2, existe agora um enorme complexo de instituições independentes, concorrentes, sobrepostas e ligadas que se dedicam a identificar, encaminhar e tratar de doenças. Seus representantes são encontrados na comunidade leiga, não apenas na pessoa do médico de família, mas também em pessoas da vida cotidiana como o sacerdote (CUMMING e HARRINGTON, 1963:234-243),[13] o professor, o gerente de recursos humanos, e até mesmo o policial (CUMMING et al., 1965:276-286; BITTNER, 1967:278-292). Além desses representantes imediatos da ordem oficial existe uma variedade de agências de diagnóstico e tratamento às quais são encaminhados casos de doença e incapacidade denominados pro-

---

13 Para uma indicação sobre até que ponto o sacerdote pode servir de agente de indicação, ver KADUSHIN, 1962, p.517-531.

visoriamente. A escola, por exemplo, encaminha seus estudantes para o dentista, o oftalmologista, o otorrinolaringologista, o ortopedista, e para instituições como a clínica psicológica, a clínica de fonoaudiológica, a agência de assistência social, e muitas outras.[14] O encaminhamento não é informal como é o caso dos encaminhamentos para leigos; com freqüência é um encaminhamento oficial, cujos registros são mantidos e com o qual a aquiescência não é necessariamente voluntária. Ademais, tal encaminhamento é baseado em critérios profissionais e institucionais de desvio, e não necessariamente nos critérios do paciente e dos leigos que o cercam. Esse encaminhamento espelha o fato de a identidade oficial, e até a comunitária, do indivíduo mudou de "normal" para "problemática": sua função é encontrar uma denominação mais precisa para designar oficialmente o que foi intitulado como problemático por quem encaminha e prescreve um itinerário subseqüente de seu tratamento oficial.

Embora possam ser especializados, os encaminhamentos iniciais de instituições oficiais tendem a ser unidades de diagnóstico, razoavelmente abertas, pois elas funcionam para capturar, atrair e receber uma variedade de pessoas provisoriamente denominadas desviantes e o diagnóstico começa a discriminá-los, colocando-os em diferentes itinerários de tratamento. Nesse momento, ocorre a distinção entre aquele que se finge de doente e a pessoa que está "realmente" doente. É quando uma criança problemática passa a ser denominada delinqüente, deficiente mental, emocionalmente perturbada, com dano cerebral etc. É quando o indivíduo com "dificuldade de audição" torna-se um surdo "mesmo", e o "muito míope" torna-se legalmente cego.[15] Nessas unidades de diagnóstico abertas, a clientela é razoavelmente heterogênea e desorganizada, mas no momento do diagnóstico oficial ela se torna diferenciada: algumas são devolvidas à comunidade; algumas são enviadas a outras unidades de diagnóstico; e outras são mantidos para serem tratadas ou encaminhadas para outras unidades de diagnóstico vinculadas mais profundamente com o sistema de tratamento. Nesse caso, a denomi-

---

14 Sabe-se muito pouco a respeito do sistema completo de agências de saúde, educação e assistência social, e, especialmente, a respeito das suas inter-relações. Para uma tentativa mais recente (e rara) de caracterizá-lo empiricamente, ver CUMMING, 1968.
15 Para um excelente e detalhado retrato do papel das agências em definir e organizar o papel social da cegueira, ver SCOTT, 1969.

nação imputada pelo diagnóstico e a prescrição se consolida, sendo exercida uma pressão sobre o portador do desvio para que aceite cooperar com o tratamento por meio de um comportamento "sensato." Se ele for deixado na comunidade, a agência de tratamento poderá trabalhar com a família, a escola, o empregador e outras instituições do dia-a-dia a fim de tentar imputar-lhe o papel desviante no espaço social que o circunda, um papel que reflita o significado de sua doença e o regime exigido para o seu tratamento. Mas se for internado, ele não pode fazer mais do que desempenhar o seu novo papel, tendo apenas a opção de desempenhá-lo bem ou mal. Ele assume uma nova identidade, desempenhando sistematicamente um papel de desviante criado oficialmente. Com isso ele faz as mesmas coisas que outras pessoas que também foram denominadas com a mesma categoria de diagnóstico, quer por estarem internadas nas mesmas condições quer por buscarem um apoio mútuo em uma comunidade que eles consideram que não é normal.

Assim, quanto mais formal e rígida for a estrutura social por meio da qual a pessoa é conduzida ou pressionada, mais definida é a organização social da sua doença. No tratamento ambulatorial, o comportamento social e a experiência do doente não poderão nunca ser controlados plenamente nem mesmo majoritariamente por noções profissionais de doença e tratamento. Em contraposição, quando a pessoa é hospitalizada, a experiência de estar doente torna-se bem mais acessível às exigências do *staff*, pois a pessoa tende a perder sua mobilidade social e física, ser isolada de seus parentes e amigos leigos, ser impedida de ter acesso à informação de que ela precisaria para assumir um papel ativo no gerenciamento da sua doença, e ser encaixada em rotinas administrativas organizadas para permitir que o *staff* trabalhe da forma que ele considere eficaz e conveniente. Na verdade, quando a pessoa é hospitalizada, ela é levada a desempenhar somente um papel – o de paciente. Na comunidade, ele quase sempre desempenha outros papéis junto ao de paciente. Em casa, o doente desempenha outros papéis além desse. Quando ele é internado em um hospital, o indivíduo abandona na porta da instituição os outros papéis que desempenha e, exceto no horário de visita, o papel de paciente acaba absorvendo todos seus esforços, de dia e de noite, quando acorda e quando dorme, quando anda ou quando descansa.

Como é a instituição hospitalar que cria e organiza este papel de paciente, podemos utilizar sua própria estrutura da instituição para representar a forma com que o indivíduo organiza, vivencia e expressa sua condição de doente. Como disse Sudnow (1967:8),

> as categorias de vida no hospital, como por exemplo, "vida", "doença", "paciente", "morrer", "morte" etc., devem ser vistas como *constituídas pelas práticas do* staff *do hospital* na medida em que ele se envolve em suas interações rotineiras e diárias no interior de um ambiente organizado.

Da mesma forma, podemos utilizar a organização de todo o complexo de agências profissionais que conduzem à internação para representar como se organiza socialmente a carreira de uma pessoa que se torna doente. Assim, a natureza da profissão e das instituições que ela domina colaboram na criação e formatação do caráter da atividade que essa profissão gerencia.

## Doença e conhecimento

Nesta parte do livro, levantei várias questões sobre a natureza do conhecimento e da prática ou a natureza do conteúdo do trabalho, da profissão. Mencionei em primeiro lugar que o objetivo que guia o trabalho médico – o alívio da dor – inclui dois conjuntos distintos de conhecimento. O mais óbvio é o conhecimento sobre a origem da doença e sobre a identificação de um procedimento terapêutico, entre os vários conhecidos, para seu alívio. Isso é normalmente considerado "o" conhecimento da profissão. Menos óbvio é o conhecimento que envolve a identificação da doença como uma forma de desvio social. Nesse caso, a profissão escolhe uma condição ou característica e a denomina como o tipo de estado indesejável que é chamado de doença, baseando-se em uma avaliação moral, e não em uma avaliação puramente neutra ou descritiva. Mencionei que a tarefa sociológica de analisar doenças reside em determinar o curso dessas avaliações, a sua variedade, e suas conseqüências para a vida social. Atribuindo a mim mesmo essa tarefa, mostrei que os significados importantes ligados às noções contemporâneas de doença são aqueles que isentam o indivíduo de qualquer responsabilidade imediata por ficar doente, por especificar a gravidade ou seriedade da doença e, finalmente, por avaliar a legitimidade da doença. Da mesma forma que os significados sociais dos diagnósticos variam, também variam as conseqüências para a vida pessoal do indivíduo; no nível mais bruto, ele pode ser punido ou perdoado na terapia, podendo-se esperar que ele desempenhe seu papel social normal ou, em vez disso, adote um papel novo e especial de desvio; mais explicitamente, espera-se que ele adquira novas obrigações enquanto renuncia à maioria dos privilégios normais, ou que seja permitido que ele adquira novos privilégios enquanto renuncia a antigas obrigações.

Esses significados sociais que definem como as pessoas consideradas doentes devem se comportar são criados tanto pelos leigos quanto pelos profissionais. Os dois divergem freqüentemente sobre o significado a ser atribuído a determinados sintomas e sinais, e na forma com que reagem a uma pessoa desviante. Os leigos, por exemplo, tendem a responsabilizar um indivíduo pelo comportamento que os médicos costumam denominar como doença e punir em situações em que os médicos tendem a tratar. Por outro lado, muitos leigos tendem a ignorar e, portanto, não reagem a algumas coisas que os médicos tendem a considerar doença e buscam tratar. Diferindo da medicina com o seu interesse em constantes biológicas, esse tipo de análise sociológica não forneceu qualquer tipo de critério fixo para avaliar as "doenças": como um significado social, a doença e suas conseqüências variam como variam as características sociais e o conhecimento do avaliador. Apenas com a adoção da perspectiva de um grupo pode ser conseguido um "diagnóstico" um pouco mais estável. Atualmente, a perspectiva da profissão médica é claramente impositiva. No entanto, como a doença é majoritariamente tratada em bases voluntárias, compreender a perspectiva do leigo é crucial para compreender como a profissão conquista o leigo sobre o qual trabalha. O trabalho dessa profissão de consulta não pode ser visto com precisão apenas segundo a perspectiva profissional: ele tem de ser visto como o produto da interação entre a perspectiva leiga e profissional.

Tendo explorado na Parte II a "mentalidade" característica do profissional, que se relaciona com a autonomia e a organização do seu trabalho, nesta parte, voltei-me para o que me parecia ser a característica da relação do profissional com o conteúdo de seu trabalho, ou seu conhecimento. Mencionei primeiro que, nos últimos cem anos, a prática médica tem se tornado cada vez mais influente na definição da doença como desvio, até mesmo em detrimento de definições legais e religiosas. Mostrei também que as definições médicas de desvio passaram a ser adotadas até mesmo em situações onde não existem provas seguras de que as variáveis biofísicas "causem" o desvio e que o tratamento médico tenha mais eficácia que outros tipos de tratamento. A expansão da sua jurisdição médica sobre várias formas de desvio foi vista como ligada com movimentos humanitários externos à medicina como também com a tendência natural da profissão em interpretar, cada vez mais, o mundo baseando-se em seu próprio compromisso com a idéia de doença. De fato, a medicina foi vista como comprometida em "descobrir" doenças, e foi caracterizada, com algum nível de qualificação, como uma prática que busca ver e diagnosticar a doença em vez da saúde. Nesse sentido, graças a sua perspectiva ocupacional, a medicina sempre procura e vê mais doenças que o mundo leigo. Como mencionei com algum detalhe, o que o profissional individual percebe como doença provém de uma seleção especial de casos que a localização e organização específica de sua prática acrescentam à sua experiência. O seu compromisso com o seu senso de eficácia no tratamento de doenças é sustentado por um papel incontrolado das suas próprias reações na prática clínica. Essas reações subjetivas na prática clínica parecem apoiar e sustentar opiniões e escolas variadas encontradas na medicina moderna, particularmente as que admitem que o conhecimento científico atual sobre as "doenças" não é suficientemente preciso e confiável.

Como mencionei em minha discussão sobre o conhecimento médico, grande parte do que o profissional *pode* saber origina-se dos casos com os quais ele entra em contato. Como a maioria dos casos que o médico analisa precisa vir à sua jurisdição profissional, a tendência do leigo em denominar um desvio de doença e, portanto, buscar cuidados médicos torna-se um elemento estratégico na produção de conhecimento médico, ao menos enquanto a profissão não tem o poder para examinar e tratar os leigos sem o consentimento deles. A percepção leiga de dor, sua interpretação das várias sensações e sinais, e sua fé nos médicos como terapeutas apropriados – que são todas variáveis culturais – assim como a estrutura do sistema leigo na qual ele participa desempenham um papel fundamental para determinar se ele irá ou não entrar no consultório, e, é claro, contribuem para a experiência clínica do profissional. Mas enquanto a cultura e a sociedade leiga podem ser essenciais para conduzir o indivíduo para o tratamento profissional, no momento em que o paciente está em tratamento, o profissional e a sua instituição buscam, é claro, tratá-lo com significados profissionais em vez de leigos.

O processo de tratamento e de cuidado pode ser visto, essencialmente, como um processo que tenta levar o paciente a se comportar de uma forma considerada apropriada à doença que foi diagnosticada. Um processo freqüentemente "gerenciado" por profissionais. Este gerenciamento é, naturalmente, baseado no conceito profissional de doença e constitui a noção do profissional da forma apropriada de lidar com o paciente visando pôr em prática, da melhor maneira possível, seu conhecimento sobre o tratamento. Também é um reflexo da exigência administrativa de tratamento imposta tanto pela organização da instituição como pelas exigências tecnológicas de tratamento. O gerenciamento profissional costuma funcionar para remover do paciente a sua identidade como adulto, como pessoa com sua autodeterminação, pressionando-o a seguir a identidade moral e social sugerida pela doença diagnosticada. Dentro de suas próprias instituições, protegida por sua autonomia organizada, a profissão desenvolve-se amparada em seu próprio conhecimento, graças a sua condição de profissão de consulta, uma capacidade de moldar o comportamento e experiência do leigo independentemente da comunidade leiga. Nessas instituições, a profissão não trata apenas o estado biológico com técnicas bioquímicas ou físicas: ela também organiza a identidade social do leigo para que ele se transforme em um paciente. Assim, ao aplicar seu conhecimento, o profissional não consegue deixar de tomar decisões sociais assim como tomar decisões "puramente médicas" com as pessoas com as quais lida.

## Doença e a profissão

Esta conclusão completa o círculo de meu livro. Comecei a obra explorando as circunstâncias que levaram ao desenvolvimento de uma profissão, assim como aquelas que mantêm a profissão hoje em dia. Então, debati com algum detalhe como o trabalho diário da profissão é organizado, e algumas das características ideológicas e organizacionais da profissão que mantém a forma pela qual o trabalho cotidiano é realizado. Voltei-me para o objeto do trabalho profissional médico – a doença. Concentrando-me na doença como um significado social em vez de um estado biológico, tentei especificar os vários significados sociais ligados a essa idéia de doença, e o papel da profissão em determinar, entre os vários significados, quais são os que estão vinculados ao desvio. Finalmente, tentei mostrar como a experiência de estar doente é moldada pela vida social leiga e sua relação com as instituições profissionais. No encalço desse problema, fui levado de volta à organização da profissão – sua prática e as instituições que ela domina. Sou levado, na verdade, ao ponto de sugerir que quando uma ocupação surge para suprir alguma necessidade ou demanda por parte da comunidade leiga e, conseqüentemente, consegue tornar-se uma profissão, ela ganha a autonomia para se tornar, ao menos em parte, auto-sustentável, equipada para retroceder e moldar, e até mesmo criar aquela necessidade novamente, definindo, selecionando e organizando a forma em que é expressa na vida social. Essa é talvez a conseqüência mais importante para a sociedade ao conferir a uma atividade o status de profissão. Mas o quão desejável é essa conseqüência? Será que é do interesse público permitir à profissão a autonomia para definir tanto a necessidade quanto o problema e controlar o seu gerenciamento? Na Parte IV, concluindo este livro, tentarei sugerir respostas a essa questão.

# PARTE IV
## Profissões de Consulta em uma Sociedade Livre

"A organização das profissões por meio de instituições autônomas coloca o problema da liberdade sob um novo ponto de vista. Pois agora são as instituições que reivindicam liberdade e também exercem controle."

Alfred North Whitehead

# CAPÍTULO 15
## OS LIMITES DO CONHECIMENTO PROFISSIONAL

Atualmente, as pessoas dizem com freqüência que o mundo em que vivemos se tornou tão complexo que não se pode sobreviver a não ser que ele seja cada vez mais ordenado pelo conhecimento técnico específico do experto ou do profissional. De fato, um artigo publicado recentemente, que proclama a importância crescente do conhecimento especializado na determinação da política social, refere-se ao declínio da fé e da política em assuntos humanos (LANE, 1966:649-662). A fé, que provavelmente todos os homens possuem, e a política, da qual talvez todos os cidadãos de uma sociedade democrática participem, se enfraquecem diante do conhecimento, que apenas o experto possui. Decisões que exigem *expertise* não fazem mais parte do debate, da negociação e do pacto público que é a política; a fé em um dogma revelado ou em um determinado conjunto de preceitos morais é declarada inadequada.[1] Os leigos são excluídos da participação em decisões em que a *expertise* é considerada necessária, mesmo quando essas decisões visam a melhorar o bem-estar dos próprios leigos.

Parece-me claro que, se passarmos a exigir que expertos tomem decisões em áreas que anteriormente eram gerenciadas por meio do debate livre e da troca de opiniões característicos de uma sociedade democrática, e se essas áreas estiverem aumentando em número e em extensão devido à complexidade crescente da base tecnológica, econômica e social de nossa sociedade, nós estamos na iminência de mudanças na estrutura de nossa sociedade que

---

[1] Para uma discussão da relação entre o dogma, a *expertise* e a opinião com o processo de opinião pública, ver FREIDSON, 1955, p.105-111.

terão um enorme efeito na qualidade da vida dos indivíduos que a compõem. A relação do experto com a sociedade moderna parece, de fato, ser um dos problemas centrais da nossa época, pois no seu âmago residem as questões da democracia, da liberdade e do nível em que homens comuns podem moldar o caráter de suas próprias vidas. Quanto mais decisões os expertos tomam menos decisões os leigos tomam.

Mas mesmo se aceitarmos a premissa de que a *expertise* se tornou tão importante em nossa época a ponto de ser necessária para a nossa sobrevivência, a questão crucial e singular ainda permanece: em que áreas a *expertise* é absolutamente necessária e em que áreas ela não é? Nas áreas onde a *expertise* é necessária, será que existe uma *expertise* que seja claramente superior à opinião comum? E onde existe *expertise*, quais são as suas limitações? A natureza e os limites da *expertise* assim têm de ser, obviamente, examinados cuidadosamente e, à luz do seu relacionamento com a democracia e a liberdade, a *expertise* tem que ser classificada onde for possível. Acredito que algumas classificações muito simples, mas importantes, devem ser feitas. Por exemplo, todos nós podemos concordar que o modo de construir uma estrada é uma questão técnica com a qual os engenheiros e outros expertos serão os melhores a lidar. Mas se uma estrada *deveria* ser construída e *onde* deveria ser situada não são questões completamente esotéricas e técnicas. Existem certas considerações técnicas que devem ser levadas em consideração ao se *avaliar* se uma estrada deveria ser construída, mas a engenharia não contém nenhuma *expertise* especial para permitir que ela decida se uma estrada é "necessária" e que rota "deverá" ser tomada. A *expertise* propriamente dita desempenha um papel importante, sugerindo que as estradas existentes estejam abarrotadas e determinando quais as rotas mais fáceis e baratas para a construção da nova estrada. Entretanto, é a avaliação social, política e econômica, não a ciência da engenharia, que determina a sua construção e a localização. Essa avaliação tem um caráter normativo e não é tão esotérica para justificar que os expertos sejam excluídos dessa decisão. Nos casos em que os leigos são excluídos dessa avaliação, a *expertise* verdadeira não está em questão, mas sim o poder social e político do experto.

No exemplo citado, encontra-se a essência do paradigma pelo qual todas as formas de *expertise* aplicada, incluindo a medicina, podem ser analisadas. Em minha opinião nem a *expertise* nem o experto que a pratica foram examinados cuidadosamente o bastante para permitir uma formulação inteligente e autoconsciente do papel apropriado do experto em uma sociedade livre. Na verdade, acredito que a *expertise* corre cada vez mais perigo de ser usada como uma máscara para conferir privilégio e poder em vez de ser, como ela alega, um método de promover o interesse público. A *expertise* pode ser usada para ocultar mais privilégios, principalmente porque o profissional ganhou um status que o protege, mais do que os outros expertos, da avaliação e das críticas exteriores. A *expertise* também confere uma extraordinária autonomia no controle tanto da definição dos problemas nos quais o experto trabalha quanto na forma com que ele realiza o seu trabalho.

Ademais, defendo que na medicina, como um protótipo virtual de profissão especializada, encontramos o caso mais estratégico pelo qual podemos explorar o problema da relação da *expertise* e do experto com a sociedade livre, porque ela não é, como tantas outras, protegida pela obscuridade da realização minuciosa de trabalho especializado. A medicina, visível sob o olhar público por oferecer um serviço pessoal, passou a dominar uma divisão de trabalho elaborada. Sua jurisdição é ampla e de longo alcance, tendo se expandido para áreas que antes eram dominadas pela religião e pela lei – isto é, a fé e a política. A medicina também tem como os novos expertos, uma base sólida na ciência. Mas como todos os expertos, acredito que a medicina possui defeitos genéricos ao seu próprio status de experto. Nestes capítulos finais, analisarei esses defeitos da profissão médica, esperando sugerir ao mesmo tempo os defeitos que a política social deveria reconhecer em todos os expertos. A base da minha análise se apóia no exame detalhado da profissão que constitui a maior parte deste livro.

Nestes capítulos finais, espero mostrar que *a prática, o exercício, ou a aplicação da expertise são analiticamente distintas da expertise e conhecimento por si mesmos*. A distinção levanta duas importantes questões de avaliação. Primeiro, existe a questão da confiança na *expertise* aplicada: uma questão que pode ser avaliada mantendo-se duas hipóteses em mente. Acredito que podemos justificar a retirada das decisões das mãos dos leigos e colocação nas mãos dos expertos quando apenas os expertos têm o conhecimento especialmente confiável com o qual tomam as decisões corretas segundo o interesse leigo. Se existem algumas áreas em que os expertos carecem desse conhecimento, a sua autonomia para tomar decisões não é justificada e pode ser adequadamente restringida. Além disso, acredito que quando as decisões são na realidade morais ou avaliadoras em vez de reais, os leigos têm tanto ou mais a contribuir com elas do que os expertos. Essa hipótese reflete a essência da igualdade em uma sociedade livre, igualdade não de habilidade, conhecimento ou meios, mas, sim, uma igualdade moral. Neste capítulo, tentarei analisar até que ponto o conhecimento aplicado é tanto confiável quanto objetivo. No próximo capítulo, irei me concentrar no segundo problema que decorre da natureza do conhecimento aplicado – a capacidade do experto de assegurar ao público que a *expertise* será exercida com imparcialidade, com um nível adequado de competência e será voltada para o interesse público. Por meio da análise desses dois problemas, espero conseguir concluir este livro, sugerindo os limites da autonomia profissional no controle tanto do conteúdo quanto das condições do trabalho profissional.

## Conhecimento e trabalho

É evidente que o profissional é um experto porque achamos que ele possui um conhecimento especial que não está disponível para os leigos que não se submeteram a um treinamento profissional particular. O seu conhecimento profissional especial pode não ser eficaz, consistente e demonstrável, mas é o melhor disponível na época. Esse conhecimento é transmitido a todos os membros da profissão para que eles sejam preparados para o desempenho adequado de seu trabalho. Se o conhecimento for o melhor disponível, conseqüentemente o professor desse conhecimento – a profissão – deveria ser livre para usá-lo para o bem comum. Sendo assim, o público deveria conferir à profissão a autonomia necessária para o experto tomar as decisões para o bem de todos.

Mas, ao que as expressões "conhecimento" e "*expertise*" se referem? Obviamente, elas se referem a um corpo de fatos, que aparenta ser verdadeiro, ordenado por algumas idéias ou teorias abstratas: podemos esperar encontrá-las incluídas em tratados e livros-texto que fornecem a essência formal da qual os expertos aprendem em escolas profissionais e que eles presumidamente conhecem depois disso. Todavia, esse conhecimento ou *expertise* é extremamente limitado como uma realidade: está trancado em livros ou cabeças, e como é definido não tem ligação com as atividades de examinar, tratar, aconselhar, ou trabalhar para "ser" um experto. Um experto que pratica ou serve de consultor envolve-se em atividades, e a atividade, afinal das contas, não é o conhecimento. A inexistência de semelhança entre saber e fazer exige que o "conhecimento" seja redefinido como aquilo que fazem as pessoas que têm conhecimento, ou que ele seja diferenciado enquanto tal, e sua relação com o que as pessoas supostamente instruídas fazem seja analisada.

Já que alguns tipos de pessoas se dedicam a contribuir para o corpo de conhecimentos enquanto outros se dedicam a aplicar esse corpo de conhecimentos aos problemas humanos, parece apropriado distinguir o corpo desse conhecimento das atividades humanas que consistem em criar o conhecimento (pesquisa) das que se dedicam a aplicá-lo (prática). As atividades podem ser julgadas por sua fidelidade ao conhecimento e pelo grau que tal prática está baseada naquele conhecimento. Para avaliar o experto e sua *expertise*, então, não avaliamos apenas o conhecimento que tem de sua disciplina enquanto tal. Avaliamos também a relação que sua atividade de ser um experto tem com aquele conhecimento. Portanto, temos que fazer algumas perguntas, como: Qual é a essência do trabalho do experto? Qual é a essência do seu conhecimento? Será que o conhecimento sistemático e confiável está presente em cada faceta de seu trabalho? Será que o conhecimento objetivo está mais presente em seu trabalho do que as preferências morais ou avaliadoras? As respostas a essas perguntas permitirão que determinemos até que ponto o trabalho do experto é adequado e justificavelmente protegido da avaliação e da influência dos leigos.

## O conteúdo do trabalho

Na Parte III deste livro, minha análise dos conceitos leigos e profissionais de doença mostrou que o conteúdo do trabalho profissional – as atividades que supostamente incorporam uma *expertise* especial – não tem nem um caráter uniforme comprovado nem uma predisposição moral e substantiva. Mesmo se assumirmos que o conhecimento básico sobre o qual a prática médica está assentada é objetivo e confiável, a base experimental, sendo socialmente organizada, é socialmente tendenciosa, e a prática desse conhecimento tem um caráter inevitavelmente social. Além disso, um componente essencial do denominado conhecimento é sua capacidade de imputar a doença que, continuo insistindo, tem um caráter moral em vez de técnico.

Minha análise na Parte II, na verdade, levantou dúvidas sobre o conteúdo do trabalho da profissão. Questionamos se ela tem ou não um caráter uniformemente esotérico e científico confiável a ponto de justificar sua reivindicação de autonomia. Mesmo se negarmos a validade dessas questões, é claro que o conteúdo do trabalho da profissão não pode ser tratado como se fosse qualitativamente uniforme. Para compreender o trabalho profissional, não é suficiente denominá-lo "complexo", sujeito a um longo período de treinamento, baseando-se em um corpo de conhecimento científico ou teórico.[2] Alguns elementos do trabalho são mais completos do que outros. Alguns elementos do trabalho são ensinados conscientemente na escola; outros não. Alguns elementos do trabalho são avaliados; outros não. É indesculpável, tanto intelectualmente quanto na prática, aceitar uma caracterização global do conhecimento e trabalho profissional quando sua qualidade não é uniforme.

Podemos distinguir pelo menos quatro dimensões distintas no conteúdo do trabalho profissional, e examinarmos as características. Em primeiro lugar, parece ser uma boa idéia definir os conceitos fundamentais ou hipóteses teóricas do conhecimento e das técnicas empíricas – conceitos fundamentais que são semelhantes ao que Kuhn chamou de "paradigmas" (KUHN, 1964). Na medicina, tenho a impressão de que o exemplo mais importante dessa dimensão é a noção etiológica de doença que, hoje em dia, se encontra amplamente fundamentada na teoria microbiana (DUBOS, 1961). Em segundo lugar, existe a dimensão da atenção seletiva sugerida pelas noções profissionais de patologia que levam à designação de algumas condições humanas de "doenças", mas não a outras. Se a primeira dimensão repousa sobre uma teoria ou um paradigma, esta segunda não é etiológica como a teoria microbiana e também não é uma teoria de doença. Ela é, sim, uma teoria moral da saúde, da normalidade, do desempenho ideal, ou algum semelhante (OFFER; SABSHIN, 1966). Em terceiro lugar, dada a teoria geral que orienta a atividade, a medicina consiste de um corpo amplo e complexo de conhecimentos sobre as características químicas, físicas etc. dos estados escolhidos para serem doenças, como também sobre as técnicas

---

2 A partir do meu debate e menções em capítulos anteriores, deveria estar claro que isto é precisamente a caracterização de praticamente todos os autores que escrevem sobre profissões.

empíricas por meio das quais esses estados podem ser controlados, cuidados, reparados, removidos ou melhorados. Esses conhecimentos, com seus conceitos e teorias orientadoras, entretanto, não exaurem todas as dimensões do conteúdo do trabalho médico. A quarta dimensão é composta desses usos ocupacionais que, às vezes, são chamados de técnicas de gerenciamento em vez de técnicas de tratamento. Elas também podem ser chamadas de regras que determinam como o conhecimento e as técnicas são colocados em prática ou são aplicados. A fim de aplicar conhecimento "puramente" técnico aos problemas práticos, é preciso envolver-se em atividades tanto sociais como meramente técnicas. A própria atividade técnica torna-se social porque ela incorpora reações sociais e porque ela promove reações sociais naqueles que participam dessas relações.

As quatro dimensões do conteúdo do trabalho que discriminei têm, claramente, várias características. Como devemos avaliá-las? Temos que nos lembrar que a profissão ganha uma autonomia ocupacional especial baseada na sua alegação de que o seu trabalho é orientado por um conhecimento tão esotérico e complexo que não permite que o leigo possa sequer avaliá-lo, quanto mais compartilhá-lo. Além disso, o conhecimento que orienta o seu trabalho é o mais sistemático ou confiável (científico) disponível na época, e que, finalmente, o conhecimento é ensinado, durante um longo período de treinamento que cada profissional é obrigado a passar. A questão que se coloca é a seguinte: Será que cada uma dessas quatro dimensões do conteúdo do trabalho médico representa igualmente bem o conhecimento verdadeiramente esotérico, especialmente ensinado, e cientificamente fundamentado? Vamos examiná-los mais detalhadamente.

Examinaremos primeiro a teoria etiológica geral e aceita de doença, quer seja humoral, microbiana, decorrente de estresse, feitiçaria etc. Ela é sistemática, ensinada e tem base científica? Essas teorias baseiam-se sempre, até certo ponto, na fé, embora sempre se apóiem em algumas provas disponíveis. O paradigma que serve para organizar e dirigir a atividade profissional pode originar-se de uma variedade de disciplinas. Além disso, ele é formulado e elaborado pelos membros da profissão que são estudiosos ou cientistas, e não por aqueles que exercem a medicina. Não se pode dizer que a tarefa de formular e defender essas teorias possa ser uma prerrogativa apenas da medicina – tais "híbridos" (BEM-DAVID, 1960:557-558) como Pasteur contribuiu enormemente – mas parece que elas exigem uma formação sistemática em ciência. Nesse sentido, o leigo não parece desempenhar um papel importante na avaliação desse aspecto realmente esotérico do conhecimento verdadeiramente profissional do saber médico.

No entanto, a prática de determinar que sinais ou sintomas *sejam* efetivamente doenças, incapacidades etc., está claramente separada da teoria das doenças. Ela pode originar-se da teoria etiológica: a constatação da presença de um "micróbio", independentemente do desconforto pessoal, pode ser usada para *definir* uma doença. Isso só pode ser feito se concordarmos que a presença de um dado "micróbio" é por si indesejável. Como argumentei com alguma minúcia em capítulos anteriores, chamar algo de doença é, no fundo, um empreendimento moral, que tem conseqüências morais. Essa imputação faz com que algumas coisas sejam declaradas como indesejáveis e modifica a vida de uma pessoa portadora de uma característica considerada indesejável. Como se trata de uma tarefa fundamentalmente moral, creio que a imputação da doença não se apóie em uma base científica. Assim como os advogados são expertos exclusivos no corpo técnico do direito, mas são apenas uma das vozes legítimas em relação à justiça das leis, os médicos são expertos exclusivos no caráter do que já foi institucionalizado como doença, e apenas uma das vozes legítimas para imputar que um dado comportamento é indesejável e desviante, e que dado desvio é uma doença. Mesmo assumindo que possam existir expertos genuínos nas questões relacionadas com a moral em nossa sociedade, como os sacerdotes e os filósofos, que graças a sua formação se aproximam mais, e não os médicos e os advogados. Tecnicamente, a medicina está equipada para demonstrar que alguns sinais, sintomas e queixas seguem um curso determinado e têm certas conseqüências. Se essas conseqüências são más ou indesejáveis cabe aos homens julgar, e não apenas aos médicos. É assim que a profissão médica tem, como devo mencionar a seguir, uma competência mais ou menos exclusiva para determinar a etiologia e o tratamento de muitos dos sinais e queixas que ela isolou. Ela pode ter sua própria opinião sobre o fato de alguns sinais, sintomas e queixas serem indesejáveis, mas que ela não possui nenhuma competência para justificar que o médico é um experto *exclusivo* sobre o que é indesejável, sobre o que é uma doença. A medicina pode usar seu conhecimento técnico e sua postura moral para persuadir as pessoas de que algo "é" uma doença, mas, ao fazer isso, ela está agindo como uma empreendedora moral, o que é um privilégio de qualquer pessoa.

Dado o consenso geral sobre o que é uma doença, a essência da *expertise* técnica da profissão pode ser encontrada em seu conhecimento sobre a natureza da doença e sobre os métodos de tratamento que provavelmente serão eficazes. Afinal de contas, a profissão médica representa em nossa época o que há de melhor em matéria de conhecimento e de habilidade para o tratamento das doenças. Essa é a ciência que o médico aprende. Quando falamos de tratamento, todavia, temos que distinguir entre as atividades puramente técnicas de tratamento e a interação e manipulação social que acompanham estas atividades. Temos que distinguir os elementos químicos, radiológicos, cirúrgicos etc. de tratamento da organização ou da administração social deste tratamento. O primeiro aspecto está claramente fundamentado na ciência médica, aquele conhecimento especial da profissão que justifica a sua autonomia – o segundo, não. O segundo (a quarta dimensão do conteúdo do trabalho) está fundamentado na experiência clínica, prática e concreta. Ela é tendenciosa devido a sua perspectiva particularista. Sua preocupação egoísta e normal concentra-se na minimização da inconveniência e do desconforto em seu trabalho. Um exemplo neste sentido pode ser dado quando um paciente é internado em um hospital e sua atividade social ou física é restringida, pois ele é mantido sob sedativos ou retido de alguma forma. A melhor parte desse gerenciamento é composta de práticas ocupacionais, que são tão codificadas ou testadas empírica e sistematicamente quanto a maioria das práticas sociais. Isso é parte do que chamamos de "arte" da medicina. Ela não se apóia em um corpo de conhecimentos científicos: na melhor das hipóteses, ela se apóia em usos ocupacionais comuns em vez de hábitos individuais, que não são, nem uns nem outros, testados regularmente. Além da experiência clínica, que é enganosa, a profissão não possui nenhum conhecimento técnico especial para determinar como gerenciar o seu tratamento.

É claro que nem todos os elementos do trabalho do médico se apóiam da mesma forma no aprendizado de um corpo de teorias científicas e de conhecimentos objetivos que os membros da profissão proclamam e que são usados para justificar a manutenção da autonomia profissional. Talvez não tão claramente, devo dizer que *os elementos questionáveis do trabalho do médico são precisamente os elementos envolvidos na aplicação prática do conhecimento aos assuntos humanos.* O que há de teórico, científico, objetivo e sistemático na medicina é seu conhecimento abstrato e "puro" sobre o curso de uma doença e sobre os procedimentos que mais provavelmente irão curar ou aliviar seus efeitos. Esse conhecimento é abstrato e puro porque é distinto e separado dos métodos para aplicá-lo à realidade prática que consiste na avaliação, nos hábitos, nas preferências pessoais e talvez até mesmo em interesses pessoais, em vez de ser um conhecimento sistemático orientado por alguma teoria consciente. Assim, a autonomia reivindicada pela profissão na determinação do conteúdo de seu próprio trabalho não é justificada pelo caráter do seu conhecimento de *como aplicar* esse conhecimento, mesmo que o caráter do seu conhecimento puro seja aceitável.[3]

## Limites da autonomia sobre o conteúdo do trabalho

Essas distinções que acabei de fazer têm uma relação direta com a política social que a sociedade deve seguir. Elas sugerem algumas das diretrizes que irei propor para avaliar a questão da autonomia profissional. Essencialmente, minha posição é que existem bons motivos para se considerar apropriado estabelecer restrições ao âmbito da autonomia profissional, especialmente quando o trabalho envolvido afeta diretamente o interesse público. Ademais, as próprias alegações com que a profissão persuade a sociedade a lhe conceder autonomia fornecem os motivos lógicos e concretos para determinar quais são as atividades profissionais que a sociedade leiga pode influenciar de maneira justificada. Essas alegações têm sido amplamente confundidas com a realidade tanto pelos sociológicos quanto pelo público em geral. Tal confusão é evidente na forma em que as profissões têm sido definidas. A maioria dos autores define uma profissão pelas coisas que ela *alega* ser. Suas alegações parecem tão globais, tão difusas e tão pouco analisadas que é impossível determinar empiricamente a que realidade elas se referem. Aqui, tenho perguntado que provas existem de que "conhecimento" e *"expertise"* sejam usados na realidade concreta do trabalho e como essa realidade se relaciona com as alegações sobre o conhecimento profissional. As conclusões de minha análise sugerem que a alegação de *expertise* especial

---

[3] Suspeito que este seja o caso para a maioria das profissões de consulta. A confiança no conhecimento que o professor ensina, por exemplo, é consideravelmente maior do que a confiança no conhecimento de como ensinar esse conhecimento.

não é sustentada na determinação dos estados, processos etc., que devem ser considerados formas de desvio, e, sim, na determinação do tipo de desvio e da maneira que o conhecimento será aplicado ao desvio assim definido.

Se minha análise estiver correta, obviamente a autonomia não se justifica nas últimas dimensões do trabalho de uma profissão. Essas dimensões não representam uma matéria verdadeiramente esotérica que apenas os membros da profissão, com a sua formação especial, podem controlar adequadamente. É o público e não a profissão quem deveria determinar se um mal teria de ser reconhecido como doença, se uma determinada condição ou atividade é desviante ou não, se se trata de uma doença, crime, pecado ou alguma outra coisa, sé é grave ou leve, ilegítimo, condicionalmente legítimo ou incondicionalmente legítimo, e se a medicina ou qualquer profissão deveria ter jurisdição sobre ele. Na determinação dessas questões morais, a profissão é apenas uma dentre vários públicos.

De uma maneira um pouco mais complexa e qualificada, minha análise também me levou à conclusão de que é o público, e não apenas o profissional, quem deve determinar *como* as pessoas consideradas doentes devem ser gerenciadas no curso do tratamento. Esta é uma questão mais moral do que técnica, pois discute se a identidade e os direitos civis deveriam ou não ser sacrificados em nome das exigências aparentemente legais da tecnologia do tratamento. Trata-se de uma questão social mais que médica, pois discute até que ponto a pessoa tratada deveria ser subordinada à conveniência da pessoa que a trata. Ela pergunta ainda se a pessoa tratada deveria receber ou não informações completas sobre métodos alternativos de gerenciamento de tratamento, se deveria ter a liberdade de escolher o seu método e se deveria decidir ou não pela internação e pelas rotinas de gerenciamento nas instituições. A profissão médica é uma fonte especial de aconselhamento para todas essas questões. Como experto, ela apresenta o tratamento necessário e, conseqüentemente, os limites técnicos impostos nas alternativas para gerenciamento. Mas, com esses limites dados, é perfeitamente legítimo que o leigo faça sua escolha, e é ilegítimo que a profissão médica tenha sua autonomia profissional.

## O problema do conhecimento aplicado

Ao examinar as várias facetas do conteúdo do trabalho médico, fui levado a separar o corpo de conhecimentos científicos que a profissão possui do conhecimento que ela utiliza quando aplica seu conhecimento a situações concretas de trabalho. O corpo de conhecimentos – isto é, aquilo que a profissão "sabe" detalhadamente em dada época da história – inclui não apenas afirmações testáveis empiricamente a respeito da causa e dos métodos eficazes de tratamento de doenças e incapacidades, mas também teorias gerais a respeito da natureza das doenças que permitem decidir que alguns, mas não todos, os atributos humanos desviantes são "doenças". Como mencionei não se pode dizer que todos esses elementos do "conhecimento" profissional sejam inacessíveis aos leigos e que eles não tenham conhecimentos suficientes para poder avaliar inapropriadamente, de forma que nem todos podem ser considerados inteiramente "profissionais".

Em contraste com o conhecimento médico, que é a medicina como tal, existem todas as práticas que se desenvolvem assim que esse conhecimento é aplicado a pacientes concretos em ambientes sociais concretos. O conhecimento médico "puro" é transformado, até mesmo rebaixado, durante sua aplicação. De fato, no curso da aplicação, o conhecimento não pode continuar puro, mas precisa, em vez disso, tornar-se socialmente organizado como prática. O conhecimento profissional geral é assim concretizado como prática pelo trabalho consultivo cotidiano, quando é suspenso pelo julgamento individual. Talvez seja bem mais importante ressaltar o seguinte: como o profissional se compromete moralmente com a intervenção, a ação ocorre até mesmo na ausência de conhecimento confiável. Isso ocorre porque a medicina, por definição, é, sobretudo, uma profissão de consulta e de prática, e não uma profissão científica ou acadêmica. Na medida em que ela envolve a aplicação prática de seu conhecimento aos assuntos humanos, ela envolve compromissos e conseqüências morais que não são justificados tampouco derivados de *expertise* esotérica que se supõe diferenciar as profissões de outras ocupações. A medicina não é meramente neutra, como a física teórica. Enquanto trabalho aplicado, ela é tanto deliberadamente amoral – em outras palavras, orientada pela moralidade de outros – como é por si só ativamente moral por sua intervenção seletiva. A medicina, como um empreendimento moral, é um instrumento de controle social que deveria ser examinado como tal, sem confundir a "objetividade" de seu conhecimento básico com a subjetividade de sua aplicação.

Boa parte do conhecimento prático da profissão é fundamentada na experiência clínica pessoal dos médicos. De fato, grande parte do conhecimento científico da medicina provém das descobertas individuais feitas por grandes clínicos individuais. O modelo do clínico ainda domina a prática diária e a ideologia da medicina que chega a encorajar o médico a se desviar individualmente do conhecimento científico codificado, passando a se apoiar na observação pessoal, feita de primeira mão em casos concretos. Esse desvio é chamado de "julgamento" ou até mesmo de "sabedoria". Ao enfatizar a primazia de sua experiência pessoal, o médico faz como todos os homens práticos que precisam agir. A sua profissão (e os historiadores da profissão), entretanto, reforça essa primazia, fornecendo-lhe modelos formais idealizados sobre o valor e a autoridade dessa experiência. De fato, as profissões de consulta em geral e a medicina em particular encorajam seus membros a compartilhar perspectivas limitadas, porque sua ideologia reforça a importância da experiência individual de primeira mão e a liberdade individual que o profissional tem de escolher e agir com base nessa experiência. Tal ênfase é exatamente o contrário da ênfase da ciência sobre o conhecimento compartilhado, coletado e testado com base em métodos criados para superar as deficiências da experiência individual. Sua eficácia e confiabilidade são suspeitas.

O conhecimento prático, de primeira mão, é freqüentemente denominado sabedoria. Ele é considerado um somatório de uma vida inteira de experiências observadas. Essa sabedoria, encarnada nas memórias e nas reflexões de homens idosos, reflete o alcance inevitavelmente limitado de qualquer experiência individual em particular. Ela traduz a perspectiva inevitavelmente tendenciosa de sua posição em uma classe social específica, em uma sociedade específica, em uma época específica. Já que ela tem uma ligação estreita com a vida pessoal de quem possui conhecimento, a ponto de sua essência tornar-se sua própria identidade e que ela justifique suas ações passadas, não é surpresa que essa sabedoria tenha um traço dogmático, que ela não aceite contrariada pelos fatos embaraçosos e que ela se contorça para conciliar as contradições. Tal sabedoria é geralmente avaliada por sua plausibilidade – sua semelhança com a experiência parcial de outras pessoas. Como os indivíduos têm pontos de vista diferentes de acordo com sua posição social, e como a substância da experiência pessoal dos indivíduos varia de forma semelhante, é improvável que a sabedoria de um homem passe a ser plausível a muitos outros que não sejam da mesma classe social ou que não compartilhem de boa parte da mesma perspectiva. Onde quer que haja consenso quanto à sabedoria, não é pela aplicação das regras lógicas e demonstrações, mas, sobretudo, pela convergência de perspectivas sociais.

Contudo, obviamente nem toda a sabedoria é falsa. Muitas das grandes descobertas em medicina e em outros domínios foram feitas por homens que observaram suas próprias experiências pessoais de tão perto e com tanto discernimento que isso lhes permitiu integrar essa ínfima porção diminuta que é geralmente verdadeira, composta por homens realmente sábios que procuraram, investigaram e exploraram a si mesmos e o mundo ao seu redor com uma certa pureza universalista. Mas esses homens são, talvez literalmente, um em um milhão. E ademais, provas coletadas depois dessas descobertas demonstraram que se tratava de uma verdadeira sabedoria. Como mencionei no Capítulo 1, os avanços médicos eram muito lentos e hesitantes que durante muito tempo o exame pela experiência clínica pessoal era o único método pelo qual se podia determinar a verdade. Como as chances de se chegar à verdade com esse método eram pequenas, é bastante difícil compreender porque ela é cercada de tantas imagens positivas nos assuntos profissionais e porque o indivíduo que a utiliza não precisa demonstrar a validade de suas reflexões sobre sua experiência. É difícil enxergar qualquer justificativa válida para a aceitação de conhecimento profissional baseado na prática e experiência pessoal que tenha uma autoridade tal que ela não precise justificar sua lógica e, na sua ausência, seja compatível com a prática e a experiência pessoal daqueles que não pertencem à profissão. Se a sua verdade é tão frágil a ponto de ser incapaz de sobreviver aos choques com os outros, não parece que vale a pena protegê-la. As prerrogativas da profissão não podem ser formuladas como se um de seus membros fosse tão honesto, preciso e certo em suas reflexões sobre a sua experiência como são os seus estudiosos mais sábios e criativos, anteriores e atuais. Em áreas de trabalho profissional orientadas pela avaliação moral, pela prática e pela experiência pessoal, o público tem todo o direito de insistir que não seja excluído de participar.

Provavelmente, não existe uma maneira de evitar a dependência na experiência pessoal (que pode ou não ser da sabedoria) para se orientar na confusão dos assuntos humanos práticos que têm apenas uma relação superficial com a simplicidade rigorosa do conhecimento científico. Entretanto, existem algumas regras pelas quais a experiência pessoal pode ser acessada antes de ser aceita como um guia razoável de conduta. Todos os expertos, mas especialmente os que pertencem às profissões bem estabelecidas como direito, medicina, educação e psiquiatria, tendem a fornecer declarações e conselhos especializados em áreas nas quais eles possivelmente não têm um conhecimento sistemático. Essas declarações e conselhos são proferidos com perfeita autoconfiança e com apenas alguma incerteza retórica. Tal forma de experiência ou sabedoria clínica não tem a menor credibilidade. Como seu fundamento é pessoal, deve ser exigido que seu possuidor, não importa o quanto confie em si mesmo, especifique qual é a natureza da experiência a partir da qual ele chegou às suas conclusões. Vejamos, por exemplo, o caso do médico: ele tem de nos oferecer alguns detalhes sobre sua prática anterior. Precisamos saber como a organização social e econômica do seu trabalho influenciou a seleção de casos que ele examinou, como também as circunstâncias nas quais ele os examinou. Precisamos também que ele nos diga, com alguns detalhes, qual é a sua posição moral pessoal. Assim, poderemos avaliar como ele seleciona os dados no seu universo de experiências. Quando conhecermos os pressupostos de sua experiência pessoal, teremos melhores condições de julgar se ele é de fato um sábio. Assim, poderemos selecionar melhor entre as várias "impressões clínicas" diferentemente conflitantes que os expertos nos apresentam como sendo verdade. Certamente, essas opiniões não podem ser aceitas ao pé da letra e o status daqueles que as apresentam não são uma garantia.

## Limitação da autoridade do conhecimento profissional

Neste capítulo, mostrei a diferença entre o conhecimento "puro", que é em grande parte restrito à ciência codificada, e o "conhecimento" que orienta a aplicação pela profissão dessa ciência aos problemas da humanidade. Como mencionei em mais de uma ocasião neste livro, é esse último elemento que distingue a profissão de consulta da profissão científica ou acadêmica. Essa distinção não é muito original. Price (1965:122-135), por exemplo, debateu quatro "condições": uma delas é a científica – ela se dedica a descobrir o que é verdade sobre o mundo. A outra é a condição profissional – ela se dedica a aplicar as ciências ou o conhecimento sistemático disponível aos problemas humanos. Além de adotar essa distinção convencional, sugeri o que conhecimento aplicado não tem o mesmo status científico que sua aplicação.

A profissão de consulta passou a existir em razão de uma necessidade do público leigo – uma necessidade que os leigos definem como um problema que precisa ser tratado. Como disse no Capítulo 1, a medicina só se tornou uma verdadeira profissão de consulta quando seu serviço passou a dar a impressão de responder às necessidades do público. Durante a ascensão da medicina a uma posição de profissão de consulta, entretanto, nós também observamos a ascensão do Estado do bem-estar (*welfare state*), que administra, coordena e aloca recursos para satisfazer as necessidades básicas (e não tão básicas) das populações (chegando a milhões de pessoas), e que tem à sua disposição recursos imensos de dinheiro e poder. Com isso, o Estado determina as necessidades da população e as atividades primordiais para sua satisfação. Para tanto, busca, cada vez mais, orientação dos profissionais. Afinal, é precisamente na satisfação dessas necessidades que o profissional obtém sua experiência, e ele deve ser orientado, sempre que possível, pela experiência.

Entretanto, o que aconteceu nos últimos cem anos é que a profissão não se dedicou apenas a satisfazer as necessidades que o público lhe apresentou. Ela também se dedicou a descobrir e a definir novas necessidades ao desenvolver seus próprios conceitos morais do que as pessoas podem ou idealmente deveriam ser. Protegida por seu prestígio e sua autonomia organizada, a profissão também passou a desenvolver suas próprias instituições para responder às necessidades do público. Instituições que conquistaram cada vez mais independência do público e se organizaram segundo padrões profissionais do que leigos. Em outras palavras, a profissão depois de se tornar autônoma passou a refletir cada vez menos sobre o que o público demandava e passou cada vez mais a insistir sobre o que o público deveria obter dela. Ao consultar a profissão, o Estado não obtém apenas a opinião especializada de como satisfazer as necessidades que o público demanda. Ele também obtém a opinião aguerrida sobre quais são essas necessidades reais do público, independentemente da opinião leiga. A política social está passando a ser formulada a partir das noções que a profissão tem sobre as necessidades do público e está sendo desenvolvida para apoiar as instituições da profissão. Mas, se essas noções e instituições não se sujeitam mais às demandas do público, elas perdem a sua justificativa. Sua justificativa não reside na sua verdade objetiva, mas na sua ligação com os valores e usos da sua sociedade e da sua clientela. O "conhecimento" profissional não pode, portanto, guiar adequadamente a política social se ela for uma criação da própria profissão, expressando os compromissos e as percepções de uma determinada classe ocupacional, e não do público como um todo.

A questão básica pode ser expressa de forma um pouco rígida. As forças armadas, como disse Janowitz (1960), são uma profissão. Mas felizmente, no meu modo de ver, elas não o são. Se fossem uma profissão, teriam liberdade para estabelecer suas próprias finalidades e fazer o que eles achassem apropriado do seu ponto de vista. A nossa tradição política é que o público controle os militares, e não o contrário. O exemplo das forças armadas, contudo, pode parecer inadequado, pois seus objetivos têm certamente um caráter diferente dos objetivos da medicina, do direito, do ensino e da religião. Será que as finalidades das profissões estabelecidas que se ocupam da saúde, da justiça, da verdade e da virtude, são tão beneficentes que podem conquistar uma autonomia que nos conduza até elas? É claro que isso teoricamente é verdade. Mas o que, concretamente, é a saúde, a justiça, a verdade e a virtude? Quem deve determiná-las? Será que existe uma classe especial de moralistas disfarçados de expertos? Ou será que esta é uma questão tão importante que deve ser uma decisão própria a cada homem comum? Eu mesmo não acredito que as profissões, por mais beneficentes que sejam as suas intenções, tenham o direito moral ou a qualificação especial para fazer essas escolhas para o indivíduo ou para a sociedade.

A medicina talvez seja o melhor experimento para responder a essa questão crucial colocada pelo papel do conhecimento profissional nos assuntos humanos. Isso porque ela é claramente baseada em algum conhecimento científico fidedigno e porque existe um consenso amplo superficial sobre seus benefícios. Mas, mesmo a medicina, quando aplica seus conhecimentos, assume uma posição moral em vez de objetiva. Uma posição que, quando profissionalizada, desenvolve suas próprias noções sobre o que é bom e desenvolve suas próprias asserções sobre o preço que o cliente pagará se renunciar a seu *status* normal. Mas, a menos que seu alicerce moral seja o da sociedade, ele não irá servir à sociedade, mas à profissão. Quando o serviço à comunidade é definido pela profissão em vez de ser definido pela comunidade, a comunidade não está sendo realmente servida.

## O papel do leigo no trabalho profissional

O sistema médico, como muitos outros sistemas profissionais, parte da idéia de que o leigo é incapaz de avaliar e de tratar, forma apropriada, seu próprio problema: isso justifica que a profissão imponha sua própria concepção e tratamento do problema. Os direitos do cliente consistem simplesmente em poder escolher ou recusar a ajuda profissional. E, como nas eleições em países totalitários, o cliente às vezes não tem liberdade para recusar a escolha. Quando o cliente está envolvido com uma prestação de serviço, cujos termos em grande parte não dependem de sua escolha, o cliente encontra-se numa posição semelhante à de uma criança no juizado de menores:[4] ele não é considerado capaz, responsável ou competente de tomar conta de si. Ele não está submetido às regras que protegem os direitos dos adultos no sistema legal e dependente basicamente das boas intenções e beneficência profissional dos funcionários do juizado. Isso, creio, é inadequado.

Quando a determinação do papel profissional, e a maneira de desempenhá-lo, não está baseada na necessidade que dita o conhecimento científico confiável, não existe nenhuma razão que impeça o leigo participar da determinação da atividade profissional. De fato, já que a única justificativa para a própria existência de uma profissão de consulta reside na necessidade de sua clientela, as necessidades da clientela deveriam ter uma grande influência sobre sua prática. Os leigos, portanto, têm que poder dizer algo quando desejam um serviço e como esse serviço deve ser apresentado. Eles têm que poder dizer algo a respeito do seu bem-estar ou quando algo é realmente para o bem deles. Com o declínio do clínico geral e outras práticas dependentes de clientes, o leigo teve cada vez menos chance de fazer com os profissionais dessem atenção a seu ponto de vista. E, já que o Estado intervém cada vez mais – um Estado que se tornou tão grande e formal a ponto de se afastar das vidas dos cidadãos, e cujas noções de bem-estar público são guiadas em grande parte pelas profissões – o cliente individual tem ainda menos oportunidades de expressar e alcançar seus próprios objetivos. É preciso encontrar alguma forma de restabelecer o equilíbrio.

---

4 Existe um crescente conjunto de obras deplorando a tirania ostensivamente humanitária do tratamento legal aos menores, como é o caso de CICOUREL, 1968.

Ao sugerir que a profissão precisa se ocupar mais de sua clientela, entretanto, estou claramente suscitando uma questão perigosa. Já mencionei que uma prática dependente do cliente conduz a um desempenho médico que não é considerado de alta qualidade. Historicamente, uma profissão dependente do cliente sempre significou uma profissão extremamente fraca. Foi apenas quando a medicina se tornou autônoma de sua comunidade que ela conseguiu desenvolver e fomentar uma pesquisa verdadeiramente profissional. Com isso, nas quatro ou cinco últimas décadas, ela conseguiu grandes avanços no conhecimento. A questão é a seguinte: Será que o fortalecimento do papel do cliente hoje em dia cria obstáculos para uma boa pesquisa e dificulta os métodos de tratamento médico para que eles sejam do interesse do paciente?

Sem dúvida, em algumas circunstâncias, o cliente provavelmente não conhece a natureza do seu problema e a maneira adequada de resolvê-lo. Por essa razão, não se pode confiar nele para escolher o que deveria ser feito para o seu próprio bem. Da mesma forma, às vezes, ele está tão preocupado com o seu problema que não consegue ser muito racional quanto à sua natureza e solução. Assim, mesmo que o cliente intelectualmente possa compreender a explicação profissional sobre o que está errado e sobre o que deveria ser feito, e possa ser persuadido por essa explicação a fazer o que lhe pedem, ele pode estar emocionalmente incapaz de usar suas faculdades intelectuais. Quando o cliente é, ao mesmo tempo, ignorante e emocionalmente perturbado, pode simplesmente causar dano a si mesmo se lhe for dada a oportunidade de julgar e participar da determinação do trabalho profissional. De fato, o cliente é tradicionalmente caracterizado pela medicina como ignorante e irracional – caracterização que integra praticamente a ideologia profissional que, no caso da medicina, se origina nas obras de Hipócrates (JONES, 1943:201-203). Essa caracterização é a justificativa principal para que a profissão faça do cliente, na melhor das hipóteses, um participante passivo no trabalho – retirando do cliente o seu status habitual de cidadão adulto, diminuindo sua capacidade básica de raciocinar o seu direito à dignidade. A *expertise* profissional em geral reivindica seu privilégio, proclamando a incapacidade do cliente.

A pergunta que devemos responder é se esse tipo de cliente – ignorante e passivo – é muito comum. Com certeza, nem todos os clientes se comportam assim, bem como nem todos que se comportam assim em uma determinada circunstância se comportam assim em outra. Aqui, como em outros lugares, um elemento da ideologia profissional é aceito sem críticas e é aplicado globalmente, sem análise nem justificativa. Ele precisa ser avaliado à luz de várias considerações empíricas. Em primeiro lugar, existe a mudança histórica que ocorreu na natureza do próprio público. Há um século, o paciente comum era, sem dúvida, analfabeto e supersticioso. A diferença entre a educação formal de um homem comum e de um profissional comum era muito grande. Desde aquela época, todavia, a educação pública universal estreitou claramente essa lacuna. Assim, formas seculares e racionais de pensamento se expandiram em uma parcela continuamente crescente da população. Enquanto isso, a duração média da educação profissional formal cresceu nos últimos cinqüenta anos. Com a profissionalização das atividades e a especialização entre as profissões estabelecidas, a duração média da educação formal do público cresceu ainda mais. Cada vez mais, pessoas estão terminando a universidade e fazendo pós-graduação. Assim, assumindo que a educação formal significa alguma coisa importante (e se não assumirmos isso em relação aos leigos não poderemos fazê-lo em relação aos profissionais), os leigos têm maior possibilidade hoje em dia, do que tinham no passado, de conseguir participar de maneira inteligente de uma avaliação ativa da solução de seus problemas que os profissionais oferecem.

Contudo, eu iria mais longe insistindo que mesmo quando existe um risco ao bem-estar material do público, quando é permitida sua participação na determinação da saúde e de outras políticas profissionais, este risco deve ser avaliado em relação à importância de se manter a liberdade civil do leigo. Uma profissão e uma sociedade que estejam preocupadas com o bem-estar físico e funcional a ponto de sacrificar a liberdade civil e a integridade moral precisam inevitavelmente reivindicar um ambiente "científico" semelhante àquele que as galinhas poedeiras têm em granjas modernas – as galinhas que produzem ovos diligentemente e não têm doenças ou outras preocupações. A dignidade da humanidade não é assegurada pelo papel que a profissão tende a imputar ao leigo enquanto cliente. Se sua vida não está em perigo, creio que a dignidade civil do leigo é um elemento bem mais importante para seu bem-estar do que boa parte daquilo que a profissão, dominada por sua própria perspectiva ocupacional, chamaria de saúde.

## O conceito de direitos do cliente

Em nossos tribunais e em muitas áreas da vida contemporânea, todo o cidadão possui certos direitos teoricamente inalienáveis, mantidos por uma série de sistemas institucionais planejados para protegê-los. Ao entrarmos no domínio profissional, entretanto, este processo se perde: espera-se que o cidadão desista de quase todos os seus direitos, menos dos mais básicos, e coloque-se nas mãos do experto, confiando em seu julgamento e nas suas boas intenções. Espera-se que ele assuma um papel parecido com o de um bichinho de estimação, ou de uma criança que depende da benevolência e do conhecimento de um adulto. Na verdade, a noção de direitos do paciente praticamente não existe na medicina. O que existe são os códigos de deontologia profissional e as leis sobre a má prática médica que especifiquem as obrigações do profissional.[5] Deveria ser instituído um corpo de regras especificando os direitos do cliente, tendo em primeiro lugar, uma regra especificando o direito de escolher livremente se o cliente quer ou não utilizar os serviços profissionais. Se ele utilizar estes serviços, deve ser garantido o direito de o cliente participar na determinação da maneira que esses serviços serão ministrados. O primeiro direito impede que a profissão imponha ao leigo o seu ponto de vista sobre o que é a doença. O segundo impede que a profissão destrua a identidade moral de um adulto livre durante o tratamento.

Muitos outros direitos poderiam ser mencionados, mas esses são os mais importantes. Eles têm ligação direta com a posição moral das profissões de consulta. Se a qualidade primordial do profissional se origina da sua sólida *expertise* e não de seu status como representante de um sistema político, então ele deve fazer sua atividade persuadindo os clientes sobre o valor de seu trabalho em vez de impô-lo aos clientes involuntários.[6] No caso da medicina, deve ser limitado de maneira mais rigorosa à imposição oficial de um "tratamento", ou seja, quando uma pessoa pode ser declarada doente contra a sua vontade e obrigada legalmente a ser tratada em uma instituição profissional. Isto é, enquanto o *trabalho* das profissões de consulta pode ser prote-

---

5 A rigidez do "*status*, direitos e autoridade" ocupacionais que preocupa GILB pode ser abalada apenas com o contrapeso dos direitos do cliente. Ver GILB, 1966.
6 Analisei em outro trabalho o problema da autoridade profissional, argumentando que ela mais parece a autoridade do cargo público do que de *expertise*. Ver FREIDSON, 1970.

gido pela lei, o *uso* dessas profissões não deveria ser obrigado pela lei exceto sob circunstâncias muito especiais. Essas circunstâncias são justificadas apenas se o indivíduo realmente *feriu ou certamente irá ferir outros de alguma forma importante* e que, além disso, existe de fato um método de tratamento ou gerenciamento profissional que *quase certamente* irá minimizar ou talvez erradicar aquele estado ou atividade perniciosa. Alguém com cólera, peste ou tifo claramente satisfaz esses critérios; com tuberculose satisfaz menos claramente; e com o alcoolismo e outras dependências químicas e principalmente as doenças mentais quase não satisfaz. Estas últimas são doenças que parecem ser verdadeiras. Elas não são tão claramente prejudiciais a outras pessoas como são as doenças infecciosas e não são tão suscetíveis à cura por um método médico.

A questão não é controlar ou não o que se acredita ser um desvio grave, pois cada sociedade define e controla desvios. Eu mesmo espero que a minha sociedade não resolva controlar o comportamento que não prejudique as outras pessoas. Todavia, isso não é a questão aqui: a questão é de jurisdição para saber quem tem o direito legal de definir e lidar com o desvio e com a punição oficial de uma instituição de controle e quais são as regras que estabelecem a jurisdição. A regra principal que rege a jurisdição deveria ser aquela que protege os direitos do desviante mesmo que à custa do que alguns podem alegar ser a sua salvação em potencial. Sem apresentar provas persuasivas de que a profissão possui uma resposta única e eficaz para o que o cliente carece, o médico não pode justificar a imposição legal da sua definição de desviante e o controle que tem sobre os "serviços" que lhe serão oferecidos. Assim, enquanto vejo motivos humanitários, políticos e estratégicos para isso, parecem existir motivos científicos ou técnicos pouco significativos para que o alcoolismo, a dependência química, a homossexualidade, a doença mental, as várias incapacidades, a deficiência mental e muitas outras de um grupo crescente de problemas ambíguos que passaram a ser chamados de "doença" devessem ser problemas "médicos" e de jurisdição exclusivamente médica. A determinação fundamental das regras básicas para todos os tipos de controle quer baseadas em punição quer no tratamento deveriam residir na lei e nos procedimentos convenientes em vez de estarem baseados em algum conceito ilegítimo de uma *expertise* que é tão precisa e objetiva a ponto de estar isolada da influência leiga, mesmo quando o bem-estar leigo está em questão. Como irei sugerir no próximo capítulo, não é prudente confiar nas intenções indubitavelmente boas dos profissionais.

## Limites na prática do conhecimento

Se, no começo deste capítulo, utilizei como exemplo o caso da construção de rodovias, exemplo ostensivamente irrelevante em um livro sobre medicina, esta opção foi intencional. Na minha opinião, a minha análise da *expertise* médica é aplicável a outras atividades autônomas cujo trabalho envolve a aplicação do conhecimento aos assuntos humanos. Basicamente, no meu entender, o conhecimento da profissão é distinto das circunstâncias e condições nas quais ele é aplicado. Poderia dizer que, na maioria dos casos, esse conhecimento aplicado é o melhor que temos. Ele justifica a proteção contra a interferência leiga. As circunstâncias e as condições de sua aplicação não são codificadas nem sistemáticas nem objetivas. Elas refletem a posição social e a prática ocupacional da profissão e não uma *expertise* técnica especial que mereça autonomia. Assim, tanto a denominação de necessidade ou problema quanto a determinação das providências por meio das quais o conhecimento é aplicado estão em questão. Em relação a isso, no meu entender, não existe neste momento *expertise* sistemática e confiável.

Mas mesmo se existisse uma ciência da administração ou da educação, ou da consulta, ou qualquer outra coisa envolvida com a aplicação da ciência, isso não justificaria a autonomia de sua prática. Isso porque, fora do que é puramente técnico e instrumental, a prática tem em seu interior um elemento moral que não pode ser erradicado. É preciso decidir que uma rodovia é *desejável*, que o ensino de uma determinada disciplina acadêmica é *necessário* e que uma queixa de uma pessoa é um sintoma de algo *ruim*: essas não são apenas decisões técnicas, que possam escapar do debate público. E uma vez que essa decisão seja discutida e uma medida seja tomada, é preciso ainda decidir se: tendo em vista que a rodovia é necessária, algumas casas serão ou não demolidas para a sua construção; tendo em vista a necessidade de aprender uma determinada disciplina acadêmica, será exigido que os alunos se comportem como cordeiros; tendo em vista a definição de uma doença, aquela pessoa considerada portadora poderá ou não ser apta a decidir se será ou não submetida ao tratamento e se será ou não tratada como objeto sem dignidade nem responsabilidade. Essas considerações sobre as conseqüências morais das escolhas sociais inerentes ao processo de aplicação do conhecimento não são apenas técnicas e não podem, obviamente, ser determinadas apenas pelos expertos. Desse modo, acredito que a autonomia profissional para determinar o conteúdo de todo o seu trabalho não é justificada: a autonomia no desenvolvimento do conhecimento presente no conteúdo do trabalho pode ser apropriada, mas a autonomia na determinação de métodos práticos de se aplicar esse conhecimento não é.

# CAPÍTULO 16
## Os limites da autonomia profissional

O conteúdo do trabalho profissional não pode ser, de forma alguma, separado de sua organização econômica e social. Por exemplo, como salientei no Capítulo 12, a tendência médica de diagnosticar uma doença e não um estado de saúde pode ser compreendida como um engajamento ideológico voltado para a descoberta da doença, que é uma preocupação característica da profissão médica. Mas ela também pode ser analisada como decorrente do interesse econômico dos médicos. As duas explicações se equivalem quando as condições de trabalho são tais que, ao diagnosticar e tratar uma doença, os médicos aumentam sua renda. Por essa razão eles encontrarão cada vez mais doenças. O "exagero cirúrgico" talvez seja o exemplo mais gritante. De maneira comparável, a forma de se ocupar de uma doença durante um tratamento sofre influências, ao mesmo tempo, econômicas e sociais. Os médicos se ocupam do paciente pobre, por exemplo, sem todos aqueles elementos "supérfluos" oferecidos ao paciente rico e exigente. O médico que trabalha sob a dependência do cliente não se ocupa de seus pacientes da mesma forma que os que dependem de seus colegas.

Neste capítulo pretendo analisar como a profissão médica controla a organização social e econômica de seu trabalho – seu controle sobre as condições em que realiza seu trabalho e não sobre seu conteúdo. Vou concluir este livro com alguns comentários finais sobre os limites da autonomia profissional que minha análise sugere.

## Ética e auto-regulação

A profissão médica reivindica autonomia em relação ao conteúdo de seu trabalho amparada no caráter objetivo e confiável de sua competência de experto[1]. Ela pretende que essa competência seja tão complexa e tão esotérica que apenas um homem treinado seja capaz de conhecê-la e avaliá-la. No capítulo anterior, analisei as evidências sobre as quais a profissão apóia essa reivindicação. Mas ela tem uma outra reivindicação central: reivindica ser uma profissão cuja finalidade é servir, de maneira ética. Acima de tudo, essa competência profissional será bem utilizada se for orientada para o bem da humanidade. Sem a orientação para servir, uma profissão que obtém o controle sobre sua atividade poderia tirar proveito próprio desse monopólio. Embora a competência e a moralidade sejam relevantes tanto para o conteúdo quanto para as condições em que se realiza o trabalho, me parece que, para o conteúdo do trabalho, a competência seja o elemento primordial, enquanto, para analisar as condições em que se realiza o trabalho, a moralidade desempenhe um papel central. A competência especializada, que não deve ser compartilhada com ninguém, é o mais importante pré-requisito para justificar o controle sobre o conteúdo do trabalho, enquanto a moralidade é pré-requisito mais importante para que se obtenha confiança sobre as condições de trabalho sem que se tire proveito pessoal.

No último capítulo, perguntei o que é *expertise* e o que é conhecimento. Neste capítulo, então, vou perguntar o que é a orientação para o serviço e o que é a ética. A que estas expressões se referem? Como no caso do conhecimento, as pessoas em geral ficam satisfeitas com a utilização do significado corrente dessas palavras sem um exame apurado. A ética é tratada como uma espécie de essência filosófica, concretizada em alguns rituais formais, como os códigos de ética e o juramento de servir à humanidade. No caso dos cientistas sociais, a ética é freqüentemente tratada como uma disposição geral conduzida pela moral. Essa idéia pode ser encontrada na visão de que "ajudar as pessoas" é mais importante que "ganhar dinheiro". No uso ritual, como nas atitudes cotidianas, a ênfase é colocada sobre as boas intenções e

---

1 Com experto queremos nos referir aquele "que tem experiência; experimentado, experiente" e "que sabe ou tem conhecimento; sabedor, ciente", cf. Aurélio Buarque de Holanda. (N.T.)

não sobre o comportamento e a ação prática. Essas boas intenções são pré-requisitos necessários para o bom comportamento. Elas infelizmente não asseguram, entretanto, que o bom comportamento será seguido.

Gostaria de sugerir que nem a análise sociológica nem a análise de política pública são úteis quando definem que a ética significa ter boas intenções, expressas por um código formal de atitudes. Em vez disso, gostaria de sugerir que o uso mais útil da definição de ética não deveria estar relacionado com os códigos de ética ou as atitudes, mas com a maneira como o indivíduo se comporta no trabalho. Da mesma forma que sugeri a *expertise* assumir um determinado status empírico de acordo com o que o experto faz em seu trabalho, gostaria de sugerir agora que a ética assume um determinado status empírico, com grandes conseqüências, de acordo com a maneira como as ocupações controlam eticamente seu trabalho. Acredito que o mais pertinente para a ética, tida como a forma de avaliar as reivindicações de confiança, é a maneira como ela regula o trabalho de seus membros. *O que os profissionais fazem representa seu efetivo conhecimento e* expertise. *A maneira como eles regulam o que fazem em prol do interesse público representa sua efetiva orientação para o serviço e a ética.* Se a profissão se organiza de uma forma que assegure um bom trabalho voltado para o interesse público, independentemente do interesse profissional ou pessoal, podemos concluir que ela justificou sua reivindicação sobre as condições de seu trabalho. Analisamos, a seguir, de que maneira as intenções éticas têm sido apresentadas pela profissão em favor de sua auto-regulação.

## Analisando as condições do trabalho

Parece-me útil estabelecer uma distinção entre as condições econômicas e as condições sociais de organização do trabalho. As condições econômicas, apesar de parecerem complicadas, são mais simples que as sociais. Elas se referem, por exemplo, à questão dos honorários recebidos pela profissão médica, comparados com os de outras ocupações; à maneira como seus membros são remunerados (diretamente pelo paciente,[2] de acordo com o núme-

---

2 No original *fee-for-service*, analisado no Capítulo 2. (N.T.)

ro de pessoas atendidas, com salário fixo etc.); e à origem dessa remuneração (do tesouro público, das associações de filantropia privada, dos fundos públicos ou privados de seguro, do próprio doente etc.). As condições econômicas podem ter um efeito potencialmente pesado sobre o desempenho. Quando houve, por exemplo, uma pletora de médicos em comparação à demanda, a concorrência entre os médicos por clientes foi muito intensa. Isso prejudicou tanto a qualidade moral quanto o desempenho técnico dos médicos. Um ambiente onde haja muita concorrência parece encorajar procedimentos pouco honestos dos pontos de vista técnico e econômico, assim como outros elementos não muito recomendáveis para o desempenho médico. Além disso, como ressaltam os porta-vozes da profissão, a introdução de um "terceiro elemento", quer ele seja o empregador direto ou aquele que remunera o médico, pode modificar a relação médico-paciente: nessas circunstâncias, o médico pode atender ao interesse de seu patrão e não de seu cliente. Essa tendência pode ou não ser desejada pela sociedade.[3] De maneira semelhante, se o profissional for deixado sozinho em um mercado no qual ele é pago diretamente por seu paciente, o médico pode privilegiar seu próprio interesse antes do interesse de seu cliente. Ele pode, por exemplo, recomendar mais serviços médicos e cirúrgicos quando obtiver vantagens com isso e reduzi-los ao mínimo quando não obtiver as mesmas vantagens – tendência provavelmente recomendável apenas por ele.

As condições de trabalho incluem ainda sua organização social, que não é completamente separada de sua organização econômica. Entretanto, podemos analisá-la separadamente. Como já demonstrei nos Capítulos 5 e 6, seus efeitos sobre o trabalho são independentes. O mesmo modo de remuneração pode ter conseqüências diferentes de acordo com o meio onde o trabalho se desenvolve: no sistema médico americano, no qual ainda predomina a remuneração feita diretamente pelo paciente, algumas variações no desempenho parecem ocorrer independentemente do tipo de remuneração. Elas ocorrem, em vez disso, de acordo com a organização do trabalho – des-

---

3 Deve-se destacar o caráter aberto dessa questão, pois os autores progressistas consideram que o desejo de fazer o bem do cliente antes de qualquer outro iria ocorrer, praticamente, por si só. Entretanto, existem circunstâncias em que a questão de saber se é bom sacrificar o bem-estar do outro para o bem do indivíduo é objeto de controvérsia e, como destaquei no Capítulo 2, não me parece existir nenhuma razão constrangedora para que seja o médico, e não o terceiro elemento, que deveria decidir quando sacrificar um e pelo outro.

de a prática isolada até a medicina burocrática, desde a prática dependente da clientela até a prática dependente de colegas.

A principal questão a ser avaliada, tanto para a organização econômica quanto para a organização social do trabalho, é a questão ética. Tendo adquirido sua autonomia, que inclui o monopólio dos serviços que serão oferecidos e um papel dominante, do ponto de vista legal, na determinação dos tipos de serviços que as demais ocupações devem oferecer, colocam-se as seguintes questões: como a profissão deve se organizar para impedir que a preocupação natural do médico com sua segurança e com seu sucesso econômico seja mais importante que sua preocupação com o bem-estar da clientela? Será que a profissão se organiza para assegurar que a atividade de cada um de seus membros corresponda aos padrões mais elevados? Se a profissão se auto-regula para assegurar um desempenho apropriado, podemos concluir que sua reivindicação por ética necessária para guiar a prática de sua competência está justificada e que sua autonomia está de acordo com o interesse público.

## Autonomia e auto-regulação

Examinemos, em primeiro lugar, a questão da autonomia em relação às condições econômicas do trabalho. Nos Estados Unidos, a profissão médica combateu de maneira constante tudo aquilo que impedia sua própria liberdade. Na medida em que essa liberdade está acompanhada de um monopólio sobre os serviços raros em relação aos quais existe uma forte demanda, a liberdade para estabelecer o valor do trabalho está obviamente propensa ao abuso, se não estiver sujeita a alguma forma de auto-regulação profissional. Entretanto, a profissão não tem adotado nenhum método para prevenir ou mesmo para corrigir esses abusos. Essa dificuldade talvez esteja associada ao receio que a profissão tem de infringir a liberdade individual de seus praticantes. Ela não conseguiu instituir um método sistemático de acompanhamento dos praticantes que permitisse verificar se os profissionais usam sua liberdade econômica, juntamente com o monopólio que têm dos serviços, para conseguir receber os mais altos honorários que seus clientes podem pagar sem resistência ou se médicos procuram receber um honorário apropriado a que teriam direito.

Sem um esforço contínuo de acompanhamento das práticas financeiras de seus membros, a profissão médica continua sendo um pouco ignorante sobre o comportamento deles e não tem os meios para avaliar nem para regulamentar essas práticas. Além disso, ela tenta encorajar os métodos de judiciar as queixas dos clientes sobre as práticas econômicas. Esses procedimentos são tão ineficazes que chegam a ser esquecidos. A profissão faz isso, pois sabe que mesmo com seus colegas propondo aos clientes recorrerem às sociedades médicas locais para fazer suas reclamações, a reação profissional é muito dissimulada. Além disso, muitos leigos não sabem que têm o direito de serem ouvidos. O único acompanhamento sistemático não acontece no interior da profissão, mas no exterior. São as organizações públicas e privadas que determinam os custos com os cuidados médicos e hospitalares.[4] O único mecanismo eficaz de arbitragem ética se encontra também no exterior da profissão: são os tribunais.

De modo geral, acredito ser correto afirmar que a profissão médica nos Estados Unidos não tem feito praticamente nenhum esforço para garantir que seus membros não abusem de sua posição privilegiada sobre o plano econômico, insistindo que eles peçam o "preço justo". Isso talvez seja explicado porque a concepção de preço justo para a profissão é algo muito flexível. Afinal, até mesmo o que é um preço justo para qualquer bem ou serviço é uma questão que não tem uma única resposta. Em alguns casos, existe um acordo geral que prega ser correto deixar que a demanda fixe o preço em um livre mercado. Em outros casos, tem-se a impressão de que a necessidade deveria ser maior que a capacidade de pagar e que o funcionamento do mercado não deveria nem fixar o preço nem limitar a demanda por meio do preço. O cuidado médico é um exemplo dessa espécie de serviço. Se levarmos em consideração o fato de que o monopólio sobre os serviços, garantido para a profissão por meio do licenciamento, inibe o livre mercado, a imagem de um livre mercado para os cuidados médicos é incorreta ou ingênua. Apenas quando os médicos têm de concorrer com os autodenominados curadores, pode-se dizer que o mercado de cuidados médicos é livre.

Foi esse fato que levou Friedman (1962:158), um defensor ideológico do livre mercado, a sugerir que a "licença deveria ser eliminada como um crité-

---

4 Ver, por exemplo, o número especial sobre a utilização de mecanismos de supervisão e controle publicado pela Associação *Blue Cross* em *Inquiry*, 1965, p.1-107.

rio para o exercício da medicina". Mas, se nós acreditarmos que a medicina possui uma ciência e uma integridade claramente superiores às das ocupações concorrentes, não deveríamos estar inclinados a aceitar a concorrência sugerida por Friedman. Essa aceitação pode causar sofrimento a um consumidor mal informado se ele tiver de escolher em um verdadeiro mercado livre. Nós não damos essa liberdade nem mesmo a numerosos bens de consumo ordinários. Nesse sentido, a profissão não pode insistir em ter liberdade e autonomia no mercado e ao mesmo tempo ter a proteção de um monopólio: nos limites de um monopólio, um mercado livre significa simplesmente uma permissão para exercer a profissão sem que os consumidores tenham os benefícios econômicos da concorrência. Se a profissão não regulamenta a prática econômica de seus membros, sua autonomia não pode deixar de violar o interesse público, e sua moralidade não pode deixar de ser comprometida.

Em uma análise recente, que está um pouco comprometida por ter recebido sérias críticas, mas que é ao menos útil, Rayack (1967)[5] ofereceu muitas explicações sobre porque a profissão médica – ou alguns de seus segmentos – não conseguiu regulamentar sua política econômica, visando o interesse público. Essa incapacidade demonstra que a reivindicação de autonomia da profissão em relação às condições econômicas de sua atividade não é muito justificável, especialmente quando pensamos que sua posição econômica obteve uma proteção particular contra o funcionamento de mecanismos de controle normais do mercado. Ainda que a profissão tenha todo o direito de fazer seu serviço ser remunerado, essa posição particularmente protegida torna conveniente e necessário que o público, ou seus representantes, consigam fixar o nível de remuneração. Como disse Rayack (ibidem:288):

> Onde quer que seja necessário estabelecer os critérios sobre o mercado médico, e a possibilidade de conflitos for possível, os médicos não devem ocupar uma posição a qual determine que política deve ser implementada.

Além das condições econômicas, existem também as condições que governam a maneira como o trabalho profissional é organizado. A questão nesse caso é saber se a profissão, funcionando com seus mecanismos próprios devido a sua autonomia, é capaz de organizar o trabalho de seus membros de

---

5 Ver HARRIS, 1964, para uma análise mais neutra.

tal maneira que o público esteja certo de obter de cada profissional um desempenho com qualidade razoável – ou seja, se a profissão assume as responsabilidades de regulamentar padrões de qualidade de sua atividade. Na segunda parte deste livro, examinei detalhadamente essa questão. Isso permite que ela seja analisada agora rapidamente. Penso que meu estudo permite dizer que, nos Estados Unidos, a qualidade dos serviços médicos foi regulamentada, principalmente, por meio de critérios mínimos para a formação e o oferecimento de diplomas. Não existe quase nenhum outro método sistemático para fixar o que deve ser o desempenho no conjunto das profissões. O abandono de padrões de qualificação não representa em si uma maneira de regulamentação nem ativa e nem contínua. Como já mostrei, o desempenho dos membros da profissão é, sobretudo, frágil, pois pode ser modificado quando o médico está sob a dependência de sua clientela e quando atua sozinho. O desempenho também pode ser sensível às variáveis mais evidentes, como tempo decorrido desde que o profissional concluiu seus estudos médicos.

Para regulamentar o desempenho obtido ao longo de numerosos anos de formação para a obtenção do diploma médico, as condições sociais da prática devem ser organizadas, buscando-se reduzir ao máximo o isolamento que protege o médico do exame crítico de colegas e do público, encorajando assim o alto nível de desempenho. Entretanto, nos Estados Unidos, a profissão assumiu praticamente como ideal o exercício isolado da prática médica. Ela resistiu a todas as outras formas de organização que poderiam melhorar seus resultados. Mesmo quando um pequeno número de médicos diminuiu consideravelmente sua dependência em relação ao cliente, nenhum esforço foi feito para dissuadi-lo ou mesmo impedi-lo de exercer a atividade sozinho. Além disso, pouca coisa foi feita para encorajar esse grupo de médicos a trabalhar em contato e sob a orientação de colegas. Nesse contexto limitado, podemos dizer que a profissão não organiza seu trabalho de forma a permitir uma regulamentação de seus pares.

Vejamos o que ainda é concernente ao nosso tema. Mesmo quando o trabalho está organizado de forma a permitir a regulamentação do desempenho, na prática o que ocorre é uma regulamentação menor do que se poderia esperar. Além disso, ela não é verdadeiramente regulatória, na medida em que os mecanismos de boicote não corrigem nem eliminam os desempenhos fracos. A origem social do profissional, a natureza clínica ou de consulta em si de seu trabalho e a solidariedade natural da categoria profissional contribuem para a construção de um estado de espírito permissivo, que privilegia a experiência profissional mais do que o saber o qual constitui a competência oficial da profissão. Ela também atribui maior importância à responsabilidade como um ato pessoal, avaliado a partir da experiência pessoal, do que à responsabilidade como um ato avaliado por colegas. Neste último caso, os resultados são julgados em benefício do outro, o que não ocorre em relação às profissões concorrentes. As negligências são perdoadas em nome das supostas boas intenções. "Afinal de contas", dizem, "ninguém *quer* matar um paciente". Mas se um médico matar um paciente, talvez as suas boas intenções não sejam suficientes.

Se isso for verdade, gostaria de sugerir que, mesmo que a profissão médica se organizasse de forma mais sistemática, os esforços para criar condições de organização de uma prática que comportasse formas permanentes de supervisão ou acompanhamento do desempenho por colegas não deveriam ter a eficiência necessária,[6] pois a operacionalização dessa organização tenderia a não ser eficiente como deveria ser. Já que a profissão confia nos critérios estabelecidos pela experiência e pelos julgamentos pessoais ou clínicos, já que ela enfatiza mais as boas intenções do que o bom desempenho, já que seu dispositivo disciplinar característico é uma forma de exclusão que atua para segregar os níveis de desempenho em grupos de profissionais relativamente homogêneos, cada grupo com dispositivos clínicos diferentes, a profissão não pode realmente se auto-regular.

Mesmo se essas deficiências fossem remediadas, acredito, entretanto, que a profissão não poderia conservar plenamente sua autonomia ao assumir a tarefa de instaurar uma forma organizada de prática que comportasse um sistema de auto-regulação apropriado o suficiente para justificar suas reivindicações. Sua competência técnica não inclui nenhuma competência confiável em relação à organização social e às suas conseqüências. Parece que os

---

6 Este é o ponto mais importante de meu argumento. GOODE, Willian J. "The Protection of the Inept," *American Sociological Review,* XXXII, 1967, p.5-19, salientou que todos os grupos protegem seus membros que são inaptos. O que eu descrevo, portanto, é uma permissividade habitual. Entretanto, um grupo não pode exigir um privilégio *especial* com base na reivindicação de que é extremante hábil e ético se, de fato, ele protege seus membros inaptos.

hábitos profissionais da organização incluem usos tradicionais modificados pela experiência prática e a ideologia. Sem uma competência confiável, a profissão não tem os meios de tomar as suas próprias decisões inteligentes e precisas. E, como o interesse pessoal do médico está inserido tanto na organização econômica quanto na organização social de sua prática, corre-se um risco no exercício da autonomia na organização da prática: o risco de o profissional não ser capaz de reconhecer e respeitar o ponto de vista leigo quer venha este de seu cliente ou do público em geral.

Ao fixar os termos econômicos e sociais do trabalho, os interesses materiais da profissão devem ser, evidentemente, reconhecidos, representados e satisfeitos – ainda que parcialmente. Mas esses interesses são um pouco mais "profissionais" que aqueles defendidos pelos sindicatos. Para falar a verdade, as profissões se diferenciam dos sindicatos apenas por sua hipocrisia. E como suas preferências por uma determinada organização das condições de trabalho são também, freqüentemente, questões de interesse pessoal e não de competência, as exigências das profissões não merecem ter um estatuto muito diferente daquele das demais ocupações organizadas. Como já indiquei diversas vezes nos capítulos anteriores, é possível que alguns aspectos da organização social do trabalho sejam necessários para executar convenientemente certas tarefas técnicas. Alguns médicos participam, como representantes dos interesses materiais legítimos da profissão, na determinação da política a ser seguida pela organização econômica e social de sua prática. Além disso, como expertos, eles devem também participar das tarefas esotéricas e técnicas que devem ser levadas em consideração para se determinar a maneira de melhor organizar o trabalho. Assim, apenas uma influência parcial, e não um completo controle sobre as condições de trabalho, parece justificável pelo critério da competência legitimada e em conformidade com o interesse público. Os homens leigos são, ao mesmo tempo, competentes e se acham no direito de apresentar sua opinião sobre a maneira como a profissão acompanha e supervisiona seus membros. Eles insistem para que isso seja feito com os mais eficazes métodos existentes na atualidade. Nem sua competência nem seu desempenho justificam que a profissão reivindique autonomia, regulando-se da maneira que ela ache conveniente. Na verdade, gostaria de sugerir que, paradoxalmente, essa autonomia é responsável pelo desenvolvimento da incapacidade da profissão de se auto-regulamentar segundo o interesse público.

## A falha na autonomia profissional

Praticamente todos os grupos profissionais procuram ter autonomia. Ela representa liberdade em relação a outros grupos, liberdade para executar o trabalho da maneira que acharem conveniente. No trabalho industrial, a redução do rendimento representa, grosseiramente, os esforços dos trabalhadores para exercer um controle sobre seu trabalho e obter com isso certa autonomia. Esforços semelhantes podem ser encontrados entre todas as pessoas que trabalham para outras pessoas: garçonetes, médicos, estudantes, soldados, professores etc.[7] Entretanto, apenas os que reivindicam um pertencimento a uma profissão afirmam que seus esforços para controlar as condições e o conteúdo de seu trabalho se justificam pelos benefícios que proporcionam a seus clientes. Os profissionais reivindicam as mesmas liberdades: de determinar o tempo, a quantidade, a remuneração, o tipo e a maneira de executar seu trabalho. Diferindo dos trabalhadores, os profissionais reivindicam que seus interesses pessoais não estão em questão: eles defendem que o serviço à humanidade é mais importante que seu bem-estar pessoal. Mas, diferindo dos benfeitores da humanidade amadores, os profissionais reivindicam que sua competência esotérica é tão grande que apenas eles são capazes de determinar o mal do qual a humanidade sofre, qual é a melhor maneira de servir à humanidade e quanto isso custa. É essa reivindicação que confere singularidade às profissões e justifica a autonomia que as distingue das demais ocupações. A autonomia está localizada no coração da maioria das questões de política social relacionadas com as profissões, pois ela pode determinar o problema, como ele deve ser tratado e o preço a ser pago por esse tratamento.

É importante compreender o que é a autonomia profissional. Ela é sempre limitada em algum nível pelo poder político necessário para sua criação e proteção. Esses limites variam no tempo e no lugar.[8] Estruturalmente, a autonomia das profissões de consulta, quando é grande, transforma-se em uma *autonomia organizada*. Ela é criada oficialmente e não é aquela que al-

---

7 Talvez o comentário geral mais pertinente sobre este fenômeno tenha sido feito por HUGHES, 1958.
8 GILB, 1966, tem dado a maior contribuição para a análise política das profissões.

guém consegue conquistar sem chamar a atenção, sendo invisível ou sem importância. Em segundo lugar, essa autonomia organizada não consiste apenas em ter liberdade em relação ao concorrente e em relação à regulação de outros trabalhadores. Autonomia (ao menos no caso de profissões como a medicina, na qual as pretensões são bem nítidas) também significa estar livre para regular outras ocupações. Onde há uma ocupação com *autonomia organizada* na divisão de trabalho, esta domina outras. A profissão avalia e ordena legitimamente o trabalho de outras ocupações se estiver imune da regulação e da avaliação legítima de outras ocupações. Nesse caso, se essa for sua posição na divisão de trabalho, ela poderá ser designada como *profissão dominante*. Em terceiro lugar, da mesma forma como a profissão se auto-regula e não é objeto de regulação e avaliação de outras ocupações, ela também se *auto-educa*. Isso significa dizer que suas instituições de educação e treinamento tendem a ser auto-suficientes e segregadas de outras escolas profissionais com seus próprios recursos e corpo docente. Os que se preparam para entrar na profissão são formados nessas escolas, sem entrar em contato com professores e estudantes de outras escolas. Enfim, para que o membro de uma profissão de consulta e não de pesquisa tenha o direito de regulamentar sua própria atividade, deve ser-lhe dado também o direito legítimo de *regulamentar sua clientela* de uma maneira ou de outra. O profissional não deve responder astuciosamente às necessidades expressas por essa clientela como um comerciante comum. A autonomia profissional tem, assim, uma característica que coloca a profissão em um lugar muito isolado e lhe confere, na verdade, a oportunidade de desenvolver uma insularidade protegida (*protected insularity*) – situação sem igual entre as profissões que não se beneficiam do mesmo privilégio.

Essa é a falha crucial na autonomia profissional: ao permitir e encorajar o desenvolvimento de instituições auto-suficientes, ela desenvolve e mantém na profissão uma idéia equivocada de objetividade e confiança em seu conhecimento e na crença da virtude de seus membros. Além disso, ela encoraja a profissão a se ver como a única possuidora de conhecimento e virtude. Ela suspeita da capacidade técnica e moral de outras ocupações e se sente, na melhor das hipóteses, protetora e na pior das hipóteses desdenhosa em relação a seus clientes. Ao proteger a profissão das demandas decorrentes da interação, em bases livres e iguais, com aqueles que pertencem ao mundo exterior, essa autonomia leva a profissão a diferenciar tanto suas próprias virtudes em relação às dos outros que esta passa a ser incapaz até de perceber as necessidades de auto-regulação que ela promete.

Não pretendo depreciar nem o saber real nem as intenções da profissão médica de maneira geral. Esse saber e essas intenções são admiráveis. O problema é que, uma vez adquirido seu estatuto especial, a profissão forma, quase que naturalmente, um ponto de vista próprio sobre si, que é tão deformado e estreito que provém de um estatuto ao qual ela é a única a responder. Quando a profissão forma tal perspectiva auto-sustentada, sem considerar outras perspectivas e sem ter de justificar-se aos estranhos, não pode ser razoável esperar vê-la exercendo sua missão com lucidez, nem pode ser razoavelmente esperado que ela assuma a perspectiva de sua clientela. Se ela não pode assumir a perspectiva de sua clientela, como pretende servi-la bem? É sua autonomia que lhe deu essa estreiteza de espírito e essa arrogância mal compreendida sobre sua missão no mundo. As profissões de consulta não são apenas associações que lutam para assegurar seus interesses pessoais e seus rendimentos que dependem de outros e do interesse público. Elas são, também, agrupamentos cheios de boas intenções que são protegidos do público graças a sua autonomia organizada e, ao mesmo tempo, são protegidos de sua própria auto-regulação honesta, graças às idéias míticas que elas fazem de suas qualidades superiores. Sua autonomia criou uma perspectiva estreita e uma visão equivocada de si e de seu trabalho. Ela criou também a convicção de que a profissão conhece melhor as necessidades da humanidade. Está na hora de essa autonomia ser moderada.

Historicamente, o desenvolvimento de um corpo válido de conhecimentos profissionais, puro e aplicado, parece requerer proteção da insistente ignorância de sua clientela, do mal causado pelos competidores desqualificados e de outras forças destrutivas. A profissão tem de estar protegida contra as conseqüências de sua primeira razão de ser: sua dependência da clientela. Ela está cheia de prejulgamentos sobre o que deseja e necessita em uma época na qual o conhecimento sobre como tratar os desejos e as necessidades precisa de uma fundamentação firme. Liberada dos negócios e da concorrência, apoiada pelo Estado, institucionalizada, a profissão foi capaz de criar as próprias bases de seu saber – seus próprios conceitos e sua própria ciência – independentemente de sua clientela. Assim protegida, ela também se mostrou capaz de se manter, como a ciência e a erudição, quase sob suas próprias bases: ela desenvolveu um corpo de práticas sob a dependência da opinião e a colaboração de colegas. Isso permitiu que ela desse um grande passo dentro da ciência e da técnica. Sem sua autonomia, a medicina não teria talvez feito as grandes descobertas dos últimos cem anos. Mas os progressos do conhecimento são uma coisa e os da prática são outra.

Ninguém tem saudade das terapêuticas do século XIX, como as purgações e as sangrias: o que nós temos hoje em dia é, evidentemente, melhor. Mas nós sentimos falta do mítico médico de família de outrora. Isso mostra que a *prática* da medicina não progrediu obviamente da mesma forma. É exatamente na prática – no diagnóstico de uma doença, na gestão do tratamento, na organização econômica e social dos cuidados médicos – que a medicina não avançou. *Ainda que a autonomia da profissão pareça ter contribuído para a melhoria do conhecimento científico sobre a doença e seu tratamento, ela parece ter impedido a melhoria das maneiras sociais de sua aplicação.* Minha tese é que é precisamente na aplicação do conhecimento aos problemas humanos que uma ampla autonomia não se justifica, nem moralmente nem funcionalmente. Moralmente porque acredito que os seres humanos, mesmo os leigos, têm o direito de decidir quais são seus próprios problemas e de dar sua opinião sobre a maneira de tratá-los. Funcionalmente porque isso leva a profissão a não observar suas próprias deficiências. Essa situação faz com que a profissão seja incapaz de regulamentar, de maneira conveniente, sua prática. Então, dessa conclusão surge a seguinte questão: Como os profissionais devem organizar e aplicar o conhecimento dos problemas humanos em função do interesse público?

## Limitar a autonomia da prática profissional

Creio que, para determinarmos como essa autonomia deve ser limitada segundo o interesse público, devemos nos apoiar em dois grandes princípios. Em primeiro lugar, cabe definir o que se entende por interesse público. Creio que o valor levado em consideração deve ser aquele que inscreve o interesse público em uma sociedade livre. O interesse público está relacionado com o direito dos homens à autodeterminação de suas finalidades e objetivos e com o direito à dignidade e à igualdade civil. Esses princípios fundamentam as sugestões que vou enunciar sobre a divisão de papéis entre os leigos e os expertos para determinar o que é um problema oficial e como ele deve ser gerenciado. O segundo grande princípio refere-se à organização das profissões. Creio que a autonomia profissional não deva ser tão ampla a ponto de permitir que sejam colocados sob o controle profissional domínios sobre os quais a profissão não é competente.

A partir desses dois princípios, tomados separadamente ou em conjunto, fluem algumas recomendações concretas. Muitas delas relacionam-se com a constituição interna da profissão em si. Em primeiro lugar, creio que todo esforço deve ser feito para recrutar os membros da profissão em todos os segmentos da população. Deve ser desencorajada a tendência atual que recruta um número desproporcional de membros da profissão que já foram "socializados" na mística da profissão. Em segundo lugar, deve ser desencorajado o atual sistema de escolas profissionais, que são instituições auto-suficientes. Assim, no futuro, o ensino não será totalmente dominado pelas maneiras limitadas de a profissão se ver. Sempre que for possível – quer dizer, na medicina, para as matérias que não exijam o contato com os pacientes –, os estudantes devem fazer disciplinas oferecidas fora de sua escola profissional por professores que não sejam engajados na profissão na qual os estudantes se formam e que apresentarão a esses estudantes perspectivas variadas sobre seu futuro trabalho.

Em terceiro lugar, devem ser desencorajadas, de todas as maneiras possíveis, as formas de atuação em que o profissional fique isolado. Aquele que trabalha sozinho deve ser encorajado a integrar uma equipe de colegas com os quais terá interação regular, guiada, como explicarei a seguir, por uma perspectiva exterior à profissão e passando a ser responsável por sua clientela.

Essa integração não deve, entretanto, ser feita entre profissionais que têm a mesma visão: não é desejável que se formem grupos homogêneos. Os médicos universitários não devem ter também um papel predominante. O modelo norte-americano de instituição do serviço clínico para a comunidade, do qual nenhum médico está totalmente excluído, deve ser preferido ao modelo europeu, cada vez mais popular nos Estados Unidos, no qual os médicos acadêmicos e os que integram instituições rejeitam quem trabalha na clínica para a comunidade. De fato, creio que um médico professor universitário tem muito a aprender sobre os aspectos não-científicos da prática com quem exerce a clínica (ou seja, sobre o que é usualmente denominado doença e sobre a maneira de gerenciar um tratamento). O médico clínico, por outro lado, tem muito a aprender com o médico professor universitário sobre os últimos métodos e as teorias científicas. A tendência atual dos serviços da profissão, que consiste em seguir as linhas diretoras fixadas pelo médico professor universitário (e de não-médicos que gerenciam a política a ser seguida), está em perigo. A profissão deveria procurar combinar os diferentes pontos de vista e os diferentes critérios em vez de escolher um deles, particularmente nas áreas nas quais a *expertise* é de fato ilusória.

Em quarto e último lugar, deve ser exigido que a profissão desenvolva mecanismos que permitam a seus membros vigiarem-se reciprocamente. Cada um deles deve examinar o desempenho técnico de seu colega, de forma regular. As práticas econômicas e sociais também devem ser examinadas sob a orientação de critérios profissionais e leigos. Deve ser solicitada também a instauração de procedimentos que impeçam os membros da profissão de insistirem em servir de maneira imprópria a seus clientes.[9] Se a exclusão ocorrer, deve ser uma exclusão do trabalho e não da interação. Essa exclusão pode ser limitada (sob a forma de perda do privilégio de praticar métodos particulares, ou de se ocupar com problemas médicos particulares) ou total (sob a forma da incapacidade plena de exercer qualquer espécie de trabalho profissional). A exclusão limitada, entretanto, não deve ser acompanhada de um boicote da parte das instituições que agrupam os homens competentes para esse trabalho particular. É apenas pela combinação e interação constantes de pontos de vista diferentes e de competências diferentes que o excluído poderá ser recuperado e que poderá ser evitada a fragmentação da organização informal em múltiplos critérios para julgar a qualidade do trabalho, em que cada qual estabelece relações diferentes com o público que procura por ajuda.

Existem, evidentemente, muitas outras maneiras de evitar-se que a profissão construa uma mística rígida, que seja perpetuada, em relação a seu trabalho, sua jurisdição, sua maneira de exercer sua atividade, suas prerrogativas e sua missão. Entretanto, nenhuma modificação interna da organização da profissão e de seu trabalho parecer ser suficiente. O que quer que seja feito para a organização profissional, é essencial que, para proteger o interesse público, os leigos dominem a elaboração da política a ser seguida

---

9 Essa recomendação, como muitas outras apresentadas aqui, visa introduzir no ensino universitário, no direito e em outras profissões de consulta assim como na medicina. Nem a liberdade "profissional" nem a "acadêmica" podem significar liberdade de trabalhar como desejar.

para planejar os serviços e determinar as condições econômicas e sociais do desempenho do trabalho.

O sistema atual não prevê uma representação satisfatória dos leigos: nele os leigos ricos, graças a suas doações filantrópicas, são convidados a ocupar uma cadeira no Conselho de Administração das instituições privadas ou públicas dedicadas à medicina, ao ensino e à assistência social. Esses filantropos são convidados a fazer parte desses Conselhos de Administração porque são defensores dos pontos de vista da profissão. No entanto, deveriam representar o interesse público, que pode ser bem diferente do interesse profissional. Eles devem se sentir honrados pelas doações que fazem e pelo apoio que dão. Entretanto, esse apoio os desqualifica quando se trata de ocupar, de maneira conveniente, um acento nesses conselhos. Os homens leigos que representam segmentos específicos da população, incluindo as ocupações concorrentes, deveriam participar do planejamento e da elaboração de políticas a serem seguidas.[10] Para se prevenir da conversão para a mística profissional, eles deveriam ser advertidos de que a duração de sua tarefa não será muito curta. Até o momento, apenas algumas pessoas idosas, que pertencem às classes mais favorecidas, podem dedicar seu tempo a esses comitês responsáveis pelo planejamento, o estabelecimento e a gestão das políticas públicas. Para fazer com que os indivíduos pobres participem desses fóruns, seria necessário que eles fossem remunerados.

Ao discutir o papel dos leigos na elaboração da política profissional, enfatizei mais a constituição dos grupos encarregados em fixar a política a ser seguida do que a política em si. Este não é o momento de entrar em detalhes, mas alguns aspectos cruciais devem ser mencionados rapidamente aqui. No meu entender, o problema mais importante, a ser tratado em primeiro lugar, é o colocado com a determinação legal de casos nos quais a profissão é convocada sem que a população envolvida seja consultada. A instrução e a vacinação obrigatórias são alguns exemplos evidentes nesse sentido. Outros exemplos podem ser encontrados na internação dos toxicômanos, dos tuberculosos e dos denominados doentes mentais. Esse processo que define

---

10 Nesse contexto, gostaria de me juntar aos que deploram o papel predominante desempenhado pelos filantropos ricos nos Conselhos de Administração das universidades, mas eu deploraria da mesma forma o papel desempenhado pelos professores e os estudantes que têm seus próprios interesses e pontos de vista limitados.

o desvio por via legislativa, sem levar em consideração os atendidos, deveria sofrer maiores limitações. Essa definição legislativa do desvio e a exigência de que ela se encarregue do indivíduo, qualquer que seja sua vontade, tem como única justificação a proteção do bem-estar ou dos direitos daqueles que poderiam ser ameaçados pelo suposto desviante. Os direitos do desviante em si devem ser protegidos pelas disposições legais de uma sociedade livre mais do que pelas boas intenções dos membros da profissão que, como mostrei, nem sempre são bem colocados em prática para garantir essa proteção. Da mesma forma, quando se trata de dar uma jurisdição sobre os problemas humanos, não se deve deixar que as boas intenções nem que o prestígio de uma profissão estabelecida substituam a avaliação cuidadosa de sua competência real. A elevação excessiva das tarifas de saúde pode ser atribuída à exclusão ou à restrição das ocupações concorrentes, que podem, assim como a medicina, se declarar competentes em alguns domínios (que compreendem as doenças mentais, a reeducação, a geriatria, os retardados mentais, os alcoólicos e outros toxicômanos e os serviços de prevenção). E, finalmente, os conselhos que são encarregados de elaborar e tomar as decisões políticas deveriam cuidadosamente distinguir entre a substância da competência e suas modalidades de aplicação ou de prática, assim como as condições dessa prática. Eles teriam de se sentir envolvidos para examinar este último aspecto bem de perto, sem se deixar impressionar pelo fato de serem "questões puramente profissionais".

Poderíamos incluir muitas outras coisas para a profissão chegar a ter uma certa integridade em sua missão, que corresponda às necessidades da sociedade além de se esforçar a minimizar a rigidez e o caráter insular da profissão, a ter o cuidado de que outros pontos de vista sejam fortemente representados para contrabalançar o seu ao se determinar a política que segue o interesse público. Esses são, entretanto, dispositivos para política comunitária geral e não são influenciados marcadamente por dispositivos dos serviços cotidianos que o cliente usa. Nesse caso, alguns conceitos claros sobre os direitos do cliente são necessários. Esse conceito está dominado pela premissa de que o bom para o indivíduo é, em último caso, o direito que ele tem de determinar o problema que vive, o qual não pode ser determinado pelo desempenho profissional. A medicalização do desvio não deve despolitizar o desvio. Da mesma forma quando o que é bom para a sociedade ou para o público é determinado pelos membros da sociedade por meio dos tribunais e não de algum tipo especial de moralidade camuflada, como a *expertise* institucionalizada pelo fiasco legislativo ou burocrático. Dada essa premissa, conseqüentemente, o direito do indivíduo de recusar um serviço deve ser, na maioria das vezes, respeitado. A escolha de um determinado serviço não implica necessariamente o fato de o paciente ter o direito de ser informado sobre as alternativas concretas do diagnóstico e o tratamento disponíveis, incluindo a possibilidade de retirar-se do atendimento assim que ele for iniciado.

Apesar das exigências federais recentes de que os clientes participem como "sujeitos" da pesquisa dando o "consentimento informado" e de os comunicados legais necessários para procedimentos como a cirurgia serem executados, tenho a impressão de que, freqüentemente, os clientes são mais intimidados do que informados sobre o consentimento. A resistência do cliente é enfraquecida, em parte, pelo seu desejo pelo serviço e não por um procedimento específico. A resistência do cliente também é enfraquecida, em parte, pela condição opressiva em que se encontra como também, em parte, pela intimidação calculada, pela restrição de informação e pelas ameaças dissimuladas da equipe profissional em si.[11] Essa intimidação, mesmo se estiver vinculada à crença do bem-estar do próprio cliente, deve ser substituída por um esforço maior na instrução e na persuasão. Se isso falhar, deve ser consentido ao paciente o grande valor da dignidade de sua própria escolha. Afirmo isso para deixar clara minha postura moral nessas recomendações: não acredito que exista qualquer prerrogativa, profissional ou não, para impor a própria noção do que é bom a uma pessoa sobre outra. Acredito que o maior bem é a liberdade individual que cada homem tem de escolher o que é bom para si, mesmo se, ao fazer isso, o resultado seja tal que faça com que outra pessoa olhe-o de maneira prejudicial. Acredito que a imposição da noção do que é bom de uma pessoa sobre outra sempre causa o dano de reduzir sua humanidade.

Finalmente, é necessário observar o nível no qual a ignorância destrutiva e a irracionalidade podem ser liberadas ao se reduzir a autonomia profissional – o risco de que o que é bom e útil para as profissões pode ser prejudicial para os clientes. Esse verdadeiro problema é, entretanto, avaliado apenas do

---

11 Para algumas descrições sobre a maneira com que a autópsia pós-morte de um parente próximo é obtida pelos médicos, ver DUFF e HOLLINGSHEAD, 1968, p.320-329.

ponto de vista profissional, que ressalta a ignorância e a irracionalidade do homem leigo sem levar em consideração, em contrapartida, a ignorância e a irracionalidade dos profissionais. Não há dúvidas de que minhas recomendações, se forem seguidas, não deixariam os profissionais tão mais confortáveis do que temos observado nos últimos cinqüenta anos. Entretanto, acredito que o perigo de se reduzir o profissional a um picareta nesses tempos de extrema confiança nos profissionais é muito pequeno. A condição em que se realiza a consulta em si, afinal das contas, favorece o profissional, pois é ele quem tem algo a oferecer. Além disso, o profissional deve ser protegido pelo regulamento e pelos tribunais. Não pode ser negado que ele precise e mereça proteção. O que eu tenho negado é que ele deva ser protegido pela falta de responsabilidade com o cliente.

## As ilusões da *expertise* e da ética

Nesses dois capítulos conclusivos, tenho enfatizado simultaneamente dois argumentos: um prático e outro teórico. Meu argumento prático envolveu a avaliação do grau em que as profissões de consulta justificam sua reivindicação de controle autônomo sobre seus próprios negócios, onde sugeri como a autonomia profissional pode ser limitada pelo interesse público. Meu argumento teórico origina-se no ponto central deste livro: as profissões são caracterizadas como um tipo de ocupação que conseguiu alcançar uma forma especial de organização ocupacional. A reivindicação persuasiva da posse de uma *expertise* e de uma ética especiais foi um dos fatores que contribuiu nesse sentido. O conhecimento e a ética não são tratados como fatos, mas como reivindicações que podem ou não ser verdadeiras. Neste livro me esforcei em analisar essas reivindicações.

Muitas concepções sociológicas se contrapõem à minha própria posição sobre a natureza das profissões. Elas enfatizam que o conhecimento ou a *expertise* e a orientação para o serviço e a ética são elementos centrais dessa definição. Mas esses autores nunca indicam claramente o que eles querem dizer com esses termos. Ambos – *expertise* e ética – têm sido usados de uma maneira muito geral, sem referências definidas vinculadas com o estado concreto de ser um profissional ou de fazer um trabalho profissional. A expressão *expertise* tem sido usada para se referir a um corpo abstrato de conhecimentos. A expressão ética tem sido usada para se referir aos documentos e juramentos oficiais ou atitudes individuais. Em nenhum desses casos existe a referência ao comportamento ou à atividade no trabalho que constitui, no meu entender, a realidade de ser profissional. Sem essa clara referência, não existe critério disponível para fazer a distinção entre a reivindicação e o fato, a intenção e o comportamento, a promessa e o desempenho.

Sugeri que a natureza do conhecimento profissional ou *expertise* será mais bem avaliada se for examinado o trabalho profissional. Da mesma forma, sugeri que a natureza ética será mais bem avaliada se forem examinadas as formas de regulação do trabalho voltadas para o interesse público. No caso do trabalho profissional, salientei que apenas uma parte do conhecimento é objetivo e confiável – onde utilizo a expressão *"expertise"*. O restante são julgamentos morais de comportamentos ou usos ocupacionais. No caso das formas profissionais de regular o trabalho, salientei que qualquer que seja o código de ética e qualquer que seja a intenção das pessoas integrantes da profissão, esta não executa, de fato, formas de regulação que assegurem e disponibilizem um cuidado uniforme e de qualidade a todos os homens independentemente de seu status econômico e social. Nem a *expertise* nem a ética, portanto, justificam a reivindicação do controle autônomo das condições e do conteúdo de seu trabalho. Se esses elementos *constituem* ou não a definição usual do que é ser profissional, essa é uma questão que eu não tentei responder.

Nesta conclusão, não quis me referir especificamente à profissão médica. Acredito que se alguém faz algum tipo de trabalho organizado de maneira particular, a *expertise* e a ética reivindicadas e imputadas a *todas* as profissões tornam-se, se não ilusórias, ao menos mais fracas e imperfeitas do que se poderia esperar. Usadas de forma acrítica, as palavras "experto desinteressado" ou "profissional" servem para esconder o privilégio e a autoridade. As palavras tomadas ao pé da letra são, entretanto, ilusórias em relação ao que elas se referem mesmo depois de separarmos o conhecimento e a orientação para o serviço "real" do conhecimento e a orientação para o serviço abstrato. Mas o conhecimento deve ser praticado para ser utilizado, e a intenção deve ser atestada pela ação. Se esse conhecimento e essa intenção forem garantidos, a questão passa a ser como eles são realizados. Meu argumento é que o simples fato de ter de praticar o conhecimento faz com que o trabalho profissional deva ser feito por quem, de fato, tem *expertise*. Mas em virtude de sua autonomia organizada, o profissional de consulta é capaz de convencer-se a ser experto em qualquer caso. Sua autonomia, que o leva a se isolar do mundo externo, encoraja um sentimento de missão onisciente na profissão que a previne de ser cuidadosamente honesta consigo mesma e com o mundo que a cerca. A questão não é garantir a intenção e o conhecimento profissional. A questão é o ambiente de trabalho onde a autonomia acontece e seu produto – a visão que a profissão tem de si e do mundo. O que limita a profissão é a variação da autonomia organizada inscrita na divisão do trabalho.

Para escrever este livro, fui estimulado pelas idéias de Berger e Luckmann (1966:107), que declararam a

> realidade é socialmente definida. Mas as definições são sempre personificações de indivíduos e grupo concretos que servem como definidores da realidade. Para entender o estado do universo socialmente construído em qualquer tempo, ou a sua mudança ao longo do tempo, deve-se entender a organização social que permite que os definidores façam suas definições.

A posição de autonomia organizada da profissão de consulta, que inclui seu monopólio sobre um trabalho especial, e um lugar especial na ordem social, permitem que a profissão crie uma importante parcela do universo socialmente construído. O que ela cria é algo composto por um conhecimento relativamente confiável, por seu sentido de missão, e por suas instituições práticas. A substância dessas criações origina-se da experiência dos criadores. A experiência dos criadores é decorrência da perspectiva que eles conquistaram por terem estado em uma posição autônoma especialmente protegida na estrutura social. Uma posição que não leva em consideração a experiência e a avaliação do homem leigo. O prestígio do status profissional; a falta de controle de outras perspectivas ocupacionais; o apoio no paciente indefeso; a ausência de julgamento, inclusive dos pares; a santificada privacidade do consultório, da sala, do confessionário e do escritório; e a tranqüilidade de sua indubitável intenção ética que sustentam a prática das profissões de consulta fazem esquecer que elas são compostas por homens que exercem um conhecimento tão incerto que freqüentemente impede a pretensa *expertise* de ser exercida. Na verdade, eles não apenas criam, independentemente de seus clientes, seu próprio conhecimento, como o impõem a seus clientes. Eles também chegam a criar sua própria concepção sobre si enquanto profissão e também vêem sua concepção ser adotada pelo público externo, incluindo os sociólogos. Assim eles diferenciam o que os profissionais de fato são daquilo que os profissionais pensam que são ou pretendem ser. Confundindo seu conhecimento com sua prática e misturando suas obrigações morais com seu conhecimento, os profissionais reivindicam sua prerrogativa exclusiva. Confundindo sua intenção com sua prática, os profissionais reivindicam uma ética como se estivessem cumprindo uma promessa de qualidade. Essas reivindicações estão apoiadas na proteção em relação ao exame minucioso externo, proporcionado por seu monopólio oficial, e na proteção em relação ao auto-exame minucioso, proporcionado pela visão que tem de si e de seus hábitos ocupacionais.

Devo dizer, mais uma vez, que eu não discrimino a medicina como uma profissão especialmente perversa. Quando penso no que aprendi estudando os médicos, comparo esse aprendizado com o que observo em mim como professor e como alguém que dá consultoria – em poucas palavras, como um profissional. Nesse trabalho, não fui muito diferente dos médicos. Eu também sou um empreendedor moral na minha sala de aula e neste livro. Também devo contar aqui e na minha atividade de consultoria com meu "julgamento clínico". E também não devo avaliar a aula de meus colegas, nem ser avaliado por eles. Não devo tampouco trabalhar com aqueles que me ofendem. Em geral, quando comparo o que aprendi sobre a medicina com o que aprendi com minhas experiências com meus colegas que ensinam na universidade, parece-me que qualquer que seja a diferença existente, ela é a favor dos médicos. A medicina, como profissão, é mais bem regulada e oferece um produto mais honesto do que o trabalho de professor na universidade. Mas essa superioridade é apenas relativa. Com suas melhores intenções, a profissão não consegue ver a si claramente. Com seu status, a profissão se protege de outras profissões. Com isso ela não pode ser vista pelas outras profissões claramente. O status especial é que é o vilão. Se a profissão quiser ser mais honesta, seu status terá de ser modificado. E como a medicina possui jurisdição sobre uma área na qual cada vez aumenta mais a quantidade de valores e atividades humanas envolvidos, é essencial para a sociedade que o status da medicina seja modificado.

Durante o período em que escrevia este livro, tem se tornado conhecida a idéia difundida por alguns segmentos da imprensa sobre a participação comunitária em muitas decisões públicas. Até agora essa experiência tem se restringido apenas às eleições oficiais e aos funcionários civis que reivindicam ter *expertise* e autonomia profissional. Embora esse interesse possa levar a algumas mudanças permanentes na maneira como as decisões públicas são tomadas, a atenção sobre essa questão deve diminuir no futuro. Ela vai diminuir devido à institucionalização que acompanha essa mudança. Além disso, outros fatores contribuirão nesse sentido: a profissionalização dos participantes comunitários, a perda do entusiasmo devido ao enfadonho passo da mudança pacífica, a ascensão de outras questões para dar atenção e o indiscutível fato de que a *expertise* existe e é necessária para o bem público.

Mas mesmo se o interesse esmorecer, o problema continuará existindo e será maior no futuro. Como resultado de minha análise, questiono a capacidade da profissão de ser aquilo que ela reivindica ser. Minha análise possui uma questão séria sobre o critério que apóia a tendência de conceder mais e mais autonomia profissional às ocupações e acreditar que elas servem mais do que determina o interesse público. Existe um perigo real de uma nova tirania que se expressa sinceramente na linguagem do humanitarismo e que impõe seus próprios valores sobre os outros. Insofar minha análise tem tido sucesso em delinear a questão sobre o que é *expertise* e a categoria moral que esconde. Espero também ter conseguido esclarecer até que ponto as profissões devem ter autoridade para determinar seu próprio trabalho. Na minha opinião, o papel da profissão em uma sociedade livre deve ser limitado. Ela deve contribuir oferecendo a informação técnica que o homem necessita para que ele tome suas próprias decisões, baseando-se em seus próprios valores. Quando conseguir se apropriar antecipadamente da autoridade de dirigir, mesmo constrangendo, as decisões humanas baseadas em seus próprios valores, o profissional não será mais um experto, mas um membro de uma nova categoria privilegiada disfarçada de experto.

# APÊNDICE, 1988

Este livro foi escrito há quase vinte anos. Desde então, a profissão médica passou por algumas mudanças extraordinárias. Na verdade, quando escrevi *Profession of Medicine* estava claro que com a aprovação da legislação do *Medicare*, que estabelecia o governo federal como fonte central de financiamento da assistência médica, uma nova era havia começado para a medicina norte-americana. Em vez de tentar acompanhar as mudanças significativas que começaram a ocorrer assim que essa legislação foi aprovada, tentei enfatizar conceitos em meu livro que, como constructos intelectuais, poderiam estar de alguma forma independentes dessas mudanças, além disso, poderia ordená-los e compreendê-los. Neste apêndice, reexaminarei alguns desses conceitos em função do que ocorreu desde então.

Também me incumbirei de uma outra tarefa, um pouco diferente, proveniente do fato de este livro ser tanto uma avaliação quanto uma análise. Nos dois últimos capítulos, discuti a justificativa para o controle que a profissão médica exerce sobre o conhecimento e a forma com que ele é aplicado aos problemas humanos, assim como a justificativa para o direito de auto-regulamentação da profissão. Desde que escrevi o livro, muita coisa aconteceu com a finalidade de aumentar os direitos e os privilégios dos pacientes e aumentar a responsabilidade profissional. Dessa forma, concluirei com uma avaliação desses progressos e suas implicações para a medicina e para o público.

## A autonomia da medicina

Autonomia é o conceito central deste livro. Todavia, como mencionaram alguns críticos, não se trata de um conceito leal. Ele pode ter duas implicações bem diferentes – a autonomia *da* influência ou poder de outros, e a autonomia *para* influenciar ou exercer poder sobre outros. Nas primeiras partes deste livro, analisei de que maneira a medicina alcançou uma posição de independência que incluía a proteção da concorrência de outras profissões, a interferência do Estado e as exigências dos pacientes. Também analisei a autonomia da profissão médica em função da atividade de outras ocupações, que define quem tem o poder para determinar se alguém está ou não doente, quais serviços o paciente deve receber e como esses serviços devem ser organizados e apresentados.

Na análise inicial, contudo, mostrei que a profissão médica não desfruta com freqüência de autonomia em todas as esferas da vida social. Comparei a posição da profissão médica nos Estados Unidos, na Inglaterra e no País de Gales, na União Soviética, e (na edição francesa) na França. Observei tanto a ampla liberdade econômica da profissão médica norte-americana quanto a influente posição política de sua associação independente e organizada. Em contraste, mencionei que a medicina soviética não possuía independência política nem econômica do Estado e de seu partido governante. Os seus membros são fundamentalmente funcionários públicos, mas isso não significa que a medicina soviética não possua autonomia. Como a medicina nos Estados Unidos e em outros países, ela tem uma jurisdição legal que lhe atribui o direito exclusivo de realizar o trabalho médico, de controlar a seleção e o treinamento de seus membros e de formular os padrões usados na avaliação do trabalho que realiza. A profissão médica é capaz também de falar de forma autorizada sobre as doenças, suas causas e seu tratamento adequado. Isso atribui à profissão médica na União Soviética, como em outros lugares, o direito de determinar quem serão os pacientes e como eles serão tratados e permite que sua voz tenha peso marcante na determinação da política nacional sobre assuntos de saúde. Argumentei que a profissão médica, mesmo sem autonomia política e econômica, controla um conjunto valioso de conhecimentos e perícias – ou seja, a *autonomia técnica* –, ferramenta que pode influenciar o poder econômico e político. Uma análise cuidadosa desse ponto é essencial para a avaliação da posição da profissão médica norte-americana hoje.

## A autonomia da medicina norte-americana hoje

Este livro retrata a medicina durante a sua breve Era de Ouro, entre 1945 e 1965. Naquela época, ela estava historicamente em um apogeu inédito de prestígio, prosperidade e influência política e cultural – talvez com a maior autonomia que uma profissão poderia ter. O sonho acabou quando o governo (por meio da legislação do *Medicare* e do *Medicaid*) assumiu a maior responsabilidade pelo pagamento das contas dos idosos e dos pobres, em conseqüência o custo da assistência médica começou a subir mais rapidamente do que quaisquer outros bens ou serviços. Além disso, as seguradoras privadas que garantiam o pagamento pelos cuidados médicos da maior parte da população e os grandes empregadores corporativos que pagavam pela maioria desse seguro passaram a procurar maneiras para controlar o aumento dos custos. O controle de custos era um assunto público e, portanto, político e tornou-se ainda mais proeminente quando a economia diminuiu seu ritmo de crescimento.

Foi aprovada uma legislação adicional para encorajar práticas cujos serviços fossem assegurados de forma pré-paga em vez de remuneração por serviço. Foram instituídas exigências formais para examinar as decisões favoráveis à internação hospitalar, assim como as decisões de tratamento durante a internação, e estabelecidas taxas tabeladas de reembolso baseadas nas categorias de diagnóstico para casos tratados no hospital. Além disso, vários mecanismos administrativos e de inspeção foram estabelecidos para monitorar a tomada de decisão médica. No final de 1987, os custos ainda não haviam sido contidos e os honorários dos médicos continuavam a subir mais rápido que os de outros profissionais. Portanto, é possível que a pressão econômica e administrativa continue e provavelmente se intensifique. Mesmo agora é claro que a profissão médica norte-americana perdeu parte de sua influência política e de sua capacidade de resistir às pressões econômicas. Grandes perdas podem ser esperadas até o final do século.

Será que isso significa que a medicina está em vias de perder o seu "status profissional"? A resposta a essa pergunta está intimamente associada à definição desse termo. Defini a autonomia como técnica, mas não necessariamente política ou econômica. Portanto, a perda da influência política e da independência econômica não representam a perda de profissionalismo segundo acabo de descrever. Os professores universitários, por exemplo, raramente são profissionais liberais, nunca foram bem pagos e nunca tiveram voz política influente e organizada, mas esses elementos nunca levantaram qualquer questionamento sobre seu status profissional. Para o profissionalismo não são essenciais a independência econômica ou o controle das instituições profissionais independentes do Estado ou do capital. O essencial é o controle sobre o desempenho e a avaliação de um conjunto de tarefas demarcadas e sustentadas pela jurisdição estabelecida sobre um corpo particular de conhecimento e perícia. Esse controle é sempre baseado no poder *delegado* por outros, já que o conhecimento e a perícia não têm poder ativo próprio.

Entretanto, algumas das mudanças dos últimos vinte anos ameaçam até mesmo a autonomia técnica da profissão médica norte-americana. Foram instituídos comitês formais de revisão que examinam os diagnósticos feitos pelos médicos, os procedimentos que realizam e os serviços terapêuticos que solicitam. Esses comitês têm o poder e o dever de negar o reembolso para decisões e reivindicações médicas que não se amoldam aos seus padrões. Os médicos estão perdendo completamente a "liberdade clínica" que tinham durante a Era de Ouro. Não se sabe exatamente até que ponto a liberdade está sendo perdida, mas, por enquanto, sabemos que as instituições não operam de forma prevista nem tolerada por aqueles que as estabeleceram, e que todas as tentativas de controle social são recebidas com evasivas. Não temos praticamente nenhuma informação sobre a maneira com que essas instituições trabalham na realidade, e mesmo as tendo seria ingenuidade assumir que elas operam como haviam planejado aqueles que as criaram.

Mesmo que os médicos perdessem toda a sua liberdade de ação, isso não significaria que a *profissão* teria perdido sua autonomia técnica. Esse seria o caso apenas se a avaliação do trabalho médico e o exercício de autoridade sobre os médicos estivessem nas mãos de pessoas de outras ocupações. Mas nos Estados Unidos, como na maioria dos países, apenas os membros da profissão têm o direito de estabelecer padrões técnicos oficiais e legais para o trabalho médico e apenas eles têm o direito de exercer autoridade sobre a conduta técnica do trabalho médico. Isso significa que os médicos estão se tornando subordinados a outros médicos que estabelecem padrões de diagnóstico e tratamento e estão encarregados de administrá-los. A posição deles mudou de uma "associação de iguais" para a subordinação de muitos a alguns poucos. Essa é uma subordinação a colegas da mesma profissão em um sistema *controlado profissionalmente*, e não uma subordinação a pessoas que são treinadas como gerentes, o que é encontrado, por exemplo, em ambientes industriais ou comerciais convencionais. Enquanto o médico está perdendo ao menos um pouco da autonomia técnica, a profissão em si parece ter a autonomia que sempre teve.

Essa conclusão contém um problema de conceituação em torno do fenômeno do profissionalismo. Aqueles entre nós que têm tentado lidar de forma analítica com a idéia quase nunca conseguiram resolver o problema sistematicamente. A abordagem mais comum é pensar a profissão como um grupo de profissionais representado, às vezes, por uma comunidade com identidade e interesses ora compartilhados ora divididos, ou mesmo fragmentados em "hemisférios", segmentos, camadas etc. diferentes, mas sem relações estruturadas. Uma abordagem menos comum é tratar as profissões por meio de análise das associações formais que as representam política e economicamente, as quais facilitam a comunicação do novo conhecimento e "qualificam" seus membros. Isso ajuda na investigação sobre a maneira que as profissões estão formalmente ligadas com a política econômica, mas negligencia seriamente as instituições em que o trabalho profissional é exercido. Ao mesmo tempo em que cada abordagem fornece uma abertura estratégica, cada uma é parcial e corre o risco de omitir ou enfatizar alguns elementos apenas parcialmente e outros em excesso. Em ambas as abordagens, por exemplo, os funcionários e as instituições educacionais ou de treinamento, parte essencial do sistema que cria e sustenta profissões, tendem a receber pouca atenção.

O problema é que enquanto as profissões precisam ser vistas como corporações, nos Estados Unidos e na maioria dos países de língua inglesa, elas estão organizadas de maneira muito frouxa para serem pensadas como sistemas. Entretanto, só conseguirão sustentar a autonomia que têm se integrarem um sistema no qual o médico, especialista ou não, é apenas uma parte do todo, e as associações e instituições onde a profissão é praticada são apenas elementos de uma organização maior. A entrada nesse sistema por meio de qualquer um desses elementos distorce inevitavelmente a nossa visão dos outros. Certamente, a tentativa de avaliar a autonomia profissional, tratando os profissionais como *a* profissão, ignora algumas fontes importantes de autonomia no sistema maior e concentra-se no status político das associações profissionais e na posição econômica de seus membros. Esse problema deveria nos levar a ser mais cautelosos com as alegações de que foi encontrada *a* chave para se compreender ou explicar as profissões e deveria nos ensinar a insistir na descrição detalhada e sistemática como uma avaliação criteriosa da teoria.

## A mudança de posição do paciente

A consulta está intrinsecamente ligada à medicina: a profissão médica se estabelece, sobrevive e justifica-se por prover serviços a seus pacientes. Então temos de nos perguntar: e os pacientes? Será que as mudanças dos últimos vinte anos nos Estados Unidos promoveram mudanças no caráter dos serviços oferecidos pelos médicos? Será que o relacionamento entre pacientes e médicos passou por transformações importantes? Algumas pessoas que analisam o declínio da profissão médica chegam a essas perguntas em parte porque acreditam que o consumidor ou paciente ganhou mais poder dentro do sistema de saúde. De fato, tanto o governo federal quanto as seguradoras particulares podem ser vistos como agentes do consumidor, usando o seu considerável poder econômico para proteger os consumidores e o faz impondo padrões mínimos de prática enquanto controlam os custos. Vários movimentos dos consumidores têm sido responsáveis por fazer com que as informações se tornem cada vez mais disponíveis aos pacientes e por ampliar seus direitos legítimos. Além disso, o mecanismo institucional para a solicitação, a deliberação e a tomada de ação corretiva em relação às queixas dos pacientes foram bem aprimoradas por associações profissionais e por grandes organizações de assistência médica, ambas vinculadas a seguradoras particulares e públicas. Alguns grupos de pacientes, especialmente os compostos por mulheres instruídas de classe média com idade para engravidar, passaram a ter maior tendência a desafiar a autoridade médica, insistindo em desempenhar um papel mais ativo em seu tratamento.

Esses movimentos criaram várias mudanças importantes no contexto administrativo e interpessoal dentro do qual a interação entre médico e paciente ocorre. Contudo, enquanto o sistema em que o médico é ativo e orientador, e o paciente é passivo e cooperador, tem se abrandado, existem poucas evidências de que ele tenha mudado tão radicalmente a ponto de tornar-se igualitário, envolvendo uma participação recíproca verdadeira. Na verdade, a concentração de poder econômico e administrativo nas mãos daqueles que pagam as contas dos pacientes reduziu a liberdade clínica dos médicos assim como a liberdade de escolha dos pacientes. A capacidade (e, talvez, a disposição) dos médicos em acomodar os desejos de seus pacientes é limitada pelos padrões impostos administrativamente na medida em que a assistência médica tem se organizado em sistemas maiores e mais burocráticos financiados por agências interessadas em controlar os custos. Os pacientes passaram a ser escravos do contrato firmado com a agência que paga pela assistência médica e que decide o que será pago. No meu entender, os pacientes mais perderam individualmente influência nas novas circunstâncias contratuais que envolvem a sua interação com os médicos do que ganharam coletivamente a partir dos movimentos de defesa do consumidor ou dos benefícios legais e econômicos decorrentes.

## A emergência da medicina oficial

Como indivíduos, tanto os pacientes quanto os médicos parecem ter perdido influência em relação à imputação de doenças e à seleção de remédios para elas. Há pouco tempo, era muito difícil argumentar persuasivamente que a medicina norte-americana era capaz de impor uma "hegemonia" monolítica e oficial sobre as formas de desvio que poderiam ser chamadas de doença e sobre os meios a ser empregados para lidar com elas. A Associação Médica norte-americana, várias sociedades especializadas e o Serviço de Saúde Pública norte-americano conseguiram promulgar "recomendações" autoritárias, mas elas não tinham sanção oficial. Muitos segmentos da população, encorajados pelos meios de comunicação de massa, adotaram um grande número de conceitos sobre doença e saúde, assim como uma variedade de meios não-ortodoxos de tratamento. Os médicos foram divididos em "correntes de opinião", e a etiqueta da prática defendia que uma opinião divergente deveria ser respeitada enquanto permanecesse dentro dos limites amplos da ortodoxia, e que as decisões baseadas na experiência clínica de primeira mão deveriam ser mais respeitadas do que os conhecimentos obtidos em livros-texto ou revistas científicas. A "mentalidade clínica" estava razoavelmente livre dos constrangimentos da opinião coletiva dos colegas de profissão. Nos tribunais, apenas os padrões locais "da comunidade" eram usados para arbitrar as ações de erro médico. Diante dessa variedade e na ausência de mecanismos institucionais para impor um ponto de vista em particular, era bem difícil encontrar provas que sustentassem o quadro de dominação ou hegemonia médica pintado tão vividamente por autores como Illich, Foucault e seus seguidores.

Hoje, existe uma diversidade de movimentos leigos de saúde e terapia cuja influência sobre a legislação continua muito forte. O que tem mudado é o desenvolvimento de um conjunto *oficial* de padrões técnicos, diagnósticos, terapêuticos e de pessoal que tem um impacto distinto no cuidado ao paciente. É importante lembrar, entretanto, que a adesão a esses padrões não é totalmente obrigatória. Eles são mantidos por uma pressão econômica e não por uma pressão legal: os pacientes não serão reembolsados se utilizarem os serviços de profissionais que não possuem credenciais aprovadas, mas eles não estão proibidos de utilizá-los. Da mesma forma, os médicos estão livres para diagnosticar e tratar os pacientes que quiserem fora do controle oficial, mas seus pacientes não serão reembolsados pelo custo do serviço e podem não ter condição ou disposição para pagar o médico do seu próprio bolso. Apesar de o limite imposto pela medicina oficial sobre as escolhas dos pacientes e dos médicos ser real, ele não é absoluto.

Além disso, a consistência e a coerência desses padrões aprovados oficialmente não deveriam ser exageradas, pois sua substância é determinada pelas atividades políticas das ocupações que buscam se qualificar para serem reembolsadas, das corporações que buscam obter autorização para o reembolso da compra e uso de novas drogas e outras tecnologias de diagnóstico e terapia que elas produzem e dos médicos e consumidores que buscam obter o reembolso para o tratamento de categorias diagnósticas particulares e para tipos particulares de tratamento. Os padrões que são adotados, portanto, devem ser vistos como resultado de um processo político complexo de negociação e concessões. Entretanto, mesmo que esses padrões não possam ser representados como algo monolítico, inteiramente consistente ou apoiado pela força plena da lei, é verdade, contudo, que eles limitam tanto a liberdade do paciente quanto do médico e representam uma mudança de certa importância. Na verdade, acredito que essa mudança exija uma outra análise na questão da autonomia profissional e suas implicações para a assistência médica.

## Autonomia e serviço humano

Muitas das mudanças que ocorreram na posição ocupada pela profissão médica nas últimas duas décadas há muito já eram esperadas. A Era de Ouro da medicina norte-americana foi de irresponsabilidade profissional, na qual a medicina fez pouco para revelar e corrigir o comportamento incompetente, irresponsável e antiético por parte de seus membros. Nesse período, a medicina tentou impedir que seus membros participassem de formas organizadas de exercício da profissão e de métodos de pagamento que pudessem reduzir os custos dos consumidores, nos quais a medicina não fez nenhum esforço significativo para desencorajar seus membros a cobrarem cada vez mais. Foi um próprio fracasso o fato de a profissão auto-regular-se em função do interesse do público que criou as pressões legais, econômicas e políticas dos últimos vinte anos. E, paradoxalmente, foi a insistência da profissão no pagamento do tipo honorário por serviço que praticamente forçou o desenvolvimento de esforços surpreendentemente elaborados na fiscalização, na crítica e no controle dos pedidos de reembolso.

Não se sabe até que ponto o controle sobre o trabalho médico será expandido e limitado. Mesmo hoje, não temos provas confiáveis sobre como as regras funcionam na realidade, embora elas devam limitar a autonomia técnica dos médicos até certo ponto. Como esses padrões são criados e administrados por membros da profissão, eles permanecem dentro do controle da medicina como um todo, mas são empregados tanto para reduzir as escolhas discricionárias dos médicos quanto para impedir que os pacientes assim como os médicos sejam reembolsados por outras coisas que não pelo que é autorizado oficialmente. Os pacientes passaram a ter mais poder dentro dos limites do que a medicina oficial autoriza. Os médicos podem empregar seu julgamento discricionário (*discretionary judgment*)[1] apenas dentro desses limites. Apesar de não querer sugerir que o esforço amplo para aumentar a responsabilidade e reduzir o poder discricionário não seja justificado, é necessário lembrarmos de que ele pode ir longe demais. Sem a preservação do equilíbrio delicado entre a liberdade e a restrição, podemos aca-

---

1 O julgamento discricionário refere-se a alguém ter ou usar sua habilidade para agir ou decidir de acordo com sua própria discrição e avaliação. (N.T.)

bar emaranhados em um sistema de saúde que reduz em vez de melhorar a qualidade das nossas vidas. Esse sistema pode ser criado ao se desencorajar os médicos a empregar um julgamento discricionário em seu trabalho.

A questão básica pode ser expressa de maneira bem simples. Se as categorias diagnósticas e os procedimentos de tratamento e gerenciamento aprovados oficialmente são definidos e impostos com muitas restrições, isso não limita apenas a autonomia do médico, mas também trata os pacientes como coisas padronizadas em vez de indivíduos idiossincráticos, forçando muitos pacientes às categorias impostas e excluindo outros inteiramente do tratamento a não ser que eles se possam dar ao luxo de pagar do próprio bolso. É verdade que quanto mais os métodos de controle de custos e qualidade se assemelham àqueles empregados na indústria de produção de bens mais baixo torna-se o custo monetário por unidade padronizada. Essa "eficiência", no entanto, é conquistada à custa da transformação da maioria dos pacientes e de seus problemas com objetos industriais e da recusa de serviço para outros.

O consumismo pode conquistar para os pacientes direitos legalmente definidos e mecanismos mais formais de apelação das decisões. É desejável que o consumismo exerça papel limitado na humanização da qualidade do serviço. Para impedir essa desumanização, a assistência à saúde tem de ser organizada de modo a preservar a discrição na seleção e na administração do serviço, pois é apenas o julgamento discricionário que considera as pessoas e as circunstâncias como únicas. Somente os médicos possuem tanto a experiência imediata de prover serviço a indivíduos concretos quanto alguma autoridade técnica para desempenhar um papel importante para determinar o que será esse serviço. Eles estão mais bem equipados para mediar as relações entre seus pacientes e o sistema formal. Para prover um serviço humano verdadeiro, os médicos devem ter um nível significativo de autonomia dentro de limites razoáveis ditados pelos direitos dos pacientes, dos padrões oficiais e da responsabilidade. Isso não significa um retorno à posição de liberdade irresponsável da medicina durante a Era do Ouro, mas que os médicos não serão reduzidos a engrenagens passivas de um sistema racionalizado.

Os médicos estão em um momento crítico de sua história: as decisões que tomam agora terão um efeito duradouro na qualidade do sistema de saúde organizado que está começando a surgir. Respondendo às pressões econômicas, administrativas e técnicas que estão agora transformando o conteúdo, os termos e as condições do seu trabalho, eles agiriam de maneira correta caso mostrassem como a sina dos pacientes está ligada à sina de seus médicos. Se eles apenas repetirem a velha retórica das boas intenções enquanto revelarem de maneira clara seus interesses egoístas, continuarão a perder a influência na política. Mas, se lutarem por políticas que apóiem o tipo de autonomia responsável e limitada, justificável pelo bem-estar dos pacientes, os médicos encontrarão muitos aliados para ajudá-los a preservar o que existe de melhor nas tradições de sua profissão.

# REFERÊNCIAS BIBLIOGRÁFICAS

ABEL-SMITH, B. *A History of the Nursing Profession.* London: William Heinemann, 1960.
_____. *The Hospitals, 1800-1948.* London: William Heinemann, 1964.
ACKERKNECHT, E. W. *Short History of Medicine.* Nova York: The Ronald Press Co., 1955.
ADAMS, S. Trends in Occupational Origins of Physicians. *American Sociology Review,* XVIII, 1953.
AKERS, R. L. & QUINNEY, R. Differential Organization of Health Professions: A Comparative Analysis. *American Sociological Review,* XXXIII:104-121, 1968.
AMERICAN JOURNAL OF MEDICAL TECHNOLOGISTS. *Hospital Management,* LXXXV, 1958, 122.
AMOSOFF, N. *The Open Heart.* Nova York: Simon and Schuster, 1966.
ANDERSON, O. W. & SHEATSLEY, P. B. Comprehensive Medical Insurance. *Health Information Foundation Research Series,* n.9, 1959.
ASSOCIAÇÃO BLUE CROSS. *Inquiry,* II:1-107, 1965.
AUBERT, V. & MESSINGER, S. The Criminal and the Sick. *Inquiry,* I, 1958.
BADGLEY, R. F. & WOLFE, S. *Doctors' strike:* Médical Care and Conflict in Saskatchewan. Nova York: Atherton Press, 1967, p.115-118.
BAKWIN, H. Pseudoxia pediátrica. *New England Journal of Medicine,* CCXXXII:691-697, 1945.
BALINT, M. *The doctor, his patient and the illness.* Londres: Pitman Medical Publishing Co., 1960.
_____. *The doctor, his patient and the illness.* Nova York: International Universities Press, 1957.
BARBER, B. *Drugs and society.* Nova York: Russell Sage Foundation, 1967, p.128.
_____. *Science and the Social Order.* Nova York: Collier Books, 1962.

BARKER, R. et al. Adjustment to Physical Handicap and Illness: A Survey of the Social Psychology of Physique and Disability. *Social Science Research Council Bulletin*, 55 (revisado em 1953).

BARNETT, H. G. *Innovation:* The Basis of Cultural Change. Nova York: McGraw-Hill Book Co., 1953.

BECKER, H. S. The Nature of Profession. In: *Education for the professions*. Chicago: National Society for the Study of Education, 1962, p.24-46.

_____. Personal Changes in Adult Life. *Sociometry*, XXVII, 1964.

_____. *Outsiders*. Nova York: The Free Press of Glencoe, 1963, p.147-163.

_____. History, culture and subjective experience: an exploration of the social bases of drug-induced experiences. *Journal of Health and Social Behavior*, VII:163-176, 1967.

_____. et al. *Boys in White, Student Culture in Medical School*. Chicago: University of Chicago, 1961.

_____. *Outsiders, Studies in the Sociology of Deviance*. Nova York: The Free Press of Glencoe, 1963.

BEECHER, H. K. Surgery as placebo, a quantitative study of Bias. *Journal of the American Medical Association*, CLXXVI:1102-1107, 1961.

_____. *Measurement of subjective responses*. Nova York: Oxford University Press, 1959, p.188-189.

BELKNAP, I. *Human Problems of a State Mental Hospital*. Nova York: McGraw-Hill Book Co., 1956.

_____. & STEINLE, J. G. *The Community and Its Hospitals*. Syracuse: Syracuse University Press, 1963.

BEN-DAVID, J. Roles and innovations in medicine. *American Journal of Sociology*, LXV:557-558, 1960).

_____. Professionals and Unions in Israel. *Industrial Relations*, V:54, 1965.

BEN GAFFIN ASSOCIATES. What Americans Think of Theirs Medical Services. *American Medical Association*, n.d.

BERGER, P. L.; LUCKMANN, T. *The social construction of reality*. Garden City, Nova York: Doubleday and Co., 1966, p.107.

_____. & LUCKMANN, T. *The Social Construction of Reality*. Garden City, Nova York: Doubleday and Co., 1966.

BITTNER, E. Police discretion in apprehending the mentally Ill. *Social Problems*, XIV:278-292, 1967.

BLACKWELL, B. The Literature of Delay in Seeking Medical Care for Chronic Illnesses, *Health Education Monographs*, n. 16, 1963, p.3-3.

BLAU, Z. S. Exposure to Child-Rearing Experts: A Structural Interpretation of Class-Color Differences, *American Journal of Sociology*, LXIX, 1964, p.596-608.

BLOOM, S. W. The Sociology of Medical Education, Some Comments on the State of a Field. In: *The Milbank Memorial Fund Quarterly*, XLIII, 1956.

BLUM, R.; BLUM, E. *Health and Healing in Rural Greece.* Stanford: Stanford University Press, 1965, p.53.

BONNER, T. N. *Medicine in Chicago, 1850-1950.* Madison: The American History Research Center, 1957.

BORGATTA, E. F. Research problems in evaluation of health service demonstrations. *Milbank Memorial Fund Quarterly*, XLIV. Out. 1966. Part II, p.182-201.

BOSK, C. L. Review essay. Avoiding conventional understanding: the enduring legacy of Eliot Freidson. *Sociology of Health & Illness.* 28:5, 2006. p.637-653.

BRIM JUNIOR, O. G. Socialization Through the Life Cycle. In: BRIM JUNIOR, O. G. & WHEELER, S. *Socialization after Childhood.* Nova York: John Wiley & Sons, 1966.

BRINT, S. Eliot Freidson's contribution to the sociology of professions. *Work and Occupations.* 20:3, 1993. p.259-278.

BULLOUGH, B. & BULLOUGH, V. L. *The Emergence of Modern Nursing.* Nova York: The Macmillan Co., 1964.

BULLOUGH, V. L. The Term 'Doctor'. *Journal of the History of Medicine and Allied Sciences*, XVIII:284-287, 1963.

_____. *The Development of Medicine as a Profession.* Nova York: Hafner Publishing Co., 1966.

BURLING, T. et al. *The Give and Take in Hospitals.* Nova York: G. P. Putnam's Sons, 1956.

BURROW, J. G. *AMA, Voice of American Medicine.* Baltimore: Johns Hopkins University Press, 1963.

CAHALAN, D. et al. Career Interests and Expectations of U.S. Medical Students. *Journal of Medical Education*, XXXII, 1957.

CAMPBELL, J. A.; MCPHAIL, D. C. Acute appendicitis. *British Medical Journal*, I:852-855, 1958.

CANNON, W. B. Voodoo Death. *American Anthropologist*, XLIV, 1942.

CAPLOW, T. *The Sociology of Work.* Minneapolis: University of Minnesota Press, 1954.

_____. *The sociology of work.* Minneapolis: University of Minnesota Press, 1954, p.114.

CARLIN, J. *Lawyers' Ethics, A Survey of the Nova York City Bar.* Nova York: Russell Sage Foundation, 1966.

CARR-SAUNDERS, E. M. & WILSON, P. A. *The Professions.* Cambridge: Clarendon Press, 1936 [Oxford, 1933].

CARSTAIRS, G. M. & HERON, A. The Social Environment of Mental Hospital Patients: A Measure of Staff Attitudes. In: GREENBLATT, M. et al. (eds.). *The Patient and the Mental Hospital.* Glencoe, Illinois: The Free Press, 1957, p.218-230.

CARTWRIGHT, A. *Human Relations and Hospital Care.* London: Routledge and Kegan Paul, 1964, p.177-188.

_____. *Patients and their Doctors.* London: Routledge and Kegan Paul, 1967.

CAUDILL, W. A. Around the Clock Patient Care in Japanese Psychiatric Hospitals: The role of the Tsukisoi. *American Sociologycal Review,* XXVI, 1961.

CICOUREL, A. V. *The social organization of juvenile justice.* Nova York: John Wiley & Sons, 1968.

CLARK, D. W. Government Health Programs and Services. In: CLARK & MACMAHON, (eds.) *Preventive Medicine.* Boston: Little, Brown and Co., 1967, p.813-847.

_____. Social Welfare. In: CLARK & MACMAHON, (eds.) *Preventive Medicine.* Boston: Little, Brown and Co., 1967, p.781-812.

CLAUDINE, H. Préface. In: Freidson, Eliot. *La profession medicale.* Paris: Payot, 1984, p.7-8.

CLOWARD, R. A.; Epstein, I. Private social welfare's disengagement from the poor: the case of family adjustment agencies. In: ZALD, M. N. (ed.). *Social Welfare Institutions.* Nova York: John Wiley & Sons, 1965, p.623-644.

CLUFF, L. E. et al. Studies in the epidemiology of adverse drug reactions. *Journal of the American Medical Association,* CLXXXVIII:976-983, 1964.

CLUTE, K. F. *The General Practitioner, A Study of Medical Education and Practice in Ontario and Nova Scotia.* Toronto: University of Toronto Press, 1963.

COCHRANE, A. L. et al., Observer's errors in taking medical histories. *Lancet,* CCLX:1007-1009, 1951.

_____. e L. H. Garland. Observer error in the interpretation of chest film: an international comparison. *Lancet,* CCLXIII:505-509, 1952.

COGAN, M. I. Toward a Definition of Profession. *Harvard Educational Review,* XXIII:33-50, 1953.

COHEN, A. K. *Deviance and Control.* Englewood Cliffs: Prentice-Hall, Inc., 1966.

COHN-HAFT, L. *The Public Physician of Ancient Greece.* Northampton, Massachusetts: Smith College, 1956.

COKER, R. E. et al. Public Health as Viewed by the Medical Student. *American Journal of Public Health,* XLIX:601-609, 1959.

COKER JUNIOR, R. E. et. al. Medical Student's Attitudes Toward Public Health. *The Milbank Memorial Fund Quarterly,* XLIV, 1966.

COLEMAN, J. S.; KATZ, E. & MANZEL, H. *Medical Innovation, A Diffusion Study.* Indianapolis: Bobbs-Merrill Co., 1966.

CONRAD, P. Eliot Freidson's revolution in medical sociology. *Interdisciplinary Journal for the Social Study of Health, Illness and Medicine.* 11:2, 2007, p.141-144.

COOGAN, M. L. Toward a Definition of Profession. *Havard Educational Review,* XXIII:33-50, 1953.

COPEMAN, W. S. C. *Doctors and Disease in Tudor Times.* London: Dawsons', 1960.
CORBETT, W. T. *The Medicine-Man of the American Indian and his Cultural Background.* Springfield, Illinois: Charles C. Thomas, 1935.
CORWIN, R. G. The Professional Employee: A Study of Conflict in Nursing Roles. In: *American Journal of Sociology,* LXVI:604-615, 1961.
COSER, R. L. Alienation and the Social Structure: Case Analysis of a Hospital. In: FREIDSON, op. cit., p.231-265.
_____. Authority and Decision-Making in a Hospital. *American Sociological Review,* XXIII, 1958.
_____. Insulation from Observability and Types of Social Conformity. *American Social Review,* XXVI, 1961.
CRANE, D. Social Structure in a Group of Scientists: A test of the 'Invisible College' Hypothesis. *American Sociological Review,* XXXIV, 1969.
CROOG, S. H. Ethnic origins and responses to health questionnaires. *Human organization,* XX:65-69, 1961.
CUMMING, E.; HARRINGTON, C. Glergyman as counselor. *American Journal of Sociology,* LXVII:517-531, 1962.
_____. et al. Policeman as Philosopher, Guide and Friend. *Social Problems,* XII:276-286, 1965.
_____. *Systems of Social Regulation.* Nova York: Atherton Press, 1968.
_____. & CUMMING, J. *Closed Ranks, An Experiment in Mental Health Education.* Cambridge: Harvard University Press, 1957.
DAVIS, F. Uncertainty in Medical Prognosis, Clinical and Functional. *American Journal of Sociology,* LXVI, 1960.
_____. Uncertainty in medical prognosis, clinical and functional. *American Journal of Sociology,* LXVI:41-47, 1960.
_____. *Passage through crisis: polio victims and their families.* Indianapolis: Bobbs-Merrill Co., 1963, p.64.
_____. (ed.). *The Nursing Profession.* Nova York: John Wiley & Sons, 1966.
_____. *Passage Through Crisis, Polio Victims and Their Families.* Indianapolis: Bobb-Merril Co., 1963.
DAVIS, J. A. *Undergraduate Career Decisions.* Chicago: Aldine Publishing Co., 1965.
DAVIS, M. Variations in patients' compliancy with doctors' advice. *American Journal of Public Health,* LVIII:274-288, 1968.
DAVIES, L. G. Observer variation in reports on electrocardiograms. *British Heart Journal,* XVIII:568, 1965.
DENSEN, P. M.; JONES, E. W.; BALAMUTH, E. & SHAPIRO, S. Prepaid Medical Care and Hospital Utilization in a Dual Choice Situation. *American Journal of Public Health,* L:1710-1726, 1960.

DENZIN, N. R. & METTLIN, C. J. Incomplete Professionalization: The Case of Pharmacy. *Social Forces*, XLVI:375-382, 1968.

DOAN, J. B. Quelques aspects de la féminisation dans les professions libérales et médicales. *Les Concours Médical*, LXXXVII:1480-1486, 1965.

_____. & LÉVY, D. R. Les femmes dans la médecine et les professions libérales. *Cahier de Sociologie et de Démographie Médicales*, IV:123-136, 1964.

DONABEDIAN, A. A Review of Some Experiences with Prepaid Group Practice. *Bureau of Public Health Economics, Research Series*, n.12. Ann Arbor: School of Public Health, The University of Michigan, 1965.

_____. Evaluating the quality of medical care. *Milbank Memorial Fund Quarterly*, XLIV. Jul. 1966. Part II, p.166-206.

DOUGLAS, J. D. *The social meaning of suicide*. Nova Jersey: Princeton University Press, 1967.

DOWLING, H. F. How do practicing physicians use new drugs? *Journal of the American Medical Association*, CLXXX:233-236, 1963.

_____. How do Practicing Physicians Use Nova Drugs? *Journal of the American Medical Association*, CLXXXV, 1963.

DUBOS, R. *Mirage of health*. Garden City, Nova York: Anchor Books, 1961.

DUFF, R. S.; HOLLINGSHEAD, A. B. *Sickness and society*. Nova York: Harper and Row, 1968, p.320-329.

_____.; HOLLINGSHEAD, A. B. *Sickness and society*. Nova York: Harper and Row, 1968, p.382.

_____.; HOLLINGSHEAD, A. B. *Sickness and society*. Nova York: Harper and Row, 1968.

DYKMAN, R. A. & STALNAKER, J. M. Survey of women Physicians Graduating from Medical Schools, 1925-1940. *Journal of Medical Education*, XXXII. 1957. Parte II, p.1-38.

ECKSTEIN, H. *Pressure Group Politics:* The Case of British Medical Association. Stanford, California: Stanford University Press, 1960.

_____. *The English Health Services*. Cambridge: Harvard University Press, 1959.

EISELE, C. W. (ed.). *The Medical Staff in the Modern Hospital*. Nova York: McGraw-Hill Book Co., 1967.

EVANG, K. *Health Service, Society and Medicine*. London: Oxford University Press, 1960.

EVANS-PRITCHARD, E. E. *Witchcraft, Oracles and Magic Among the Azande*. Oxford: Clarendon Press, 1937.

FEIFER, G. *Justice in Moscow*. Nova York: Dell Publishing Co., 1965.

FEINGOLD, E. *Medicare: Policy and Politics*. San Francisco: Chandler Publishing Co., 1966.

FELDSTEIN, P. J. Research on the demand for health services. *Milbank Memorial Fund Quarterly*, XLIV, 1966. Part II, p.138.

FIELD, M. G. Soviet and American Approaches to Mental Illness: A Comparative Perspective. *Review of Soviet Medical Sciences*, I:1-36, 1964.

_____. & ARONSON, J. The Institutional Framework of Soviet Psychiatry. *The Journal of Nervous and Mental Disease*, CXXXVIII:305-322, 1964.

_____. *Doctor and Patient in Soviet Russia*. Cambridge: Harvard University Press, 1957.

FIELD, M. G. *Soviet Socialized Medicine:* An Introduction. Nova York: The Free Press of Glencoe, 1967.

FLETCHER, C. R. Attributing Responsibility to the Deviant: A Factor in Psychiatric Referrals by the General Public. *Journal of Health and Social Behavior*, VIII, 1967.

FLEXNER, A. Is Social Work a profession? *School and Society*, I:901-911, 1915.

_____. *Medical Education*. Nova York: The Macmillan Co., 1925.

FORD, A. B. et al. *The Doctor's Perspective*. Cleveland: The Press of Case Western Reserve University, 1967.

FORSYTH, G. *Doctors and State Medicine*. Philadelphia: J. B. Lippincott Co., 1967.

FREIDSON, E. *Doctoring together:* a study of professional social control. Nova York, 1976.

_____. *Professional Powers:* A study of the institutionalization of formal knowledge. Chicago, 1986. _____. *Medical work in America:* selected essays. New Haven, 1989.

_____. *The professions and their prospects*. Beverly Hills, 1973

_____. Para uma análise comparada das profissões: A institucionalização do discurso e do conhecimento formais. *Revista Brasileira de Ciências Sociais*, 11, Jun 1996. p.141-154.

_____. *Patients' views of medical practice*. Nova York: Russel Sage Foundation, 1961.

_____ *Professionalis:* the third logic.. Chicago, 2001. _____. *Professionalism reborn:* theory, prophesy and policy. Chicago, 1994) _____. *Renascimento do profissionalismo*. São Paulo: Edusp, 1998.

_____. Client Control and Medical Practice. *American Journal of Sociology*, LXV, 1960.

_____. The Organization of Medical Practice. In: FREEMAN, H. E; LEVINE S.; REEDER, L. G. (eds.) *Handbook of Medical Sociology.* Englewood Cliffs, New Jersey: Prentice-Hall, Inc., 1963.

_____. Disability as Social Deviance. In: SUSSMAN, M. B. (ed.). *Sociology and Rehabilitation*. Washington, D.C.: American Sociological Association, 1966.

_____. Paramedical Personal. *International Encyclopedia of the Social Sciences*. Cromwell Collier et Macmillan, Inc., 1968. v.10, p.114-120.

_____. & RHEA, B. Knowledge and Judgment in Professional Evaluations. *Administrative Science Quarterly*, X, 1965.

_____. & RHEA, B. Processes of Control in a Company of Equals. *Social Problems*, XI, 1963.

_____. A prerequisite for participation in the public opinion process. *Public Opinion Quarterly*, XIX:105-111, 1955.

_____. *Professional dominance*. Nova York: Atherton Press, 1970

FRIEDMAN, M. *Capitalism and freedom*. Chicago: University of Chicago Press, 1962, p.158.

FRIEDMAN, N. *The social nature of psychological research*. Nova York: Basic Books, 1967, p.142.

FRY, J. Are all 't's and a's' really necessary? *British Medical Journal*, I:124-129, 1957.

GALLAGHER, E. & LEVINSON, D. J. *Patient-hood*. Boston: Houghton Mifflin Co., 1965.

GAMSON, W. A.; SCHUMAN, H. Some Undercurrents in the Prestige of Physicians. *American Journal of Sociology*, LXVIII, 1963), p.463-470.

GARFINKEL, H. Conditions of Successful Degradation Ceremonies. *American Journal of Sociology*, LXI, 1956.

_____. *Studies in ethnomethodology*. Englewood Cliffs, Nova Jersey: Prentice-Hall, 1967, p.116-185 e 285-288.

GARLAND, L. H. Studies on the accuracy of diagnostic procedures. *American Journal of Roentgenology, Radium Therapy, and Nuclear Medicine*, LXXX:25-38, 1959.

GELMAN, A. C. et al. Current status of venereal disease in New York city: a survey of 6,649 physicians in solo practice. *American Journal of Public Health*, LIII:1912, 1963.

GEMMILL, P. *Britain's Search for Health*. Philadelphia: University of Pennsylvania Press, 1960.

GERSUNY, C. Coercion theory and medical sociology. *Case Western Reserve Journal of Sociology*, II:14-20, 1968.

GEORGOPOULOS, B. S. & MANN, F. C. *The Community General Hospital*. Nova York: The Macmillan Co., 1962.

GIBBS, J. P. Conceptions of Deviant Behavior: The Old and the New. *Pacific Sociological Review*, IX, 1966.

GILB, C. L. *Hidden Hierarchies, The Professions and Government*. Nova York: Harper & Row, 1966.

GILBERT, D. G. & LEVINSON, D. J. Role Performance, Ideology and Personality in Mental Hospital Aides. In: GREENBLATT, M. et al. (eds.). *The Patient and the Mental Hospital*. Glencoe, Illinois: The Free Press, 1957, p.197-208.

GILLIN, J. Magical Fright. *Psychiatry*, I, 1948.

GLASER, B. G. & STRAUSS, A. L. *Awareness of Dying*. Chicago: Aldine Publishing Co., 1965.

_____. STRAUSS, A. L. *Awareness of Dying*, Chicago: Aldine Publishing Co., 1965, p.29.

GLASER, W. A. Socialized Medicine in Practice. *The Public Interest*, I, 1966.

_____. American and Foreign Hospitals: Some Sociological Comparisons. In: FREIDSON, *Hospital in Modern Society.* Nova York: The Free Press of Glencoe, 1963.

GOFFMAN, E. *Stigma:* Notes on the Management of Spoiled Identity. Englewood Cliffs, New Jersey: Spectrum Books, 1963.

_____. The moral career of the mental patient. *Asylums*. Nova York: Anchor Books, 1961, p.125-161.

GOLDSTEIN, B.; DOMMERMUTH, P. The sick role cycle: an approach to medical sociology. *Sociology and Social Research*, XLVII:1-12, 1961.

GOODE, E. Marijuana and the politics of reality. *Journal of Health and Social Behavior*, X:83-94, 1969.

GOODE, W. J. Encroachment, Charlatanism, and Emerging Profession: Psychology, Medicine, and Sociology. *American Sociological Review*, XXV:902-914, 1960.

_____. The Librarian: From Occupation to Profession?. In: VOLLMER, H. M. & MILLS, D. L. (eds.). *Professionalization*. Englewood Cliffs, New Jersey: Prentice-Hall, Inc., 1966, p.36.

_____. The Librarian: From Occupation to Profession?. *The Library Quarterly*, XXI:306-318, 1961.

_____. The protection of the inept. *American Sociological Review*, XXXII:5-19, 1967.

GORDON, G. *Role Theory and Illness*. New Haven, Connecticut: College and University Press, 1966.

GOSS, M. E. W. Influence and Authority Among Physicians in an Out-Patient Clinic. *American Sociological Review*, XXVI, 1961.

_____. Patterns of Bureaucracy among Hospital Staff Physicians. In: FREIDSON, E. (ed.). *The Hospital in Modern Society.* Nova York: The Free Press of Glencoe, 1963.

GRAY, R. M. et. al. The effect of Medical Specialization on Physicians' Attitudes. *Journal of Health and Human Behavior*, VII:128-132, 1966.

GREEN, E. The effect of stimulus arrangements on normative judgment in the award of penal sanction. *Sociometry*, XXXI:125-137, 1968.

GROSS, M. L. *The doctors*. Nova York: Dell Publishing Co., 1968.

GUSFIELD, J. R. *Symbolic crusade, status politics and the American temperance movement*. Urbana: University of Illinois Press, 1966. _____. Moral passage: the symbolic process in public designations of deviance. *Social Problems*, XV:175-188, 1967.

HABENSTEIN, R. W. & CHRIST, E. A. *Professionalizer, Traditionalizer, Utilizer:* An Interpretive Study of the Work of the General Duty Nurse in Non-Metropolitan Central Missouri General Hospitals. Columbia, Missuri: University of Missuri, 1955.

HALL, O. Some Problems in the Provision of Medical Services. *Canadian Journal of Economics and Political Science,* XX:456-466, 1954.

_____. The Informal Organization of the Medical Profession. *Canadian Journal of Economics and Political Sciences,* XII, 1946.

_____. The Stages of a Medical Career. *American Journal of Sociology,* LIII, 1948.

_____. Types of Medical Career. *American Journal of Sociology,* LV, 1949.

HALPERN, S.; ANSPACH, R. R. The study of medical institutions. Eliot Freidson's legacy. *Work and Occupations.* 20:3, 1993, p.279-295.

HAMLIN, R. H. *Voluntary Health and Welfare Agencies in the United States.* Nova York: Schoolmaster's Press, 1961.

HANLEY, F. W.; GRUNBERG, F. Reflections on the doctor-patient relationship. *Canadian Medical Association Journal,* LXXXVI:1022-1024, 1962.

HARRIS, S. *The economics of American medicine.* Nova York: The Macmillan Co., 1964.

HEALTH INFORMATION FOUNDATION. Physicians Who Perform Surgery. *Progress in Health Services,* X, 1961.

HEALTH SERVICES IN BRITAIN. London: British Information Services, 1965.

HIESTAND, D. L. Research into Manpower for Health Services. *Milbank Memorial Fund Quarterly,* XLIV, 1966. Parte II, p.148.

HOLLINGSHEAD, A. B.; REDLICH, F. C. *Social class and mental illness.* Nova York: John Willey & Sons, 1958.

HOLMBERG, A. Nomads of the Long Bow: The Siriono of Eastern Bolivia. *Smithsonian Institution Publications,* n.10, 1950.

HOSPITAL SERVICES IN THE U.S.S.R. Report of the U.S. Delegation on Hospital Systems Planning. *U.S. Public Health Service Publication* n.930-F-10. Washington, D.C.: Government Printing Office, 1966.

HOLZNER, B. *Reality Construction in Society.* Cambridge: Schenkman Publishing Co., 1968.

HUGHES, E. C. Psychology: Science and/or Profession. *Men And Their Work.* Nova York: The Free Press of Glencoe, 1958, p.139-144.

_____. et al. *Twenty Thousand Nurses Tell Their Story.* Philadelphia: J.B. Lippincott Co., 1958.

_____. *Men and Their Work.* Nova York: The Free Press of Glencoe, 1958.

HUTCHINS, E. B. The AAMC Longitudinal Study: Implications for Medical Education. *Journal of Medical Education,* XXXIX, 1964.

HYDE, D. R. et al. The American Medical Association: Power, Purpose and Politics in Organized Medicine. *Yale Law Journal,* LXIII:938-1022, 1954.

JAHODA, M. *Current Concepts of Positive Mental Health*. Nova York: Basic Books, 1958.
JANOWITZ, M. *The professional soldier*. Nova York: The Free Press, 1960.
JELLINEK, E. M. *The disease concept of alcoholism*. New Haven: Hillhouse Press, 1960, p.12.
JONES, C. E. Tobias Smollett (1721-1771) – The Doctor as Man of Letters. *Journal of the History of Medicine and Allied Sciences*, XII, 1957.
JONES, M. *The Therapeutic Community*. A New Treatment Method in Psychiatry. Nova York: Basic Book, 1953.
JONES, W. H. S. (trad. e ed.). *Hippocrates*. London: William Heinemann, 1923 e 1943, v.1 e 2, "Loeb Classical Library".
JORDAN, E. P. (ed.). *The Physician and Group Practice*. Chicago: Year Book Publishers, Inc., 1958.
JUDICIAL COUNCIL OF THE AMA. Disciplinary Action in the Medical Profession. *Journal of the American Medical Association*, CLXXXIII, 1964.
KADUSHIN, C. Social distance between client and professional. *American Journal of Sociology*, LXVII:517-531, 1962.
KASL, S. V.; COBB, S. Health behavior, illness behavior and sick role behavior. *Archives of Environmental Health*, XII:256, 1966.
KENDALL, P. The Relationship Between Medical Educators and Medical Practitioners. In: *Annals of the New York Academy of Sciences*, CXXVIII, 1965; *Journal of Medical Education*, XL, 1965. Parte 2.
KERLEY, E. R. & BASS, W. A. Paleopathology: Meeting Ground for Many Disciplines. *Science*, CLVII, 1967.
KEY JUNIOR, V. O. *Politics, Parties and Pressure Groups*. 5.ed. rev. Nova York: Thomas Y. Crowell Co., 1964.
KILPATRICK, G. S. Observer error in medicine. *Journal of Medical Education*, XXXVIII:38, 1963.
KING, L. S. *The Medical World of the Eighteenth Century*. Chicago: University of Chicago Press, 1958.
KISCH, A. I.; REEDER, L. G. Client evaluation of physician performance. *Journal of health and social behavior*, X:51-58, 1969.
KITSUSE, J. I.; CICOUREL, A. V. A note on the uses of official statistics. *Social Problems*, XI:131-139, 1963.
KLAPPER, J. *The Effects of Mass Communication*. Nova York: The Free Press of Glencoe, 1960.
KLARMAN, H. E. Financing Health and Medical Care. In: CLARK, D. W. e MACMAHON, B. (eds.) *Preventive Medicine*. Boston: Little, Brown and Co., 1967, p.741ff.
KOOS, E. L. Metropolis – What City People Think of Their Medical Services. *American Journal of Public Health*, XLV:1551-1557, 1955.

KORNHAUSER, W. *Scientists in Industry.* Berkeley: University of California Press, 1962.
KRAUSE, E. A. After the rehabilitation center. *Social Problems,* XIV:197-206, 1966.
KUHN, T. *The structure of scientific revolutions.* Chicago: University of Chicago Press, 1964.
LANE, R. E. The Decline of politics and ideology in a knowledgeable society. *American Sociological Review,* XXXI:649-662, 1966.
LEE, N. H. *The search for an abortionist.* Chicago: University of Chicago Press, 1969.
LEFTON, M. & ROSENGREN, W. R. Organizations and Clients: Lateral and Longitudinal Dimensions. *American Sociological Review,* XXXI, 1966.
LEMERT, E. Social Structure, Social Control and Deviation. In: CLINARD, M. (ed.). *Anomie and Deviant Behavior.* Nova York: The Free Press of Glencoe, 1964.
_____. *Social Pathology.* Nova York: McGraw-Hill Book Co., 1951.
LINDER, F. E. Sources of data on health in the United States. In: CLARK e MACMAHON, p.55-66.
LINDSEY, A. *Socialized Medicine in England and Wales.* Chapel Hill: University of North California Press, 1962.
LIONBERGER, H. F. *Adoption of New Ideas and Practices.* Ames, Iowa: Iowa State University Press, 1960.
LIPMAN, A. & STERNE, R. S. Aging in the United States: Ascription of a Terminal Sick Role. *Sociology and Social Research,* LIII, 1969.
LIPSET, S. M. et al. *Union Democracy.* Garden City, Nova York: Anchor Books, 1962.
LITTLE, R. W. The 'sick' soldier and the medical ward officer. *Human Organization,* XV:22-24, 1956.
LORBER, J. Deviance as performance: the case of illness. *Social problems,* XIV:302-310, 1967.
MACMAHON, B. & PUGH, T. F. Causes and Entities of Disease. In: CLARK, D. W. & MACMAHON, B. (eds.). *Preventive Medicine.* Boston: Little, Brown and Co., 1967.
MARCUS, J. R. *Communal Sick-Care in the German Ghetto.* Cincinnati: The Hebrew Union College Press, 1947.
MARMOR, J. The Feeling of Superiority: An Occupational Hazard in the Practice of Psychiatry. *American Journal of Psychiatry,* CX, 1953.
MARSHALL, T. H. *Class, Citizenship and Social Development.* Garden City, Nova York: Anchor Books, 1964, p.158-179.
_____. *Class, Citizenship and Social Development.* Garden City: Doubleday and Co., 1965, p.165-175.
MAUKSCH, H. O. The Nurse: Coordinator of Pacient Care. In: SKIPPER JUNIOR, J. K.& LEONARD, R. C. (eds.). *Social Interaction and Pacient Care.* Philadelphia: J. B. Lippincott Co., 1965.

MAYHEW, L.; REISS Jr., A. J. The social organization of legal contacts. *American sociological review*, XXXIV:309-318, 1969.
MCEACHERN, M. T. *Hospital Organization and Management*. Chicago: Physicians Record Co., 1957.
MCNERNEY, W. J. et al. *Hospital and Medical Economics*. Chicago: Hospital Research and Educational Trust, 1962, 2v.
MEADOR, C. K. The art and science of nondisease. *New England Journal of Medicine*, CCLXXII:92-95, 1965.
MECHANIC, D. Response factors in illness: the study of illness behavior. *Social Psychiatry*, I:11-20, 1966.
_____. Some implications of illness behavior for medical sampling. *New England Journal of Medicine*, CCLXIX:244-247, 1963. _____. *Medical sociology*. Nova York: The Free Press, 1968, p.196-208.
_____. *Medical Sociology*. Nova York: The Free Press, 1968.
_____. General Practice in England and Wales. *Medical Care*, VI:245-260, 1968.
MERTON, R. K. Some Preliminaries to a Sociology of Medical Education. In: MERTON, R. K. et al. (eds.). *The Student Physician: Introductory Studies in the Sociology of Medical Education*. Cambridge: Harvard University Press, 1957, p.3-79.
_____. et al. (eds.). *The Student Physician*. Cambridge: Harvard University Press, 1957.
_____. *Social Theory and Social Structure*. Nova York: The Free Press of Glencoe, 1957.
MILLER, D. C. & FORM, W. H. *Industrial Sociology*, 2.ed. Nova York: Harper and Row, 1964.
MILLERSON, G. *The Qualifying Associations*. London: Routledge and Kegan Paul, 1964.
MORE, D. M. & KOHN JUNIOR, N. Some Motives for Entering Dentistry. *American Journal of Sociology*, LXVI, 1960.
MOSER, R. H. (ed.). *Disease of Medical Progress*. Springfield: Charles C. Thomas, 1964.
MURPHY, H. B. M. Personality and the vermiform appendix. *Journal of Health and Human Behavior*, VII:153-162, 1966.
OFFER, D. & SABSHIN, M. *Normality, Theoretical and Clinical Concepts of Mental Health*. Nova York: Basic Book, 1966.
OKEN, D. What to Tell Cancer Patients: A Study of Medical Attitudes. *Journal of American Medical Association*, CLXXV, 1961.
PAPE, R. H. Touristry: A Type of Occupational Mobility. *Social Problems*, XI:336-344, 1964.
PARSONS, T. Definitions of health and illness in the light of American values and social structure. In: PARSONS, T. *Social structure and personality*. Nova York:

The Free Press of Glencoe, 1964, p.258-291. _____. Propaganda and social control. *Essays in Sociological Theory, Pure and Applied.* Nova York: The Free Press of Glencoe, 1949, p.275-309.

_____. *The social system.* Nova York: The Free Press, 1951, p.466-469.

_____. *The Social System.* Nova York: The Free Press of Glencoe, 1951.

PERROW, C. Goals and Power Structure: A Historical Case Study. In: FREIDSON, E. (ed.). *The Hospital in Modern Society.* Nova York: The Free Press of Glencoe, 1963.

_____. Hospitals: Technology, Structure and Goals. In: MARCH, J. G. (ed.). *Hand-book of Organizations.* Chicago: Rand-McNally and Co., 1965.

PETERSON, O. L. et al. An Analytical Study of North Carolina General Practice, 1953-1954. *Journal of Medical Education,* XXXI, 1956. Parte 2.

_____. et al., A study of diagnostic performance: a preliminary report. *Journal of Medical Education,* XLI:797-803, 1966.

_____. et al. *An Analytical Study of North Carolina General Practice, 1953-1954.* Evanston, Illinois: Association of American Medical Colleges, 1956.

PETRONI, F. A. The Influence of Age, Sex and Chronicity in Perceived Legitimacy to the Sick Role. *Sociology and Social Research,* LIII, 1969.

PHILLIPS, B. S. Expected Value Deprivation and Occupational Preference. *Sociometry,* XXVII, 1964.

PICKARD, M. E. & PULEY, R. C. *The Midwest Pioneer, His Ills, Cures and Doctors.* Crawfordville, Indiana: R. E. Banta, 1945.

PITTS, J. R. Social control: the concept. In: *International Encyclopedia of the Social Sciences.* Nova York: The Macmillan Company & The Free Press, Vol. XIV, 1968, p.391.

PIVEN, H. Professionalism and Organizational Structure. Unpublished D. S. W. dissertation. Columbia University, 1961.

POMRINSE, S. D. & GOLDSTEIN, M. S. "Group Practice in U.S.". In: *Group Practice,* IX, 1960.

PONDOEV, G. S. *Notes of a Soviet Doctor.* Nova York: Consultants Bureau, Inc., 1959.

PRICE, P. B. et al. *Performance Measures of Physicians.* Salt Lake City: University of Utah Press, 1963.

PRICE, D. K. *The scientific estate.* Cambridge: The Belknap Press, 1965, p.122-135.

RAPHAEL, E. E. Community Structure and Acceptance of Psychiatric Aid, *American Journal of Sociology,* LXIX, 1964, p.340-358.

RAYACK, E. *Professional power and american medicine.* Cleveland: The World Publishing Co., 1967.

READER, G. G. & GROSS, M. E. W. (eds.). *Comprehensive Medical Care and Teaching.* Ithaca: Cornell University Press, 1967.

REDFIELD, R. *Peasant society and culture*. Chicago: University of Chicago Press, 1956.
REDLICH, F. C. The Concept of Health in Psychiatry. In: LEIGHTON, A. et al. (eds.). *Explorations in Social Psychiatry.* Nova York: Basic Book, 1957.
REISS JUNIOR, A. J. *Occupations and Social Status.* Nova York: The Free Press of Glencoe, 1962.
REPORT of the U.S. Public Health Mission to U.S.S.R. 13 de agosto a 14 de setembro, 1957. *U.S. Public Health Service Publication*, n.649, Washington, D.C.: Government Printing Office, 1958.
REITZES, D. *Negroes and Medicine*. Cambridge: Harvard University Press, 1958.
REYNAUD, J. D. & TOURAINE, A. Enquête sur les étudiants en médecine. In: *Cahiers Internacionaux de Sociologie*, XX, 1956.
RIEFF, P. *Freud:* the mind of the moralist. Garden City: Doubleday and Co., 1961, p.390.
RIESE, W. *The Conception of Disease:* Its History, Its Versions and Its Nature. Nova York: Philosophical Library, 1953.
ROBERTS, M. *American Nursin:* History and Interpretation. Nova York: The Macmillan Co., 1954
ROGERS, E. *Diffusion of innovations*. Nova York: The Free Press of Glencoe, 1962.
ROHDE, J. J. *Soziologie des Krankenhauses.* Stuttgart: Ferdinand Enke, 1962.
ROSEMARY, A. S. Public roles for the medical profession in the United States: beyond theories of decline and fall. *Milbank Quarterly.* 79:3, 2001, p.327-53.
ROSEN, G. The Hospital: Historical Sociology of a Community Institution. In: FREIDSON, E. (ed.). *The Hospital in Modern Society.* Nova York: The Free Press of Glencoe, 1963.
_____. People, disease and emotion: some newer problems for research in medical history. *Bulletin of the History of Medicine,* XLI:9-10, 1967.
_____. *A History of Public Health*. Nova York: MD publications, 1958.
ROSENBERG, M. *Occupations and Values.* Nova York: The Free Press of Glencoe, 1957.
ROSENBLATT D.; SUCHMAN, E. Awareness of Physician's Social Status Within an Urban Community, *Journal of Health and Human Behavior*, VII, 1966, p.146-153.
ROSENGREN, W. R.; DeVault, S. The sociology of time and space in an obstetrical hospital. In: FREIDSON, E. (ed.). *The hospital in modern society*. Nova York: The Free Press of Glencoe, 1963, p.266-292.
ROSENSTOCK, I. M. Why people use health services. *Milbank Memorial Fund Quarterly*, XLIV:94-124, 1966.
ROTH, J. A. Information and the control of treatment in tuberculosis hospitals. In: FREIDSON, E. (ed.). *The hospital in modern society,* p.293-318.

_____. Ritual and magic in the control of contagion. *American Sociological Review*, XXII:310-314,1957.

_____. *Timetables, structuring the passage of time in hospital treatment and other careers.* Indianapolis: Bobbs-Merrill Co., 1963.

_____.; EDDY, E. *Rehabilitation for the unwanted.* Nova York: Atherton Press, 1967.

RUBENSTEIN, R. & LASSWELL, H. D. *The Sharing of Power in a Psychiatric Hospital.* New Haven: Yale University Press, 1966.

RUESCHMEYER, D. Doctors and Lawers: A Commenton the Theory of professions. In: *The Canadian Review of Sociology an Anthropology*, I:17-30, 1965.

SALISBURY, R. F. *Structures of Custodial Care.* Berkeley: University of California Press, 1962.

SANAZARO, P. J. Research in Medical Education: Exploratory Analysis of a Blackbox. In: *Annals of the New York Academy of Sciences*, CXXVIII, 1965.

SANDERS, B. S. Completeness and reliability of diagnoses in therapeutic practice. *Journal of Health and Human Behavior*, V:84-94, 1964.

SCHATZMAN, L.; Strauss, A. A sociology of psychiatry: a perspective and some organizing foci. *Social Problems*, XIV:3-16, 1966.

SCHEFF, T. J. *Being mentally Ill: A Sociological Theory.* Chicago: Aldine Publishing Co., 1966, p.105-127.

_____. *Being Mentally Ill: A Sociological Theory.* Chicago: Aldine Publishing Co., 1966.

SCHMIDEBERG, M. Social factors affecting diagnostic concepts. *International Journal of Social Psychiatry*, VII:322, 1961.

SCHUMACHER, C. F. Interest and Personality Factors as Related to Choice of Medical Career. *Journal of Medical Education*, XXXVIII, 1963.

_____. Personal Characteristics of Students Choosing Different Types of Medical Careers. *Journal of Medical Education*, XXXIX, 1964.

_____. The 1960 Medical School Graduate: His Biographical History. *Journal of Medical Education*, XXXVI, 1961.

SCHUR, E. M. *Crimes without victims, deviant behavior and public policy.* Englewood Cliffs, Nova Jersey: Prentice-Hall, 1965.

SCHWARTZ, J.; BAUM, G. L. The History of histoplasmosis. *New England Journal of Medicine*, CCLVI:253-258, 1957.

SCOTT, R. A. The selection of clients by social welfare agencies: the case of the blind. *Social Problems*, XIV:248-257, 1967. _____. *The making of blind men.* Nova York: Russell Sage Foundation, 1969.

SEEMAN, M. & EVANS, J. W. Stratification and Hospital Care: I. The Performance of the Medical Interne; II. The Objective Criteria of Performance. *American Sociological Review*, XXVI, 1961.

SHAPIRO, A. K. A Contribution to a History of the Placebo Effect. *Behavioral Science*, V:109-135, 1960.

_____. Factors Contributing to the Placebo Effect. *American Journal of Psychotherapy*, XVIII, 1964. _____. Ethiological factors in placebo effect. *Journal of the American Medical Association*, CLXXXVII:713, 1964. _____. The curative waters and warm poultices of psychotherapy. *Psychosomatics*, VII:21-23, 1966.

_____.; WEINER, L. & Densen, P. M. Comparison of Prematurity and Perinatal Mortality in General Population of Prepaid Group Practice. *American Journal of Public Health*, XLVIII:170-187, 1958.

SHARAF, M. R. & LEVINSON, D. J. The Quest for Omnipotence in Professional Training. *Psychiatry*, XXVII, 1964.

SHEPS, C. et al. Medical Schools and Hospitals. *Journal of Medical Education*, XL, 1965. Parte 2, p.1-169.

SHERIF, M.; HOVLAND, C. V. *Social judgment*. New Haven: Yale University Press, 1961.

SHERLOCK, B. J. The Second Profession: Parallel Mobilities of the Dental Profession and its Recruits. *Journal of Health and Social Behavior*, X:41-51, 1969.

SHILOH, A. Equalitarian and hierarchal patients. *Medical Care*, III:87-95, 1965.

SHRYOCK, R. H. *The Development of Modern Medicine, An Interpretation of the Social and Scientific Factors Involved*. Nova York: Alfred A. Knopf, 1947.

_____. *The History of Nursing, An Interpretation of the Social and Medical Factors Involved*. Philadelphia: W. B. Saunders Co., 1959.

SIGERIST, H. E. *A History of Medicine*. Nova York: Oxford University Press, 1951, v.1 e 2.

_____. *On the Sociology of Medicine*, ed. M. I. Roemer. Nova York: MD Publications, 1960.

_____. On Hippocrates. In: *Bulletin of the History of Medicine*, II:190-214, 1934.

SKIPPER, J. K. Jr. Communication and the hospitalized patient. In: SKIPPER, J. K. Jr.; Leonard, R. C. (eds.). *Social interaction and patient care*. Filadélfia: J. B. Lippincott Co., 1965, p.75-77.

SMIGEL, E. O. *The Wall Street Lawyer*. Nova York: The Free Press of Glencoe, 1964, p.275-286.

SMITH, H. L. Two Lines of Authority Are One too Many. *Modern Hospitals*, LXXXIV:59-64, 1955.

SOLOMON, D. Ethnic and Class Differences Among Hospitals as Contingencies in Medical Careers. *The American Journal of Sociology*, LXVI:463-471, 1961.

SPAIN, D. M. *The Complications of Modern Medical Practices*. Nova York: Grune and Stratton, 1963.

STATE LICENSING OF HEALTH OCCUPATIONS. *U.S. Public Health Publication*, n.1758. Washington, D.C.: U.S. Government Printing Office, 1968.

STEVENS, R. *Medical Practice in Modern England*. New Haven: Yale University Press, 1966.

STEVENSON, L. G. 'New diseases' in the Seventeenth Century. *Bulletin of the History of Medicine*, XXXIX:1-21, 1965.
STRAUSS, A. et al. *Psychiatric ideologies and institutions*. Nova York: The Free Press of Glencoe, 1964.
SUDNOW, D. *Passing On, The social organization of dying*. Englewoods Cliffs, Nova Jersey: Prentice-Hall, 1967, p.8.
SUSSER, M. e WATSON, T. *Sociology in Medicine*. London: Oxford University Press, 1962.
SZASZ, T. S.; Hollander, M. H. A contribution to the philosophy of medicine. *A.M.A. Archives of Internal Medicine*, XCVII:585-592, 1956.
_____. *Law, liberty and psychiatry*. Nova York: The Macmilllan Co., 1963.
_____. *The myth of mental illness*. Nova York: Harper and Row, 1964, p.44-45.
_____. Alcoholism: a socio-ethical perspective. *Washburn Law Journal*, VI:255-268, 1967.
_____. Malingering: 'Diagnosis' or Social Condemnation. *AMA Archives of Neurology and Psychiatry*, LXXVI, 1956.
THE QUANTITY, Quality and Costs of Medical and Hospital Care Secured by a Sample of Teamster Families in New York Area. *Columbia University School of Public Health and Administrative Medicine*, s.d.
THOMAS, E. J. Problems of Disability from the Perspective of Role Theor. *Journal of Health and Human Behavior*, VII, 1966.
THOMPSON, V. A. *Modern Organization*. Nova York: Alfred A. Knopf, 1961.
TITMUSS, R. *Essays on the 'Welfare State'*. London: George Allen and Unwin, 1958.
TOWNSEND, P. *The Last Refuge*. London: Routledge and Kegan Paul, 1962.
TURNER, E. S. *Call the Doctor*. Nova York: St. Martin's Press, 1959.
TWADDLE, A. C. Health Decisions and Sick Role Variations: An Exploration. *Journal of Health and Social Behavior*, X, 1969.
VOLLMER, H. M. e MILLS, D. L. (eds.). *Professionalization*. Englewood Cliffs: Prentice-Hall, Inc., 1966.
WARDWELL, W. I. Limited, Marginal and Quasi-Practitioners. In: FREEMAN, H. E.; LEVINE, S. & REEDER, L. G. *Handbook of Medical Sociology*. Englewood Cliffs, N.J.: Prentice- Hall, 1963, p.216-217.
WARNER, W. L. *A Black Civilization*. Nova York: Harper, 1936.
WEBER, M. *Theory of Social and Economic Organization*. Nova York: Oxford University Press, 1947, p.392-407.
WEBSTER'S New Collegiate Dictionary. Springfield, Mass.: G. & C. Merriam Co., Publishers, 1959.
WEINERMAN, E. R. Patients' Perceptions of Group Medical Care. A Review and Analysis of Studies of Choice and Utilization of Prepaid Group Practice Plans. *American Journal of Public Health*, LIV:880-889, 1964.

_____. Research into the Organization of Medical Practice. *Milbank Memorial Fund Quarterly*, LXVI:104-145, 1966. Parte 2.

WESSEN, A. A. The Apparatus of Rehabilitation: An Organizational Analysis. In: SUSSMAN, M. B. (ed.). *Sociology and Rehabilitation.* Washington: American Sociological Association, 1966.

WHEELER, S. Deviant Behavior. In: SMELSER, N. J. (ed.). *Sociology:* An Introduction. Nova York: John Wiley & Sons, 1967.

_____. The Structure of Formally Organized Socialization Settings. In: BRIM JUNIOR, O. G. & WHEELER, S. *Socialization after Childhood, Two Essays.* Nova York: John Wiley & Sons, 1966.

WHITE, K. L. Patters of medical practice. In: CLARK, D. W.; MACMAHON, B. (eds.), *Preventive Medicine*. Boston: Little, Brown and Co., 1967, p.854.

_____. General Practice in the U.S. *Journal of Medical Education*, XXXIX:333-345, 1964.

_____. Patters of Medical Practice. In: CLARK, D. W. & MACMAHON, B. (eds.). *Preventive Medicine*. Boston: Little, Brown and Co., 1967, p.849-970.

WILENSKY, H. L. The Professionalization of Everyone?. *American Journal of Sociology*, LXX:167-158, 1964.

WINICK, C. Diffusion of an Innovation Among Physicians in a Large City. *Sociometry*, XXIV, 1961.

WITTS, L. J. (ed.). *Medical surveys and clinical trials.* Londres: Oxford University Press, 1959.

WOODHAM-SMITH, C. *Florence Nightingale.* Nova York: McGraw-Hill Co., 1951.

WOOTTON, B. *Social science and social pathology.* Londres: George Allen and Unwin, 1959, p.206.

WRIGHT, B. A. *Physical Disability, a Psychological Approach.* Nova York: Harper and Row, 1960.

YOUNG, J. H. *The Toadstool Millionaires.* Princeton: Princeton University Press, 1961.

ZBOROWSKI, M. Cultural Components in Response to Pain. In: JACO, E. G. (ed.). *Patients, Physicians and Illness*. Nova York: The Free Press of Glencoe, 1958, p.256-268.

ZOLA, I. K. Culture and symptoms – an analysis of patients' presenting complaints. *American Sociological Review*, XXXI:615-630, 1966.

# Índice onomástico

Abel-Smltb, Brian, 77, 80, 132
Ackerknecht, E. W., 34, 36
Adams, S., 196
Akers, Ronald L., 89
Amosoff, N., 186, 203, 204
Anderson, Odin W., 124
Apple, Dorrian, 310
Aristóteles, 34
Aronson, Jason, 61
Aubert, Vilhelm, 255
Badgley, Robin F., 124
Bakwin, Harry, 284
Balint, Michael, 293, 348,
Barber, Bemard, 139, 164, 285,
Barker, Roger, 260
Barnett, Homer G., 33
Bass, William A., 232
Baum, G. L., 297
Baumann, Barbara, 310, 311
Becker, Howard S., 24, 105, 112, 187, 188, 190, 238, 240, 241, 246, 258, 268, 279, 301
Beecher, Henry K., 291, 294, 306
Belknap, Ivan, 132, 134, 144
Ben-David, Joseph, 86, 87
Berger, Peter L., 16, 33, 230, 233, 406,
Bittner, Egon, 350

Blau, Zena Smith, 315
Bloom, Samuel W., 190
Blum, Eva, 312
Blum, Richard, 312
Bonner, Thomas Neville, 41
Borgatta, Edgar F., 302
Brim, O. G., Jr., 146, 250, 342
Bui-Dang-Ha Doan, Jean, 76
Bullough, Bonnie, 77
Bullough, Vern L., 32, 37, 38, 77
Burling, Temple, 138, 150
Burrow, James G., 47
Cahalan, Don, 127, 197
Campbell, J. A., 285
Cannon, W. B., 254
Caplow, Theodore, 102, 345
Carlin, Jerome, 111, 204, 220, 221, 222, 223
Carr-Saunders, A. M., 70, 184, 185, 187, 206,
Carstairs, G. M., 146
Cartwright, Ann, 57, 144,
Caudill, William A., 154
Christ, E. A., 86
Cicourel, Aaron V., 298, 378
Clark, D. W., 46, 112, 298, 302
Cloward, Richard A., 296

Cluff, Leighton E., 285
Clute, Kenneth F., 111, 122
Cobb, Sidney, 282, 312
Cochrane, A. L., 283
Cogan, Morris I., 99
Cogan, Morris L., 23
Cohen, Albert K., 237
Cohn-Haft, Louis, 38
Coker, R. E., 142
Coker, Robert E., Jr., 199
Coleman, James, 117, 121, 122, 193, 220, 221
Copeman, W. S. C., 40
Corbett, W. T., 27
Corwin, R. G., 77
Coser, Rose L., 150-152, 179
Crane, Diana, 221
Croog, Sldney H., 309
Cumming, Elaine, 147, 268, 350, 351
Cumming, John, 147
Davidson, G. E., 309
Davies, L. G., 283
Davis, Fred, 77, 186, 266, 341
Davis, James A., 196, 197, 200
Davis, Milton, 336
Densen, P. M., 123
Denzin, Norman R., 101
DeVault, Spencer, 339
Dommermuth, Paul, 267, 338
Donabedian, Avedis, 124, 125, 302
Douglas, Jack D., 298
Dowling, Harry F., 186, 285
Dubos, Rene, 366
Duff, Haymond S., 135, 148, 314, 333, 341, 403
Dykman, R. A., 75
Eckstein, Harry, 54, 58
Eddy, Elizabeth M., 145, 154, 341
Eisele, C. Wesley, 137
Elinson, Jack, 313
Epstein, lrwin, 296

Evang, Karl, 113
Evans, J. W., 111, 122, 151
Evans-Pritchard, E. E., 26, 27, 30
Feifer, G., 66
Feingold, Eugene, 46
Feldman, Jacob J., 314
Feldstein, Paul J., 331
Field, Mark G., 12, 27, 60, 61, 63, 190, 196, 286
Fletcher, C. Richard, 254
Flexner, Abraham, 24, 41
Fliedner, Pastor, 80
Ford, Amasa B., 198, 200
Form, William H., 139
Forsyth, Gordon, 54
Frederik II, 39
Freeman, Howard E., 74, 113
Freidson, Eliot, 11-14, 68, 78, 132, 134, 145, 149, 156, 162, 167, 178, 195, 199, 231, 260, 317, 319, 331, 332, 344, 345, 348, 361, 381
Friedman, Milton, 390, 391
Friedman, Neil, 291
Fry, John, 284
Gaffin, Ben, Associates, 124
Gallagher, E., 147
Gamson, William A., 315
Garfinkel, Harold, 255, 300
Garland, L. H., 283
Gelman, Anna C., 299
Gemmill, P., 54
Georgopoulos, Basil S., 150
Gibbs, Jack P., 240
Gilb, Corinne Lathrop, 46, 102, 146, 381, 395
Gilbert, D. C., 146
Gillin, John, 254
Glaser, Bamey G., 259, 341
Glaser, William A., 65, 156
Goffman, Erving, 12, 260, 261, 342
Goldstein, Bernard, 267, 338

Goldstein, Marcus S., 119
Goode, Erich, 301
Goode, William J., 24, 99, 100-104, 393
Gordon, Gerald, 253
Goss, Mary E. W., 176, 177
Gray, Robert M., 111, 130
Green, Edward, 295
Greenblatt, M., 146, 147
Gross, Martin L., 155, 284
Grunberg, F., 344
Gurin, G., 314
Gusfield, Joseph R., 281
Habenstein, R. W., 86
Hall, Oswald, 116, 117, 140, 216, 217
Hamlin, R. H., 46
Hanley, F. W., 344
Harrington, Charles, 350
Harris, Seymour E., 46, 391
Henderson, L. J., 36
Heron, A., 146
Herzlich, Claudine, 11, 311
Hiestand, Dale L., 67
Hollander, Mark H., 343, 344, 346
Hollingshead, A. B., 135, 148, 296, 314, 333, 341, 403
Holmberg, Alan, 254
Holzner, Burkart, 16, 94, 96, 230
Hovland, C. V., 295
Hughes, Everett C., 42, 85, 102, 211, 227, 395
Hutchins, Edwin B., 110, 197
Hyde, D. R., 47
Jahoda, Marie, 231
Janowitz, Morris, 377
Jellinek, E. M., 278
Jones, Claude E., 194
Jones, Maxwell, 155
Jones, W. H. S., 38, 78, 379
Jordan, Edwin P., 120
Kadushin, Charles, 323, 324, 350
Kasl, Stanislav V., 282, 312

Katz, Elihu, 117, 122, 220
Kendall, Patricia, 135, 178, 220, 222
Kerley, Ellis R., 232
Key, V. O., Jr., 44
Kilpatrick, G. S., 283
King, Lester S., 38, 40
Kisch, Arnold I., 317
Kitsuse, John I., 298
Klapper, Joseph, 222
Klarman, Herbert E., 46
Koch, 36
Koos, Earl L., 124, 312, 313
Kornhauser, William, 140
Krause, Elliott A., 296
Kuhn, Thomas, 366
Lane, Robert E., 361
Lasswell, Harold D., 156
Lee, Nancy Howell, 318
Lefton, Mark, 150
Leighton, A., 231
Lemert, Edwin, 241-245, 257, 311, 312
Leonard, Robert C., 148, 341
Levine, Sol, 113
Levinson, Daniel J., 146, 147, 154, 192
Lévy, D. R., 76
Linder, Forrest E., 302
Lindsey, Alrnont, 54
Lionberger, H. F., 33
Lipman, Aaron, 265
Lipset, S. M., 48
Little, Roger W., 286
Lorber, Judith, 315
Luckmann, Thomas, 16, 230, 233, 406
MacMahon, B., 46, 112, 234, 298, 302
Mann, Floyd C., 150
Marcus, Jacob R., 39
Marmor, Judd, 193
Marshall, T. H., 64, 205
Mauksch, Hans O., 148
Mayhew, Leon, 327
McEachern, M. T., 138

McNerney, Walter J., 47, 160, 161
McPhail, D. C., 285
Meador, C. K., 287
Mechanic, David, 57, 231, 232, 293, 296, 297, 308, 309, 326
Menzel, Herbert, 117, 122, 220
Merton, Robert K., 110, 179, 190
Messinger, Sheldon, 255
Mettlin, C. J., 101
Miller, Delbert C., 139
Mills, Donald L., 210
Moser, Robert H., 229
Murphy, H. B. M., 285
Nightingale, Florence, 80-83, 86
Offer, Daniel, 231, 366
Oken, Donald, 194
Pape, Ruth H., 86
Paré, Ambroise, 35, 36
Parsons, Talcott, 13, 181, 182, 184, 187, 192, 194, 207, 229, 237, 243, 251-253, 255, 259, 262, 263, 265, 268, 272, 273, 285
Pasteur, Louis, 36, 367
Perrow, Charles, 134, 150, 151, 154
Peterson, Osler L., 111, 121, 122, 192, 283, 285
Petrie, Asenath, 307
Petroni, Frank A., 259
Phillips, Bernard S., 197, 198
Phillips, Derek L., 324
Pickard, M. E., 40
Pitts, Jesse R., 277
Piven, Herman, 111
Pomrinse, S. David, 119
Pondoev, G. S., 66
Pound, Ezra, 273
Price, Don K., 375
Price, P. B., 111
Pugh, Thomas F., 234
Puley, R. C., 40
Quinney, Richard, 89

Raphael, Edna E., 322-324
Rayack, Elton, 391
Reader, George G., 155
Redfleld, Robert, 12, 330
Redlich, F. C., 231, 296
Reeder, Leo G., 113, 317
Reiss, Albcrt J., Jr., 73, 327
Reitzes, Dietrich, 115
Reynaud, J. D., 196
Rhea, Buford, 162, 167
Rieff, Philip, 275
Riese, W., 231
Roberts, Mary, 83, 85
Roemer, M. I., 38
Roger II da Sicília, 39
Rogers, Everett, 33, 222, 316, 323, 329
Rohde, Jürgen, 138
Rosen, George, 38, 78, 132, 297,
Rosenberg, Morris, 196
Rosenblatt, Daniel, 317
Rosengren, William R., 150, 339
Rosenstock, lrwill M., 321, 326
Roth, Julius A., 145, 146, 154, 311, 340, 341, 348
Rubenstein, Robert, 156
Sabshin, Melvin, 231, 366
Salisbury, Richard F., 147
Sanazaro, Paul J., 110, 190, 200, 201, 266
Sanders, Barkev S., 283
Schatzman, Leonard, 289
Scheff, T. J., 261, 282, 283, 297
Schmideberg, Melitta, 297
Schumacher, Charles F., 110, 196, 198
Schuman, Howard, 315
Schur, Edwin M., 299
Schwartz, J., 297
Scott, Robert A., 282, 296, 351
Seeman, M. E., 111, 122, 151
Shapiro, Arthur K., 36, 191, 192, 292-294, 296

Shapiro, S., 123
Sharaf, Myron R., 192
Sheatsley, Paul B., 124
Sheps, Cecil, 136
Sherif, M., 295
Sherlock, Basil J., 98
Shiloh, Ailon, 341
Shyrock, Richard H., 38
Sigerist, Henry E., 34, 38
Sills, David L., 68
Skipper, James K., Jr., 148, 341
Smelser, Neil J., 237
Smigel, Erwin O., 139
Smith, Harvey L., 139, 143
Solomon, David, 117, 220,
Spain, David M., 229
Stalnaker, J. M., 75
Steinle, John G., 132, 134
Sternbach, R. A., 308
Sterne, Richard S., 265
Stevens, Rosemary, 11, 54, 58
Stevenson, L. G., 297
Stoeckle, J. D., 309
Strauss, Anselm, 12, 147, 149, 259, 289, 341
Suchman, Edward A., 317, 322
Sudnow, Davld, 353
Susser, M., 54, 59
Sussman, M. B., 260
Sydenham, Thomas, 297
Szasz, Thomas S., 254, 264, 275, 277, 278, 300, 302, 303, 343, 344, 346

Thomas, Edwin J., 260
Thompson, Victor A., 139
Titmuss, Richard, 54
Touraine, A., 196
Townsend, Peter, 154
Turner, Ernest S., 38, 40
Tursky, D., 308
Twaddle, Andrew C., 254, 308
Vollmer, Howard M., 210
Walker, General James, 273
Wardwell, Walter I., 74
Warner, W. Lloyd, 254
Watson, T., 54, 59
Weber, Max, 139, 140, 223
Weinerman, E. Richard, 112, 125
Weiskotten, Herman G., 127
Wessen, Albert A., 154, 155
Wheeler, Stanton, 146, 237, 342
White, Kerr L., 112, 258, 298
Whitehead, Alfred North, 359
Wilensky, Harold L., 102
Wilson, P. A., 21, 70, 150, 184, 185, 187, 206
Winick, Charles, 220
Witts, L. J., 292
Wolfe, Samuel, 124
Woodham-Smith, Cecil, 80, 82
Wootton, Barbara, 277
Wright, Beatrice A., 260
Young, James H., 40
Zborowski, M., 307, 308
Zola, Irving K., 296-299, 309

# ÍNDICE REMISSIVO

abordagem situacional, 347
Academia de Ciências Médicas (União Soviética), 60, 63
aceitação pública, 33, 391
aconselhamento médico, 315, 345
acordo recíproco; 115
adivinhação, 27-31
alcoolismo, 237, 245, 278-282, 382
Alemanha, 40
ambivalência
    ideológica, 196
    nas atitudes do médico, 201, 204
América do Norte, 50, 71, 184
*American Child Health Association*, 283
amidalite, 283, 284, 285, 311
anatomia, 35
anestesia, 36, 84, 343
anestesiologia, 130, 142, 158
anestesista(s), 51
antraz, 36
antropólogo(s), 233
apendicite, 285
aprendiz
    na Grécia, 38
    na obra de Hipócrates, 78
Aristóteles, 34

arquivamento de informações médicas, 122
assepsia, 36
Associação
    Americana de Faculdades Médicas, 50
    Americana de Hospitais, 50
    *Blue Cross*, 390
    de Escolas de Medicina dos Estados Unidos, 200
    de Sociologia Americana, 11, 12
    Médica Americana, 47-53, 60, 184, 415
    Médica Britânica, 54, 59, 60, 62
associação(ções)
    como cooperação, 118
    e valores dominantes, 244
ataque cardíaco, 140, 237, 255, 257, 258
atividade-passividade, 343, 344, 346, 347
ativismo; 272
autocrítica, 201, 202
autodeterminação, 63, 127, 199, 277, 356
autodiagnóstico, 25, 28
automedicação, 313, 315

auto-regulação, 15, 106, 159-180, 386, 387, 389, 393, 397, 409
autonomia profissional, 18, 43-66, 94, 99, 101, 106, 113, 213, 215, 223, 364, 369, 370, 371, 384, 385-408, 413, 416
autoridade
   como um instrumento para conquistar aceitação, 345
   da experiência clínica, 373
   do médico, 86, 87, 140, 345, 346, 347, 414
   e ala cirúrgica, 151
   profissional, 193, 320, 346, 381
   segundo eixo da, 141-143
Bélgica, 62
bem-estar do paciente, 140, 188, 403, 419
boicote, 184, 205, 206, 215, 217-221, 392, 400
   de um colega, 184
   pessoal, 205, 206, 215, 217, 220, 221
bruxaria, 27-31
burocracia, 63, 120, 122, 127, 130, 142, 164, 166
Canadá, 62
canais de comunicação, 116
câncer, 61, 63, 237, 238, 264, 279
caridade; 78, 79, 81, 134, 160, 202
carreira, 268, 216
cegueira, 282, 351
charlatão(ões), 36, 40, 49, 129
Chile, 62
choque elétrico, 308
ciência, 16, 17, 32, 33, 37, 71, 72, 182, 186, 189, 193, 221, 234, 235, 275, 277, 305, 314, 363, 368, 373, 375, 383, 391, 397, 398
cinismo, 111, 130, 198
circulação sanguínea, 35

cirurgia, 34-36, 81, 84, 124, 142, 144, 150, 151, 160, 161, 284, 285, 289, 290, 343, 346, 403
   desnecessária, 284
cirurgião(ões), 36, 61, 71, 79, 138, 151, 155, 168, 186, 203
classe
   média, 146, 195, 196, 256, 257, 263-266, 314, 315, 318, 414
   trabalhadora, 199, 314
clero, 36
cliente
   direito(s) do, 378, 381, 402
clientela, 12, 23, 27, 38, 42, 56, 57, 83, 95, 96, 116-119, 125-135, 182, 207-216, 319, 331-337, 342-344, 351, 377-379, 389-399
   instruída, 336
   leiga, 42, 95, 96, 182, 214
clínica geral, 54
clínico geral, 55, 56, 58, 115, 124, 127, 197, 332, 378
código de ética, 49, 98, 104, 105, 183, 209-212, 387, 405
comportamento
   desviante, 159, 183, 218, 232, 239-247, 249, 252, 256, 260, 261, 271
   inadequado, 110, 175
comunidade(s)
   Azande; 26, 27, 29, 31, 33
   terapêutica(s), 149, 155
concorrência entre profissionais, 388-390
conflito(s)
   entre leigos e profissionais, 347
   entre profissões, 73, 74
congruências culturais, 322, 325, 346
conhecimento científico, 185, 186, 189, 195, 215, 234, 355, 366, 373, 374, 377, 378, 398

Conselho
    Central de Serviços de Saúde, 59
    de Ministros , 60
contrato pré-pago de serviços, 123
controle
    da medicina, 43, 50, 87
    do Estado, 18
    entre colegas, 114, 122, 128, 164
    profissional, 221-223
    sobre os desviantes, 106
    social, 161, 222, 243-246, 252, 268, 274, 330, 335, 372, 412
    técnicas de, 145, 335
cooperação do doente com o tratamento, 95, 115, 273, 345
crime, 18, 232, 237, 239, 244, 247, 250, 257, 259-263, 275, 276, 298-301, 371
cristandade, 78,
cristianismo, 78
crítica, 201, 203
    suscetibilidade a, 201-203
    suspensão da, 202
Cruz Vermelha, 61
Cruz Vermelha Muçulmana, 61
curandeiro(s), 26, 32-34, 37-41, 67, 69, 71, 231, 250, 305, 320, 326
deficiência
    física, 154
    mental, 281, 382
    moral, 261
degenerescência, 276
dentista(s), 56, 72, 351
desenvolvimento da cidade, 70
diagnóstico, 16, 25, 28, 49, 63, 64, 66, 68, 70, 72, 88, 118, 121, 145, 164, 189, 191, 194, 229, 231-236, 247, 258, 265, 269, 283-297, 302, 308, 316, 318, 333-336, 351-354, 398, 403, 411, 412, 416
    comportamental, 233, 235

diferencial, 194
exagerado, 285
dinheiro, 58, 76, 81, 118, 146, 196-200, 376, 386
direitos do cliente, 378, 381, 402
divergências, culturais, 347
divisão de trabalho; 16, 45, 69-75, 77, 80, 83, 87-91, 97, 98, 116, 120, 137, 138, 143, 145, 157, 168-170, 210-212, 219, 224, 274, 280, 363, 396
    médico, 80, 87, 89, 90, 98, 168
    no hospital, 138
    paramédico, 72, 73, 77, 87
divórcio, 275, 276
doença(s)
    agentes causadores de, 36
    cardíaca, 140, 237, 255, 257, 258
    construção clínica da, 295
    crônica(s), 260, 262, 338, 343, 347, 350
    de Addison, 287
    denominação de, 236, 278-280, 303
    etiologia da(s) , 235, 237-239, 247
    mental, 146, 147, 155, 234, 238, 245, 281, 282, 287, 322, 331, 382
    teoria química da, 35
    venéreas, 61, 79, 258, 299
dor, 291, 299, 306-310, 314, 318, 325, 334, 336, 340, 353, 355
    significado social da, 306-309
educação
    formal, 85, 313, 380
    profissional, 380
elite médica, 170
enfermagem, 46, 72, 75, 77, 78, 80-89, 98, 100, 103, 132, 148, 152-154
enfermeiras-freiras, 79
enfermeiro(s), 13, 24, 69, 70, 73, 77-86, 88, 90, 91, 98, 100, 101, 133, 136-138, 140, 144, 146, 148, 149, 151-153, 155, 337

enfermidade(s), 146, 247, 258, 260, 279, 299
equidade, 277
equipe hospitalar, 49, 140
Escola de Medicina (Universidade de Kansas), 187, 188, 190
escolha da especialidade, 142, 199
especialidades médicas, 130, 150, 163, 289
especialização, 100, 102, 122, 128, 163, 380
Estados Unidos, 14, 38, 40, 41, 45-50, 53, 55, 57, 59, 63, 64, 69,-77, 83-86, 95, 113-118, 123, 124, 126, 127, 130, 133, 134, , 137, 138, 140, 142, 144, 148, 153, 159-162, 178, 190, 196, 199, 200, 213, 214, 220, 266, 268, 271-275, 285, 314, 317, 318, 389, 390, 392, 399, 410-414
estigma, 259-263, 265, 281, 299, 300, 324-326
estoicismo, 307
estresse, 155, 234, 367
estrutura social, 210, 242, 268, 316, 349, 352, 406
ética
    código de, 49, 98, 104, 105, 183, 209-212, 387, 405
    falta de, 160, 203
    médica, 47, 130, 386, 405
etiologia
    da(s) doença(s), 235, 237-239, 247
    do desvio, 237, 238-241, 247, 250, 268
Europa, 26, 70, 75, 307
exclusão, 65, 173, 174, 204
experiência clínica, 78, 177, 187-194, 197, 300, 341, 355, 369, 373, 374, 415

*expertise*, 9, 42, 66, 149, 361-365, 369, 370, 372, 379, 381-383, 386, 387, 400, 403-406, 408
experto, 361-365, 368, 371, 375, 377, 381, 384, 386, 387, 394, 398, 405, 406, 408
falso-negativo, 283
falso-positivo, 283, 287
farmacêutico(s), 49, 56, 69, 101
farmácia, 54, 57, 67, 72, 89, 101
febre tifóide, 276
filantropia, 388, 401
freiras, 78-81
ginecologia, 168
ginecologista(s), 61, 116, 130, 168-170
gravidez, 58, 168, 275, 338
grupo(s) ocupacional(is)
    a medicina como um, 43
    definição de, 93
    e busca de autonomia, 395
    e o uso do termo "profissão", 23, 24
    filiação a, 30
Guerra da Criméia, 81
guilda(s), 39, 40, 70, 71
hanseníase, 281
herbanário(s), 69, 70
hipertensão, 297
Hipócrates, 34, 36, 78, 194, 289, 379
hipocrático(s), 34, 38, 296
histoplasmose, 297, 299
homeopata(s), 50, 73
homossexualidade, 276, 299, 382
hospital(is)
    escola, 83, 178
    militar(es), 135
    privado(s), 86, 133, 134
    psiquiátrico(s), 137, 144, 146, 303
    público(s), 147
    religiosos, 86, 135

universitário(s), 55, 74, 122, 135, 155, 161, 162, 176, 178, 179, 188, 333
    voluntários e comunitários, 134
hospitalização, 123, 274, 333
*Hôtel-Dieu* (Paris), 78, 79, 153
humanitarismo, 277, 281, 408
Idade Média, 16, 32, 35, 37, 39, 42, 43, 296
identidade
    moral, 356, 381
    social do paciente, 338, 345, 356
    sociojurídica, 145
igualitarismo, 40
individualismo, 193, 195, 198, 204, 205, 207, 215
Inglaterra, 40, 54-59, 64, 72, 80, 82, 83, 117, 125, 410
insanidade, 276
institucionalização, 184, 408
interação
    entre colegas, 157, 158
    entre médico e paciente, 13, 342, 414
    no tratamento, 342, 345, 347, 348
    terapêutica, 155, 343
interesse
    privado, 64
    público, 10, 64, 160, 357, 363, 364, 370, 387, 389, 391, 394, 397-405, 408
isolamento, 58, 121, 126, 213, 340, 392
Jornal da Associação Médica Americana, 48
judeus, 297, 307-309, 322
julgamento
    discricionário, 417, 418
    legal, 295
    médico, 63, 295
    moral, 279
liberdade
    civil, 380

    de escolha, 56, 331, 371, 415
licença médica, 39-41, 63, 390
LSD, 292
magia negra, 235
medicamento(s), 56, 60, 74, 79, 85, 87, 122, 186, 193, 220, 285, 308
Medicare, 46, 52, 409, 411
Medicina
    da América do Norte, 184
    de grupo, 51, 119-128, 175
    estudantes de, 126, 127, 176, 187, 197-199
    na Inglaterra, 54-59
    na União Soviética, 60-64
    nos Estados Unidos, 45-53, 113, 126, 162, 190, 196, 200, 220, 409, 410, 411, 415
    popular, 25
    psicossomática, 155
    veterinária, 346
    Zande, 26-29
médico
    assalariado, 51, 163
    como empreendedor moral, 13, 279-282
    especialista, 128, 164, 413
    generalista, 128, 164, 168, 333, 334
    veterinário(s), 72, 247
meio ambiente, 109, 272, 282
mentalidade clínica, 181-207, 285, 415
microscópio, 35
Ministério da Saúde, 54-57, 60, 61, 63
mística, 399-401
modelo clássico de cuidado hospitalar, 154-156
moralidade, 111, 225, 232, 301, 372, 386, 391,403
morte, 13, 28, 141, 188, 233, 254, 274, 353
obstetra(s), 61, 116, 128, 164, 168, 169
obstetrícia, 168,

odontologia, 54, 57, 89, 97, 199
oftalmologia, 142, 168
oftalmologista(s), 130, 351
opinião pública, 224, 275, 361
optometria, 72, 89, 101
optometrista(s), 101
oráculo, 28, 29
ordem oficial, 18, 330, 350
ortopedista(s), 72, 116, 168
osteopatia, 50
otorrinolaringologista(s), 116, 142, 351
País de Gales, 54-59, 410
paradigmas de Thomas Kuhn, 366, 367
paramédico(s), 49, 68-70, 73, 76, 77, 86-90, 138, 156, 163, 166
parceria, 118, 119
parteira(s), 70, 72
participação mútua, 343, 346-348
Patologia, 130, 142
patologias, 36, 168, 243, 283, 366
patologista(s), 51, 128, 143
patrocínio, 116
pediatra, 61, 115, 120, 130, 164, 168, 169, 332
pediatria, 168, 346
Pergaminho de Galeno, 34
permissividade, 214, 262, 393
persuasão, 102, 105, 222, 403
placebo, 30, 191, 293, 294, 303
planos de saúde, 52, 123
pluralismo
  de valores, 244
  étnico, 244
  neotécnico, 244
pobreza, 154, 276
policlínicas; 61, 63
poliomielite, 266, 311, 341
pragmatismo, 192, 201
prática(s)
  de grupo, 120, 122

financeiras, 390
privada, 27, 177, 179
professional, 51, 99, 128, 134, 179, 187, 219, 222, 303
solo, 113, 119, 120, 132
preço justo, 390
prescrição exagerada, 284, 285
pressão
  arterial alta, 297
  sanguínea baixa, 287
  sanguínea normal, 287
privacidade, 57, 113, 126, 203, 406
profissionalismo, 14, 69, 76, 77-83, 86, 87-91, 103, 165, 175, 203, 209, 210, 214, 223, 276, 411-413
profissões
  acadêmicas, 12, 90, 97, 206, 212
  de consulta, 12, 18, 41, 42, 90, 95, 96, 206, 212, 213, 221, 223, 359-408
prognóstico, 34, 38, 146, 297, 340, 348
protestante(s), 80, 322
psicanalista(s), 289, 300
psicologia, 25, 50, 74, 109, 289, 292, 321
psicólogo(s), 50, 74, 158,
psicose, 145, 267, 286, 301, 347
psicoterapia, 109, 137, 145, 155, 316, 323, 324, 343, 347
psiquiatra(s), 191, 192, 242, 276, 299, 300, 302
psiquiatria, 61, 155, 191, 277, 286, 289, 302, 375
quiroprática, 25, 49, 89
quiroprático(s), 38, 73, 313
racionalidade, 194
radiologia, 60, 130
radiologista(s), 51
reabilitação, 152, 155, 296, 342, 347
reação social, 244, 256, 257, 288, 304, 321, 327, 339

reforma curricular, 110
relação médico-paciente, 11, 51, 113, 343-346, 388
religião, 95, 109, 135, 217, 230, 232, 274-378, 363, 377
remédio(s)
    populares, 71, 314, 333
    secreto(s), 49
renascença, 35
rotina administrativa, 339, 352
sabedoria, 373, 374
salário(s), 54, 55, 118, 388
sanção(ões), 171-174, 175, 177, 243, 244, 415
Segunda Guerra Mundial, 12, 54, 298
seguro saúde, 51, 52, 57
senioridade, 189
seriedade, 253-256, 282, 284, 288, 303, 312, 323, 325, 326, 353
Serviço Nacional da Saúde, 54, 56, 57
serviços médicos, 40, 50, 52, 60, 124, 157, 161, 178, 304, 313-326, 345, 388, 392
símbolo social, 24
sindicato, 62, 104, 123, 394
síndrome(s), 279, 287, 344
    de Stein-Leventhal, 285
    do ovário policístico, 285
sintoma(s), 194, 236, 238, 238, 265, 266, 271, 280-282, 289, 296, 310-312
sistema(s) estratificado(s), 73, 220
sobrenatural, 30, 34, 78, 230, 253, 271
socialização, 110, 111, 337
sociedades
    industriais, 70, 132, 253, 313
    médicas locais, 49, 51, 53, 159, 221
    ocidentais, 253, 254, 313
sociologia, 11, 12, 16, 17, 19, 68, 69, 110, 230, 235, 236, 238, 239, 250, 303
sociólogo(s), 158, 161, 233-240, 339, 407
suicídio, 259, 298
supervisão, 73, 74, 85, 86, 104, 111, 122, 133, 138, 148, 159, 167, 177, 178, 337, 393
taxa por serviço, 47, 51
teoria
    dos humores, 34, 35, 367
    moral da saúde, 366
terapia do "toque real", 296
tomada de decisão, 142, 151, 285, 326, 411
trabalho
    assalariado, 51, 61, 126, 163, 199
    divisão de, 16, 45, 69-75, 77, 80, 83, 87-91, 97, 98, 116, 120, 137, 138, 143, 145, 157, 168-170, 210-212, 219, 224, 274, 280, 363, 396
tuberculose, 46, 61, 145, 146, 176, 283, 340, 342, 382
União Soviética, 60-65, 73, 125, 148, 196, 304, 272, 273, 286, 410
veterinário(s), 72, 247
vida social, 234, 238, 240, 241, 244, 261, 306, 315, 319, 353, 356, 357, 410
visitas domiciliares, 79, 126, 168, 169, 337
Zande, 26-29, 30-32, 42

SOBRE O LIVRO

Formato: 16 x 23 cm
Mancha: 27,7 x 44,9 paicas
Tipologia: Horley Old Style 11/15
Papel: Offset 75 g/m$^2$ (miolo)
Cartão Supremo 250 g/m$^2$ (capa)
1ª edição: 2009

EQUIPE DE REALIZAÇÃO

Edição de texto
Samuel Greco e Renata Truyts (Copidesque)
Paula Brandão Perez Mendes (Preparação de original)
Rinaldo Milesi e Jane Cristina Mathias Canto (Revisão)

Editoração Eletrônica
DuSeki